Swarovsky / Ott / Wunderlich
Erziehung des Hundes

Erziehung des Hundes

Hans-Joachim Swarovsky
unter Mitarbeit von Max Ott und
OVR Prof. Dr. sc. med. vet. Hans Wunderlich

Neumann Verlag
Leipzig · Radebeul

Swarovsky, Hans-Joachim:
Erziehung des Hundes/Hans Joachim Swarovsky.
Unter Mitarb. von Max Otto u. Hans Wunderlich.
(Zeichn.: Peter Völker). – 1. Aufl. –
Leipzig; Radebeul: Neumann Verlag, 1986 –
224 S.: 157 Ill. (z. T. farb.)

ISBN 3-7402-0002-2

1. Auflage 1986, 1. bis 20. Tausend
Alle Rechte vorbehalten
© Neumann Verlag Leipzig · Radebeul 1986
VLN 151 – 310/57/86 · LSV 1369
Lektoren: Dr. Manfred Geyer,
Klaus-Peter Hönnicke
Gestaltung und Typographie:
Heide Siegemund
Zeichnungen: Peter Völker
Gesamtherstellung: Karl-Marx-Werk Pößneck
V 15/30
Bestell-Nr. 799 091 0
03200

Inhaltsverzeichnis

Einleitung 7

Grundlagen und Grundmethoden der Ausbildung 9
Umwelteinflüsse 9
Sinnesorgane 11
Geruchssinn 11
Gehörsinn 11
Sehsinn 12
Tastsinn 13
Geschmackssinn 14
Reize 14
Angeborene und erworbene Verhaltensweisen 15
Instinkthandlungen 18
Erworbene Verhaltensweisen 19
Bildung dynamischer Stereotypen 19
Erregungs- und Hemmungsprozesse 20
Typen der höheren Nerventätigkeit 23

Gewöhnung 27

Vorausbildung des Junghundes 29

Grundmethoden der Ausbildung 31
Stadien der Ausbildung 32
Ausbildungshilfsmittel 33

Begleithunde 36
Stubenreinheit 38
Dauerbeller 39
Autofahren 40
Futterverweigern 41
Fahrradfahren 42
Fahrradhetzen 43
Geflügelhetzen 43

Wachdienst 45
Gegenstandbewachung 45
Straßenverkehr 47
Anspringen 47

Ausbildung zum Gehorsam 48
Leinenführigkeit 65
Sitzübungen 68
Platzübungen 69
Freifolge 72
Stehen auf Kommando 73
Herankommen auf Kommando 74
Voraussenden auf Kommando 75
Bringen von Gegenständen 78
Überwinden von Hindernissen 81
Kriechen 83

Ausbildung zum Schutzdienst 85
Der Figurant 85
Vorausbildung 86
Reihen- oder Ringhetze 88
Einholen fliehender Personen 90
Durchsuchen gestellter Personen 92
Transport gestellter Personen 93
Überfall auf Hundeführer und Hund 94
Revieren, Stellen und Verbellen 95
Wachhund 97
Bewachung am Laufseil 98
Freie Bewachung 99
Sicherung in eine bestimmte Richtung 99
Pflege und Haltung des Wachhundes 100

Ausbildung zur Fährtenarbeit 101
Führerversteckfährte 101
Fleischfährte 102
Suchen mit Bringholz 103
Suchen mit einem Figuranten 103

Fährtenlegen 104
Ausarbeiten der Fährte 105
Starkzwang bei der Ausbildung des Fährtenhundes 107
Quadratsuche 107
Fährtenmischgeruch 108
Intensivfährte 108

Ausbildung nach Sichtzeichen 110

Rennhunde 113
Rennsportgeschichte 114
Rennvorbereitung 114
Rennen 116

Schlittenhunde 117
Grundausbildung 118
Gespanntraining 120
Einspannen 121
Hilfsmittel 121

Herdengebrauchshunde 123

Blindenführhunde 127
Geschichte 127
Spezialausbildung 128
Im Handgeschirr 130
Hundeführerlehrgang 130

Katastrophenhunde 132

Sanitätshunde 134

Lawinensuchhunde 135

Ausstellungshunde 137
Beurteilung 137
Vorbereitung 138

Hörende Hunde für Taube 141
Auswahl und Erziehung 141

Jagdhunde 142
Akustische Signale 144
Optische Signale 145
Grundübungen 149
Entwicklung der Anlagen 153
Jagdvorbereitung 181
Jagdliches Bringen 184
Feldsuche, Buschieren, Stöbern 187
Schweißarbeit 195
Totverbellen und Verweisen 198

Schlußgedanken 203

Prüfungsordnungen 205
Internationale Prüfungsordnung (IPO) 205
1. Stufe (IPO I)
2. Stufe (IPO II)
3. Stufe (IPO III)
Wasserrettungsprüfung der USA 209
Lawinensuchhundprüfung der Schweizerischen Kynologischen Gesellschaft 210
Sommermehrwettkampf der UdSSR 211
Gebrauchsprüfung für Vorstehhunde (Zensurenblatt) 212
Grundprüfung (ZM) der ČSSR 213
Prüfung für kleine Hunderassen der ČSSR (ZMP) 213
Bauhundprüfung K (BH. Pr. K) der DDR 214

Worterklärungen 216

Literaturverzeichnis 217

Bildnachweis 219

Register 220

Einleitung

Die Beweggründe, sich einen Hund anzuschaffen, sind äußerst vielschichtig. Hunde dienen dem Menschen auf sehr unterschiedliche Weise, sie werden vom Jäger eingesetzt, wenn er sich aus sportlichem Vergnügen oder zur Nahrungsbeschaffung dem Weidwerk widmet, von der Polizei, um Verbrechen zu verhüten oder zu bekämpfen. Von der Armee werden sie für militärische Zwecke gebraucht, von Bauern, um Schafe, Rinder und Schweine zu hüten. Dem Blinden dienen sie als »Augenersatz«, oder sie sind Gefährten von Menschen, deren Leben sonst weniger erfüllt wäre. Das Motiv für die Anschaffung eines Hundes besteht oft darin, ein Lebewesen zu haben, das man pflegen und verwöhnen kann, das seinem Besitzer Zuneigung, Anhänglichkeit und Aufmerksamkeit entgegenbringt.

Der Hund ist fast immer guter Laune, freut sich uneingeschränkt über das Nachhausekommen seines Herrn und seine Anwesenheit und zeigt »Verständnis« für alle Stimmungen. Besonders älteren Menschen, die Lebenskameraden und Freunde verloren haben, sind Hunde liebevolle Gefährten. Und in der Tat, keine andere Tierart zeigt eine solche Vielfalt an Größe und Form, Charakter und Einsatzmöglichkeiten. Die ständig wachsende Zahl der Hunde, speziell in den Städten, bringt naturgemäß Probleme mit sich, wobei hauptsächliche Reibungspunkte immer wieder Lärm und Umweltverschmutzung sind. Leider verhärten sich die Fronten zwischen Hundefreunden und -feinden zusehends. Viele Menschen nehmen heute den Lärm um die Kurven kreischender Straßenbahnen und heulender Kofferradios als etwas völlig Normales in Kauf, das zum Leben gehört, ziehen aber gegen bellende Hunde und krähende Hähne mit allen Mitteln zu Felde.

Vielen Problemen und Angriffspunkten kann von vornherein begegnet werden, wenn der Hund artgerecht, das heißt: als Hund, gehalten, gefüttert und erzogen wird. Abgesehen davon, daß sich der Vierbeiner als »Mensch« nicht so wohl fühlt, wie vielfach angenommen wird, bereitet der unerzogene Hund seiner Umgebung stets Sorgen. Natürlich hat jeder Hundebesitzer die Möglichkeit, sich einem kynologischen Klub anzuschließen, dort Erfahrungen und Fachwissen zu sammeln. Doch wer will sich schon all den mit solcher Mitgliedschaft verbundenen Pflichten aussetzen, wenn dem Betteln des Filius nachgebend ein kleiner Hund ins Haus kommt? Es wäre wohl auch etwas viel verlangt, den Rentner, der sich den Vierbeiner als Freund und Gefährten ins Haus holte, zum Ausbildungsplatz zu zwingen.

Wir haben uns nun entschlossen, die lange Liste von Büchern über Abrichtung, Zucht, Haltung und Ernährung des Hundes zu erweitern. Wir sind der Meinung, daß gerade für den Hundehalter, der keinerlei sportliche Ambitionen hat, eine Marktlücke besteht. Das Buch richtet sich deshalb auch nicht an eine bestimmte Gruppe von Hundehaltern. Die Autoren haben versucht, alles, was sich hinter dem Begriff »Erziehung des Hundes« verbirgt, zusammenzutragen. Sowohl der Neuling als auch Experten werden etwas finden, das für sie wertvoll ist, von dem sie meinen, für ihren Hund sei es das Richtige. Bei aller

Allgemeinverständlichkeit muß natürlich für die speziellen Abschnitte, besonders z. B. die Erziehung des Jagdhundes, einiges an Vorkenntnissen mitgebracht werden. Das Buch ist in drei grundlegende Abschnitte gegliedert. Es beginnt mit einigen theoretischen Darlegungen zum Verhalten des Hundes und den sich daraus ergebenden Grundlagen für die Hundeerziehung. Dem schließt sich der umfassende Teil über allgemeine Hundeerziehung an. Schließlich befaßt sich der dritte Teil mit dem Spezialgebiet des Jagdhundewesens. Ein Anhang mit internationalen Prüfungsordnungen sowie die Erläuterung unumgänglicher Fachbegriffe runden das Ganze ab. Es darf natürlich keiner annehmen, allein die Lektüre dieses Buches genüge, um in den heimischen vier Wänden einen Meisterhund zu erziehen. So einfach ist das nicht! Wenn dieses Buch bewirkt, Interesse für die Hundeerziehung zu wecken, Einsicht in die Notwendigkeit artgerechter Hundehaltung zu erlangen, dann hat sich unsere Arbeit gelohnt.

Wir möchten uns bei all denen, die zum Gelingen der »Erziehung des Hundes« beigetragen haben, recht herzlich bedanken, besonders bei Herrn Diplombiologen Wolfgang Lippert für die Überarbeitung des Einleitungskapitels über die Verhaltensweisen des Hundes.

Hans-Joachim Swarovsky

Grundlagen und Grundmethoden der Ausbildung

Sie haben sich also entschlossen, einen Hund zu kaufen! Das Für und Wider war wochen-, vielleicht sogar monatelang Gesprächsstoff Nummer eins in der Familie. Sie haben sich für eine Rasse, das Geschlecht und die Art der Unterbringung entschieden. Es fehlt eigentlich nur noch das Wichtigste: der Hund. Doch Halt! So einfach sollten Sie es sich nicht machen, wenn Sie wirklich Freude am neuen Hausgefährten haben wollen. Der Nestor unter den Züchtern des Deutschen Schäferhundes, Rittmeister Max v. Stephanitz, sagte vor vielen Jahren: »Da der Hund nicht menschlich denken kann, müssen wir Menschen versuchen, hundlich zu denken!«

Das setzt die Beschäftigung mit einigen theoretischen Fragen der Hundeerziehung voraus, um sich vor vermeidbaren Fehlern zu schützen.

Der Mensch muß den Hund verstehen, das ist die Voraussetzung der Hundeausbildung. Nur wer als Ausbilder in der Lage ist, seinen Hund richtig einzuschätzen, dessen Auffassungsvermögen und dessen Lernfähigkeit richtig beurteilt, und wer zugleich erkennt, daß Hunde nicht in der Lage sind, zwischen Gut und Böse zu unterscheiden, wird gute Leistungen erreichen. Vermenschlichen Sie Ihren Hund nicht und berücksichtigen Sie, daß dieser triebhaft handelt.

Leider lernen wir von Kindesbeinen an Falsches über den ältesten Hausgenossen des Menschen. Oft wird der Hund als denkendes Lebewesen mit menschlichen Eigenschaften präsentiert. Es ist immer wieder erschreckend zu sehen, wie Hunde oft wider ihre Natur behandelt werden. Da straft man sinnlos, wendet menschliche Maßstäbe an, statt klug zu führen und zu leiten. Dem Hundehalter muß klar sein, wie eine Verständigung zwischen ihm und seinem Vierbeiner erfolgt, er muß wissen, daß Hunde nur »angenehm« oder »unangenehm« unterscheiden, ja oftmals Unangenehmes erdulden, um noch Unangenehmerem zu entgehen. Der Hund fügt sich unserem Willen dann nicht aus Einsicht, sondern z. B. um Schmerz oder Tadel zu entgehen.

Das Verhalten jedes Lebewesens ist das Produkt von Vererbung und Umweltbedingungen. Damit wird deutlich, wie groß die Verantwortung besonders des Anfängers ist, aus dem ihm anvertrauten kleinen Wollknäuel einen für sich und seine Umwelt angenehmen Gefährten zu formen. Theoretische Grundkenntnisse sollen uns erkennen helfen, wie auf den Hund eingewirkt werden muß, um gewünschte Verhaltensweisen zu erzielen.

Umwelteinflüsse

Umwelt ist alles, was nach der Vereinigung beider Keimzellen auf das neue Lebewesen, auf den heranwachsenden und erwachsenen Hund einwirkt. Wir bestimmen die Umwelt unseres Hundes. Der Hund schläft, wo wir es wünschen; frißt, was wir ihm bieten; bewegt sich, wie wir es fordern oder zulassen. Oftmals sind die Ursachen für schlechte Leistungen bereits in diesem Bereich der Umweltein-

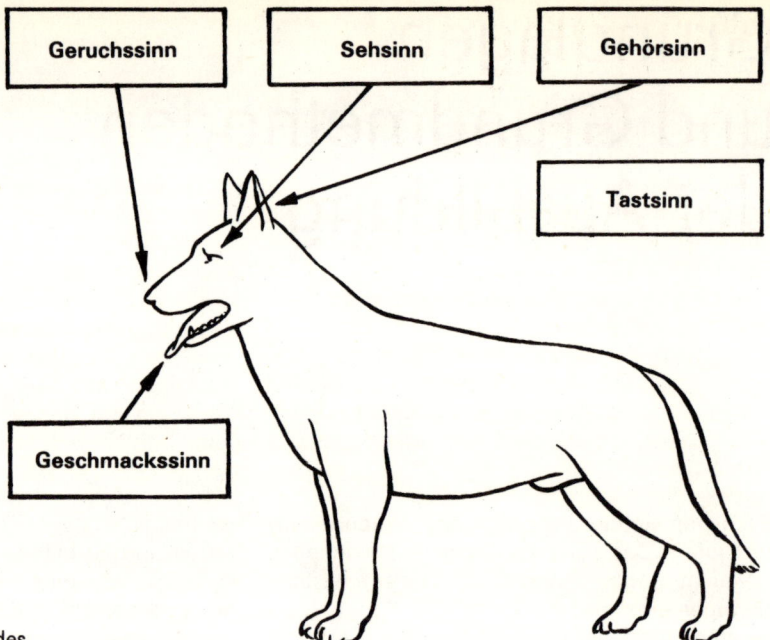

Die Sinnesorgane des Hundes

flüsse zu finden, denn ungeeignete Ruheplätze, Art, Menge und Zusammensetzung des Futters und Mangel an Aufgaben können den Hund abstumpfen, ihn unberechenbar, sogar aggressiv werden lassen, im Aussehen verändern.

Die Faktoren der Umwelt haben spezielle biologische Bedeutung für das Lebewesen, beim Hund sind das z. B. Reize von Artgenossen, natürliche Feinde, die Nahrung und die Temperaturverhältnisse.

Zwei Unterscheidungsmerkmale sollten wir kennen: biotische und abiotische Umweltfaktoren. Biotische Umweltfaktoren sind z. B. Artgenossen unseres Hundes, seine Nahrung, sein Besitzer und dessen Familie, der Rasen im Garten und der Sandboden im Zwinger. Was haben diese Dinge mit der Erziehung unseres Vierbeiners zu tun? Denken wir daran, was mit Futter alles zu erreichen ist, denn »Mit Speck fängt man Mäuse«! Oder: Andere Hunde können uns als Vorbild bei der Erziehung große Hilfe leisten oder störend wirken. Es liegt am Besitzer, für seinen Hund die Umweltbedingungen zu schaffen, die Voraussetzung für die erfolgreiche Ausbildung sind.

Abiotische Umweltfaktoren sind z. B. die klimatischen Verhältnisse, Luft, Strahlung und Temperatur, Nebel oder strahlender Sonnenschein. Bei der Erziehung des Hundes spielen sie eine nicht zu unterschätzende Rolle. Der Riesenschnauzer mit seinem schwarzen Haar zeigt bei kühlerem Wetter eine größere Leistungsbereitschaft als in glühender Mittagshitze. Ähnlich verhalten sich schwere bzw. glatthaarige Hunde.

Gilt es im Gelände Spuren zu suchen, ist eine hohe Luftfeuchtigkeit günstiger als staubtrockener Boden. Und es fällt unserem Hund sicher genauso schwer wie uns, bei »Smoke« zu arbeiten.

Alle diese Umweltfaktoren, an erster Stelle unsere eigene Fähigkeit, mit dem Hund richtig umzugehen, wirken auf das Tier ein, bestimmen sein Verhalten und zwingen es, sich den Gegebenheiten anzupassen. Dieser Fähigkeit sind aber natürliche Grenzen gesetzt. Sie zu erkunden, zählt zu den bedeutendsten Aufgaben des Hundebesitzers.

Wie erkenne ich aber als Anfänger, wie stark mein zwei Monate alter Welpe belastbar ist? Nur durch ständiges Beobachten, durch Vertrautmachen mit allen möglichen – und auch unmöglichen – Dingen. Sie müssen bei Regen, Nebel, Hitze und Kälte, bei Schnee und Matsch, am Tage und auch in der Nacht mit dem Hund arbeiten, ihn mit allen klimatischen und tageszeitlichen Besonderheiten vertraut machen. Er muß einfach alles, auch unterschiedliche Beleuchtungen, Tageslicht, Straßenlaternen, völlige Finsternis, Anstrahlen durch Autoscheinwerfer, kennen.

Sinnesorgane

Durch die Umwelteinflüsse werden Erregungs- und Hemmungsprozesse über die Sinnesorgane ausgelöst. In den Sinnesorganen sind sogenannte Rezeptoren angesiedelt, die alle Reize als Erregung zum Zentralnervensystem weiterleiten. Von dort ergeht dann das jeweilige Signal zu bestimmten Reaktionen an das Erfolgsorgan. Uns stehen die unterschiedlichsten Möglichkeiten zur Verfügung, auf den Hund mit Reizen einzuwirken, so unter anderem durch Licht, Temperatur, Schall und Berührung. Bei den Sinnesorganen des Hundes stehen mit Abstand die Leistungen des Geruchssinns und des Gehörs im Vordergrund. Sie machen den Hund zum wertvollen Helfer des Menschen in vielen Bereichen.

Geruchssinn

Die Nase brauchte bereits der Urahn Wolf, war er doch als Dämmerungsjäger gezwungen, Wild, Kadaver oder das Rudel oftmals nur mit Hilfe der Nase zu finden. Diese wertvolle Eigenschaft hat sich bei vielen Hunderassen über Jahrtausende erhalten, wurde sogar durch gezielte Zucht und Abrichtearbeit gefördert und verstärkt, denken wir nur an die Jagd- oder Diensthunde.

Der Hund kann bei weitem besser »riechen« als die meisten Lebewesen. Die Rezeptoren des Geruchssinns befinden sich in der Schleimhaut der Nase, konzentriert zu beiden Seiten. Zum Vergleich: Der Mensch verfügt über eine Riechfläche von annähernd 5 cm^2, also auf jeder Seite 2,5 cm^2, der Hund durchschnittlich über 85 cm^2.

Die Geruchsrezeptoren werden durch gasförmige Stoffe gereizt und leiten die entsprechenden Informationen an das Großhirn weiter. Der Mensch nimmt beispielsweise 0,5 % Buttersäureanteile in 1 000 cm^3 Luft wahr, der Hund weist die gleiche Menge noch in einer Milliarde cm^3 Luft nach.

Die Duftstoffe werden beim Einatmen der Luft durch Drüsen in den Nasenlöchern mit Feuchtigkeit angereichert. Das erhöht die Aufnahmefähigkeit der Rezeptoren. Zusätzlich unterstützt der Hund das Einströmen der Luft noch mit dem allbekannten Schnüffeln.

Die Fähigkeit, minimale Gerüche wahrzunehmen, zu differenzieren und danach Spuren zu verfolgen, hat den Hund im Laufe der Entwicklung auf den verschiedensten Gebieten zum unentbehrlichen Helfer des Menschen werden lassen. Daran haben moderne Technik, Computer und Mikroelektronik nichts geändert.

Hunde werden abgerichtet als:
– Schweißhunde für die Jagd,
– Leichensuchhunde bei der Polizei und den verschiedensten Untersuchungsorganen,
– Suchhunde für Rauschgift, Alkohol, Tabak, Kaffee usw., vorrangig beim Zoll,
– Suchhunde zum Auffinden spezieller Pilzsorten, seltener Metalle, als Lawinensuchhunde und Rettungshunde,
– Differenzierungshunde zum Bestimmen spezieller Gerüche.

Gehörsinn

In Laborversuchen ist die obere Hörgrenze mit 35 000 Hz ermittelt worden. Zum Vergleich: Die Leistung des menschlichen Gehörsinns hat bei etwa 20 000 Hz ihre oberste Grenze. Die Geräuschempfindlichkeit reicht also bis in den Ultraschallbereich. Damit ergeben sich Möglichkeiten, Hörreize bei der Ausbildung anzuwenden, die für das menschliche

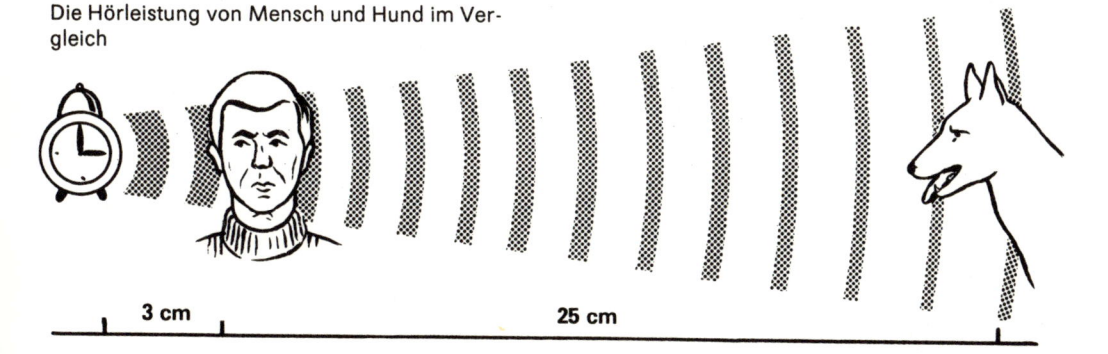

Die Hörleistung von Mensch und Hund im Vergleich

3 cm   25 cm

Ohr nicht mehr wahrnehmbar sind. Das wohl bekannteste Beispiel ist die sogenannte Hundepfeife im Ultraschallbereich, deren Töne der Hund gut und gern 200 bis 300 m weit wahrnimmt und die ihm so übermittelten Befehle ausführt, ohne daß fremde Personen die Pfiffe hören können.

Von großem Vorteil für die Gehörleistung ist, daß der Vierbeiner seine Ohrmuscheln als Schalltrichter verstellen, seine Ohren »aufstellen« kann. Die beim Ohr angelangten Schallwellen werden aufgenommen und zum Trommelfell geleitet, das je nach Anzahl und Intensität der ankommenden Schallwellen in Schwingungen versetzt wird. Diese gelangen über die Gehörknöchelchen, der Verbindung zwischen Trommelfell und Labyrinth, zu den Rezeptoren, die alle Reizempfindungen zum Zentralnervensystem weiterleiten. Der Anatom rechnet neuerdings das Gleichgewichtsorgan, welches den Hund befähigt, sich über die Körperlage zu informieren, zum Gehörorgan.

Obwohl er ausgezeichnet hört, »versteht« der Hund keinesfalls den Inhalt der ihm gegebenen Kommandos. Er orientiert sich ausschließlich nach dem Klang, der Aussprache und dem Tonfall. Es ist deshalb für die Erziehung äußerst wichtig, immer im gleichen Tonfall auch mit den gleichen Worten zu arbeiten, Kommandos zu wählen, die keine Verwechslung zulassen. Nehmen wir ein Beispiel. Ein Ausbilder richtet seinen Hund auf das Kommando »Sitz!« ab. Eines Tages, durch irgendwelche Umstände schon nervös, wollte er den gut gehorchenden Vierbeiner vor einer Kaufhalle anbinden. Laut rief er: »Setzen!« Nichts passierte. Wieder, diesmal etwas schärfer: »Setzen!« Wieder keine Reaktion. Hätte er »Witz«, »Ritz« oder dergleichen gesagt, der Hund hätte gehorcht, ähneln doch diese Worte mehr dem gewohnten Kommando »Sitz!«.

Viele, auch erfahrene Hundehalter, machen einen Kardinalfehler. Sie sprechen bei Prüfungen und Meisterschaften besonders deutlich, akzentuieren scharf und wundern sich, wenn der Hund unsicher arbeitet oder gänzlich versagt. Hierzu hat in großem Maße die veränderte Reizwirkung der Hörlaute beigetragen.

Weil der Hund so ausgezeichnet hört, muß man sich davor hüten, während der Übung immer gleichbleibende Nebengeräusche in bestimmten Befehlen auf ihn einwirken zu lassen, da diese in Verbindung mit einem bedingten Reiz im Laufe der Zeit Signalwirkung erlangen. So klopfen sich viele Hundebesitzer beim »Heranrufen« ihres Schülers an den linken Oberschenkel oder Schnalzen mit der Zunge. Irgendwann reagiert der Hund ohne dieses »Zusatzkommando« nicht mehr. Richtig ist es, mit kurzen, gleichbleibenden Kommandos zu arbeiten und die Selbstlaute deutlich zu betonen.

Sehsinn

Der Sehsinn hat einige »hundliche« Besonderheiten, ist aber den bereits beschriebenen Sinnen in seiner Empfindlichkeit ganz deutlich unterlegen.

Das Auge ist das einzige Sinnesorgan, welches auf Umweltreize aktiv reagiert. Mit der Pupille, die analog einer Blende im Fotoapparat arbeitet, ist es möglich, die einfallende Lichtintensität zu dosieren. Dazu kommt die Fähigkeit, durch Verändern der Linsenwölbung in der Nähe befindliche Dinge ebenso scharf zu erkennen, wie weiter entfernte. Insgesamt leitet das Auge aufgenommene Reize in den Bereich hell und dunkel sowie Farbigkeit weiter. Die einfallenden Lichtreize treffen auf stäbchen- und zäpfchenförmige Rezeptoren der Netzhaut. Die stäbchenförmigen Rezeptoren sind helligkeitsempfindlich, die zäpfchenförmigen Rezeptoren sind an der Farbwahrnehmung beteiligt.

Untersuchungen ergaben, daß es zwischen Mensch und Hund Unterschiede in der Entwicklung der Stäbchenrezeptoren gibt. Sie deuten ein schlechtes Farbsehen des Vierbeiners an. Also ist es nicht gerade sinnvoll, Hunde auf Farben auszubilden. Oft kam es schon vor, daß dadurch Fehlleistungen erfolg-

Binokulares Sehen des Menschen (links) und des Hundes

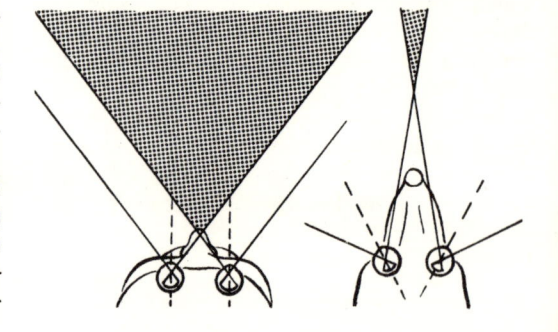

ten. Beispielsweise arbeiteten bei einer Meisterschaft zwei Hundeführer in roten Trainingsanzügen zu gleicher Zeit. Der eine hatte den Hund abgelegt, der andre rief seinen Hund mit Sichtzeichen zu sich und staunte nicht schlecht, als plötzlich zwei Tiere vor ihm standen. Spätere Befragungen ergaben, daß beide bereits in Vorbereitung auf die Meisterschaft in diesen gleichen Anzügen trainiert hatten, so daß der rote Stoff bereits als Signal wirkte.

Der aufmerksam beobachtende Vierbeiner erkennt weitaus schneller eine Bewegung oder veränderte Umweltsituation als sein menschlicher Begleiter. Das ist u. a. besonders im jagdlichen und militärischen Einsatz von großer Bedeutung.

Bei der Hundeausbildung ist es wichtig, nur unbedingt notwendige Körperbewegungen zu machen, um zu vermeiden, daß es ähnlich wie bereits beim Gehörsinn beschrieben, zu falschen Verbindungen der Signalwirkung kommt. Derartige Verwechslungen resultieren aus fehlerhaften Verhaltensweisen und kommen oft bei der Übung »Ablegen des Hundes mit Herankommen« vor. Gefordert ist, daß der Hundeführer seinen Gefährten sich an einem bestimmten Ort hinlegen läßt und dann außer Sichtweite geht. Nach einer bestimmten Zeit kommt er wieder aus seinem Versteck, nimmt Grundstellung ein und ruft seinen Hund entweder mit Sichtzeichen oder mit einem Hörlaut zu sich. Oft befehlen gerade Anfänger den Hund schon zu sich, bevor sie Grundstellung eingenommen haben. Wird das öfter wiederholt, bekommt bereits das Anhalten nach dem Laufen Signalcharakter für den Hund, und er stürzt freudig zum Herrchen. Richtig ist, erst Grundstellung einnehmen, einige Sekunden verharren und dann das Kommando erteilen.

Nur noch der Vollständigkeit halber sei das schwach ausgebildete binokulare Sehen erwähnt. Für die Ausbildung ist das kaum von Bedeutung. Wesentlich wichtiger ist es, daß der Erzieher nicht vergißt, die Größe seines Vierbeiners richtig einzuordnen. Er hat durch die geringere Größe einen bedeutend niedrigeren Gesichtskreis. Verlangen wir von ihm, daß er auf große Entfernungen etwas wahrnehmen soll, muß er natürlich freie Sicht haben. Bereits ein niedriges Gebüsch kann dem Hund die Sicht versperren.

Tastsinn

Alle bisher beschriebenen Sinnesorgane befinden sich am Kopf. Der Tastsinn aber ist über den ganzen Körper verbreitet. Er ist für die praktische Arbeit mit dem Hund von immenser Bedeutung, umfaßt er doch die Wahrnehmung von Wärme, Kälte, Druck, Schmerz, Liebkosung. Die verantwortlichen Rezeptoren liegen zum größten Teil in der Haut. Sie sind leicht erreichbar und können für das Erzielen bestimmter Verhaltensweisen genutzt werden.

Empfindungen, wie Berührung, Schmerz, Kälte, Wärme — um nur einige zu nennen —, wirken sich auf das Wohlbefinden eines Tieres aus. Uns als Erzieher von Tieren ist dieses Wissen sehr wichtig, da wir akustische Lobe wie »So ist's brav« stets mit Streicheln und Liebeln verbinden müssen. Gerade bei Junghunden wird damit die Bindung zwischen Mensch und Hund gefestigt.

Ähnlich wie beim Menschen ist auch beim Hund die Konzentration der empfindlichen Rezeptoren in den verschiedenen Regionen der Haut unterschiedlich. Es gibt kaum eine Übung in der gesamten Hundeerziehung, bei der Tastorgane keine Rolle spielen. Aus diesem Grunde prüfen wir zuerst einmal die Tast- und Schmerzempfindlichkeit des Tieres, um richtig dosieren zu können. Eine erste Erfahrung können Sie durch ruckartiges Ziehen am Lederhalsband, am besten über die normale Leine, die auch zum Spazierengehen benutzt wird, machen. Die meisten Hunde reagieren darauf kaum, zeigen also keine Schmerzempfindung. Jetzt erfolgt der Griff zum Stachelhalsband, dem ganz harte Burschen auch erfolgreich trotzen können. Für diese haben wir einen ganz besonderen Trick parat, die spitz angefeilten Stacheln. Denken Sie aber immer an den Unterschied zwischen Schmerzempfindung als Erziehungsmittel und Tierquälerei. Gerade um unnötige Quälereien zu vermeiden, ist es meist nötig, dem Hund einen kurzen Schmerz zuzufügen, damit er lernt, noch Unangenehmerem und heftigeren Schmerzen auszuweichen. Der Abrichter muß eine genaue Differenzierung der Reizeinwirkung beachten. Das Stachelhalsband ist nur dann etwas wert, wenn es ausschließlich bei der Abrichtung und da auch nur kurzzeitig angewandt wird.

Geschmackssinn

Der Geschmackssinn befindet sich zum größten Teil auf der Oberfläche der Zunge. In der vom Hund aufgenommenen Nahrung werden durch Speichelsekretion Geschmacksstoffe aufgelöst, die in das Innere der Geschmacksrezeptoren dringen und diese entsprechend ihrer Empfindlichkeit reizen. Sicher unterscheidet der Hund ähnlich dem Menschen zwischen bitter, salzig, süß und sauer. Für den Erzieher ist der Geschmackssinn nur hinsichtlich der Nahrungsaufnahme von Bedeutung. Mit dem richtigen Einsatz des Futters kann man fast alles erreichen. Die Bindung und das Vertrauen des Tieres zu seinem Pfleger werden gefestigt, viele Gehorsamkeitsübungen, sogar Teile der Beiß- und Fährtenarbeit lassen sich sehr leicht und schnell mit Hilfe von Futterbrocken anerziehen. Wichtig ist dabei aber die Bereitschaft des Tieres. Mit anderen Worten: Ein gesättigter Hund ist ein schlechter Lehrling! Der Ausbilder, dem der Fehler unterläuft, die Futterbrocken nicht von der Tagesration abzuziehen, wird bald einen zu dikken, also konditionsschwachen Hund haben. Und noch eins: Es ist nicht unwichtig, welches Futter wir als Belohnung wählen, der Vierbeiner muß es nur gewöhnt sein.

Reize

Da die Reize und Reflexe für die Hundeerziehung von großer Wichtigkeit sind, bitten wir, das Folgende nicht zu überblättern, sondern mit doppelter Aufmerksamkeit zu lesen, auch wenn es für manchen graue Theorie ist. Jeder Organismus hat die Fähigkeit, Reize aus der Umgebung und dem Körperinneren aufzunehmen und auf sie zu reagieren. Diese Reizbarkeit und das darauf folgende Reaktionsvermögen sind Voraussetzungen für die Regulation von Lebensvorgängen und die Umweltbeziehungen der Organismen.
Unter Reizen versteht man energetische Veränderungen in der Umwelt bzw. im Inneren eines Organismus, die Erregungen in Sinneszellen hervorrufen können. Reize bestimmter Stärke können Reaktionen des Organismus auslösen. Die Reizaufnahme aus der Umwelt oder dem Körperinneren erfolgt beim Hund durch Sinneszellen und freie Nervenendigungen. Die Sinneszellen sind für die Aufnahme spezifischer Reize besonders ausgebildet. Die Einteilung der Reize erfolgt heute meist nach der Energieform, also chemische, mechanische, thermische und optische Reize. Jegliche Änderungen des Verhaltens der Tiere werden also durch eine innere Bereitschaft oder durch äußere Reize ausgelöst. Bei den meisten Verhaltensweisen der Haustiere spielen bestimmte Regelkreise eine maßgebliche Rolle. Nehmen wir zum Beispiel die Regulation des Wasserhaushaltes im Tierkörper. Vom Regulationszentrum des Wasserhaushaltes im Zwischenhirn gehen bei Wassermangel Alarmmeldungen an die Großhirnrinde, dort werden das Durstgefühl und das Bestreben zur Wasseraufnahme ausgelöst. Die aufgenommene Wassermenge wird dem jeweiligen Bedarf sorgfältig angepaßt. Hier sprechen wir von einem endogenen, d. h. im Körper selbst entstehenden Antrieb bei der Auslösung eines bestimmten Verhaltens.
Nun bietet die Umwelt einem Organismus eine Überfülle von Reizen an, von denen nur ein kleiner Teil wirklich »verarbeitet« werden kann und wird. Bestimmte Erfahrungen und Reaktionen auf äußere Einflüsse werden ererbt. Auslöser sind sogenannte Kenn- oder Schlüsselreize, die lebensnotwendig sind.
Schlüsselreize sind beispielsweise Schmerzeinwirkung, Nahrung, Artgeruch, Geschlechtsgeruch paarungsbereiter Hündinnen. Die Stärke des Reizes sowie die innere Bereitschaft des Organismus sind Grundlage für die richtigen Reaktionen. Der Kennreiz Nahrung wird beim satten Tier kaum ein Augenblinzeln hervorrufen, aber auch der Urin einer heißen, also paarungsbereiten Hündin erregt eine andere Hündin so gut wie nicht, einen Rüden um so mehr.
Für den Hundeerzieher sind diese auch als unbedingte Reize bezeichneten Kenn- oder Schlüsselreize das Salz in der Suppe. Es gibt keine Übung, bei der nicht unbedingte Reize eingesetzt werden. Doch Stop! Nicht sofort zum Stachelhalsband greifen, das ist kein Universal-, sondern nur ein Hilfsmittel. Die unbedingten Reize sind bedeutend vielfältiger zu nutzen, als nur in Form des Schmerzes.
Es gibt z. B. die Möglichkeit, mit Nahrungsbrocken zu arbeiten, den Geruch anderer Hunde oder paarungsbereiter Hündinnen aus-

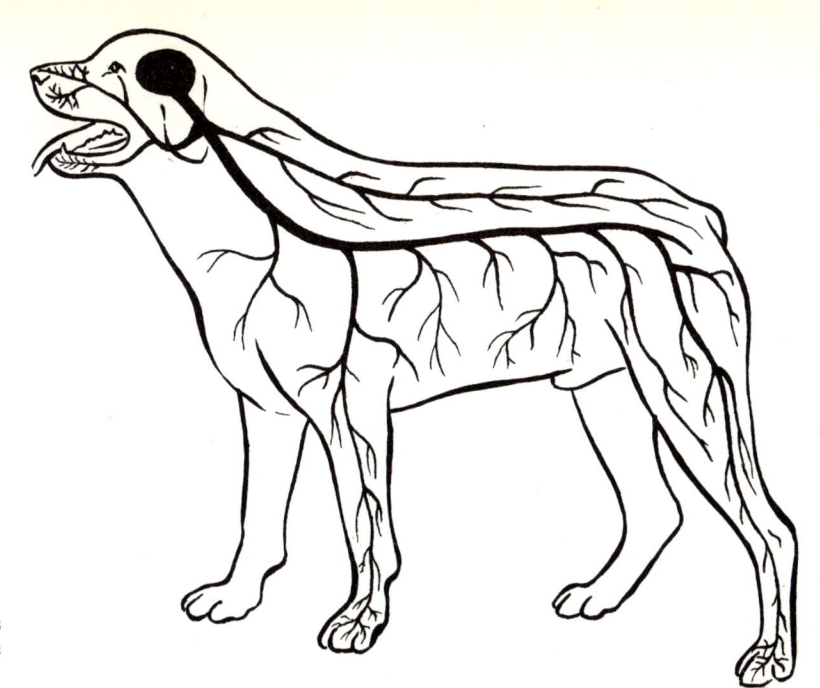

Das Nervensystem des Hundes

zunutzen, bestimmte, Wohlbefinden erzeugende Laute zu verwenden, Lieblingsspielzeuge einzusetzen und dergleichen mehr.
Die zweite Gruppe von Reizen sind die bedingten Reize, also solche, die erst nach mehrmaligem Einwirken kombiniert mit einem unbedingten Reiz für den Hund Signalbedeutung erhalten und bestimmte Verhaltensweisen dann auslösen, wenn der Vierbeiner damit bereits eine Lebenserfahrung gemacht hat. Aus der Vielzahl bedingter Reize, die ständig auf den Hund einwirken, wollen wir uns ausschließlich mit denen beschäftigen, die für die Erziehung des vierbeinigen Schülers Bedeutung haben. Jeder Reiz wird durch den Organismus mit einer Reaktion beantwortet, wobei Bewegungen die auffälligsten Reaktionen sind. Uns geht es bei der Ausbildung darum, bedingte Reize zu benutzen, um die unbedingten Reize über einen bestimmten Zeitraum wegfallen zu lassen. Mit einem Druck auf die Kruppe, gleichzeitigem Hochziehen der Leine und dem Hörlaut: »Sitz!« brachten wir in mühevoller Kleinarbeit unserem Liebling das Sitzen auf Befehl bei. Schritt für Schritt wurden die unbedingten Reize »Druck« und »Hochziehen« weggelassen und die gewünschten Verhaltensweisen nur noch mit dem bedingten Reiz »Sitz« erzielt. In kurzen oder längeren Abständen werden die unbedingten Reize wieder zur Auffrischung benutzt.

Die am meisten in der Hundeerziehung genutzten bedingten Reize sind:

Hörlaute. Darunter fallen Kommandos des Hundeführers, »lautlose« Hundepfeifen, Händeklatschen, Klopfen auf die Schenkel oder andere Körperteile, Imitationsgeräusche usw.

Sichtzeichen. Alle Bewegungen des Hundeführers (auch ungewollte zählen hierzu, bereits Gesten und Mimik werten manche Hunde als Sichtzeichen).

Gerüche. Dazu zählen alle Geruchskomponenten, die nicht unbedingt lebensnotwendig für den Hund sind. Sie spielen z. B. eine Rolle bei der Ausbildung von Hunden für die Suche nach Narkotika, Tabak, Kaffee usw.

Angeborene und erworbene Verhaltensweisen

Die ersten Lebenswochen vergehen für das Hundekind als Nesthocker ziemlich gleichförmig. Sie sind ausgefüllt mit Fressen, Kot- und

Zentralnervensystem

sensible Nervenbahn — motorische Nervenbahn

Rezeptor — **Effektor**

Reizerreger — **Antwort-Reaktion (Effekt)**

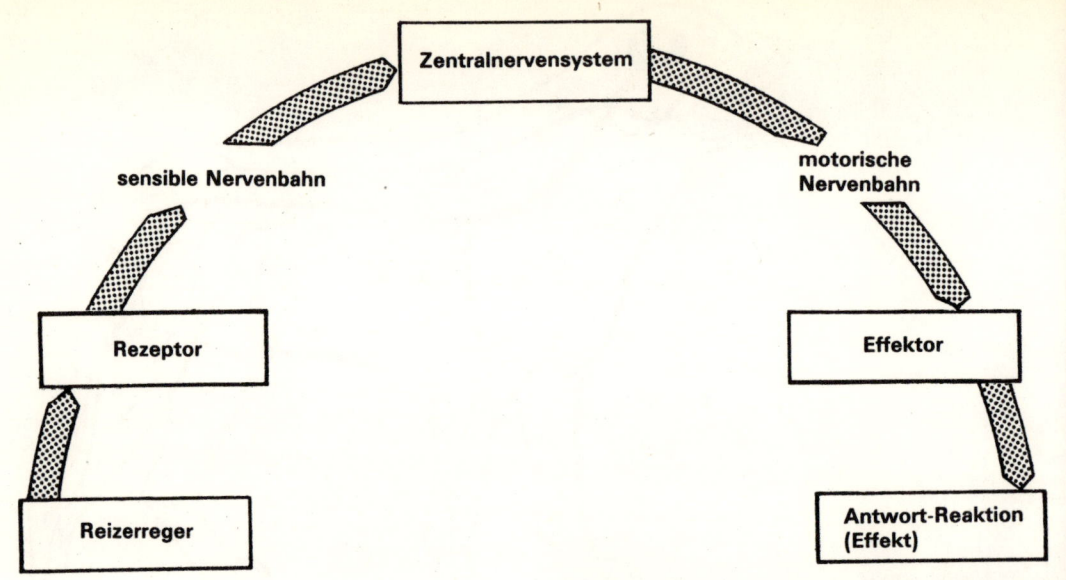

Schematische Darstellung des Reflexbogens

Urinabsetzen sowie ersten Erkundungen. Dabei trägt das kleine Wesen, kaum in der Lage, sich auf den vier Läufen zu halten, die für seine Erhaltung wichtigen Verhaltensweisen als Erbgut bereits in sich, andere werden im Zusammenleben mit den Wurfgeschwistern und dem Muttertier erlernt. Später zeichnet der Mensch als Leittier dafür verantwortlich. Die angeborenen Verhaltensweisen sind für das Tier lebenswichtig, folgende Leistungen zählen dazu:

Ernährung (stoffwechselbedingtes Verhalten);

Fortpflanzung (Fortpflanzungsverhalten, speziell auch Sexualverhalten),

Entwicklung (Ontogenese), (entwicklungsbedingtes Verhalten),

Schutz- und Körpererhaltung (Strukturerhaltung), (Schutzverhalten), (Körperpflegeverhalten — Komfortverhalten),

Orientierung (Orientierungsverhalten).

Beim eben zur Welt gekommenen Welpen zählt man u. a. dazu den Saugreflex, das Absondern von Harn und Kot, das Reagieren auf Wärme und Kälte. Später, mit fortschreitender Entwicklung, kommen Hinlegen, Setzen, Wehrhaftigkeit und vieles andere hinzu, alles ausgelöst durch unbedingte Reize. Diese verbinden sich im Laufe der Lebenswochen mit bedingten Reizen, zusammen mit dem Muttertier und dem Menschen werden für die Erkundung der Umgebung, für den Futtererwerb, für das Vermeiden von Feinden und für das Verhalten gegenüber den Artgenossen Erfahrungen gesammelt und im Gedächtnis gespeichert, die von unschätzbarem Wert für jede Hundeerziehung sind. Was geht nun im Hund vor, wenn wir versuchen, durch unbedingte Reize bestimmte Reaktionen auszulösen?

Pawlow wies nach, daß sich z. B. ein unbedingter Reiz für die Futteraufnahme und für die Förderung der Abgabe von Speichel und von Magensaft, wie ihn der Anblick des Futters und dessen angenehmer Geruch darstellt, mit einem bedingten Reiz (z. B. Klingeln) verbinden läßt. Nach wiederholter gleichzeitiger Einwirkung des Sehens und Riechens des Futters sowie des Hörens eines Klingelzeichens führt beim Hund nach einiger Zeit allein das Einschalten der Klingel zu einer Anregung der Sekretion der Drüsen der Verdauungsorgane: Es hat sich eine bedingte Reaktion (Reflex) gebildet. Beim Lernen des zweckmäßigen Reagierens auf bestimmte Umweltreize durch das Tier kommt es auch zur Ausbildung von Verbindungen zwischen einzelnen Zentren der Großhirnrinde, die eine Verarbeitung und Beantwortung von Informationen aus verschiedenen Bereichen des Körpers durchführen.

Nehmen wir noch einmal die Übung »Hinsetzen«. Der Hund soll sich auf den bedingten

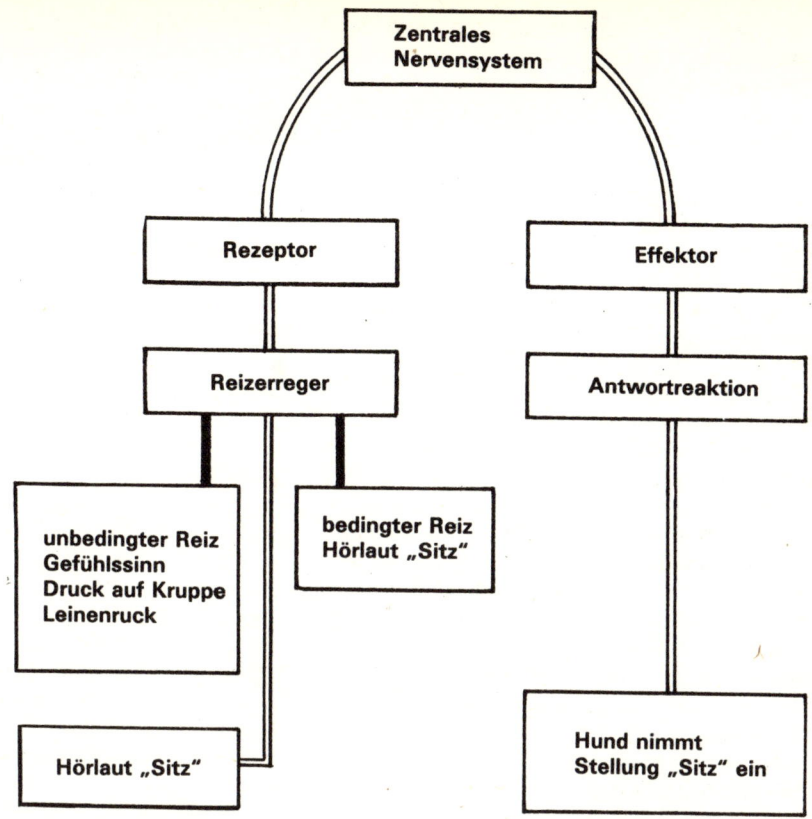

```
                    ┌─────────────────┐
                    │    Zentrales    │
                    │   Nervensystem  │
                    └─────────────────┘
                   ╱                   ╲
         ┌──────────────┐         ┌──────────────┐
         │   Rezeptor   │         │   Effektor   │
         └──────────────┘         └──────────────┘
                │                         │
         ┌──────────────┐         ┌──────────────────┐
         │ Reizerreger  │         │ Antwortreaktion  │
         └──────────────┘         └──────────────────┘
          ┃           ┃                   │
┌──────────────────┐ ┌──────────────┐
│ unbedingter Reiz │ │bedingter Reiz│
│   Gefühlssinn    │ │Hörlaut „Sitz"│
│ Druck auf Kruppe │ └──────────────┘
│    Leinenruck    │
└──────────────────┘
          │                               │
   ┌──────────────┐           ┌───────────────────┐
   │Hörlaut „Sitz"│           │   Hund nimmt      │
   └──────────────┘           │ Stellung „Sitz" ein│
                              └───────────────────┘
```

Der Reflexbogen in der praktischen Ausbildung

Reflex Hörlaut »Sitz« sofort setzen. An der schnellen Ausführung hindert uns, daß bei aller Liebe der Vierbeiner nicht versteht, was wir von ihm wollen. Also heißt es, etwas nachzuhelfen, einen unbedingten Reiz zu finden, mit dessen Hilfe wir doch zum Ziel kommen. Einem kräftigen Druck auf die Kruppe weicht der Hund aus, indem er sich hinsetzt.

Nach Pawlow spielt sich im Inneren des Tieres folgendes ab: Der unbedingte Reiz, in diesem Fall der Druck auf die Kruppe, wird von den Rezeptoren des Tastsinnes aufgenommen und über die sensiblen Nervenbahnen zum Zentrum des subkortikalen Teils im Zentralen Nervensystem geleitet, das für diesen Körperteil eine Schmerzempfindung registriert. Für den Bereich wird eine Erregung ausgelöst, vom sensiblen auf den motorischen Teil »umgeschaltet« und mit der motorischen Nervenbahn bestimmte Muskelgruppen in Bewegung gebracht: Der Hund setzt sich. Pawlow unterteilt diesen Reflexbogen in drei Teile:

das jeweilige Aufnahmeorgan mit den Rezeptoren und der sensiblen Nervenbahn,
das Schaltzentrum im kortikalen und subkortikalen Teil des Zentralnervensystems
der motorische Teil, der vom Zentralnervensystem über die motorische Nervenbahn zu den einzelnen Erfolgsorganen führt.

Diese vereinfachte Darstellung vom Ablauf eines unbedingten Reflexes wurde von dem sowjetischen Zoologen Anochin ergänzt. Er wies nach, daß vom Erfolgsorgan eine Rückmeldung zum Zentralnervensystem erfolgt, die über die Ausführung des Befehls informiert und Korrekturen ermöglicht.

Folgende angeborene Verhaltensweisen, die den Hundeerzieher speziell interessieren müssen, sind Grundlage jeder Ausbildung:

Abwehr- und Schutzreflex
Nahrungsreflex
Geschlechtsreflex
Beutereflex.

Die Reaktionen sind bei allen Hunden stark abhängig vom Wesen, deshalb ist es sehr wichtig, bereits beim Junghund zu testen, wie er z. B. auf Schmerzeinwirkung reagiert, welche Verhaltensweisen Futterbrocken auslösen, wie er sich zu Artgenossen verhält. Je gründlicher diese Vorbereitung erfolgt, um so leichter wird später die Ausbildung.

Instinkthandlungen

Lange Zeit hat der Mensch alles, was im Verhalten schwer erklärbar war, Instinkthandlungen zugeordnet.

Der Tierarzt und Verhaltensforscher F. Brunner definiert sie als Verhaltensweisen, mit denen ein Tier ohne vorherige Lebenserfahrung mit seiner Umwelt in Beziehung tritt.

Tinbergen definiert die Instinkte als hierarchisch organisierten Mechanismus, der auf bestimmte vorwarnende, auslösende und richtende Impulse, sowohl innere wie äußere, anspricht und sie mit wohlkoordinierten, lebens- und arterhaltenden Bewegungen beantwortet. Die Instinkte liegen den Instinkttätigkeiten zugrunde, einem artspezifischen System von Verhaltensweisen (ererbt und unter natürlichen Bedingungen arterhaltend sinnvoll). Tembrock faßt Instinkte kurz als artspezifisches erfahrungsunabhängiges Verhalten zusammen, und Lorenz nennt die instinktabhängigen Verhaltensmuster Instinktbewegungen oder Erbkoordinaten, die über Auslösemechanismen aktiviert werden. Demnach ist eine Instinktbewegung eine im Normalfall durch Reize ausgelöste Bewegungseinheit, deren Verlauf reizunabhängig und artspezifisch ist.

Als angeborenes, also instinktives Verhalten kann es demnach gelten, wenn es bei allen gleichalten und gleichgeschlechtlichen Tieren einer Art vorkommt. Trotz der vielen Jahre, die sich der Mensch nun schon mit seinem Haustier Hund befaßt und bemüht ist, herauszufinden, wie dieser sich verhält und welche Bedingungen darauf einen Einfluß haben, blieb und bleibt vieles unerklärbar, weil keine sichtbare oder zumindest erkennbare Ursache das Tun mitbestimmt.

Tembrock geht davon aus, daß der Eigengesetzlichkeit tierischen Verhaltens eine eigene Qualität gegeben ist, die unter allen bekannten jener am nächsten steht, die der Mensch durch Eigenbeobachtung an sich selbst erfährt und mit dem Begriff Psychologie umschreibt. In seinem Buch »Tierpsychologie« schreibt er: »So lag und liegt es nahe, diese eigengesetzlichen Vorgänge in tierischen Organismen, die ihrem Verhalten zugrundeliegen, ebenfalls unter diesen Begriff zu stellen, und damit die Lehre, die sich mit ihnen befaßt, ›Tierpsychologie‹ zu nennen. Geht man davon aus, dann stellt sich für den modernen Naturwissenschaftler die Frage, wie er denn heute die Erscheinungen kennzeichnen kann, aus denen auf jene besondere Qualität geschlossen wird, die sich als Tierpsychologie erfassen läßt.

Folgende erkennbare Phänomene scheinen dieser Qualität zugeordnet zu sein:

Tiere haben Wahrnehmungen: Bestimmte Eigenschaften und Vorgänge werden über verschiedene Sinneskanäle in einer für den jeweiligen Organismus kennzeichnenden Art ›erfaßt‹; so kann ein Schmetterling etwa Form, Farbe und Geruch bestimmter Umweltobjekte wahrnehmen, daß er letztlich nur solche Objekte anfliegt, die wir Blüten nennen, ja vielfach unter diesen wiederum nur ganz bestimmte.

Tiere haben raum-zeitlich geordnetes ›angepaßtes‹ Verhalten. Der Grad der Anpassungsfähigkeit weist erhebliche Unterschiede zwischen den Arten auf. Dabei lassen sich meist artspezifische Grundmuster oder auch Elemente im Verhalten nachweisen.

Tiere lassen verschiedene Motive ihres Verhaltens erkennen, die bestimmten lebensnotwendigen Leistungen zugeordnet sind.

Tiere zeigen beim Vollzug ihres Verhaltens, auch in Verbindung mit den dabei vollzogenen Wahrnehmungen unterschiedliche Zustandsformen, die vom menschlichen Beobachter als Grad einer ›Erregung‹ beschrieben werden.

Tiere zeigen (oft tageszeitlich) wechselnde ›Wachheitszustände‹, die sich in ihren Reaktionszeiten, ihrer Ansprechbarkeit durch Reize und andere meßbare Kriterien kennzeichnen lassen; die moderne Wissenschaft nennt diese Zustandsnormen ›Vigilanz‹.

Tiere verhalten sich anders gegenüber Umweltveränderungen, die unabhängig vom Eigenverhalten auftreten, als gegenüber den gleichen Veränderungen, die durch das eigene Verhalten verursacht werden.«

Dies sind die wesentlichen Erscheinungen, die jene Qualität kennzeichnen, die das Wort »Tierpsychologie« umschreibt. Ihnen sind mannigfaltige Begriffe wie Stimmungen, Triebe, Gefühle, Affekte, Instinkte, Lernen usw. beigelegt worden.

Lange Zeit wurde behauptet, Instinkthandlungen seien durch den Menschen nicht beeinflußbar und über Generationen hinweg unveränderlich. Heute steht fest, daß in alle Abläufe Lebenserfahrungen mit einbezogen werden, also die Umwelt eine Rolle spielt, damit auch die Beziehung des Hundehalters zu seinem Tier.

Erworbene Verhaltensweisen

Für die erworbenen Verhaltensweisen trägt der Besitzer den größten Teil der Verantwortung, den Rest die Umwelt. Sechs Voraussetzungen sind nötig zur Bildung eines bedingten Reflexes:
1. Beide Reize, die notwendig sind, einen bedingten Reflex, also eine erworbene Verhaltensweise, zu bilden, wirken ständig auf das Tier ein. Ein Beispiel: Wir lehren den Vierbeiner zum wiederholten Male, sich auf Befehl hinzusetzen. Unmittelbar nach dem Hör-Laut »Sitz!«, also dem bedingten Reiz, drückt die linke Hand stark auf die Kruppe. Der Hund will dem Schmerz ausweichen und setzt sich. In diesem Moment zieht die rechte Hand die Leine ruckartig nach oben.
Kruppendruck und Leinenzug sind die unbedingten Reize, die so oft erfolgen müssen, bis sich der Hund bereits auf den bedingten Reiz Hör-Laut »Sitz!« schnell niederläßt. Jetzt reicht es aus, die unbedingten Reize ab und zu anzuwenden, sozusagen als Wiederholung des Stoffes, um die erworbene Lebenserfahrung aufzufrischen.
2. Der bedingte Reiz (Hörlaut, Sichtzeichen) muß immer unmittelbar vor dem unbedingten Reiz erfolgen. Das ist einleuchtend, wenn wir uns daran erinnern, wie unbedingte Reflexe ablaufen. Kommt das Kommando später als der Druck auf die Kruppe und der Leinenruck, hat es kaum noch Signalbedeutung für den Hund.
3. Zur Zeit der Ausbildung dürfen nur wenig andere ablenkende Reizerreger vorhanden sein. Das ist besonders im Anfangsstadium der Erziehung wichtig. So ist es beispielsweise kaum möglich, einen Rüden längere Zeit an einer bestimmten Stelle hinzulegen, wenn 10 m weiter eine paarungsbereite Hündin ihr Geschäft verrichtet hat.
4. Die auf den Hund einwirkenden Reize müssen intensiv sein. Das bedeutet nicht, alle Kommandos mit Feldwebelstimme über den Platz zu brüllen oder die gesamte Kraft von zwei Zentnern Lebendgewicht einzusetzen. Unter kräftig Einwirken versteht der Abrichter, den Reiz so zu dosieren, daß er für den Hund das absolut Wichtigste ist. Damit werden in diesem Moment starke Erregungsherde im Hirn des Tieres gebildet, die zur schnelleren Verknüpfung führen, also den Lernprozeß beschleunigen. Die Stärke der Einwirkung hängt vom Typ und Wesen des Tieres ab. Bei dem einen braucht man ein Stachelhalsband, ein anderes wird dadurch bereits verprellt, bei ihm genügen der Lederwürger und ein kurzer Leinenruck. Die richtige Dosierung muß der Erzieher im Gefühl haben.
5. Der jeweilige unbedingte Reflex muß genügend erregt sein, um einen bedingten Reflex darauf aufzubauen. Das ist eine der wichtigsten Forderungen. Um beim Beispiel »Sitz!« zu bleiben, alle Mühen sind vergeblich, wenn der Hund beim Druck auf die Kruppe nicht so viel Schmerz verspürt, daß er ihm ausweicht und sich setzt.
6. Der Nachahmungstrieb des Hundes soll soweit als möglich ausgenutzt werden. So hat schon mancher Vierbeiner Hindernisse spielend überwunden, wenn er hinter mehreren Artgenossen herlief. Das gilt auch für den Schwebebalken, die Leiter oder den Grabensprung. Wichtig hierbei ist, daß sich die Hunde immer in Bewegung befinden, aus dem Laufschritt an Hindernisse geführt werden, diese überwinden, zur nächsten Station laufen usw. Als erster läuft immer ein Hund, der vorbildlich arbeitet. Demonstriert ein Hund fehlerhaftes Verhalten, finden auch solche schlechte Verhaltensweisen Nachahmer. Im Schutzdienst spielt die sechste Voraussetzung bei der Reihen- oder Ringhetze eine wichtige Rolle. Neben einen schwach beißenden Hund wird stets einer eingeordnet, der gute Leistungen aufweist. Schließlich kann auch das Spurensuchen mit Hilfe des Nachahmungstriebes angebahnt werden.

Bildung dynamischer Stereotypen

Stereotypen sind einzeln gebildete bedingte Reflexe, die über eine längere Zeit hinweg immer in der gleichen Reihenfolge ausgelöst werden. In fast allen Prüfungsordnungen wird die Übung »Voraussenden des Hundes, Platz machen lassen, Heranrufen, Vorsitzen und bei Fuß gehen« gefordert. Dieser Komplex besteht aus einzelnen bedingten Reflexen:

– Ausgangsstellung des Hundeführers –
einzelner bedingter Reflex des Hundes »Sitz!« neben dem Hundeführer an dessen linker Seite
– Hundeführer gibt den bedingten Reiz Hör-Laut »Voraus«, verbunden mit dem bedingten Reiz »Sichtzeichen mit der Hand nach vorn« –
einzelner bedingter Reflex »Hund läuft in gerader Richtung«
– Hundeführer gibt den bedingten Reiz Hörlaut »Platz!« –
einzelner bedingter Reflex »Hund macht Platz«
– Hundeführer geht außer Sicht des Hundes –
einzelner bedingter Reflex »Hund bleibt liegen«
– Hundeführer kommt nach einer bestimmten Zeit aus dem Versteck und nimmt mit Blickrichtung zum Hund Grundstellung ein –
einzelner bedingter Reflex »Hund bleibt liegen«
– Hundeführer gibt bedingten Reiz Hörlaut: »Zu mir!« oder »Sichtzeichen erhobener Arm« –
einzelner bedingter Reflex »Hund steht auf und kommt in schneller Gangart zum Führer zurück«
– Hundeführer steht in Grundstellung –
einzelner bedingter Reflex »Hund setzt sich vor den Hundeführer«
– Hundeführer steht in Grundstellung und gibt bedingten Reiz: Hörlaut: »Fuß!« –
einzelner bedingter Reflex »Hund steht auf und begibt sich an die linke Seite des Hundeführers«.
– Hundeführer steht in Grundstellung –
einzelner bedingter Reflex »Hund setzt sich an die linke Seite des Hundeführers«.
Wenn diese Einzelübungen eine Zeitlang immer in gleicher Reihenfolge geübt werden, bedarf es nur noch sehr weniger Reize für den Gesamtablauf. Alles greift wie ein Räderwerk ineinander. Selbstverständlich müssen die Teilübungen sehr exakt eingearbeitet werden, möglichst auch unter ständig wechselnden Umweltbedingungen.
In diesem Zusammenhang noch einige Erfahrungen aus der Praxis. Die meisten Fehlleistungen entstehen, weil die Ausbilder es nicht verstanden haben, korrekt und sauber auf den Hund einzuwirken. Es ist ratsam, nach jeder Einzelübung Pausen von unterschiedlicher Dauer einzulegen. Ein Beispiel soll deutlich machen, warum Pausen nötig sind.
Fast alle Hunde springen gern. Auf sie übt die Kletterwand einen so starken Reiz aus, daß sie richtig fiebern, endlich losgelassen zu werden. Der erfahrene Erzieher verharrt deshalb, nachdem er mit dem neben ihm sitzenden Hund Grundstellung – den Anfang aller Übungen – eingenommen hat, verschieden lange Zeit, bevor er das Kommando »Hopp!« gibt. Macht er das nicht, kann es ihm passieren, daß der Vierbeiner so schnell auf und davon ist, daß er nur noch die Rute verschwinden sieht. In diesem Zusammenhang ein Tip aus der Trickkiste.
Springt der Hund, ohne das Kommando abzuwarten, gehen wir folgendermaßen vor: Wir lassen den ungehorsamen Vierbeiner eine Weile vor der Wand neben uns sitzen, führen ihn wieder weg, kommen wieder, gehen wieder weg. Das Spiel wird so fünf- bis sechsmal wiederholt, erst dann darf er springen. Mit der Zeit bilden sich so die richtigen Reaktionen heraus. Es ist aber davon abzuraten, in der Bildung dynamischer Stereotypen zu weit zu gehen. Für einzelne Übungsabläufe sind sie gut und richtig, doch wer meint, beispielsweise die gesamte Prüfung wie die Kür eines Eiskunstläufers bis zum Auszählen der Schrittfolgen zu programmieren, wird sehr bald Schiffbruch erleiden. Die kleinste Abweichung vom Einstudierten bedeutet dann das sichere »Aus«.

Erregungs- und Hemmungsprozesse

Sie werden auch als Grundprozesse der Nerventätigkeit, die sich in ständiger Wechselwirkung befinden, bezeichnet. Sie haben unter anderem die Aufgabe, den Organismus vor zu hohen Belastungen zu schützen, ermöglichen es ihm, sich an veränderte Umweltbedingungen relativ schnell anzupassen. Die Intensität, die notwendig ist, um das Wechselspiel von

Erregung und Hemmung in Form einer angeborenen oder im täglichen Leben erworbenen Verhaltensweise auszulösen, wird als Reizschwelle bezeichnet. Sie ist individuell verschieden und vom Typ der höheren Nerventätigkeit abhängig.

Definieren wir zunächst einmal den Begriff Erregung. Alle Reize lösen bei ausreichender Intensität eine Erregung im Zentralnervensystem aus. Die Stärke der Erregung und auch der Hemmung hängt davon ab, wie ausgeglichen beide vorhanden sind. Es ist bei der Hundeerziehung wichtig, so stark mit den Reizen einzuwirken, daß eine Hemmung bereits vorhandener Verhaltensweisen erfolgt. Hemmungen sind also nervöse Prozesse, bei denen auf bestimmte Funktionen eine abschwächende bzw. unterdrückende Wirkung ausgeübt wird. Neue, starke Reize stürmen auf den Hund ein, die Hemmung sorgt dafür, daß es zu angenommenen Verhaltensweisen kommt. Die Verhaltensforscher unterteilen nochmals in unbedingte und bedingte Hemmungen, entsprechend der Reflextheorie.

Wir haben mit der unbedingten Hemmung eine Form vor uns, die überwiegend auf angeborene Verhaltensweisen wirkt, die relativ stabil und typgebunden sind. Ein fressender Rüde läßt sich durch nichts abhalten, knurrt manchmal sogar seinen Herrn warnend an. Kommt jedoch eine paarungsbereite Hündin vorbei, unterbricht er sofort das Fressen und wird geschlechtsaktiv. Ohne die Hemmung könnte ein Tier bei einer ablaufenden Reaktion nicht schnell genug auf neue Umweltreize reagieren.

Selbstverständlich wirken nur solche Reize bei unserem Hund stark erregend, die für das Tier Neues, Ungewohntes bieten und damit eine Hemmung auslösen. Reize der täglichen Umwelt verlieren ihre Signalwirkung. Mit diesem Wissen ausgerüstet versuchen wir, während der Ausbildung den Hund soweit wie möglich mit allen Umweltverhältnissen vertraut zu machen. Ein Übungsplatz, der direkt an der Einflugschneise des Flugplatzes liegt, wird für manchen Hundehalter zum Problem. Doch sehr bald haben sich die Vierbeiner auch an den größten Jumbo-Jet gewöhnt; die ablaufenden Übungskomplexe werden nicht mehr gehemmt.

Diese Reize heißen in der Fachsprache »erlöschende Hindernisse«. Den Gegensatz dazu bilden die »nicht erlöschenden Hindernisse«,

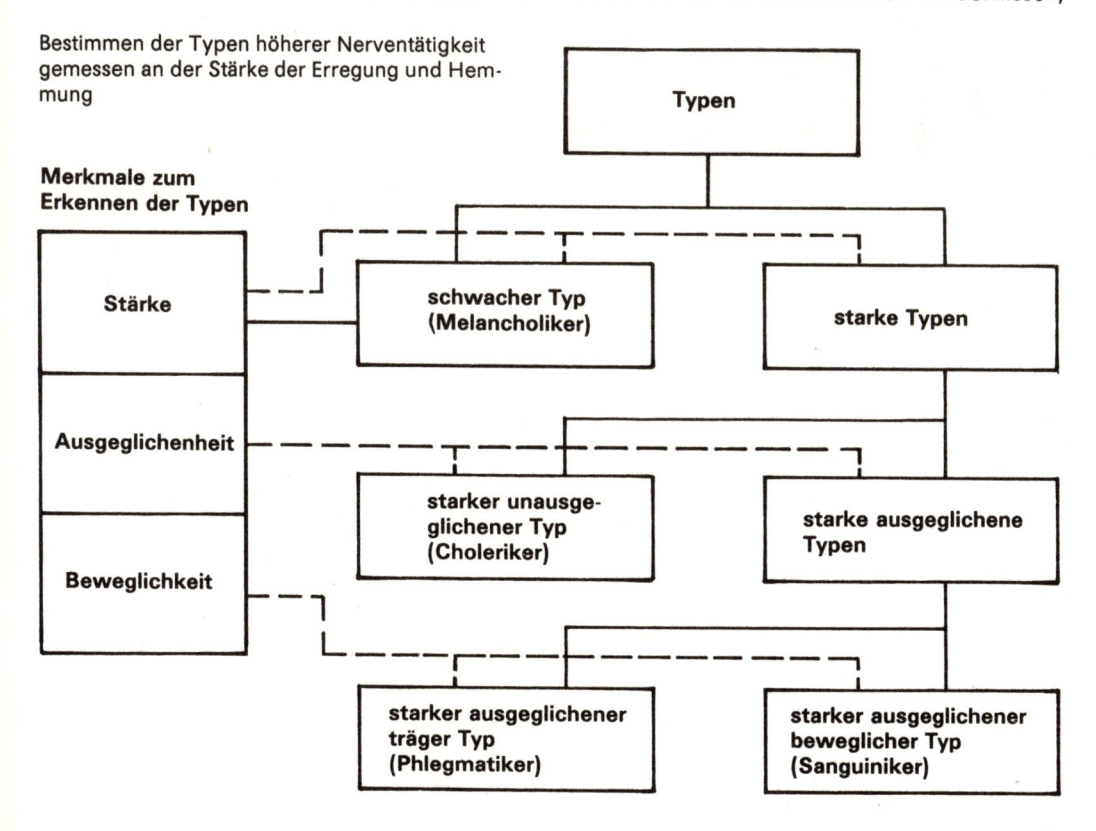

Bestimmen der Typen höherer Nerventätigkeit gemessen an der Stärke der Erregung und Hemmung

stark zu beachten bei jeder Hundehaltung. Zu ihnen zählt die paarungsbereite Hündin. Sie darf keinesfalls in einer Gruppe mit Rüden gearbeitet werden. Vergessen wir, vor Beginn des Unterrichts dem Hund Auslauf zu gewähren, damit er sich lösen kann, stört der innere unbedingte Reiz »Druck auf die Harnblase« natürlich den Ablauf der Übungen. Sicher hat mancher Hundehalter schon einmal die Erfahrung gemacht, daß sein Hund urplötzlich jeglichen Gehorsam verweigert, sich einfach hinlegt und durch kein Bitten oder Schreien zu bewegen ist, wieder aufzustehen. Hier schützte eine Überlastungshemmung das Tier vor Überbeanspruchung bestimmter Zentren. Für uns heißt das, stets abwechslungsreich und den physischen, aber auch psychischen Kräften des Hundes angepaßt, zu arbeiten. Kommt es doch zu Überlastungserscheinungen, braucht der Hund Ruhe, im Extremfall mehrere Tage.

Die bedingte Hemmung wird dann wirksam, wenn eine Lebenserfahrung nicht mehr benötigt wird und die entsprechenden Reize ausbleiben, in unserem speziellen Fall, wenn eine bestimmte Übung über längere Zeit nicht mehr gefordert wird. Nach kurzer Einwirkung beider erforderlicher Reize ist der Hund sehr schnell wieder bereit, die gewünschte Verhaltensweise zu zeigen. In der Praxis heißt das: regelmäßig mit dem Tier arbeiten, einmal gebildete Erfahrungen nicht mehr verlöschen lassen. Aber alles hat seine guten Seiten. Stellen Sie sich vor, es gäbe dieses Erlöschen nicht – einmal begangene Erziehungsfehler könnten nie wieder gutgemacht werden!

Unter dem Oberbegriff bedingte Hemmung gibt es noch zwei weitere Varianten. Da ist zunächst die Differenzierungshemmung, durch die unser Vierbeiner in der Lage ist, in ihrer Art gleiche oder ursächlich verschiedene Reizeinwirkungen zu unterscheiden. Das betrifft den Geruch, verschiedene Arten des Schmerzes und Hörlaute. Alle Verhaltensweisen des Hundes sind in starkem Maße von der Intensität der Differenzierungshemmung abhängig. Wir sollten alle Reize, mit denen eingewirkt wird, eindeutig und unverwechselbar gestalten: deutlich sprechen, gleichbleibende Gesten und Sichtzeichen geben, beide zeitlich trennen und nicht überhasten. Die verspätete Hemmung wird wirksam, wenn vom Zeitpunkt der bedingten Reizeinwirkung an eine bestimmte Zeit bis zum unbedingten Reiz vergeht. Der bedingte Reiz hat zunächst einen Hemmungsprozeß zur Folge, der von einem Erregungsprozeß, verursacht durch den danach einwirkenden unbedingten Reiz, abgelöst wird. Obwohl das einige Sekunden dauern kann, ist es wichtig, daß die Spanne zwischen beiden Reizen kurz gehalten wird.

Die theoretischen Grundkenntnisse wollen wir jetzt in der Praxis beweisen. Es gilt, den Nerven-Typ des vierbeinigen Lieblings der Familie zu bestimmen. Welche der vielen Abrichtemethoden die richtige ist, welcher Reiz zu welchem Zeitpunkt zum Erfolg führt, ist u. a. vom Wesen des Hundes abhängig.

Wichtig ist aber auch, die Verfahren zu unterscheiden, nach denen gelernt wird, gibt es doch auch hier gewisse Grundvorgänge, die allgemeingültig sind. Die einfachste Form des Lernens liegt dann vor, wenn ein Tier aus der Umwelt lernt und dadurch sein Eigenverhalten verbessert. Zu dieser, auch lineares Lernen genannten Form gehört das Bilden bedingter Reflexe, wie wir sie bereits durch Pawlow kennen.

Die Verstärkung solcher linearer Lernvorgänge erfolgt über Hilfsinformationen. Bestimmte Umweltreize werden mit zentralnervös fixierten Handlungsformen verknüpft. Tembrok stellte dafür folgende Formel auf: Auf Reiz A folgt Handlung B. Wird neben A (beispielsweise das Klingelzeichen) Reiz C geboten, erfolgt nach einiger Zeit die Reaktion B auch dann, wenn C allein dargeboten wird. Die Reaktion auf C ist erlernt worden.

Auf diese Weise vollziehen sich viele Lernvorgänge.

Eine höhere Stufe ist das »Kreis-relationale Lernen«. Sie wird dadurch gekennzeichnet, daß die Reihenfolge Reiz – Reaktion – Bekräftigung vorliegt, d. h. eine Rückmeldung über den Erfolg der Handlung. Diese Lernform wird auch Bedingter Reflex II oder instrumentelles Lernen (Lernen durch Versuch und Irrtum) genannt. Neue Lösungen werden ausprobiert und der erfolgbringende Weg beibehalten. Es entstehen auch neue Handlungen. Als das »Lernen durch Einsicht« bezeichnet man die dritte Form, deren Kriterien sind:
plötzliches Auftreten einer »Kannphase«,
Beibehalten einer Kannphase auch unter veränderten und unbekannten Bedingungen.

Lorenz nannte das einsichtige Lernen »Problemlösen durch glücklichen Einfall« und nimmt an, daß sich dieses Verhalten vor allem dort entwickelt hat, wo größte Raumübersicht erforderlich war, als »Leistung komplexer Sy-

steme stammesgeschichtlich programmierter Mechanismen zum Gewinn sofortiger Information«.
Beim einsichtigen Lernen vollziehen sich die entscheidenden Operationen innerhalb des Systems und haben Eigenschaften des »Denkens«, sie werden bei Tieren als »unbekanntes Denken« bezeichnet.

Typen der höheren Nerventätigkeit

Beobachtungen, die speziell Pawlow am Verhalten des Hundes machte, zeigten, daß es neben ruhigen und gesetzten Tieren, die sich in neuen Verhältnissen schnell zurechtfinden, auch Tiere mit deutlich ausgeprägten Abwehrreaktionen gibt, die lange Zeit mit ungewohnten Situationen nicht zurechtkommen. Bei Tieren des ersten Typs lassen sich leicht bedingte Reflexe ausarbeiten. Bei Tieren des zweiten Typs dagegen, die meist als »feige« bezeichnet werden, bilden sich bedingte Reflexe nur sehr langsam. Jede plötzliche Veränderung der äußeren Bedingungen kann zur Blockierung der eingearbeiteten Reflexe führen, manchmal für sehr lange Zeit.
Spezielle Tests ergaben, daß die Individualität des Verhaltens tatsächlich von der Stärke der Beweglichkeit und der Ausgeglichenheit der Nervenprozesse abhängt. Nach der Stärke des Erregungs- und des Hemmungsprozesses wurden alle Tiere in zwei Haupttypen eingeteilt: starke und schwache.
Die Tiere vom ersten Typ werden nochmals in starke ausgeglichene und starke unausgeglichene unterteilt. Beim letzteren Typ überwiegt der Erregungs- gegenüber dem Hemmungsprozeß. Die Tiere, die zum starken ausgeglichenen Typ gehören, wurden nach der Beweglichkeit der Nervenprozesse in starkeausgeglichene-bewegliche Typen und starkeausgeglichene-träge Typen eingeteilt. Beim Typ der schwachen Tiere war es außerordentlich schwierig, den Grad der Ausgeglichenheit ihrer Nervenprozesse, wie auch den Grad ihrer Beweglichkeit zu bestimmen.
Interessant ist, daß diese Typen, die auf der physiologischen Charakteristik der Besonderheiten der Nervenprozesse beruhen, völlig mit der Klassifikation der Temperamente übereinstimmen, die einst der griechische Arzt Hippokrates aufgestellt hatte. Er fand beim Menschen vier Grundtemperamente: Melancholiker, Choleriker, Sanguiniker, Phlegmatiker.
Für uns, Züchter oder Abrichter und für alle Hundeliebhaber ist es wichtig zu wissen, über welche typspezifischen Eigenschaften der Vierbeiner verfügt, wie sie zum Ausdruck kommen und vor allem, was sich daraus für die Erziehung ergibt. Niemand sollte in den Fehler verfallen, seinen Hund wegen einer Eigenschaft einem Typ zuzuordnen. Dazu gehört die Kenntnis des gesamten Verhaltensspektrums in den unterschiedlichsten Umweltverhältnissen. Es gibt kaum einen Hund, der sich ohne Schwierigkeiten einem Typ zuordnen läßt, es wird stets Mischtypen geben. Man muß erkennen, welche Typeigenschaften dominieren, dann kann man gezielt auf Verhaltensweisen Einfluß nehmen.
Der Hundebesitzer ist gut beraten, der einen langsam reagierenden Phlegmatiker schnell und ohne viele Pausen zur Prüfung vorführt. Schlecht geht es meist, wenn ein phlegmatischer Hund zu einem phlegmatischen Herrn kommt. Schlimmer ist es, wenn zwei Choleriker aneinander geraten.
Die Tiere des *schwachen Typs* (Melancholiker) sind meist ängstlich, zurückhaltend und scheu. Sie haben Schwierigkeiten, sich an neue Umweltsituationen zu gewöhnen und versagen meist bei neuen starken Reizeinwirkungen. Lebenserfahrungen werden nur schwer und mit geringer Beständigkeit gebildet. Immer wieder lösen Umweltreize Hemmungen aus, die oft zu passiven Abwehrreaktionen führen. Einen solchen Hund wird man nie zum guten Schutzhund ausbilden können. Bei genügender Schärfe kann er aber zu einem zufriedenstellenden Begleithund werden. Auch als Wachhund kann der Melancholiker arbeiten, reicht es doch meist aus, wenn fremde Personen durch Bellen angezeigt werden. Vorsicht aber mit solchen Hunden bei Kindern oder wenn Besuch kommt. In der vertrauten Umwelt fühlt er sich stark, auch faßt der Melancholiker ganz gern mal von hinten zu. Kinder spielen gern mit Hunden, das kann aber vom Hund falsch aufgefaßt werden und zum Angstbeißen führen. Auf Spaziergängen, besonders jedoch im Umgang mit fremden Menschen sollte man größte Vorsicht walten lassen. Am besten mit angelegtem Beißkorb und an der Leine ausführen!

Typen der höheren Nerventätigkeit	Aktivitäten des Zentralnervensystems nach den Merkmalen zum Erkennen der Typen	Bildung von Lebenserfahrungen	Wesentliche Verhaltensweisen	Abrichte- und Verwendungsmöglichkeiten
1	2	3	4	5
Schwacher Typ (Melancholiker)	Arbeitsfähigkeit des Zentralnervensystems ist schwach. Alle Reizeinwirkungen schalten schnell in Hemmungen um. Hemmungen überwiegen.	Die Lebenserfahrungen werden schwach und sehr unbeständig gebildet.	Hunde, die auf den größten Teil von Reizeinwirkungen der Umwelt passiv, zurückhaltend und mißtrauisch und vor allem ängstlich reagieren. Fluchtreaktionen sind ausgeprägt.	Als Wachhunde, Begleithunde in begrenzten Fällen und nur unter bestimmten Voraussetzungen, schlechter Begleiter und Spielgefährte für Kinder. Vorsicht beim frei laufen lassen im eigenen Grundstück sowie bei Kontakt mit fremden Personen.
Starker ausgeglichener träger Typ (Phlegmatiker)	Arbeitsfähigkeit des Zentralnervensystems ist hoch entwickelt, Reizeinwirkungen rufen ausgeglichene Erregungs- und Hemmungsprozesse hervor. Der Wechsel von Erregung und Hemmung geht relativ langsam vor sich.	Die Lebenserfahrungen werden relativ sauber, jedoch nicht allzu schnell erzeugt. Sie laufen gleichmäßig, jedoch »phlegmatisch« ab.	Hunde, die sehr ausgeglichen sind, sich sicher in der Umwelt bewegen, jedoch in ihrer allgemeinen äußerlich sichtbaren Bewegungsaktivität nicht allzu temperamentvoll erscheinen.	Hunde, die sich zu allen Verwendungs- und Einsatzmöglichkeiten eignen. Sichere und vom Grundwesen her gutmütige, ruhige Spielgefährten von Kindern. Bewacher bei entsprechender Abrichtung von Haus und Wohnungen, ohne gemeingefährlich zu sein.
Starker unausgeglichener Typ (Choleriker)	Arbeitsfähigkeit des Zentralnervensystems ist hoch entwickelt. Reizeinwirkungen rufen starke Erregungsprozesse hervor, Hemmungen werden nur langsam und unbeständig sichtbar.	Die Lebenserfahrungen, die Abwehrreaktionen und auch aktive Verhaltensweisen auslösen, werden relativ schnell erzeugt. Passive Verhaltensweisen, wie »Platz«, Auslassen im Schutzdienst etc. werden langsam und unbeständig gebildet.	Hunde, die auf den größten Teil von Reizeinwirkungen der Umwelt aktiv reagieren. Aktive Abwehrreaktionen sind vorherrschend. Passive Verhaltensweisen werden kaum sichtbar.	Als Schutzhunde bei richtiger Führung gut geeignet, besitzen in der Regel Schärfe. Sind zuverlässige Begleiter für Polizei und Sicherheitsbehörde. Kompliziert bei der Abrichtung. Vorsicht beim Umgang mit Kindern, fremden Personen und beim frei laufen lassen. Als Fährtensuchhund nur bedingt geeignet.

1	2	3	4	5
Starker ausgeglichener beweglicher Typ (Sanguiniker)	Arbeitsfähigkeit des Zentralnervensystems ist hoch entwickelt. Reizeinwirkungen rufen ausgeglichene Erregungs- und Hemmungsprozesse hervor. Der Wechsel von Erregung und Hemmung geht schnell vor sich.	Die Lebenserfahrungen werden schnell und relativ sauber gebildet. Sie laufen sicher und exakt ab.	Hunde, die sich sehr sicher in der Umwelt bewegen.	Hunde, die sich zu allen Verwendungs- und Einsatzmöglichkeiten eignen. Sicher vom Grundwesen her, temperamentvolle Spielgefährten von Kindern, sicherer Bewacher bei entsprechender Abrichtung von Haus und Wohnung, ohne gemeingefährlich zu sein.

Ganz anders zeigt sich der *starke unausgeglichene Typ* (Choleriker). Bei diesen Tieren überwiegen die Erregungsprozesse; das macht ihre Haltung nicht gerade einfach. Sie sind unermüdlich im Handeln und deshalb nur schwer erziehbar. Sie reagieren auf alle Umweltreize besonders aktiv, sind also auch leicht ablenkbar, dabei furchtlos und gehen auf alles los. Choleriker eignen sich sehr gut für die Ausbildung als Schutzhund, hauptsächlich für die verschiedenen Aufgaben im militärischen Bereich und bei der Polizei. Gute Fährtenhunde werden sie mit Sicherheit nicht.

So wie für den Melancholiker gilt die Warnung: Vorsicht beim Umgang mit anderen Menschen, besonders Kindern! In festen Händen, also dort, wo die Rangordnung klar ist und nicht der Hund den Menschen führt, lassen sich Choleriker hervorragend ausbilden. Weichherzige, zart besaitete Menschen sollten aber lieber die Finger davon lassen!

Eindeutig an der Spitze in bezug auf die Leistungsbereitschaft liegt der *starke ausgeglichene bewegliche Typ* (Sanguiniker). Er zeichnet sich durch hohe Arbeitsfreudigkeit und -fähigkeit aus, Erregungen und Hemmungen sind ausgewogen, ihr Wechsel schnell. Es gibt kaum ein Einsatzgebiet, in dem die Spitzenleistungen nicht von Sanguinikern vollbracht werden. Aber auch als Spielgefährte der Kinder, Begleiter und Wächter steht er seinen Mann. Er ist der Hund, auf den man sich in jeder Situation verlassen kann. Ihm sehr ähnlich ist der *starke ausgeglichene träge Typ* (Phlegmatiker), bei dem hohe Arbeitsfähigkeit und ausgewogene Erregungs- und Hemmungsprozesse zu finden sind. Lediglich der Wechsel zwischen Erregung und Hemmung vollzieht sich bei diesem nicht so schnell wie beim Sanguiniker, dadurch erscheint er in seinen Verhaltensweisen langsamer. Die Vorteile des Phlegmatikers sind die hohe Belastbarkeit sowie seine Ausgeglichenheit. Besonders das letzte Merkmal führt dazu, daß man bei ihm hervorragend dynamische Stereotypen bilden kann. Wichtig ist nur, einem solchen Hund während der Erziehung etwas »Dampf« zu machen. Dabei helfen besonders lebhaftere Artgenossen in der Gruppenarbeit. Der Phlegmatiker ist ein guter

Entwicklungsphasen vom Welpen zum erwachsenen Hund

```
                    Übergangsphase  ◄──── Neugeborenenphase
                    3. Lebenswoche         1. u. 2. Lebenswoche
                           │
                           ▼
Prägungsphase  →  Sozialisierungs-  →  Rangordnungs-  →  Rudelordnungs-  →  Pubertätsphase
4.–7.             phase                 phase              phase              bis zur
Lebenswoche       8.–12.                13.–16.            5.–6.              Geschlechtsreife
                  Lebenswoche           Lebenswoche        Lebensmonat
```

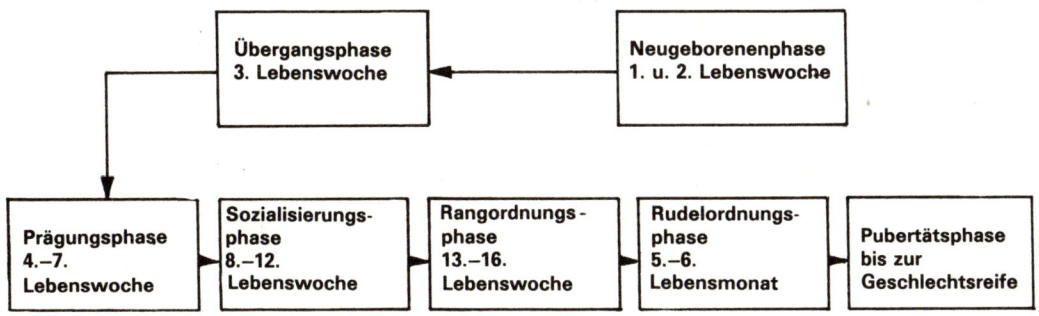

Schutz- und Fährtenhund. Beim Einsatz zum Spurensuchen gibt es geteilte Auffassungen. Wir haben jedoch die Erfahrung gemacht, daß gerade Phlegmatiker ruhig und beständig suchen, gut differenzieren und sich kaum ablenken lassen. Er ist für Kinder ein hervorragender Kamerad, stets zuverlässig und ruhig.

Der Familienrat hat getagt und beschlossen, was für ein Hund gekauft werden soll. Rasse, Geschlecht, Farbe – alles steht fest, der große Tag rückt näher und damit eine wichtige Etappe sowohl im Leben des kleinen Hundes als auch in unserem. Der Kynologe bezeichnet sie als die Phase der Gewöhnung.

Gewöhnung

Sie haben sich einen Hund gekauft, der in allen rassespezifischen Besonderheiten Ihrem Geschmack entspricht, zu dem Sie eine Beziehung haben, dem Ihre Sympathie gilt. Denn das ist eine der wichtigsten Grundvoraussetzungen für ein harmonisches Verhältnis Mensch – Hund. Wichtig ist, vom ersten Moment an zu beobachten, wie sich das kleine Wesen in seiner neuen Umgebung verhält, einschließlich seiner Reaktionen, die ohne unser Zutun erfolgen. Es gibt für das Hundekind viel zu entdecken: Haus, Garten, Zwinger. Wie verhält sich der Kleine zu anderen Familienangehörigen, zu weiteren Haustieren, was macht er, wenn es klingelt oder Fremde zu uns kommen? Ist er futterneidisch, gierig, gar faul im Fressen? Auskunft über sein »Nervenkostüm« erhalten wir auch durch seine Reaktionen nach den Erkundungsgängen. Ist er unruhig, sucht er sich einen Stammplatz für weitere Beobachtungen? Der näheren Umgebung schließt sich die Erkundung der weiteren Umgebung an.

Bei Spaziergängen können wir herausfinden, wie sich der Welpe gegenüber Kraftfahrzeugen verhält. Hat er das Bestreben, ständig von der Leine wegzukommen, klebt er uns am Rockzipfel …? Je besser uns die Besonderheiten des Hundes bekannt sind, desto leichter finden wir die richtige Reizeinwirkung für die Erziehung. Die angeführten Fragen stellen nur eine kleine Auswahl des gesamten Problemkreises dar. Aber das neue Herrchen oder Frauchen ist das Wichtigste für das Hundetier. Gerade in den ersten Tagen und Wochen muß man sich sehr viel mit dem Hund beschäftigen. Da sich der Kleine in erster Linie nach dem Geruch orientiert, hat sich bewährt, in der Gewöhnungsphase möglichst immer die gleiche Kleidung zu tragen, da diese einen starken Individualgeruch ausströmt. Der erfahrene Hundehalter legt dem neuen Familienmitglied ein altes, oft getragenes Kleidungsstück in den Zwinger, in die Hütte oder in den Korb. Der Welpe hat so stets sein Herrchen, wenn schon nicht vor Augen, so doch – was für ihn beinahe wichtiger ist – vor der Nase. Betritt Herrchen nun den Raum, verstärkt sich nur ein bekanntes Duftfeld, geschieht für das strapazierte Hundekind nichts grundsätzlich Neues.

So ein frisch gekaufter Welpe steht wirklich in argem Streß. Nach dem Verlust von Mutter, Schwestern, Brüdern und der gewohnten Umwelt muß er sich an alles neu gewöhnen. Dazu gehören Stimme, Gesten und Bewegungen des menschlichen Meuteführers, ja seine ganze Erscheinung.

Wie schnell oder wie langsam diese Gewöhnung vonstatten geht, hängt vom Wesen des Hundes ab, in weit größerem Maße jedoch von der investierten Zeit. Langjährige Hundehalter nehmen sich meist einige Tage Urlaub, wenn ein neuer Vierbeiner Einzug hält, und sie haben es nie bereut.

Futterbrocken fördern das Vertrautwerden! Grundsätzlich beginnt die Erziehung erst, wenn zwischen Mensch und Hund ein guter Kontakt besteht, das gilt auch dann, wenn ein erwachsenes Tier gekauft wurde. In den ersten Tagen gehört der Hund ganz uns, das stolze Vorführen im Bekanntenkreis verschiebt man im eigenen Interesse auf die Zeit, wenn der Kontakt schon gefestigt ist. Das schützt vor bösen Überraschungen. Nach und nach gewöhnt sich der Welpe auch an die übrigen Familienmitglieder und an seine Stellung in dieser neuen „Meute".

Jedes Rudelmitglied hat Anspruch auf eine bestimmte soziale Stellung. Derjenige, dessen spätere Aufgabe die Erziehung sein soll, übernimmt immer die Funktion des Führers, des sogenannten Alpha-Tieres. Ihm folgen in unterschiedlicher Rangordnung die Familienmitglieder, ganz am Ende hinter dem jüngsten Kind der Hund als Omega-Tier. Das ist von entscheidender Bedeutung, will man sich später, wenn der jetzt noch kleine Kerl in die Flegeljahre kommt, speziell bei Rüden unliebsame Auseinandersetzungen ersparen, die oft nicht ohne Schrammen und Schmerzen ausgehen.

Um in der Zeit der Gewöhnung und späterhin keine schwer reparablen grundsätzlichen Fehler zu machen, beschäftigen wir uns an dieser Stelle ganz kurz mit einigen besonderen Verhaltensweisen des Hundes. Einige erscheinen auf den ersten Blick recht unsinnig, besonders aus menschlicher Sicht.

Treffen sich zwei Hunde, gibt es ein Begrüßungszeremoniell, streng nach Protokoll: Sind sie sich freundlich gesonnen, stehen die Ohren aufrecht, die Ruten wedeln, beide beschnuppern sich speziell im Genitalbereich. Am besten ist es, seinen Hund an der Leine zu halten, denn beim Schnuppern stellen viele fest, daß sie sich im wahrsten Sinne des Wortes nicht „riechen" können. Sie beginnen zu knurren, auf dem Rücken erscheint die typische Bürste, die Lefzen ziehen sie hoch. Hier genügt der kleinste Anlaß, die Haare fliegen zu lassen.

Eine weitere Eigenart ist das Reviermarkieren mit Urin. Besonders der Rüde, der abgeleint wurde, läuft sofort einen mehr oder weniger großen Bereich ab und markiert diese Grenzen mit kurzen Urinstrahlen. Dieses Stück Land gehört nun ihm, ist sein Territorium, wie es manche Verhaltensforscher bezeichnen. Er betrachtet in diesen Grenzen alle Hündinnen als zu seiner Meute gehörend und die Rüden als Gegner und Konkurrenten. Gestatten wir das Markieren auch auf Ausbildungsplätzen, kann das zu Schwierigkeiten im Trainingsbetrieb führen.

Mit zunehmendem Alter beginnen die Rangordnungskämpfe, je nach Typ unterschiedlich intensiv und beharrlich. Die einfachste, von den meisten Hundehaltern kaum als Form des Rangordnungskampfes erkannt, ist das Auflegen der Pfote oder des Kopfes auf den Rücken eines anderen Hundes oder eines Familienmitgliedes. Legen wir nun unsererseits die Hand auf die Pfote, zieht sie der Hund schnell zurück, er will obenauf bleiben.

Nicht ganz so harmlos erweisen sich meist die Auseinandersetzungen auf dem Übungsplatz. So lange sich der Hund als unterlegen fühlt und einordnet, zeigt er bei starken unbedingten Reizen bestimmte Demutshaltungen: eingeklemmte Rute, geduckte Haltung, gesenkter Kopf. Im Extremfall wirft er sich auf den Rücken und streckt alle Läufe von sich. Auch das auffällige Wegsehen mit angelegten Ohren und eingeklemmter Rute ist ein Zeichen von Unsicherheit und Unterwerfung.

Bei der weiteren Ausbildung können wir ab und an beobachten, wie der Vierbeiner versucht, sich gegen bestimmte Leistungsforderungen aufzulehnen. So erlebten wir es, daß Hunde bei der Anbahnung des Kriechens versuchten, sich gegen eine starke Einwirkung zu wehren, indem sie den Ausbilder anknurrten, andere machten Anstalten, einen Ringkampf vom Zaune zu brechen. Bei aller Liebe zum Tier, speziell zum Hund, so weit darf es nie kommen! Dem müssen wir mit allen Mitteln entgegentreten — auch wenn es dem Hund weh tut! Wer die Übung unterbricht, mit Bitten und Loben den erregten Hund zu beruhigen versucht, verschiebt die Rangordnung, macht sich zum Untertan seines Hundes und hat es künftig schwer, sich auch bei einfachsten Übungen durchzusetzen. Ein ungehorsamer Hund jedoch, den sein Besitzer nicht in der Hand hat, ist nicht nur eine Plage für seinen Herrn, er kann auch zur Gefahr für die Umwelt werden.

Vorausbildung des Junghundes

Viele Hundehalter meinen, der richtige Zeitpunkt für die Ausbildung der Vierbeiner beginnt ungefähr im zwölften Lebensmonat. Diese Ansicht ist irrig. Ausbilden, Erziehen ist nichts weiter als Bildung von bedingten Reflexen und Lebenserfahrungen. Gerade die Zeit der Aufzucht, der Vorausbildung in richtigen Umweltverhältnissen ist für das spätere Verhalten des Hundes von ausschlaggebender Bedeutung.
Wer unter Aufzucht seines vierbeinigen Lieblings nur Füttern und den notwendigen Auslauf versteht, läßt wertvolle Zeit des ohnehin kurzen Hundelebens verstreichen. Das wirkt sich auch negativ in der psychologischen Entwicklung des Tieres aus. Überläßt man den Hund monatelang sich selbst, bilden sich viele unerwünschte Reflexe, die sich dann bei der Abrichtung stark hemmend auswirken können.
Sicher wird keiner auf den Gedanken kommen, einen sechs Monate alten Hundehalbstarken mit Stachelhalsband oder Stromgerät erziehen zu wollen. In der Phase der Vorausbildung nutzen wir nur solche Reizerreger, die keine schlechten Erfahrungen hinterlassen. Es sollen Lebenserfahrungen mit Hilfe angeborener Verhaltensweisen vermittelt werden.
Der Idealfall ist, wenn der Welpe so lange wie nur möglich mit seinen Geschwistern herumtollen kann, also spielend lernt. Aber in fast 99% aller Fälle steht der frischgebackene Hundehalter mit seinem neuen Hausgefährten und vielen gutgemeinten Ratschlägen allein da und kann nicht auf die Hilfe vierbeiniger Verwandter zurückgreifen.
Wir wollen für diese Situation kleine Tips und Hinweise geben. Befindet sich in der Nähe des Wohnortes ein Ausbildungsgelände für Hunde, sollte man mit seinem Vierbeiner dorthin gehen, sich Rat und Anleitung holen, in der Gemeinschaft lernen. Junge Tiere verlieren sehr schnell die Lust an bestimmten Tätigkeiten. Wir zwingen sie nicht mit Gewalt, das begonnene Spiel fortzusetzen, ansonsten laufen wir Gefahr, schwere physische und psychische Störungen hervorzurufen. Alle Taten des kleinen Kerls werden gelobt, natürlich nicht der Haufen auf dem Teppich, der zerknabberte Hausschuh oder die zerkratzte Tür. Springt er jedoch über ein kleines Brett, krabbelt eine Leiter ein Stück empor oder holt ein weggeworfenes Stück Holz, dann lassen wir den Hund unsere Freude besonders spüren.
Zur Vorausbildung gehören auf jeden Fall das Laufen an der Leine, das Sitzen auf Kommando und das Platzmachen, außerdem die Bewegungsspiele, für die Bälle, Lappen, Rollen u. a. wertvolle Hilfsmittel sind. Dem rollenden Ball jagt jeder Welpe hinterher. In ihm ist der Beutetrieb erwacht. Er ist großer Jäger

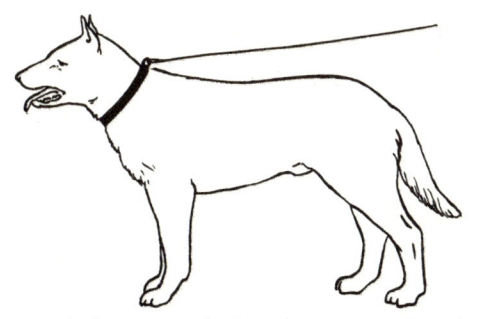

Angelsehne dient oft als sogenannte Notleine bei der Ausbildung und will das sich bewegende Ding packen und schütteln. Hat er es zur Genüge getan, versuchen wir, ihn mit Rufen in unsere Nähe zu locken. Ist das geschafft, schlagen wir dem Welpen ein Tauschgeschäft vor: Futterbrocken gegen Ball. Wir unterstützen immer mit großem Lob und ausgiebigem Liebeln. Es wird nicht lange dauern, da bringt der kleine Kerl auf Zuruf alles, was wir wegwerfen – nur darf nie der Belohnungshappen fehlen. Nebenbei erlernt er auf seinen Namen heranzukommen. Große Probleme aber haben die Hundehalter, denen es nicht gelingt, ihr Tier rechtzeitig auf bestimmte Umweltreize einzustellen, sie mit Autos, Straßenbahnen, Eisenbahnen u. a. vertraut zu machen. Wie das geschieht, werden wir in den nächsten Kapiteln näher behandeln.

Grundmethoden der Ausbildung

Im Verlauf der Erziehung fällt es sicher jedem auf: bestimmte Einwirkungen sind immer gleich, viele lassen sich kaum voneinander unterscheiden. Wir wirken ständig mit unbedingten Reizen auf den Hund ein. Es wird immer wieder – aber leider nicht oft genug – mit Futterbrocken gearbeitet. Ist der Vierbeiner nicht in der richtigen Arbeitswut, eine Übung durchzuführen, versuchen wir, ihm einen Artgenossen als gutes Beispiel vorzuführen. Das Wechselspiel von Lob und Zwang, richtig dosiert, ist abhängig vom Charakter des Menschen und dem Wesen des Tieres. In den Jahrhunderten, in denen sich Menschen mit der Erziehung des Hundes befassen, haben folgende Methoden immer mehr den Vorrang erhalten:

1. unmittelbarer Zwang durch mechanische oder Stromeinwirkung;
2. Belobigung durch Streicheln, Loben und Verabreichen von Futterbrocken;
3. Kontrast zwischen Zwang und Lob;
4. zielgerichtete Ausnutzung bestimmter angeborener Verhaltensweisen.

Doch Vorsicht, diese vier Methoden sollen den Hundehalter nicht dazu verführen, seinen Liebling nur nach einer Methode auszubilden. Wenn auch abhängig vom Wesen des Hundes die eine oder andere überwiegend eingesetzt wird, Erfolg hat nur der, der alle vier nutzt. Der Gradmesser des Erfolges ist die Freude des Tieres an der Arbeit, der beständig gute Kontakt zwischen Hund und Erzieher, nicht das Tempo der Ausbildung.

Bei der Methode des unmittelbaren Zwangs durch mechanische oder Stromeinwirkung wirken die unbedingten Reize direkt auf den Körper des Hundes, angefangen vom einfachen Druck der Hand des Hundeführers auf die Kruppe des Tieres über den Ruck mit dem Stachelhalsband bis hin zum Stromstoß. Begonnen wird auf jeden Fall mit geringer Reizeinwirkung, die je nach Bedarf gesteigert wird, abgestimmt auf das Wesen des Hundes. Wie stark auch immer der Reiz ist, bei Anwendung der ersten Methode darf nie gelobt werden. Sie sollte deshalb nur dann allein angewendet werden, wenn es darum geht, ganz hartnäckige Burschen zu Teilleistungen zu bewegen oder Aggressivitäten gegenüber dem Hundeführer zu unterbinden. Meist wird die erste Methode mit der zweiten, der Belobigung durch Streicheln, Loben und Verabreichen von Futterbrocken, gekoppelt. Allein angewendet bedeutet diese Variante, daß für die unbedingte Reizeinwirkung Futterbrocken, Lobe, Streicheln usw., also alles, was der Hund gern hat, in Frage kommen.

Meist hat der Vierbeiner schon im Verlauf der Vorausbildung mit angenehmen Dingen seine Erfahrung gemacht. Er freut sich über lobende Worte, Berührungen und Futter und nimmt das alles sehr freudig auf. Leider nutzen viele Erzieher diese Methode nur anfangs, greifen dann zu immer härteren Mitteln, obwohl das gar nicht nötig wäre. Beim Leiterklettern, Überwinden des Schwebebalkens – ein Futterbrocken als Zielprämie wirkt Wunder. Aber auch bei der Spurensuche und dem Aufstöbern versteckter Personen, überall kann mit Futter gearbeitet werden, aber nach ausgiebiger Mahlzeit wird kein Hund auf einen Belohnungshappen reagieren – ein voller Bauch studiert nicht gern. Also lassen wir den Vierbeiner ruhig vor der Arbeit etwas hungern, halten ihn zumindest knapp.

Neben dem Futter spielt das Loben, Liebeln und Streicheln eine nicht zu unterschätzende Rolle. Ein Hund, der, nachdem er über den Schwebebalken gelaufen ist, einen Futterbrocken erhält und ausgiebig gelobt wird, merkt sich schnell, was angenehme Lebenserfahrungen sind.

Natürlich hat das Leben nicht nur eine Sonnenseite. Fast jeder Hundebesitzer wendet mehr oder weniger bewußt bzw. unbewußt die Methode des Kontrastes von Zwang und Lob an. Der Hund läuft an der Leine, prellt zu weit vor und wird mit hartem Ruck zurückgeholt, anschließend für das richtige Laufen gelobt, beides gut aufeinander abgestimmt – das ist der Trick.

Warum gut abgestimmt, beweist nachstehendes Beispiel: Lobt man zu kräftig, kann die Folge sein, daß der Hund freudig am Führer hochspringt, bestraft werden muß. Durch die Bestrafung verliert das Lob seine Wirkung.

Bald erkennen wir, daß Tadel und Lob gut dosiert das Verhältnis zum Hund verbessern und seine Arbeitsfreude erhöhen kann. Die Leistungen werden exakter ausgeführt. Gut lassen sich Zwang und Lob mit der letzten, der Methode der zielgerichteten Ausnutzung bestimmter angeborener Verhaltensweisen, verbinden. Unter den vielen Instinktverhalten finden sich einige, die uns als Erzieher besonders interessieren:

– *sich innerhalb der Meute in bestimmter Rangfolge bewegen*
– *Beute machen*
– *Fortpflanzung.*

Das Bestreben, sich innerhalb der Meute zu bewegen, Ranghöhere nachzuahmen, wird für die Ausbildung am meisten ausgenutzt, z. B. beim Überwinden von Hindernissen, bei der Gruppenausbildung, der Reihenhetze, der Quadratsuche. Den Beutetrieb nutzen die Ausbilder u. a. für das Einüben des Apportierens oder Verfolgen und Stellen des fliehenden Täters im Schutzdienst. Beim Spurensuchen findet der Vierbeiner am Ende der Fährte einen Futterbrocken oder den Fährtenleger, den er dann zur Belohnung einmal beißen darf.

Den Geschlechtstrieb auszunutzen bringt Vor- und Nachteile mit sich. Natürlich flitzt ein Rüde nur so über die Leiter, wenn vor ihm eine heiße (paarungsbereite) Hündin den gleichen Weg ging, aber leider werden alle anderen im Umkreis arbeitenden Hunde gleichfalls abgelenkt. Noch schlimmer ist es, der eigene Hund saust zwar über das Hindernis, anschließend kann man ihn aber zu nichts mehr gebrauchen. Der dominante Sexualtrieb hemmt alle anderen Reizeinwirkungen, er hat nur noch »die Frauen im Kopf«. Am wirkungsvollsten wenden erfahrene Ausbilder diese Methode zum Erlernen der Fährtenarbeit an, im Schutzdienst ist diese Methode nicht zu empfehlen.

Stadien der Ausbildung

Die Vorausbildung ist ohne Frage das erste Stadium. Hier werden bedingte Reflexe, also Lebenserfahrungen, gebildet, die später viel gebraucht und zu dynamischen Stereotypen gekoppelt werden können. Das sind u. a. das Herankommen des Hundes, wenn sein Name gerufen wird, das Sitzen und Platzmachen auf Kommando, an der Leine laufen, bei Fuß gehen. Diese Vorausbildung kann auch beim einjährigen Hund begonnen werden, sie erfordert dann aber mehr Zeit, Kraft und Einfühlungsvermögen bei geringerem Erfolg. Allmählich gehen wir dann zum zweiten Stadium über, bilden dynamische Stereotypen. Aus dem Aufnehmen des Bringholzes und dem Überspringen der Hürde oder Wand wird ein Komplex einfach erworbener Verhaltensweisen zusammengestellt. Auf den Schutzdienst bezogen heißt das z. B., daß aus dem Verbellen des stehenden Scheintäters der Komplex Revieren, Stellen und Verbellen wird.

Ebenso wie im ersten Stadium achten wir auch jetzt noch darauf, daß keine ablenkenden Umweltreize auf den Schüler einwirken. Erst im dritten Stadium werden die dynamischen Stereotypen immer wieder aufs neue unter den verschiedensten Umweltbedingungen getestet und stabilisiert. Ob auf dem Übungsplatz, im Park, auf der Straße, in Häusern – ohne zu zögern muß der Hund die Befehle ausführen, alle Kommandos befolgen. Es handelt sich also mehr oder weniger nur um ein Festigen des bereits Erlernten unter wechselnden Bedingungen. Ein absolutes Ende der Hundeausbildung gibt es nicht. Einmal gebildete Lebenserfahrungen müssen immer wieder aufgefrischt werden.

Ausbildungshilfsmittel

Das erste Hilfsmittel ist der Arm des Hundeführers. Denken wir nur daran, wie schnell sich bei dem aufmerksam beobachtenden Hund durch unüberlegte sich wiederholende Bewegungen falsche Verhaltensweisen ausbilden. Der Reizerreger Arm-Hand wird häufig benötigt. Dabei reicht fast immer ein leichter Druck mit Daumen und Zeigefinger, beispielsweise auf die Kruppe, aus, um das gewünschte Verhalten zu erreichen: Sitz, Platz, Kriechen, Bringen usw. üben wir mit verschiedenen Einwirkungen der Hand ein.

Reicht aber die eigene Körperkraft nicht aus, nehmen wir das Stachelhalsband zu Hilfe, legen es um die Hand – Stacheln nach außen – und drücken auf den Hund. Eine weitere Möglichkeit der verstärkten Einwirkung auf den Hund besteht darin, den Arm mit einem Stock zu verlängern. Bei kleineren Rassen erspart der Stock das Bücken. Er dient jedoch nicht nur der eigenen Bequemlichkeit. Schon das Beugen der Knie, wenn der Hundeführer sich zum Hund nach unten bewegt, kann mit der Zeit Signalcharakter bekommen. Der Stock dient auch dazu, die Ausführung einzelner Übungen zu korrigieren.

Sehr stark wirkt das umgelegte Stachelhalsband, eines der ältesten Ausbildungsmittel. Aber, bitte, liebe Hundefreunde, es ist ein Ausbildungshilfsmittel. Bei Spaziergängen gehört es nicht an den Hals des Hundes. Es dar nur angelegt werden, wenn es die Übung erfordert. Ein Hund, der ständig mit Stachelhalsband herumläuft, dokumentiert nur die Unfähigkeit des Besitzers, ihn richtig zu führen!

Beim Übergang von der Leinenführigkeit zur Freifolge benutzen ausgefuchste Hundeerzieher gern die sogenannte kurze »Notleine«, ein ca. 35 cm langes Stück Angelsehne, die am Halsband befestigt ist und lose auf dem Rücken des Hundes liegt. Will der nun, gerade abgeleint, sich davonmachen, hält die Angelsehne ihn mit hartem Ruck vor unüberlegten Taten zurück. Da der Ausbilder das Sehnenende sofort wieder losläßt, verbindet der ungehorsame Vierbeiner den plötzlichen Schmerz mit dem eigenen Tun, nicht aber mit dem Herrchen, das das beste bleibt. Diese Notleine leistet auch für Korrekturen während der Freifolge gute Dienste.

Nimmt unser Hund das Bringholz gern an einem der beiden Seitenkegel auf, können wir ihn davon abbringen, wenn wir die Seitenkegel mit ca. 3 cm langen Nägeln beschlagen. Faßt der Hund jetzt die Kegel, wirken die Nägel als unbedingter Schmerzreiz. An vielen Bringhölzern, die einschlägige Fachgeschäfte anbieten, befinden sich herausstehende Holzdübel, die dem gleichen Ziel dienen sollen, doch haben wir selbst schon mehrere Hunde gearbeitet, die wahre Meisterschaft entwickelten, diese Dübel zu umfassen.

In der modernen Hundeerziehung setzt sich immer mehr der Einsatz von Hilfsmitteln durch, die auf Stromeinwirkung beruhen. Der Hundeführer kann dabei auch hunderte Meter entfernt sein. Nebenreize haben fast keinen Einfluß. Die Stromgeräte sind für alle Disziplinen einsetzbar. Wie bei allem Neuen gab und gibt es über den Stromeinsatz bei der Hundeerziehung unterschiedliche Auffassungen. Mit Quälerei hat der Stromeinsatz unserer Auffassung nach nichts zu tun. Er ist nur ein, wenn auch sehr nachhaltiges Hilfsmittel, den Hund am unerwünschten Tun zu hindern und

Statt eines Stachelhalsbandes kann man ab und zu den Lederwürger mit eingelassenen Stacheln benutzen

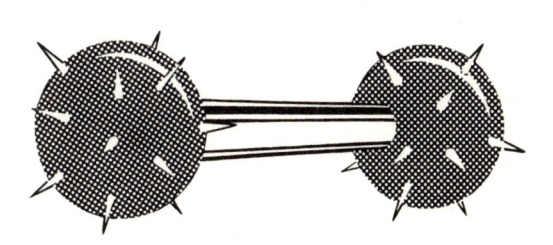

Bringholz mit benagelten Kegeln

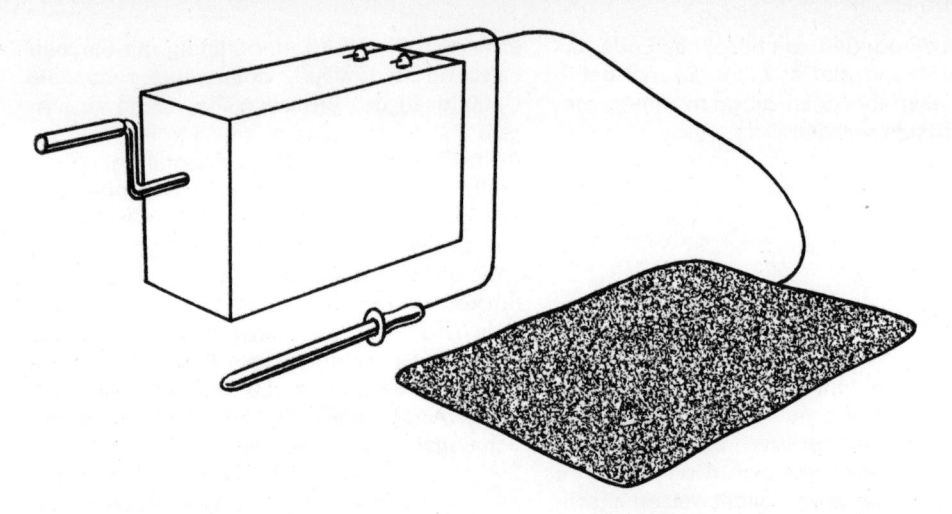

Kurbelinduktor mit Strommatte (die als Erde dient) und Stromstab

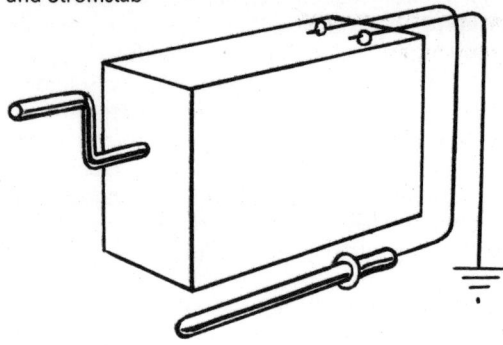

Kurbelinduktor mit Stromstab

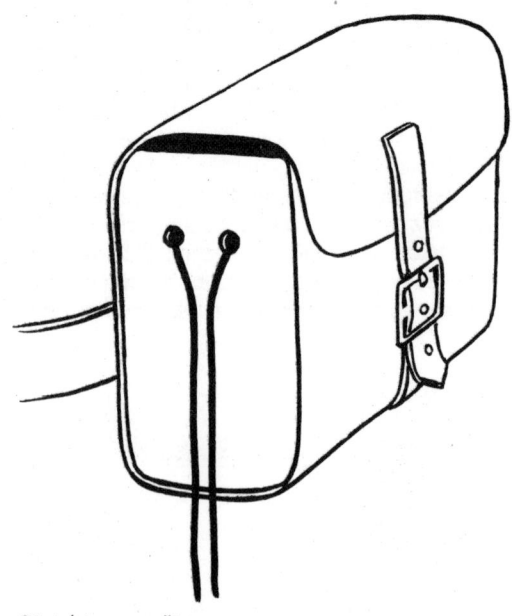

Gürtelstromgerät

erwünschtes Tun zu fördern. Die Übung »Stellen und Verbellen« bahnt heute kaum noch ein Ausbilder ohne Stromärmel an. Auch das Wildern läßt sich mit Strom unterbinden, die Annahme von Futter aus fremder Hand und vieles mehr.
Stromgeräte sind eines unter vielen Hilfsmitteln und gehören ausschließlich in die Hand erfahrener Ausbilder.
Sehen wir uns einige Stromgeräte etwas näher an, zuerst das mit Abstand teuerste, das *Funkkontaktgerät*. Es hat einen Sender, den der Hundeführer in der Hand hält, und den am Halsband des Hundes befestigten Empfänger. Dieser gibt auf die vom Hundeführer erteilten Impulse elektrische Stromstöße an den Hund ab. Die Möglichkeit, über größere Entfernungen mit einem starken unbedingten Reiz auf den Hund einwirken zu können, ohne Kabel oder ähnliche Verbindungen, eröffnet ungeahnte Perspektiven. Die Mikroelektronik half ein Problem überwinden: die Größe und das Gewicht des Empfängers. Der Hund gehorcht immer einwandfrei, solange das Gerät am Halse hängt, aber wenn es abgenommen ist, gerät er sofort außer Kontrolle. Hier hilft nur ein kleiner Schummel, ein »Scheinempfängerhalsband« mit dem gleichen Gewicht. Die Einsatzmöglichkeiten sind vielgestaltig. Zum Beispiel im Geflügelhof: Der auf einem bestimmten Fleck abgelegte Hund kann auch außer Sicht bestraft werden, wenn er mit der Absicht aufsteht, sich ein Huhn zu greifen.
Das *Sprechfunkgerät vom Hundeführer zum Hund* wird besonders häufig im Bergrettungsdienst und zur Suche verschütteter Personen zur Zeit experimentell eingesetzt. Es überträgt keine unbedingten Schmerzreize, sondern als

bedingte Reize Hörlaute, auf die man den Hund vorher einstellen muß. Mit diesem Gerät kann statt des gesprochenen Wortes auch ein Pfeifsignal übermittelt werden. Das Sprechfunkgerät erreicht noch nicht die praktische Bedeutung des Funkkontaktgerätes.

Relativ billig und einfach herzustellen, doch wirkungsvoll in seiner Anwendung ist der *Kurbelinduktor*, meist angewendet im Schutzdienst beim Stellen und Verbellen. An den Kurbelinduktor können die unterschiedlichsten Zusatzgeräte angeschlossen werden: Berührungsstäbe, Stromärmel, Strommatten, Stromhalsbänder, Stromsuchgeschirre usw.

Sehen wir uns einige von ihnen näher an, als erstes das *Stromhalsband*. In einem normalen, mindestens 2 cm breiten Lederhalsband bringen wir in Abständen von 2–3 cm Metallspitzen an, die abwechselnd einmal auf Plus und einmal auf Minus angeschlossen werden. Die Länge der Metallspitzen ist vom Haarkleid des Hundes abhängig. Tiere mit sehr langem Haar und dichter Unterwolle brauchen längere Spitzen, evtl. muß sogar das Halsband kurz vor dem Einsatz angefeuchtet werden. Man kann auch die Halspartie des Hundes anfeuchten. Als Stromquelle eignet sich am besten ein Gerät, das auf Induktionsbasis arbeitet und mittels Druckknopf kurz Stromstöße über Kabel zum Halsband schickt.

Ein weiteres Hilfsmittel ist der *Berührungsstab*. Mit ihm können zwei Reize gleichzeitig ausgelöst werden: der Berührungsreiz und der Stromstoß. Der Stab besteht aus gut leitendem Material, am besten Kupfer, hat einen isolierten Handgriff, in dem sich der Anschluß für den Kurbelinduktor befindet. Der Stab hat mehrere Einsatzmöglichkeiten, unter anderem kombiniert mit dem Stromärmel.

Der Figurant trägt das Stromgerät am Körper, ein Kontakt geht zum Stromärmel, der andere zum Stromstab. Beißt der Hund an, bekommt er über den Stab einen Stromstoß, der ihn abschreckt und in den meisten Fällen zum Bellen veranlaßt. Wirkungsvoller als der Stab ist in jedem Fall der *Stromärmel*, auch in Form eines stromleitenden Schutzanzuges gebräuchlich. In Verbindung mit einem einfachen Kurbelinduktor ist dieses Hilfsmittel sehr zuverlässig und hat sich bewährt. In vielen Ländern werden solche Spezialärmel industriell gefertigt. Ein einigermaßen geschickter Heimwerker bastelt sich solche Ärmel auch selbst.

Benötigt wird ein mit Metallfäden durchsetzter Stoff, der also stromleitend ist. Vielfach wird Spezialgewebe für Fechtanzüge genommen. Ein normaler Hetzarm wird mit diesem Gewebe überzogen, kein Fleck darf frei bleiben. Daran werden die Kontakte angeschlossen. Aber aufgepaßt, daß nicht der Figurant die Stromstöße erhält!

Ähnlich dem Stromärmel ist die *Strommatte* aufgebaut. Auf einer Matte aus isolierendem Material wie Gummi oder Plast bringt man ein Drahtgeflecht an, das mit dem Kurbelinduktor verbunden ist. Berührt der Hund mit den Läufen die Matte, erfolgt der Stromstoß. In der Mattenmitte ist ein Loch ausgeschnitten, so groß, daß der Scheintäter darin stehen kann, ohne mit dem Strom in Berührung zu kommen. Das Einsatzgebiet ist wieder der Schutzdienst. Doch auch für die Fährtenarbeit haben die Experten bereits technische Hilfsmittel, z. B. das *Stromsuchgeschirr*, ein normales Suchgeschirr, an dem rechts und links Kontakte angebracht sind. Die Arbeitsweise erfolgt analog dem Stromhalsband, nur wird der elektrische Strom über die Fährtenleine zugeführt.

Natürlich hat der Kurbelinduktor mit all seinen Zusatzgeräten auch Nachteile, hauptsächlich dann, wenn unerfahrene Ausbilder damit arbeiten. Sehr schnell kann ein Hund verprellt werden, besonders, wenn zu viel Strom eingesetzt wird, das Tier also nicht genau studiert wurde. Ein weiterer nicht zu unterschätzender Mangel ist, daß stets ein zweiter Mann benötigt wird. Diesen Mangel hat das *Induktionsspannungsgerät* nicht. Klein, billig, am Hosengürtel zu tragen ist es flexibel einsetzbar. Man braucht keine allzulangen Zuleitungen, und es kann von allen handelsüblichen Energiequellen gespeist werden.

Begleithund

Wir wollen das Tier nicht vermenschlichen, aber Erziehung ist für jeden Hund ebenso wichtig wie für unsere Sprößlinge. Der unerzogene Hund ist seinem Besitzer eine Last, bereitet seiner ganzen Umwelt Mißvergnügen, und er fühlt sich auch selbst nicht glücklich. Unterschieden werden sollte zwischen Erziehung und Dressur. Das sind zwei gänzlich verschiedene Lernprozesse. Dressieren läßt sich im Prinzip jedes Tier, und wenn es Reaktionen auf Lichtreize sind. Erziehbar aber sind nur ganz wenige Tierarten. Dafür werden Anpassungsvermögen, Lernbereitschaft und die Fähigkeit, sich auch in neuen, unbekannten Situationen richtig zu verhalten, vorausgesetzt. Jeder hat den Hund, den er verdient. Zur Erziehung des Hundes gehören viel Liebe, Geduld, Kenntnisse der Verhaltensweisen sowie Einfühlungsvermögen. Die Erziehung muß konsequent und dem Hund als Rudeltier angemessen sein. Er will seinem Herrn gehorchen, ist meist bemüht, durch das Verhalten die Zuneigung des Besitzers zu erwerben, wobei Eigenwillen und Eigenmächtigkeiten nie ganz ausgeschlossen sind. Das Tier ist keine Maschine, es ist ein lebendiges Wesen mit eigenen Trieben und – rassespezifisch unterschiedlich – einer gehörigen Portion Dickköpfigkeit. Innerhalb einer Rasse, vielfach zwischen Welpen des gleichen Wurfes, bestehen individuelle Unterschiede. Der Ausbilder muß sich darauf einstellen. Nicht jeder Hund paßt zu jedem Herrn. Voraussetzung für ein harmonisches Miteinander ist die Übereinstimmung der Charaktere. Der aufgeschlossene, aktiv veranlagte Mensch wird mit einem labilen, mißtrauischen Tier nicht zufrieden sein, das stille, zurückhaltende Frauchen kann ihrem wilden, temperamentvollen Hund nie der überlegene Rudelführer sein. Jeder Hund, selbst der eigenwilligste Teckel, kann gut erzogen werden, wenn der Zeitaufwand dafür auch sehr unterschiedlich sein wird. Die Ausdauer wird manchmal auf eine harte Probe gestellt. Meist kann man den als Begleithund gehaltenen Vierbeiner ohne harte Zwangsmethoden erziehen. Es geht im Grunde doch mehr darum, einen angenehmen Hausgenossen zu erhalten. Aber Vorsicht! Die »antiautoritäre Erziehung« ist nicht zu verwechseln mit dem Aufwachsen des Tieres ohne jegliche Ordnung. Gut beraten ist der Hundehalter, der darunter die Ausbildung mit »weicher Hand« versteht, die einen engen Kontakt zwischen Mensch und Hund voraussetzt. Das ganz auf seinen Herrn (bzw. sein Frauchen!) eingestellte Tier erkennt in den meisten Fällen ohne Zwangsmittel und drakonische Strafen, ob es sich richtig verhalten hat. Diese Art der Erziehung taugt kaum dazu, einen Schutzhund oder Fährtenspezialisten zu bekommen, zumindest nicht in einer Zeit, die Aufwand und Nutzen in richtiger Relation erscheinen läßt. Worum geht es denn in der Erziehung eines Begleithundes? Man verlangt von ihm Stubenreinheit, gutes Benehmen in Haus, Hof und auf der Straße, im Bedarfsfall Laufen am Fahrrad, die Verteidigung des Hundeführers oder ihm gehörender Gegenstände – um nur einiges zu nennen.

Es liegt in der Entscheidung jedes einzelnen Hundebesitzers, welche Leistungen er seinem Vierbeiner abverlangt, wie weit er in der Ausbildung gehen will. Die meisten Hundehalter haben nicht die Absicht, sich einem der Sportklubs anzuschließen, wollen aber einen Hund haben, der sich mit oder ohne Leine zu benehmen weiß. Für dessen Erziehung treffen nun einige andere Kriterien zu als für hochspezialisierte Sporthunde. In der Mehrzahl gilt das auch für Rassen, die schon von ihrer Körpergröße her keine Arbeitshunde abgeben. Doch erinnern wir uns: zu viel Freiheit schadet dem Liebling der Familie. Es klingt vielleicht widersinnig, aber gerade der rangniedere Hund fühlt sich dann richtig wohl, wenn er die strenge Führung seines Besitzers verspürt, sie gibt ihm als Meutentier das Gefühl der Sicherheit und Geborgenheit: Mein starker Herr hält mir alle Feinde vom Leib. Hundebesitzer, die ihre Tiere aufmerksam beobachten, wissen, daß bei Gefahr nicht der aufgesucht wird, der am meisten mit dem Hund spielt oder schmust, sondern der, dessen strenger Hand sich der Vierbeiner am besten unterordnet. Wichtig ist, genau zu wissen, wann und wo zuviel Freiheit dem Tier selbst oder seiner Umgebung schadet.

Für den Hundehalter, der sein Tier ausschließlich zur persönlichen Freude anschaffte, lassen sich einige zusammenfassende Regeln aufstellen, die ihm die Erziehung und das Leben mit dem Hund erleichtern:

1. Der Herr im Hause ist der Mensch. Was der Hund darf bzw. nicht darf, wird an dem Tag festgelegt, an dem der Vierbeiner ins Haus kommt.
2. Alle Befehle und Anordnungen werden kurz und bündig erteilt. Wenig Sinn haben »Höflichkeitsfloskeln« wie: »Komm doch bitte einmal her!« oder »Setz dich bitte!« — besser ist »Rex, hierher!« und »Setzen!«.
3. Lob steht immer vor Tadel. Hat der kleine Vierbeiner etwas gut gemacht, erhält er lobende Worte, verbunden mit Streicheln. Er erkennt am Tonfall genau, was gemeint ist. Ständiges Schimpfen stumpft auch ihn ab.
4. Manchmal ist eine härtere Bestrafung nötig. Aber nie mit der bloßen Hand oder der Leine! Beides muß dem Hund nur Annehmlichkeiten bringen. Eine zusammengefaltete Zeitung leistet sehr gute Dienste, sie knallt laut, und der Schreck ist gößer als der Schmerz.

Die Bemühungen um eine »gute Kinderstube« beginnen in dem Moment, in dem der Welpe in unser Leben tritt. In diesen ersten Anfängen des Zusammenfindens besteht der wichtigste Teil der Erziehung darin, unerwünschte Einflüsse fernzuhalten.

Großes Augenmerk schenken wir als frischgebackener Hundebesitzer der Regelmäßigkeit in allen Verrichtungen des täglichen Lebens: Mahlzeiten, Ausführen, Ruhen ...

Was beim erwachsenen Tier nicht erwünscht ist, gewöhne man dem Welpen gar nicht erst an, heißt ein Gebot dieser Zeit.

Anfangs hat der neue Hausbewohner nur wenige Bedürfnisse. Er muß die Umstellung vom Leben mit der Mutter und den Geschwistern auf meist sehr eng begrenztem Raum in eine neue Umwelt mit vielleicht ganz anderen Dimensionen verkraften. Das gelingt ihm um so besser, je weniger Anforderungen an ihn gestellt werden. Wir begnügen uns also damit, dem kleinen Kerl keine Unarten beizubringen. Die Grunderziehung des Welpen hat nur ein Ziel: Ordnung! Sie besteht aus dem regelmäßigen Füttern, der Gewöhnung an die eigene Schüssel am stets gleichen Platz sowie dem strengen Verbot zu betteln.

Kommen Gäste ins Haus, bleibt der Welpe am besten in einem separaten Raum. Meist sind die Verhaltensweisen anderer Menschen schwerer zu beeinflussen als die des widerspenstigen Hundekindes. Auch nach ausführlicher Darlegung aller Erziehungsgrundlagen wird es immer Gäste geben, die verstohlen Häppchen unter dem Tisch reichen, ohne daran zu denken, daß die Erziehung des Hundes damit gefährdet ist. In diesem Zusammenhang noch ein Hinweis: Solange sich unser Hund noch nicht richtig zu benehmen weiß, sollte man ihn keinesfalls mit eßbaren Dingen allein im Zimmer lassen. Er kann nicht wissen, daß die Wurststücke oder der verlockend duftende Braten nicht für ihn bestimmt sind. Passiert es doch einmal, daß er etwas vom Tisch holt und es mit Genuß in unserer Nähe verspeisen will, lassen wir ihn gewähren. Warum? Eine Strafe in diesem Moment ist grundverkehrt. Der Hund kann den Griff zum Leckerbissen nicht mit der Strafe während des Fressens verknüpfen. Wir würden sein Vertrauen schwer erschüttern. Besser ist, ihm eine Falle zu stellen, um ihn auf frischer Tat zu erwischen und somit den Anfängen zu wehren. Ist das Naschen vom Tisch einige Male geglückt, fällt es schwer, dem Hund diese Unart abzugewöhnen, denn: die Katze läßt das Mausen nicht!

Äußerst wichtig im Tagesablauf sind regelmäßige Ruhestunden sowie gelegentliches Alleinlassen. Für die körperliche Entwicklung des kleinen Hundes ist es günstig, die Schlafpausen nach den Hauptmahlzeiten einzulegen. Ob das Tier dazu in einem gesonderten Raum bleibt oder sein Lager in unserer Nähe aufsucht, spielt keine Rolle. Am leichtesten fällt die Erziehung, wenn wir mit einer Zimmerhütte, die eine Gittertür hat, die Bewegungsaktivität einschränken können, ohne daß der Kontakt zwischen uns und dem Hund völlig unterbrochen wird. Nach einigen Eingewöhnungstagen läßt der vorausschauende Hundehalter den Welpen anfangs während der Ruhezeit einige Minuten, später für Stunden allein in der Wohnung. So lernt der Hund beizeiten, allein zu bleiben. Hat er sich erst einmal daran gewöhnt, ständig jemand um sich zu haben, wird er auf jedes Alleinsein mit Jaulen und Bellen reagieren. Das zieht bald Konflikte mit allen Nachbarn nach sich, die um ihre Ruhe bangen.

Der Besitzer kümmert sich bis zum dritten Lebensmonat des Hundes ausschließlich um das Wohlergehen des Vierbeiners, läßt ihn fressen und schlafen und unternimmt alles, ein gutes Verhältnis zu ihm herzustellen. Doch dann wird es ernst. Es beginnt eine strengere Erziehung. Der Kleine soll stubenrein werden, auf seinen Namen hören, kommen, wenn er gerufen wird, auf Spaziergängen neben Herrchen bleiben, ohne Unsinn zu verzapfen, und vieles mehr.

Zu den wichtigsten Voraussetzungen eines harmonischen Zusammenlebens zwischen Mensch und Tier gehört die Sauberkeit.

Stubenreinheit

Solange junge Hunde mehr als dreimal am Tage gefüttert werden müssen und ihre Nahrung mit mehr Zusatz von Flüssigkeit erhalten als ältere Tiere, bereitet es oft besondere Schwierigkeiten, sie zur Stubenreinheit zu erziehen. Maßgeblich für den Erfolg aller Bemühungen ist die Zeit, die zur Verfügung steht, den Welpen zu beobachten, und das sachkundige Vorgehen des Besitzers.

Richtschnur ist immer, dem Hund möglichst keine Gelegenheit zu geben, sich im Haus bzw. der Wohnung zu lösen. Sobald der Vierbeiner aus dem Schlaf erwacht, gefressen oder getrunken hat, bringen wir ihn sofort ins Freie. Ebenso kurz nachdem wir aufgestanden sind oder bevor wir zu Bett gehen. Bereits nach einigen Tagen werden wir den Erfolg sehen, der Hund wird von sich aus ins Freie streben. Das ist die eine Seite. Eine andere Seite ist, ihn zu beobachten und ihm Gesellschaft zu leisten. Allein gelassen, würde er durch seine gesellige Veranlagung unruhig werden, seinen Herrn suchen und in den meisten Fällen das »Geschäft« total vergessen. An dieser Stelle einige Bemerkungen zum Problem Hundekot und die damit verbundene Umweltverschmutzung.

Immer wieder liest man, speziell in der Tagespresse, wieviel Tonnen Hundekot täglich in Großstädten anfallen, und Hand aufs Herz, auch der größte Hundefreund ist sicher nicht entzückt, wenn er aus dem Auto steigt und in die »Hinterlassenschaft« eines Bernhardiners tritt. Viele Versuche gibt es, Abhilfe zu schaffen. Einige Städte verlangen, daß der Hundehalter den Kot seines Tieres selbst beseitigt, stellen dafür Plastetüten und kleine Schaufeln zur Verfügung und an bestimmten Stellen spezielle Container – eine sicher gangbare Lösung. Abzulehnen ist folgendes: »Weil der Hunde Bedürfnisse vielen Spaziergängern in Nizza ein Ärgernis waren, hatten die Stadtväter des feudalen Riviera-Badeortes ein Einsehen! Sie übergaben am Dienstag auf der bekannten Promenade des Anglais und an mehreren Plätzen 50 Bedürfnisanstalten für Hunde ihrer Bestimmung – freilich ohne besonderes Zeremoniell. Die Hundeklos bestehen aus einer mit Sand gefüllten großen Schale, die durch eine Mauer den indiskreten Blicken der Passanten entzogen ist. Ein aufgemaltes Hündchen mit angehobenem Hinterbein weist auf die Bestimmung des Örtchens hin.« (Die Hundewelt, Heft 6, 1983). Derartige Hundetoiletten waren in mehreren Großstädten im Gespräch, wurden aber sehr schnell wieder verworfen, stellen sie doch Brutstätten für Seuchen und Krankheiten dar.

Ein kleiner Fortschritt wäre es schon, wenn jeder Hundebesitzer seinen Vierbeiner von Anfang an daran gewöhnt, nur im Rinnstein oder auf Baumscheiben sein großes Geschäft zu verrichten. So blieben die Bürgersteige sauber. Wir meinen, die Umweltverschmutzung durch Hundekot ist zur Zeit das kleinste Übel, das unsere Umwelt belastet, aber auch das will keiner am Schuh kleben haben.

Nun wird nicht jeder Welpe nur durch regelmäßiges Führen nach draußen stubenrein, das wäre zu schön. Also heißt es wieder, erzieherisch einzuwirken, etwas nachzuhelfen. Wenn sich unser Hund, allein gelassen, »unanständig« betragen hat, liegt doch wenig Sinn darin, zu versuchen, ihm begreiflich zu machen, daß er etwas Unerlaubtes oder Unrechtes getan hat. Demzufolge ist es sinnlos, das Tier zu bestrafen, da es zwischen Strafe und lange vorher passiertem verbotenem Tun keine Verbindung herstellen kann. Am Rande sei vermerkt, daß auch die leider noch sehr verbreitete Unsitte, den Hund mit der Nase in seine Exkremente zu tauchen und dann zu verhauen, nichts hilft. Abgesehen davon, daß es gelinde gesagt eine Schweinerei ist, erreichen wir nie den gewünschten Erfolg – es sei denn durch Zufall. Es soll passiert sein, daß ein Hund, der so zur Stubenreinheit erzogen werden sollte, in aller Gemütsruhe sein Geschäft auf dem Teppich in der Wohnung verrichtete, seine Nase in das Häufchen stieß und darauf durch das auf ebener Erde gelegene Fenster hinaussprang. Er hatte gelernt: In der Wohnung entleeren, Nase eintauchen, ins Freie kommen!

Den Hund durch Erfahrung lernen lassen, das bedeutet, es muß für ihn unangenehm sein, sich im Haus zu entleeren. Das ist aber nur möglich, wenn das Unangenehme in dem Augenblick eintritt, wenn der Sünder dabei ist, sein Geschäft zu verrichten, oder noch besser, sich anschickt, es zu tun. Das bedeutet natürlich, den Hund so lange zu beobachten, bis es gelingt, im entscheidenden Augenblick einzugreifen. Wir lassen den Kleinen unter Aufsicht über Gebühr lange im Zimmer mit der bösen Absicht, ihm eine Lektion zu erteilen. Was passiert nun?

Regel ist, das Unangenehme stets zeitlich mit der unerwünschten Handlung zusammenfallen zu lassen. Zur Verfügung stehen uns je nach Dickfelligkeit des Welpen: Drohlaute, Drohgebärden, körperlicher Schmerz – immer verbunden mit einem darauffolgenden Angebot, sich im Freien zu entleeren. Dafür erntet er dann höchstes Lob. Bald schon verknüpft er: Der Drang, sich in der Wohnung zu entleeren, bringt unangenehmes Erleben. Die damit verbundene Angst bewirkt, daß der Hund unter Winseln umher- oder zur Tür läuft. So haben wir erreicht, was wir wollten. Wir müssen aber auch das Winseln beachten, sonst war alles umsonst.

Dauerbeller

Erprobt ein Hund ab und zu einmal seine Stimmbänder, um beispielsweise seinem Besitzer zu vermelden, daß Besucher an der Tür Einlaß begehren, so ist das nicht nur sein natürliches Recht, sondern sogar die von ihm zu fordernde Pflicht. Auch das Bellen aus Übermut, das Winseln vor Freude, wenn Frauchen oder Herrchen nach Hause kommt, werden weder wir noch unsere Nachbarn dem Vierbeiner übelnehmen. Gehört aber ein ausgesprochener Dauerbeller zu den Mitbewohnern, kann dieser zur »Nervensäge« und im schlimmsten Falle zum Dreh- und Angelpunkt langwieriger Auseinandersetzungen vor Schiedskommissionen und Gerichten werden. Der Besitzer eines Dauerbellers darf sich nicht wundern, wenn ihm eines Tages eine Anzeige wegen ruhestörenden Lärms ins Haus flattert und keine Besucher mehr an seiner Tür klingeln. Wer setzt sich schon gern in eine Wohnung, in der laufend aus einer Ecke Gebell dröhnt und jede Unterhaltung zunichte macht!

Für Dauerbeller hat niemand Verständnis. Die Ursache liegt immer in einem Erziehungsfehler, begangen beim Junghund, meist schon im Welpenalter. Von Anfang an sollte der Hundehalter darauf achten, daß dem Tier ganz konsequent nur in bestimmten, z. B. den anfangs erwähnten Situationen das Bellen erlaubt wird, auch wenn es noch so niedlich aussieht, wenn der kleine Kerl vor sich hin knurrt und bellt. Über eins muß sich jeder Hundehalter im klaren sein: Was Hänschen nicht lernt, lernt Hans nimmermehr. Das trifft auch auf unseren Problemhund, den Dauerbeller, zu. Es werden neuerdings moderne Hilfsmittel angeboten, von denen wir nur eines erwähnen möchten.

Die Firma Schecker Tier und Technik hat ein Anti-Kläff- und Anti-Jaul-Gerät entwickelt, das Kläffen und Jaulen in kürzester Zeit unterbindet. Das sogenannte Kläff-Ex-Gerät arbeitet auf einem völlig neuentwickelten Prinzip: dem akustischen Strafton. Es gibt Tonfrequenzen, die für uns Menschen äußerst unangenehm, manchmal sogar unerträglich sind. Hunde reagieren auch darauf, besonders auf hohe Töne im Ultraschall-Grenzbereich mit einer Frequenz von ca. 14000–20000 Hz äußerst empfindlich. Auf dieser Überempfindlichkeit gegenüber besonders hohen Tonfrequenzen basiert das Kläff-Ex-Prinzip. Da jeder Hund anders reagiert, muß zu Beginn der Anti-Kläff- bzw. Anti-Jaul-Erziehung die Tonfrequenz ermittelt werden, die dem Hund am unangenehmsten ist. An seinem Verhalten, z. B. am Ohrenspiel, läßt sich diese Tonhöhe leicht erkennen. Sie wird auf dem Kläff-Exgerät fest eingestellt. Jede Aussendung dieses Tones wirkt auf den Hund als Bestrafung.

Das Kläff-Ex-Gerät besitzt ein Mikrofon, das den Geräuschpegel der Umwelt aufnimmt. Sobald durch das Kläffen oder Jaulen die normale Umgebungslautstärke überschritten wird, sendet das Gerät den Strafton. Durch die Gleichzeitigkeit von Kläffen oder Jaulen und dem Aussenden des unangenehmen Straftones verknüpft der Hund sehr schnell: Kläffen oder Jaulen ist unangenehm. Die Vorteile des Gerätes liegen darin, daß es nicht am Hund befestigt werden muß, sondern vor dem Zwinger, der Tür oder dem Ruheplatz aufgestellt werden kann, und daß es völlig selbsttätig arbeitet. Meist machen die Hunde doch den größten Lärm, wenn keiner zu Hause ist, also keine Möglichkeit besteht, zu strafen. Da sich Kläff-Ex durch das Kläffen oder Jaulen selbst auslöst, arbeitet es auch dann, wenn der Hund allein ist. Die Straftonerziehung wirkt den ganzen Tag, rund um die Uhr.

Gut beraten ist der, dessen Hund beizeiten lernt, das »Maul zu halten.« Ein einfaches Mittel, unnötiges Bellen schon im zartesten Alter zu unterbinden, ist das harte »Pfui«. Genügt das nicht mehr, heißt es drastischere Maßnahmen zu wählen, wie z. B. das Werfen mit leichten Gegenständen, der Schlag mit der Zeitung oder einer dünnen Gerte, stets in Verbindung mit dem Hör-Laut »Pfui«. Schließlich wird das Wort allein genügen, das Bellen oder den Ansatz dazu zu unterbinden. Hier nochmals der Hinweis: Nicht mit der bloßen Hand oder der Leine strafen!

Sehr schwer wird es, wenn man einen erwachsenen Hund gekauft hat. Bei ihm werden fast alle hier geschilderten Erziehungsmethoden versagen, da er mit Sicherheit dann anhaltend bellt, wenn wir nicht zu Hause sind. Meist hilft nur, will man sich mit den Nachbarn einigermaßen versöhnen: Der Hund muß aus dem Haus. Zuvor sollte aber zumindest noch eine List ausprobiert werden. Wir legen dem Vierbeiner das Stachelhalsband um, befestigen daran eine lange Angelsehne, die so verlegt wird, daß man außer Sichtweite des Hundes daran ziehen kann. Jetzt verlassen wir das Zimmer und verhalten uns mucksmäuschenstill.

Sobald der allein gelassene Vierbeiner sein Konzert beginnt, wird hart an der Leine geruckt. Diese Prozedur mehrfach wiederholt, kann zur Verknüpfung führen, daß Bellen bzw. Heulen Schmerz bedeutet — und was das Schönste ist, der Schmerz wird nicht mit Herrchen oder Frauchen in Verbindung gebracht, die sind nach wie vor die Besten.

Damit das Hundebesitzerglück vollkommen wird, bitten wir nun einen Bekannten, sich auffällig an unserer Tür zu schaffen zu machen. Bellt unser Hund jetzt, erhält er Lob. So können wir mit einer guten Portion Glück doch noch einen aufmerksamen Hausgenossen erziehen, der die Ruhe der Mitbewohner niemals grundlos stört.

Autofahren

Im allgemeinen fahren alle Hunde gern Auto, und wir müssen aufpassen, daß sie nicht aus Versehen in fremde Wagen einsteigen. Zur Plage kann es aber werden, wenn so ein riesiger Laban von Bernhardiner nicht autofest ist. Es kann natürlich vorkommen, daß auch ein Hund Sorgen mit dem Kreislauf hat und deshalb — genauso wie der Mensch — die Fahrt im engen Pkw nicht verträgt. In den meisten Fällen hat aber das Unwohlsein und Erbrechen eine ganz andere Ursache: Angst. Diese kann ererbt, Ausdruck einer Wesensschwäche sein, oder das Unvermögen des Tieres zeigen, sich auf bestimmte neue Situationen einzustellen. Besonders Welpen und Junghunde werden davon betroffen, wenn sie das erste Mal im Auto transportiert werden. Bei regelmäßigem Fahren gewöhnen sie sich aber schnell an das Schaukeln, Bremsen und Anfahren. Damit sind wir beim ersten Problem, dem Anteil des Fahrers und seiner Fahrweise am Verhalten des Tieres. Wilde Überholmanöver, rasante Kurventechnik lassen den Kreislauf rebellieren, besonders beim Mitfahrer. Dem Hund kann auch mit Tabletten geholfen werden, aber besser ist, ihn durch vorbeugende Maßnahmen, speziell Erziehung, autofest zu machen.

Dafür einige Grundsätze:

1. Der Hund darf nur mit leerem Magen im Auto mitfahren. Selbst ein sonst autofester Hund ist nicht gegen alle Anfechtungen gefeit, hat er gerade eine gewaltige Portion Fleisch verdrückt.
2. Ein Hund, der zum ersten Mal im Auto sitzt, bzw. von dem wir wissen, daß er etwas wesensschwach ist, darf während der Fahrt nicht aus dem Fenster sehen. Die vorbeisausenden Bäume strapazieren sein Nervenkostüm ebenso wie überholende oder entgegenkommende Fahrzeuge.
3. In der ersten Zeit wird möglichst nur mit Beifahrer gefahren, der sich ständig um den Hund kümmern muß, ihn streichelt, liebkost und ablenkt, ihm ein Gefühl der Sicherheit und Geborgenheit gibt.
4. Der Platz des Hundes ist stets hinten, niemals vorn neben dem Fahrer, schon gar nicht auf seinem Schoß. Auch der kleinste Hund kann sehr leicht zur Unfallursache werden.
5. Die Fahrtstrecken werden nach und nach vergrößert. Als Gesellenprüfung unternehmen wir dann einen längeren Ausflug. Damit bieten wir dem Vierbeiner die Möglichkeit, sich mit allen Eventualitäten der Autofahrerei vertraut zu machen. So erhält man mit der Zeit einen angenehmen Mitfahrer.

Am günstigsten ist es, den Hund im Auto anzuleinen, damit er bei plötzlichen Bremsmanövern oder anderen unvorhergesehenen Dingen nicht zur Gefahr wird. Wichtig ist auch, das Fenster geschlossen zu halten. Zugluft schadet jedem Hund, er kann sehr leicht Augenentzündungen bekommen. Schließlich sollten wir in regelmäßigen Abständen Pausen einlegen. Ein kleiner Dauerlauf schadet weder uns noch unserem Hund, im Gegenteil, er dürfte beiden guttun.

Bewährt haben sich bei Kombifahrzeugen Abtrenngitter, die eine separate, doch in unmittelbarer Nähe seines Herrn befindliche Unterbringung des Hundes ermöglichen. Auch der Transportanhänger für Hunde ist zu empfehlen. Kurze Strecken in einem genügend großen Kofferraum schaden keinem Vierbeiner. Wir haben sogar schon Pkw gesehen, die den Kofferraum für den Hundetransport umgebaut hatten. Die Nummernschildpartie war herausgeschnitten und durch ein Gitter ersetzt. Jeder Fahrer, der ein Lebewesen in seinem Fahrzeug transportiert, muß aber stets bedenken, daß sich der Innenraum besonders bei längerem Stehen sehr schnell aufheizt, besonders bei hohen Temperaturen. Immer wieder kommt es vor, daß vom Einkauf zurückgekehrte Hundebesitzer in geparkten Fahrzeugen ihren Liebling tot vorfanden: Sie hatten vergessen, die Fenster einen Spalt zu öffnen und das Auto im Schatten abzustellen.

Futterverweigern

Viele Hundebesitzer ärgert es, wenn ihr Liebling sich freudig mit der Rute wedelnd von jedem Fremden streicheln läßt und alle Leckerbissen, die man ihm reicht, gierig verschlingt. Abgesehen davon, daß der Eindruck entstehen könnte, er bekommt zu Hause nichts zu fressen, liegt auch eine gewisse Gefahr darin, kann ihm doch schnell etwas gereicht werden, das nicht gerade bekömmlich ist. Hier können wir mit wenig Aufwand Abhilfe schaffen, dem Tier das Futterverweigern anerziehen. Zwei oder drei Helfer, mit denen der Vierbeiner keinen Kontakt hatte, werden benötigt. Zuerst geht es darum, den Hund mißtrauisch gegenüber Fremden zu machen. Während der Hund frei im Grundstück herumläuft, macht sich einer der Helfer in auffälliger Weise am Zaun oder der Tür zu schaffen. In den meisten Fällen wird der Junghund zu ihm laufen und sich über den Gast freuen. Der schreit ihn aber an, versetzt ihm einen leichten Schlag mit der Gerte, begießt ihn mit Wasser, kurz gesagt, er läßt den Hund eine unangenehme Erfahrung machen. Er wird bald verknüpfen, es ist nicht ratsam, sich Fremden freundlich zu nähern, es ist mit Unannehmlichkeiten verbunden. Öfters kommende Freunde und Bekannte werden weiterhin freudig empfangen. Dafür gibt es Lob und Anerkennung vom Herrn. Im weiteren Verlauf der Erziehung bieten die Helfer dem Vierbeiner Leckerbissen an. Will er sie annehmen, sind wir zur Stelle und versetzen ihm mit einer Gerte einen leichten Schlag, verbunden mit dem Hör-Laut »Pfui«.

Lehnt das Tier in unserem Beisein Leckerbissen von Fremden ab, erfolgt der nächste Schritt. Wir gehen außer Sichtweite. Jetzt reichen die Helfer Happen, in denen für den

Hund unangenehme Dinge enthalten sind: Pfeffer, Senf usw. Die Köder müssen so präpariert sein, daß der unangenehme Geschmack sofort vom Hund empfunden wird, wenn er den Bissen in den Fang nimmt. Schritt für Schritt erreicht man auf diese Art und Weise, daß der Hund in Abwesenheit seines Herrn bzw. ohne dessen Aufforderung von Fremden kein Futter nimmt. Wie weit diese Erziehung getrieben wird, muß jeder selbst entscheiden. Nimmt der Hund nur noch Futter von seinem Herrn, so ist das zwar schön und schließt eine Vergiftungsgefahr durch böse Nachbarn aus. Komplikationen treten in dem Moment auf, in dem der Hund von Fremden gefüttert werden muß, z. B. in der Zeit, in der wir unsere Ferien ohne Hund genießen wollen. Wichtiger ist, dem Hund beizubringen, kein gefundenes Futter aufzunehmen. Hierfür ist die wichtigste Voraussetzung, daß der Hund immer an der gleichen Stelle gefüttert wird. Geschieht das nicht, ist es ihm unmöglich, zu unterscheiden, was ist erlaubtes und was ist unerlaubtes Futter? Nun legen wir dem Vierbeiner »Hinterhalte«:

In Leckerbissen wie Schabefleisch oder Wurst kommen wieder Senf, Pfeffer u. ä. in der gleichen Weise, wie bereits beschrieben. Wir begeben uns außer Sichtweite, aber so, daß wir den Erfolg der Aktion beobachten können. Schnuppert der Hund nur am Futterbrocken, nimmt ihn aber nicht auf, treten wir in Aktion und loben ihn ausgiebig, im Bedarfsfall auch mit Futter. Nimmt er jedoch den Köder an, dann gelangt der Pfeffer oder Senf in den Fang. Gleichzeitig ertönt unser »Pfui«, werfen wir eine Kette usw. Diese Lektion merkt er sich garantiert eine ganze Weile! Eine in regelmäßigen Abständen durchgeführte Wiederholung als Auffrischung ist immer von Nutzen.

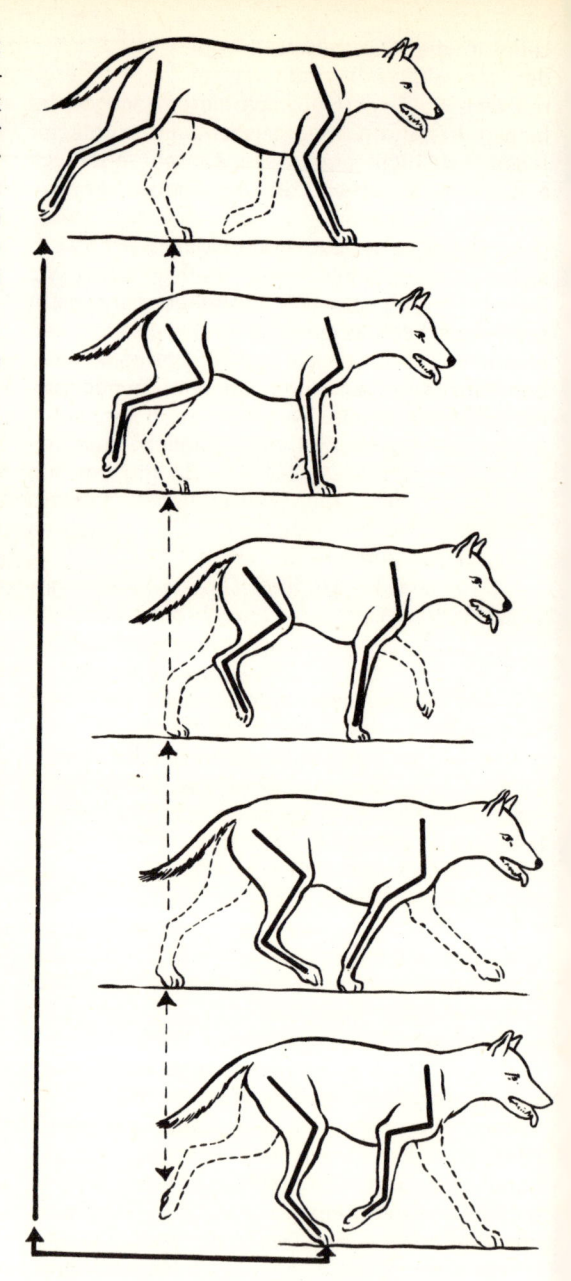

Beim Radfahren zwingt man den Hund zum natürlichen Trab, der Form, die am wenigsten ermüdet, die Kondition stärkt und lange durchgehalten wird

Fahrradfahren

Nicht nur für den Menschen, auch für den Hund ist das Fahrrad als Konditionierungsmittel wichtig, sind doch beim Lauf neben dem fahrenden Herrn alle Muskelpartien längere Zeit gleichmäßig in Tätigkeit. Beherrscht der Vierbeiner das Laufen an der Leine, ist es nicht schwer, ihn an das Fahrrad zu gewöhnen. Wichtig ist, daß der Hund stets an der rechten Seite, also dem Straßenverkehr abgewandt, zu laufen hat. Die Leine hängt dabei lose herab, er darf weder ziehen noch zurückhängen. Mit dem Hör-Laut »Ans Rad!« führen wir den Hund an die rechte Seite, nehmen die

Leine in die rechte Hand – sie darf nie um den Lenker geschlungen werden – und fahren langsam los. Wir empfehlen, in der Anfangsphase das Stachelhalsband umzulegen. Jedes seitliche oder anderweitige Ziehen, auch alle Versuche, Kot oder Harn abzusetzen, werden energisch unterbunden. Richtiges Laufen wird ausgiebig gelobt. Selbstverständlich muß der Hund vor dem Laufen am Fahrrad die Möglichkeit erhalten, sich zu lösen. In ziemlich kurzer Zeit werden Herr und Hund viel Freude an der täglichen Radtour haben. Übrigens, ein Hund, der mit dem Fahrrad nur Angenehmes verbindet, wird sehr selten zum Fahrradhetzer.

Fahrradhetzer

Um dem Hund das Fahrradhetzen abzugewöhnen, benötigen wir wieder einen Helfer und eine Straße mit geringer Verkehrsdichte. Es hat keinen Sinn, solche Übungen auf dem Hof oder dem Ausbildungsgelände eines Hundesportklubs zu veranstalten. Sie müssen in der für die Situation typischen Umgebung stattfinden. Am Halsband – am besten wieder eines mit Stacheln – befestigen wir eine ungefähr 10 m lange Leine und halten das Ende fest in der Hand. Jetzt kommt der Helfer angefahren. Rennt der Hund ihm nach und überhört unser Rufen, lassen wir ihn mit voller Wucht in die Leine laufen. Kommt er daraufhin sofort zu uns, erhält er viel Lob und Anerkennung. Will er sich aber aus dem Staube machen, wird er durch Leine und Stachelhalsband daran gehindert. Kommen wir mit dieser Methode nicht zum Ziel, lassen wir den Hund auf der Straße frei laufen. Wenn der Helfer angefahren kommt, wird ihn der Hund natürlich sofort verfolgen, dabei wieder unser Rufen überhörend. Hat er den Radfahrer erreicht, versetzt ihm dieser in voller Fahrt durch kurzes seitliches Ausrucken des Vorderrades einen schmerzhaften Schlag in die Seite. Schnell lernt der Hund, daß fremde Radfahrer zu den Dingen gehören, die ungeheuer weh tun können.

Der erfahrene Ausbilder kann in diesem Fall auch ein ferngesteuertes Stromgerät einsetzen. Wir meinen aber, daß Aufwand und Nutzen in keinem Verhältnis stehen. Es ist im allgemeinen sehr schwierig, Fehler und Versäumnisse in der Erziehung seines Hundes wieder auszubügeln, zumal sie uns meist erst dann ein- und auffallen, wenn ihre Folgen langsam unangenehm werden.

Geflügelhetzen

Wurde es in den ersten Wochen versäumt, dem vierbeinigen neuen Hausgefährten das richtige Benehmen gegenüber dem Hausgeflügel beizubringen, müssen wir nun, wenn meist im wahrsten Sinne des Wortes bereits Federn geflogen sind, etwas aufwendiger zu Werke gehen. Ein Abrichtehilfsmittel ist das bereits hinreichend bekannte Stachelhalsband. Der wild auf Geflügel losstürmende Hetzer muß einige Male voll in die Stacheln prallen, bis er die ausgiebige bittere Erfahrung macht, wie schmerzhaft unerlaubte Jägerei sein kann. Wir müssen solche Gelegenheiten so oft wie möglich provozieren.

Es gibt aber ganz hartgesottene Burschen, denen die Stacheln anscheinend nichts ausmachen. Für diese benötigen wir zwei Gehilfen und organisieren die ganze Sache so, daß die Mitstreiter ungesehen dicht an der Stelle stehen, wo der Hund das Geflügel voraussichtlich angreifen wird. Wir selbst halten den Hund an der langen Leine. Nun kann der Hühnerschwarm kommen. Prallt der Hund voll in die Leine und damit in die Stacheln des Halsbandes, werfen ihm die Gehilfen gleichzeitig Wurfketten und andere Lärm und Schmerz verursachende Dinge in den Rücken, dazu ein harter Verbotsruf. Das müßte eigentlich auch den übelsten Hetzer zur Vernunft bringen. Natürlich heißt es, weiter auf der Hut sein. Bereits den Ansatz zum Jagen, den gierigen Blick oder das aufmerksame Heben des Kopfes in Richtung Geflügel müssen wir erkennen und bestrafen. Hör-Laute, verbunden mit Stachelruck, leisten ebenso gute Dienste wie ein Katapult. Ist aber das Geflügelhetzen schon so in Fleisch und Blut übergegangen, daß alle beschriebenen Methoden nicht mehr zum Erfolg führen, sollte man dem Hund mit dem gerissenen Tier Schmerz und Unbehagen zufügen, z. B. indem wir ihm das getötete Huhn um die

Ohren schlagen. Viele Ausbilder schwören auf folgende Variante:
Der Übeltäter wird am Stachelhalsband dicht am Boden festgepflockt. Das getötete Federvieh legt man direkt neben seinen Kopf. In regelmäßigen Abständen wird dem Sünder das tote Tier, verbunden mit dem harten Hör-Laut »Pfui«, um den Fang geschlagen. Es bleibt dem Einfallsreichtum jedes einzelnen überlassen, wie er seinem Hund zu den Erfahrungen verhilft, die er machen soll, man darf aber nicht übertreiben. Das beste ist, bereits den Welpen an das Hausgeflügel als etwas zum Haus gehörendes zu gewöhnen.

Es ist für einen Hund wahrlich nicht einfach: einmal soll er bellen, dann wieder nicht; den darf und soll er beißen, den anderen wieder nicht. Das immer richtig zu entscheiden, fällt ihm nicht leicht. Jeder Hundebesitzer sei davor gewarnt, seinen Vierbeiner unnötig aggressiv zu machen. Die Folgen davon sind unabsehbar.

Wachdienst

Aus dem Kapitel »Futterverweigern« kennen wir bereits Methoden, mit denen der Haushund mißtrauisch gegenüber Fremden gemacht werden kann. Jetzt soll es einen Schritt weitergehen. Er soll das Grundstück bewachen und gegen unerwünschte Eindringlinge verteidigen, ohne grundlos aggressiv zu reagieren.

Relativ selten muß man einem Hund beibringen, ungebetene Gäste anzukündigen. Das macht er meist von selbst, wird doch sein Revier betreten, seine markierten Grenzen werden verletzt, und dagegen setzt er sich zur Wehr. Anzuraten ist jedoch, die Wachbereitschaft des Hundes durch kleine Übungen zu fördern und sich damit einen zuverlässigen Wächter zu schaffen. Der Hundebesitzer darf niemals selbst die Wachsamkeit seines eigenen Hundes auf die Probe stellen. Er bringt nur seinen Hund durcheinander und sich eventuell in Gefahr. Der Herr ist immer tabu, unberührbar, dieses oberste Gesetz darf nie verletzt werden.

Wir suchen also einen Gehilfen aus, der von der Hundeerziehung etwas versteht. Dieser dringt als unerwünschter Besuch in das Grundstück ein (bitte nicht vergessen, Schutzbekleidung anzulegen!). In diesem Moment reizen wir den Hund mit Worten und Gesten, den ungebetenen Gast zu attackieren, zumindest aggressiv zu verbellen. Macht er das ausgiebig, erhält er Lob. Bleibt er aber inaktiv, greift der Gehilfe den Hund an, damit dieser den Eindringling als etwas Unangenehmes empfindet. Hierbei ist äußerst wichtig, den Hund nicht in Angst und Schrecken zu versetzen, sondern ihn lediglich zum Kampf herauszufordern. Sobald das Tier knurrt oder bellt, ergreift der Helfer die Flucht. Dadurch erwecken wir beim Hund das Gefühl der Überlegenheit Fremden gegenüber. Der Hund, der zum Wachdienst erzogen wird, darf keinesfalls die Möglichkeit haben, das Grundstück unkontrolliert zu verlassen, auch darf kein Fremder auf normalem Wege ohne unser Wissen hereinkommen können. Jeder für den Wachdienst ausgebildete Hund muß über einen sehr guten Gehorsam verfügen und seinem Herrn bedingungslos gehorchen. Beißen darf er nie ohne Befehl bzw. nie, ohne selbst angegriffen zu werden.

Gegenstandsbewachung

In vielen Prüfungsordnungen für Begleithunde finden wir die Übung »Bewachen eines führereigenen Gegenstandes«, weil die meisten Hundebesitzer von ihrem Vierbeiner fordern, Taschen, Fahrräder usw. zu bewachen. Die Ausbildung dazu ist nicht so einfach, wie es sich viele vorstellen. Die neue Aufgabe muß dem Hund mit sehr viel Fingerspitzengefühl beigebracht werden. Es hängt wesentlich vom Erzieher ab, ob der Hund seine Aufgabe begreift und den Gegenstand unter Aufbietung aller Kräfte verteidigt. Geht man zu hart vor, kann es leicht passieren, daß der Hund sich um den zu bewachenden Gegenstand nicht mehr kümmert und nur noch sich selbst verteidigt. Mit einigen Übungen, die aber nicht in wenigen Stunden oder Tagen zum Erfolg führen, kann trotzdem jeder seinen Hund zu einem verläßlichen Wächter ausbilden, ohne einen zähnefletschenden Zerberus an der Leine zu haben.

Anfangs benötigen wir noch keinen Helfer, es geht nur darum, dem Hund begreiflich zu machen, daß er neben einem uns gehörenden Gegenstand liegenzubleiben hat. Voraussetzung ist, daß er die Übung »Platz« beherrscht. Wir gehen so vor: Der angeleinte Hund erhält den Hör-Laut »Platz«! Hat er das Kommando befolgt, legen wir ungefähr einen Meter von ihm entfernt eine Tasche oder ähnliches ab. Der Hund erhält das Kommando »Paß auf!«, wobei er gelobt wird. Dann begeben wir uns außer Sichtweite. Wichtig ist, daß der Hund durch unseren Tonfall und die Behandlung des Gegenstandes voll auf diesen orientiert werden muß. Sind einige Minuten verstrichen, verlassen wir das Versteck, gehen zum Hund und nehmen den Gegenstand, der von uns ausgiebig von allen Seiten betrachtet, ja sogar berochen wird. In den meisten Fällen erweckt dieses Gehabe sofort die Aufmerksamkeit des Vierbeiners, er stellt — wenn er kann — die Ohren auf, ist gespannt, man merkt, er will erkunden, was Frauchen oder Herrchen da macht. Diese Übung wiederholen wir mehrmals, an einigen Tagen. Gesprochen wird mit dem Hund nicht, ihm werden nur die nötigen Befehle erteilt. Der Platz wird mehrmals gewechselt, um so viele Umweltbedingungen wie möglich einzubeziehen. Nach ungefähr einer Woche beginnt die zweite Etappe, in der dem Hund begreiflich gemacht werden soll, daß ein Fremder den Gegenstand wegnehmen will, die Anwesenheit des Hundes ihn jedoch dabei stört. Dazu braucht man einen Gehilfen. Der bringt sich einen Stock mit, den der Hund aber nicht sehen darf, am besten wird er hinter dem Rücken versteckt.

Nun geht der Helfer auf 2 bis 3 m an den Gegenstand heran, der, wie im ersten Teil beschrieben, in einem Meter Abstand vom Hund am äußeren Rand des vom Vierbeiner zu erreichenden Kreises abgelegt wurde. Der Helfer verhält sich anfangs so, als würden ihn weder Hund noch Gegenstand interessieren. Bis auf Griffweite an den Gegenstand herangekommen, bleibt der Helfer stehen, betrachtet intensiv die zu bewachende Sache und dann den Wächter. In dem Moment, in dem sich die Blicke von Hund und Mensch treffen, weicht der Helfer auffällig zurück, macht dem Hund dessen »Überlegenheit« deutlich. Reagiert der Vierbeiner in dieser Phase mit Knurren und Bellen, entfernt sich der Helfer immer mehr, geht schließlich ganz aus dem Blickfeld. Natürlich kommt es auch vor, daß der Hund überhaupt nicht reagiert. In diesem Fall geht der Helfer näher heran, streckt die Hand nach dem Gegenstand aus, richtet dabei abwechselnd den Blick auffällig auf den Hund und den Gegenstand und zeigt dem Wächter dadurch, daß er die Sache haben möchte, aber wegen der Bewachung unsicher ist. Reagiert das Tier auch jetzt noch nicht, entfernt sich der Helfer etwas, geht um den Hund herum und bleibt im Abstand von 2 bis 3 m hinter ihm stehen. Der Hund wird ihm mit den Blicken folgen. Nach mehrfachem Kommen und Gehen versucht nun der Helfer ganz langsam, den Gegenstand zu greifen. In den meisten Fällen wird der Hund verstehen, daß der Fremde Angst vor ihm hat und aus diesem Grunde nicht handelt, er wird also beim wiederholten Annähern knurren oder bellen. Sofort räumt der Gehilfe das Feld. Die Übung wird so lange wiederholt, bis sich der Hund seiner Überlegenheit und der Wirkung seiner bloßen Anwesenheit »bewußt« wird, einer Anwesenheit, die meist ausreicht, einen Dieb fernzuhalten, ohne ihn angreifen oder festhalten zu müssen.

Es hat sich bewährt, diese Übungen immer wieder und mit wechselnden Gehilfen zu wiederholen. Auch bei etwas schwierigen Tieren ist davon abzuraten, dem Hund die Übung mit Gewalt und Schlägen beizubringen, da er dabei Angst bekommen könnte, aggressiv würde und sogar beim Streicheln beißt. Man darf nie vergessen, daß der Hund nicht nur abgeschirmt im eigenen Garten liegt, sondern auch einmal vor der Kaufhalle angebunden ist. In diesem Falle ist es zwar schön, wenn er das Fahrrad, neben dem er eventuell liegt, gegen Diebe verteidigt, doch kaum zu vertreten ist es, wenn er nach jedem Vorübergehenden schnappt. Erfahrene Hundehalter, die in Sportklubs arbeiten, werden sicher nach einer anderen, schnelleren Methode vorgehen: Der Hund wird an der langen Leine oder Anlegekette mit aufgesetztem Beißkorb festgemacht. Zur Bewachung wird neben ihn ein bekannter führereigener Gegenstand gelegt (Mütze, Tasche, Handschuhe ...) Der Besitzer oder Erzieher stellt sich ungefähr 5 bis 10 m hinter seinen Hund. Mehrere Personen gehen am Hund in einer Entfernung von annähernd 2 m vorbei, hier hat sich der Vierbeiner ruhig zu verhalten. Erst wenn sich ein Helfer dem Gegenstand nähert und ihn wegnehmen will, muß der Hund reagieren. Zeigt er sich aggressiv, wird er sofort vom Besitzer gelobt. Ist das Tier gegenüber dem Helfer nicht mißtrauisch, wird es durch leichte Schläge mit der Hand und Greifen in die Weichteile angereizt. Die Betonung liegt dabei auf »leicht«, der Hund darf keine Angst bekommen. Dabei versucht der Helfer, immer den Gegenstand mitzunehmen. Diese Übung wird so lange trainiert, bis der Hund gelernt hat, einen Gegenstand selbständig, auch in Abwesenheit seines Herrn, gegen Fremde zu bewachen und zu schützen. Auch hier ist ein ständiger Wechsel des Helfers vorzunehmen.

keine Scheu vor dem Rattern und Quietschen der Straßenbahn. Der Vierbeiner hat während der Fahrt dicht bei seinem Herrn ruhig zu sitzen oder zu liegen und keine Mitreisenden zu belästigen. Wir wählen für ihn einen relativ geschützten Platz, damit ihm niemand auf die Pfoten treten kann. Der Beißkorb gehört zu den wichtigsten Reiseutensilien, nicht nur, weil die Vorschriften es verlangen, sondern weil auch der phlegmatische Hund einmal die Nerven verlieren kann.

Es gibt für einen Hundebesitzer nichts Schöneres, als abends nach Hause zu kommen und von seinem vierbeinigen Freund herzlich begrüßt zu werden. Ist es ein Pekingese oder Malteser, wird sicher kaum einer schimpfen, wenn dieser sich auf die Hinterläufe stellt, unangenehm wird es aber, wenn ein ausgewachsener Neufundländer uns regelmäß die Vorderpfoten auf die Schultern legt. Ein verschmutzter oder gar zerrissener guter Anzug verstimmt selbst den passioniertesten Hundeliebhaber.

Straßenverkehr

Wir müssen den Hund ständig mit seiner Umgebung konfrontieren. Führen wir den Junghund an der Leine öfter an belebte Plätze und Straßen, wird er sich bald an fremde Menschen, andere Tiere, Radfahrer, Autos, Straßenbahnen und alle mit dem modernen Straßenverkehr in Verbindung stehende Dinge ebenso gewöhnen, wie der aus der Stadt kommende Welpe an Kühe, Schafe und Pferde, wenn sein neuer Besitzer auf dem Lande wohnt. Durch behutsames Lenken und Leiten werden wir bald einen angenehmen Begleiter für alle Gänge haben. Beherrschen muß der Hund auf jeden Fall folgende Übungen: Sitz, Platz, bei Fuß laufen, Leinenführigkeit, am Rad laufen. Diese und andere Übungen kann sich jeder selbst aus den einzelnen Spezialdisziplinen zusammenstellen. Wichtig ist es, den Hund beizeiten daran zu gewöhnen, auch einmal mit öffentlichen Verkehrsmitteln zu fahren. Wie überall macht dabei die rechtzeitige Erfahrung den Meister. Seit dem Welpenalter daran gewöhnt, zeigt der erwachsene Hund

Anspringen

Mit einer gewissen Portion Selbstüberwindung gelingt es recht schnell, diese Unart zu beseitigen. Auch hier trifft das bereits gesagte zu: schon dem Welpen das Anspringen nicht erst gestatten! Bei der Begrüßung beugt man sich zum Tier herab, drückt es beim geringsten Versuch, sich aufzurichten, zurück und lobt es. Hat der Vierbeiner das richtige Benehmen im zarten Kindesalter nicht gelernt, müssen mit zunehmendem Alter des Hundes härtere Mittel angewandt werden. Springt der Hund hoch, fassen wir ihn an den Vorderpfoten, pressen diese zusammen und treten ihm gleichzeitig – aber nicht mit unserem ganzen Körpergewicht – auf die Zehen. Dazu ziehen wir leichtes Schuhwerk an. Nach einigen derartigen Lektionen wird der Hund sich unerwünschte Freudenkundgebungen bald abgewöhnen.

Die Ausbildung zum Gehorsam

Viele Hundebesitzer, vorrangig solche, die in ihrer Freizeit Vierbeiner ausbilden, bezeichnen die Erziehung für den Schutzdienst, also die Erziehung der Verteidigungsbereitschaft aus dem natürlichen Kampftrieb, als Krone der Abrichtung. Sie beurteilen den Hund in erster Linie nach seiner Schärfe und Härte.
Wir wollen den Schutzdienst keinesfalls seiner Bedeutung nach an die zweite Stelle drängen, ihn als nebensächlich abtun. Er ist wichtig, z. B. für die Beurteilung, ob ein Hund im Polizeidienst eingesetzt werden kann, als Schutzhund taugt oder seine Stärken mehr bei der Objektbewachung liegen. Es darf aber nie vergessen werden, daß erst der Gehorsam, die Unterordnung, zeigt, wie der Hund ausgebildet ist, welchen Stand er in der Abrichtung erreicht hat.
Wir können alle Spezialfächer heranziehen, ob es die Fährtenarbeit in allen vorkommenden Varianten, der jagdliche Einsatz, die Tätigkeit als Schlittenhund, als Blindenführhund oder Herdengebrauchshund ist, ohne Gehorsam geht es nicht, auf ihm baut alles andere auf, ohne ihn ist eine weitere Erziehung nicht denkbar.
Der Hund, ganz egal von welcher Körpergröße und für welchen Zweck gehalten, wird immer nur dann als angenehmer Begleiter und Gefährte des Menschen anerkannt und empfunden, wenn er sich durch Gehorsam auszeichnet und seine Umwelt nicht stört.
Sicher wird jeder Leser sich an Situationen erinnern, in denen sogar die größten Hundeliebhaber den Vierbeiner dorthin gewünscht haben, wo der Pfeffer wächst, wenn z. B. unbeteiligte Passanten angesprungen wurden, Radfahrer gewagte Manöver absolvierten, um wütenden Hunden zu entkommen, Kaufhalleneingänge blockiert waren, weil ausgewachsene Bernhardiner davorlagen u. a. m.
Aber man darf nicht dem Hund böse sein. Berechtigten Zorn verdienen die Besitzer, die es nicht verstanden haben, ihrem Tier den notwendigen Gehorsam beizubringen. Häufig zeigt sich der ungehorsame Hund dort, wo aus Renommée angeschafft wurde, weil der Nachbar auch einen Vierbeiner hat. Die Folge übertriebener Tierliebe ist fast immer ein unerzogenes Tier.
Jeder ist unangenehm berührt, wenn er einen Hund sieht, der mit seinem Herrn spazierengeht, diesen hin- und herzerrt und mit ihm macht, was er will. Wie angenehm werden dagegen Tiere empfunden, die an der Seite ihres Besitzers gehorsam laufen, denen man die Freude am täglichen Spaziergang ansieht. Schon Goethe schrieb im »Faust«:
»Dem Hunde, wenn er gut erzogen,
wird selbst ein weiser Mann gewogen«.
Nun wird sicher der eine oder andere behaupten, daß bei einem Zwergpudel oder Chihuahua bei der Ausbildung nicht von Unterordnung gesprochen werden kann, und sich dafür einsetzen, daß dies ein Privileg der Dienst- und Gebrauchshunderassen sei und für seinen Standpunkt bestimmt viele Argumente finden. Wir meinen, die Unterordnung ist immer das Spiegelbild guter Ausbildung, speziell des Gehorsams, also hat der Begriff Unterordnung bei allen Rassen, unabhängig von ihrer Körpergröße, seine Berechtigung. Die Unterordnung ist Voraussetzung einer vielschichtigen Ausbildung für die unterschied-

Wasser fühlt sich der Landseer am wohlsten. Er ist ein geübter und ausdauernder Schwimmer

Freudig muß der Hund neben dem Herrn laufen

So ist die Freifolge eine Augenweide

Mit dem Knie wird bei der Linkswendung geholfen

Ein Leinenruck nach der Kehrtwendung ist oft gut

...prüfen der Schmerzempfindlichkeit

Der nächste Schritt: Selbständiges Zufassen

Hund lernt, das Bringholz zu halten

Die Entfernung wird vergrößert

...orsitzend beendet der Hund die Übung

Genaues Einweisen gehört zur Übung „Voraussenden"

ahnen der Stehübung

Zügig läuft der Hund in die gewiesene Richtung

ngsübung zum Platzmachen

Auf Sichtzeichen kommt der Hund schnell heran

Bei richtigem Kriechen darf zwischen der Brust des Hundes und dem Boden keine sichtbare Lücke sein

Gut ist, wenn man anfangs mitkriecht

Die erhobene Hand verbietet das Aufstehen

festellung beim Stehen auf dem Balken

Der Hoch-Weit-Sprung verlangt Kraft und Technik

el Hilfe braucht der Hund an der Leiter

In der Gruppe lernt sichs besser

Im Klettersprung apportiert der Hund das Holz über die 1,80-m-Wand

Auch ein Zaun ist für den gut ausgebildeten Hund kein Hindernis

Die kleine 1-m-Hürde muß im Freisprung überwunden werden

Gänge und Röhren werden untersucht

Der Hund hat die Spur aufgenommen

Fährtenausbildung nach der Intensivmethode

Die Reihenhetze, erster Schritt zur Beißarbeit

Aus der Reihenhetze erfolgt der erste Anbiß

Beißkorbarbeit mit zwei Hunden

Gespannte Aufmerksamkeit bei der Durchsuchung

Geschafft! Sein Lohn ist der Beißarm

Alle Verstecke müssen abgesucht werden

Der stehende Figurant wird verbellt

Verbellt der Hund, steht der Figurant still

Transport nebeneinander

Ein Bündel Energie setzt auf Kommando dem fliehenden Figuranten nach, kaum kann der Hundeführer den Vierbeiner halten

Kraft gehört dazu, den Angriff zu parieren

Hart und aggressiv soll der Hund zufassen

Steht der Figurant still, läßt der Hund aus

Die meisten Hunde arbeiten und beißen gern

raxisverbundene Ausbildung zahlt sich immer aus, jede Möglichkeit und Idee sollte genutzt werden

er „Garageneinbrecher" hat sich verrechnet

Windhunde in voller Aktion

Auch zum Ausstellen gehört Kondition

Irish Wolfhound's auf der Ehrenrunde

lichsten Einsatzgebiete. Wem nützt schon ein Hund, der zwar über viele Härte und Schärfe verfügt, aber ungehorsam ist, seinem Führer nicht folgt. Solch ein Tier wird seiner Umwelt mehr Schaden als Nutzen bringen, wenn nicht gar eine Gefahr darstellen. Wem gefällt es schon, wenn ein Hund seinen Herrn von einer Straßenseite auf die andere zieht, dabei Passanten anrempelt und belästigt, an jedem Besucher hochspringt, seine Trittsiegel auf dem Anzug bzw. Kleid hinterläßt, Kratzer verteilt und dergleichen mehr?

Die in diesem Buch behandelten Unterordnungs- bzw. Gehorsamkeitsübungen sind so zusammengestellt, daß sie für alle Einzugsgebiete und Verwendungszwecke weitgehend anwendbar sind. Wir meinen, daß dabei sowohl der versierte Erzieher als auch der Neuling in der Hundehaltung etwas lernen kann. Aufgebaut sind die Hinweise so, daß jeder danach arbeiten kann. Wir möchten aber darauf hinweisen, daß die Erziehung eines Hundes in der Gemeinschaft stets einfacher und effektiver ist als zu Hause im abgeschirmten Garten. Viele Hundesportklubs haben sogenannte Hundeschulen in ihrem Programm, wo man seinem Vierbeiner das ABC beibringen kann, ohne gleich Klubmitglied zu werden.

Ideales »Bei-Fuß-Gehen«, wie es sowohl in der Freifolge als auch bei der Leinenführigkeit gefordert wird.

Leinenführigkeit

Leinenführig ist ein Hund dann, wenn er ohne zu ziehen und gezogen zu werden, freudig an der linken Seite des Hundeführers läuft. Als Richtschnur gilt, daß die Brust des Hundes sich etwa neben dem linken Knie des Besitzers befindet. Die Betonung liegt nicht so sehr auf dem Wort »freudig«, die Stimmung ist sehr abhängig vom Temperament des Tieres. Manche Ausbilder gehen aber mit so starken Zwangsmitteln vor, daß die Vierbeiner nur noch verschüchtert schleichen, aus Angst, etwas falsch zu machen. Die Leine muß bei der ganzen Übung locker durchhängen und wird im Ausbildungsstadium in der rechten, später in der linken Hand gehalten. Eine perfekte Leinenführigkeit ist dann erreicht, wenn der Hund beim Wechsel vom Schritt in den Laufschritt und bei Richtungsänderung schon auf den Hörlaut »Fuß« schnell richtig reagiert.

Wir können auf eine unbedingte Reizeinwirkung (Zug bzw. Ruck über die Leine am Halsband) oder stark bedingte Reize (mehrfaches Kommando, Doppelkommando usw.) verzichten.

Als Hilfsmittel werden anfangs nur ein Halsband und die normale Leine benötigt. Der Erzieher legt dem Vierbeiner das Halsband um, befestigt die Leine daran und nimmt ihn an seine linke Seite. Es empfiehlt sich, bei Würgehalsbändern diese auf Zug zu stellen, das heißt, die Leine in der vordersten Öse einzuhaken, nicht in beide Ösen. Wenn wir nun loslaufen, wirken zwei Dinge auf den Hund: Zuerst der bedingte Reiz, der Hörlaut »Fuß«, kräftig ausgesprochen. Unmittelbar danach, man könnte sogar sagen, ineinander übergehend, der unbedingte Reiz, der Ruck an der Leine zum Halsband des Hundes.

Dieser Ruck wird so ausgeführt, daß der Vierbeiner zum Körper des Erziehers gezogen wird. Wichtig ist, den Ruck wirklich nur kurz auszuführen, keinesfalls darf ein Leinenzug daraus werden, mit dem wir den Hund an uns heranholen. Vorteilhaft sind in dieser ersten Ausbildungsetappe kurze Schritte, sie erleichtern dem Hund, sich dem Menschen anzupassen. Doch darf dabei nicht des Guten zuviel getan werden.

Man sollte so schnell wie möglich zur gewohnten Gangart zurückkehren. Das Laufen des Hundes ist stark von seinem Temperament abhängig, darauf muß man sich einstellen. Den Phlegmatiker ermuntert man mit freundlichen Worten, doch etwas schneller zu laufen, andere gilt es zu bremsen. Die Praxis zeigte, daß beim Training der Leinenführigkeit die Leine am besten in der rechten Hand gehalten wird. Die linke Hand ist dabei eine Art Führhand, mit der die Leine hochgezogen wird. Es ergibt sich somit auch die Möglichkeit, mit beiden Händen den Hund kräftig heranzuziehen, was speziell anfangs des öfteren nötig sein dürfte. Nach jedem Leinenruck muß die Leine sofort wieder lose gehalten werden, damit der Vierbeiner erneut Gelegenheit erhält, nach vorn und hinten oder zur Seite wegzulaufen. Wir provozieren also Fehler, um zu korrigieren; das geschieht in der eingangs beschriebenen Reihenfolge. Der Hund kann nur durch Erfahrungen lernen.

Erinnern wir uns noch einmal: Bedingter Reiz (Hörlaut) und unbedingter Reiz (Leinenruck) fallen zeitlich fast zusammen. Im praktischen Übungsverlauf heißt das: Leine lockern, Fehler abwarten, Fehler kräftig korrigieren, ausgiebig loben. An Lob steht auch hier die gesamte Palette zur Verfügung, vom bedingten Reiz (Hör-Laut) »so ist's brav!« bis zum unbedingten Reiz (aufmunterndes, freundliches Klopfen, meist auf die Brust des Hundes, mit Streicheln entlang der Kehle, Reichen von Futterbrocken). Besonders bei phlegmatischen Tieren ist es sehr wichtig, mit Belohnungen den Hund zu temperamentvollen Bewegungen zu veranlassen.

Den Vierbeiner zu berühren und damit aufzumuntern, ist das eine. Wenn der Erzieher sich zusätzlich auf den Oberschenkel klopft und den Hund lobt, hat das meist zur Folge, daß der Hund zum Ausbilder aufsieht und sich an seine Seite drängt. Diese Variante kann aber nur dann zum Erfolg führen, wenn eine sehr gute Bindung zwischen Mensch und Tier besteht.

Wird mit dem Training der Leinenführigkeit begonnen, läuft der erfahrene Ausbilder nie ausschließlich gerade Strecken, von der ersten Minute an achtet er auf Richtungs-, ja sogar Gangartsänderungen. Da geht es links und rechts herum, wird in Schritt und Laufschritt gegangen. Auch Kehrtwendungen sollten zum Programm gehören. Beim Üben der Linkswendung helfen wir sowohl mit einem Leinenruck als auch einem gelinden Stoß, abhängig von der Größe des Hundes, mit dem rechten Bein nach.

Bei einem Chihuahua reicht die Leine aus. Komplizierter wird es bei der Rechtswendung, können wir doch dabei nicht mit unserem Körper nachhelfen, wollen aber trotzdem, daß der Hund eng an der linken Seite bleibt. Eingeleitet wird die Rechtswendung mit dem Hörlaut »Fuß!«, recht kräftig und einprägsam ausgesprochen. Der Hundeführer macht dann eine jähe Rechtswendung, der ein großer Schritt folgt. Das geschieht mit der Absicht, zwischen Ausbilder und Vierbeiner einen größeren Abstand entstehen zu lassen. Dann müssen wir kräftig an der Leine rucken, um den geforderten Zustand des ordnungsgemäßen Bei-Fuß-Gehens wieder herzustellen. Der Hund lernt so über den unbedingten Reiz Leinenruck, daß es schmerzhaft sein kann, sich vom Herrchen zu entfernen, wenn dieser nicht will, aber sehr angenehm ist, dicht neben ihm zu bleiben. Wenn Rechts- oder Linkswendungen klappen, wagen wir uns an die Kehrtwendung, die ebenfalls rechts oder links herum ausgeführt werden kann. Einfach ist die Kehrtwendung rechtsherum. Kommando und Leinenruck wirken hier Wunder.

Bei der Linkskehrtwendung muß die Leine hinter dem Rücken von der rechten in die linke Hand genommen und dann wieder in die rechte übergeben werden. Danach kommt wieder der Leinenruck, kräftig und kurz, verbunden mit dem Hörlaut »Fuß!« (unbedingter und bedingter Reiz). Der eine oder andere Ausbilder wird sagen, das ist alles schön und gut, trotzdem dränge der Hund soweit wie möglich seitlich weg. Hier ist meist das Verhältnis zwischen Mensch und Tier gestört, doch kann mit einem kleinen Trick viel erreicht werden. Wir suchen eine Stelle, wo Zäune, Mauern oder andere Hindernisse es dem Hund unmöglich machen, sich seitlich davonzustehlen. Jetzt wird er zwischen Zaun (Mauer o. ä.) und Ausbilder genommen, so eng wie möglich. Natürlich besteht dabei die Gefahr, daß der Vierbeiner durch interessante Gerüche, wie Urinmarkierungen anderer Hunde, abgelenkt wird.

Gerade die Leinenführigkeit läßt sich hervorragend in der Gemeinschaft mit anderen Hundehaltern trainieren. Hierbei haben sich Formationen von acht bis zehn Ausbildern mit ihren Hunden bewährt, die beim Arbeiten einen Kreis bilden. Diese Form wird in einigen Fachbüchern als »Intensivmethode« beschrie-

Nur auf die gekennzeichnete Stelle darf der Hund Schläge erhalten

ben. Der in der Kreismitte stehende erfahrene Ausbilder kann Fehler sofort erkennen und korrigieren.
Ein weiterer Vorteil der Gruppenausbildung besteht darin, daß sich die meisten Hunde in der Gemeinschaft mit anderen Artgenossen etwas temperamentvoller zeigen. Durch diese Intensivausbildung wird der Nachahmungstrieb gut ausgenutzt, vorausgesetzt, wir kombinieren im Ausbildungsstand fortgeschrittene Tiere mit Anfängern.
Hunde haben für das Verhalten von Artgenossen ein waches Auge und beobachten aufmerksam deren Verhaltensweisen. Sehr schnell erreichen wir mit dieser Methode Fortschritte, die wir auf uns allein gestellt kaum erreicht hätten.
Die Leinenführigkeit ist eine Übung, die täglich, ja stündlich trainiert werden kann. Der Hund gehört in der Regel immer an die Leine, ob zum Spaziergang, zum Einkaufen, also stets dann, wenn wir öffentliche Wege und Straßen betreten. Es spielt auch keine Rolle, ob wir einen kleinen oder großen Hund an der Leine führen, beide können schwere Unfälle verursachen, wenn sie auf dem Fahrdamm laufen. Alte Hasen auf dem Gebiet der Hundeerziehung machen nie Unterschiede zwischen dem Verhalten auf dem Übungsplatz und dem an anderen Orten. Leinenführig heißt doch nicht, einen absolut gehorsamen Hund auf dem Sportplatz zu haben, der sich dann auf dem Nachhauseweg in einen Ausbund an Ungehorsam verwandelt. Die Arbeit auf dem Übungsplatz ist doch nur Mittel zum Zweck. Der Hund muß unter allen Umweltbedingungen exakt an der Leine laufen und absolute Unterordnung, also Gehorsam, zeigen. Natürlich kommt so etwas nicht von ungefähr.

Sobald die Leine am Halsband befestigt ist, beginnt die Erziehung zur Leinenführigkeit, heißt es, auf das Tier einzuwirken, jeglichen Fehler zu korrigieren. Oft werden Passanten den Kopf schütteln, wenn wir mit dem harten Hör-Laut »Fuß!« den Vierbeiner von der interessanten Schnüffelecke an unsere Seite zurückholen, doch das muß sein, wollen wir »Herr auf der Straße« bleiben. Wie lange und wie oft unser Hund korrigiert werden muß, hängt sowohl von seiner Auffassungsgabe, der Lernfähigkeit, als auch der Konsequenz der Einwirkung ab. Aber es sei davor gewarnt, alles an einem Tage erledigen zu wollen, stundenlang den Vierbeiner auf dem Hof hin und her zu zerren, um ihn im Hau-Ruck-Verfahren leinenführig zu machen. Ergebnis wäre lediglich eine Überlastungshemmung im Zentralnervensystem.
Nun noch einige Worte zu den Ausbildungshilfsmitteln für diese Übung. Wir benötigen eine normale Leine, achten aber darauf, daß ein kräftiger Karabinerhaken als Verbindungsstück zum Halsband vorhanden ist. Bei vielen Hunden reicht ein einfaches Lederhalsband aus, eigensinnigere Burschen belehren wir mittels eines Lederwürgers. Die Leine wird auf »Zug« befestigt, an einer Schlaufe, so daß das Halsband zusammengezogen werden kann. Ganz harte Brocken brauchen ein Stachelhalsband, das ebenfalls als Würger benutzbar ist. Wir kennen Fälle, wo der Ausbilder sogar einige Stacheln anfeilen mußte, damit sie Wirkung erzielten, die dann aber nachhaltig war. Sehr bewährt haben sich Lederhalsbänder, an deren Innenseiten kleine Stacheln herausragen. Oft ist zu beobachten, daß der Hund, sobald er ein Stachelhalsband umgeschnallt bekommt, wie ein Paradepferd neben dem Hundebesitzer stolziert, aber mit einem Lederhalsband sofort wieder bockig wird. Diese Vierbeiner haben wir so überlistet, daß wir ihnen entweder Lederhalsbänder mit Stacheln oder neben dem Lederhalsband noch einen Stachelwürger umlegten, beides mit je einem Ende der Leine verbanden – und siehe da, als es auch beim Lederhalsband weh tat, wußte der Hund wieder, was er gelernt hatte.
Im direkten Zusammenhang mit der Leinenführigkeit wird immer verlangt, daß sich der Hund bei jedem Stehenbleiben seines Herrn ohne Kommando neben diesen setzt. Aus diesem Grunde ist es am günstigsten, wenn gleichzeitig mit der Leinenführigkeit die Sitzübungen trainiert werden.

Der Druck auf die Kruppe, der unbedingte Reiz

Ein Stock, an dessen Ende Gummi angeklebt wurde, dient bei kleinen Rassen als verlängerter Arm zum Trainieren der Sitzübung

Sitzübungen

Wir wollen den Hund so erziehen, daß er sich auf den einmaligen Hör-Laut »Sitz!« unter verschiedenartigsten Umweltbedingungen schnell setzt und so lange verharrt, bis der Besitzer ein neues Kommando gibt, dem Vierbeiner also eine neue Verhaltensweise abverlangt. Außerdem soll sich der Hund beim plötzlichen Stehenbleiben des Hundeführers, gleich aus welchem Grund, ohne Kommando an dessen linker Seite hinsetzen. In vielen Prüfungsordnungen erscheint zusätzlich eine Übung, die fordert, daß sich der neben dem Ausbilder laufende Hund auf einmaliges Kommando »Sitz!« oder »Setzen!« (letzteres halten wir für besser, da es bei schlechter Aussprache leicht zu Verwechslungen zwischen »Sitz!« und »Platz!« kommen kann) hinsetzt, während der Erzieher ungefähr zehn bis zwölf Meter weiterläuft und dann stehenbleibt. Der Vierbeiner muß so lange sitzen bleiben, bis er abgeholt oder durch Kommando gerufen wird. Diese Übung ist sehr oft einsetzbar und erfordert laufendes Training.

Besonders Hunde, die ihre Besitzer auf praktisch allen Wegen begleiten, müßten die Sitzübung traumhaft sicher beherrschen. Bedingter Reiz zur Anbahnung des Setzens ist der Hör-Laut »Sitz!« oder »Setzen!«, unbedingter Reiz kann der Druck auf die Kruppe, verbunden mit einem Zug am Halsband, in besonderen Fällen aber auch die Berührung mit einem Stock sein. Der Hund läuft an der linken Seite des Besitzers, die Leine hängt lose, wir müssen nicht mehr korrigieren. Nun erhält er das Kommando »Setzen!«, daraufhin drücken wir mit der linken Hand auf die Kruppe und ziehen mit der rechten Hand die Leine nach oben. Die letztere Maßnahme ist vor allem bei sensiblen Tieren wichtig, da sie leicht dazu neigen, sich hinzulegen, wenn ein Druck auf die Kruppe erfolgt. Sobald der Hund einigermaßen gut sitzt, erhält er ausgiebiges Lob, wird gestreichelt und mit guten Worten bedacht. Das Loben darf jedoch nicht dazu führen, daß die Sitzübungen vergessen werden und der Vierbeiner lustig umherspringt.

Wir sind meist so verfahren, daß die linke Hand über den Hund fassend die Halsunterseite kraulte, die Rechte dagegen seine Brust klopfte. So waren wir jederzeit in der Lage, Versuche aufzustehen, zu unterbinden.

Die Übung muß so lange und so oft trainiert werden, bis sich der Hund allein auf den Hör-Laut so schnell setzt, daß dem Erzieher praktisch keine Zeit mehr bleibt, die unbedingten Reize anzuwenden. Die Besitzer kleiner Hunderassen werden die Achseln zucken, denn diese Methode läßt sich leicht und problemlos bei Tieren mittelgroßer oder großer Rassen anwenden, kompliziert wird es aber bei kleinen Rassen oder Zwergen. Fest steht, auch diese müssen gehorchen, denn ein giftiger Zwergschnauzer oder -pinscher kann mehr Probleme mit sich bringen, wenn er ungehorsam ist, als manch großer Kerl.

Für diese unter dem »Gardemaß« liegenden Vierbeiner haben wir den bereits kurz erwähnten Stock parat. Keine Angst, der kleine Familienliebling soll keine Schläge erhalten,

Reicht der Druck auf die Kruppe nicht, wickeln wir uns das Stachelhalsband mit den Stacheln nach außen um die Hand

der Stock ist nichts weiter, als die verlängerte Hand des Erziehers, mit dem dieser Druck auf die Kruppe ausübt. Es bleibt natürlich jedem selbst überlassen, ob er auf den Stock zurückgreift oder selbst beim kleinsten Hund die Hand nimmt. Es wird aber kaum zu umgehen sein, sich in diesem Fall hinzuknien.
Unser Hund sitzt, das ist schon gut. Wir geben ihm nun den Hör-Laut »Setzen!« nochmals ein- bis zweimal und entfernen uns schrittweise rückwärts laufend. Auch die kleinste Regung aufzustehen muß mit dem energischen Hör-Laut »Setzen!« unterbunden werden. An dieser Stelle möchten wir nochmals darauf hinweisen, daß es dem Ausbilder überlassen bleibt, welches Kommando er wählt. Erinnern Sie sich aber bitte an die bereits an anderer Stelle getroffene Feststellung, daß die Hör-Laute eindeutig für den Hund unterscheidbar gegeben werden müssen, besonders Vokale herausgestellt werden sollten. Geschieht das nicht, kann es schnell zu Verwechslungen durch das Tier kommen. Gerade bei Übungen, die zwischen Ausbilder und Hund räumlichen Abstand fordern, haben klare Kommandos besondere Bedeutung.
Viele haben schon während der Sitzübung mit Entsetzen erlebt, daß ihr Vierbeiner gehorsam Platz machte. Bei den meisten sitzenden Tieren darf sich der Hundeführer in der Anfangsphase nur schrittweise entfernen, da der Drang, Herrchen zu folgen, sehr groß ist. Nach und nach vergrößert man den Abstand, läßt auch den Hund unterschiedlich lange sitzen. Wir möchten speziell zu dieser Übung »Sitzen mit Entfernung des Hundeführers« einiges sagen. Im sportlichen Bereich ist es eine Variante, den Gehorsam des Hundes zu prüfen, sollte also geübt werden. Für den Hundebesitzer, der seinen Vierbeiner zum eigenen Vergnügen, als Begleiter beim Einkaufsbummel oder Spaziergang hält, ist sie eine unnötige Belastung und ohne praktische Bedeutung.
Von der eingangs formulierten Zielstellung fehlt jetzt noch das automatische Setzen beim Stehenbleiben des Erziehers. Hierzu brauchen wir nicht viele Worte zu machen, denn sehr schnell erhält der ruhig stehende Mensch Signalcharakter für den Hund, bedeutet das Anhalten gleichsam den bedingten Reiz, den sonst der Hör-Laut ausübte.
Im Training brauchen wir nur den Mund zu halten, stehenzubleiben und dabei die unbedingten Reize: Druck auf die Kruppe, Zug an der Leine nach oben, wirken zu lassen.
Der Vierbeiner kann jetzt bereits eine ganze Menge: Er läuft sehr gut an der Leine, macht Links-, Rechts- sogar Kehrtwendungen und setzt sich mit oder ohne Kommando. Nun soll er sich auch noch hinlegen, eine Übung, die man täglich oft anwenden kann, vor der Kaufhalle, im Garten, wenn Besuch kommt usw.

Platzübungen

Der Hund muß sich auf das einmalige Kommando »Platz!« unter den verschiedensten Umweltbedingungen sofort hinlegen und darf erst wieder auf Kommando seines Ausbilders aufstehen. Beim Liegen muß jegliches Wälzen, Kriechen, ja sogar Bellen und Jaulen unterbleiben. Die Platzübungen sind Kernstück der Unterordnungsübungen. Es gibt nur wenig Anforderungen an den Vierbeiner, bei denen das Platzmachen nicht ein Bestandteil ist. Ob im Schutzdienst, zur Nasenarbeit in den unterschiedlichsten Varianten, als Hüter von Haus und Hof, als Begleiter in Städten, Dörfern, Flur und Wald, das Hinlegen wird beständig und oft unter den kompliziertesten Umweltbedingungen gefordert. Bei statistischen Erhebungen, wie oft der Hund welche Übungen ausführt, stünde das Platzmachen in der Häufigkeit mit großem Abstand an der Spitze. Es leuchtet deshalb jedem ein, daß

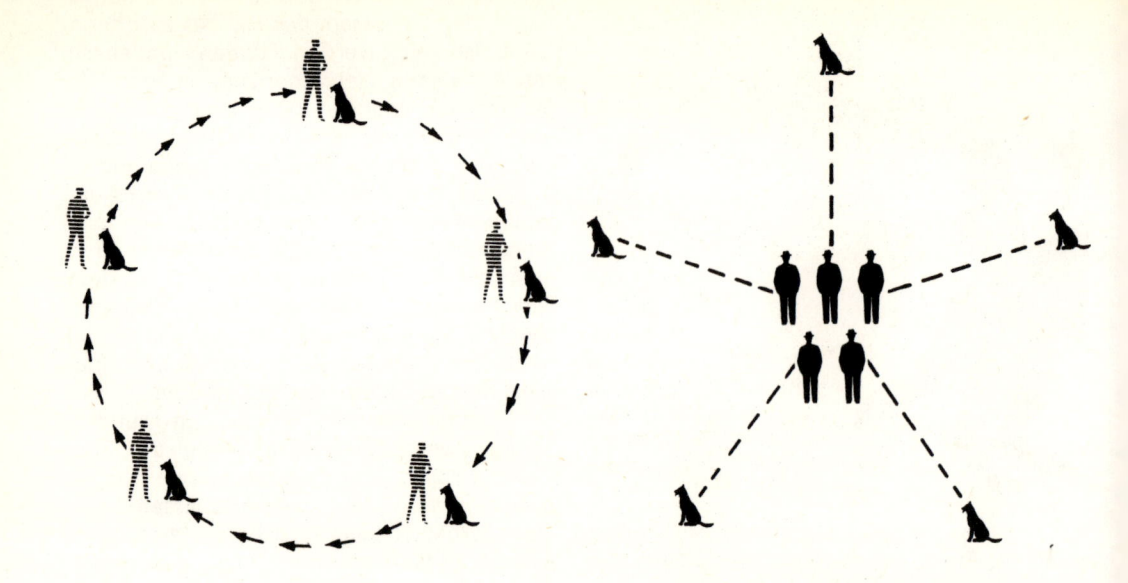

diese Übung exakt ausgeführt werden muß. Man kann sie nicht oft genug trainieren, wobei die gewählte Methode der Anbahnung rassebezogen unterschiedlich sein sollte — ausgehend von der Widerristhöhe.
Wie bei vielen anderen Übungen beginnen wir auch jetzt wieder mit der Leinenführigkeit, lassen den Hund an unserer linken Seite laufen. Auf den einmaligen Hör-Laut »Platz!« soll er sich nun schnell hinlegen, wobei auch die Art und Weise des Liegens vorgeschrieben ist: angezogene Hinterläufe, nach vorn gestreckte Vorderläufe, aufmerksam nach oben gehobener Kopf. »So ein Quatsch, Formalismus!« werden einige Leser schimpfen, doch glauben Sie uns, es hat seinen Grund. Was wurde und wird denn bei vielen Junghunden praktiziert? Der Welpe hält in der Wohnung, dem Garten oder Zwinger Einzug und erhält seinen »Platz« zugewiesen. Leider wird jedoch das Tier in vielen Fällen auch mit dem Hör-Laut »Platz!« und den verschiedensten Gesten auf sein Lager verwiesen. »Platz!« bedeutet also für ihn von klein auf die Decke, der Zwinger, die Hütte. Jetzt beginnt aber die Erziehung, der bedingte Reiz »Platz!« erhält plötzlich eine ganz andere Bedeutung. Richtig ist, an Stelle des Kommandos »Geh auf den Platz!« einen anderen Hör-Laut zu suchen. Für unsere Hunde galt immer »Zwinger«, daraufhin sausten sie wie die geölten Blitze los, erwartete sie doch stets entweder Futter oder zumindest ein Belohnungshappen.

Doch zurück zur sogenannten formalen Forderung. Haben Sie sich noch nie über einen lauthals kläffenden Hund vor der Kaufhalle geärgert, über einen hingeflegelten Vierbeiner den Kopf geschüttelt? Die geforderte Stellung ist Ausgangspunkt für weitere Übungen und schließlich und endlich hält das Platzmachen in der beschriebenen Form den Hund stets unter Spannung. Er kommt kaum dazu, sich allzusehr für seine Umwelt zu interessieren, was doch im ungünstigsten Fall die »Befehlsverweigerung«, nämlich das Aufstehen zur Folge haben könnte.
Nun zur praktischen Ausführung. Der Hund läuft links neben uns. Unmittelbar nach dem Hör-Laut »Platz!«, dem bedingten Reiz, kommt die Einwirkung des unbedingten Reizes, ein Druck mit der linken Hand auf die Kruppe, gleichzeitig wird die Leine nach vorn unten geruckt. Viele Hundeausbilder bevorzugen an Stelle des Leinenruckes den Druck auf den Widerrist. Das bleibt jedem selbst überlassen. Beim Leinenruck kann aber als verstärkendes Mittel das Stachelhalsband eingesetzt werden.
Doch unabhängig davon, welche Art der Einwirkung gewählt wurde, trainieren wir so lange, bis sich unser Vierbeiner in der bereits beschriebenen Form hinlegt. Ähnlich wie bei der Übung »Sitz!« kommt es jetzt darauf an, den Hund so lange liegen zu lassen, bis wir von ihm eine andere Verhaltensweise fordern, ihm also das Aufstehen gestatten.

Arbeiten in der Gruppe. Zuerst wird mit dem Marschieren im Kreis und einzelnen Übungen begonnen, dann bleiben die Hunde im Kreis sitzen, die Ausbilder begeben sich zur Mitte. Eine nächste Übung sieht vor, die Hunde in die Mitte zu setzen, während die Hundeführer sich zur Kreislinie begeben

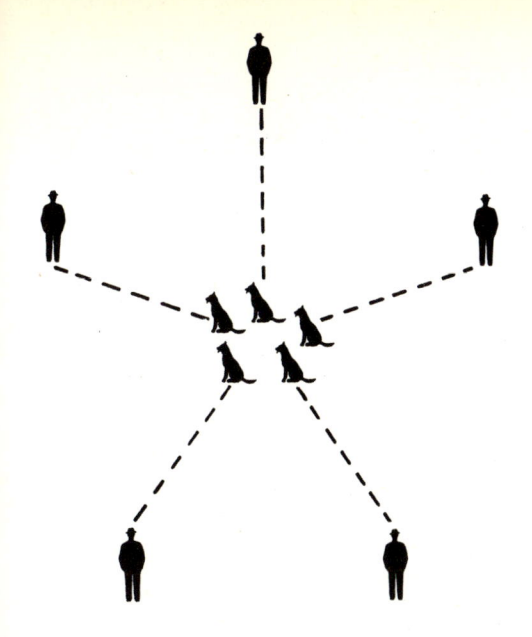

Ist der Ausbildungsstand so fortgeschritten, daß sich der Hund auf den einmaligen Hör-Laut »Platz!« sofort hinlegt und so lange liegenbleibt, bis ein neues Kommando das Aufstehen gestattet, kann man dazu übergehen, sich vom liegenden Vierbeiner zu entfernen. Um ihn ausdrücklich daran zu erinnern, daß er liegenzubleiben hat, bekräftigen wir das Kommando mit einem leichten Schlag auf den Kopf, entweder mit der rechten Hand oder mit einer Zeitung. Die Reihenfolge der Kommandos und Gesten ist: Laufen mit angeleintem Hund (das gilt später auch für den ohne Leine neben uns laufenden Vierbeiner); Hör-Laut »Platz!«; gleichzeitiges betontes Heben der rechten Hand mit geringer Wendung zum Hund, geringfügiger Schlag auf den Kopf, Leine fallen lassen, Weiterlaufen des Ausbilders.

Nach einigen Wiederholungen dieser Übung werden wir feststellen, daß als erstes der Schlag auf den Kopf wegfallen kann, bald genügt das betonte Anheben der rechten Hand. Der Hund legt sich ohne Hörlaut, reagiert also bereits auf das Sichtzeichen. Vor allem in der ersten Zeit wird der Vierbeiner versuchen, einige Meter nachzulaufen, vom angewiesenen Platz wegzukriechen, weil es einige Zentimeter weiter viel interessanter riecht. Das müssen wir konsequent unterbinden, den Hund immer wieder auf den angewiesenen Platz zurückbringen oder zurückschicken. Ein erfahrener Ausbilder sagte einmal, daß er seine Hunde mit Sicherheit bei einhundert Übungen neunundneunzigmal korrigiert, das hundertste Mal klappt es dann aber millimetergenau. Er hatte nie Sorgen, daß seine Tiere sich vom Platz wegbewegten. Es gehört unendliche Geduld dazu, aber der Erfolg lohnt die Mühen.

Wer einen kleinen Hund besitzt, wird sicher Schwierigkeiten damit haben, wie er die Leine nach vorn-unten ziehen soll, um den Zwergpudel zum Platzmachen zu zwingen. Für ihn gibt es ein anderes Mittel. Wir beginnen wieder mit der Leinenführigkeit, lassen aber die Leine lang, so daß sie nach Bedarf bis auf die Erde hängt. Nach dem Kommando »Platz!« treten wir so auf die Leine, daß der Hund nach unten gezogen wird. Diese Methode kann natürlich auch bei großen Rassen angewendet werden.

Wir können jedem Hundebesitzer nur raten, die Übung Platzmachen immer wieder bis zur Perfektion zu trainieren. Man kann das Platzmachen in allen möglichen Situationen brauchen, nicht nur bei sportlichen Leistungsüberprüfungen. Die Übung sollte immer mit zeitlich längerem Liegenlassen des Hundes verbunden werden. Besondere Bedeutung bekommt sie im Schutzdienst. Ein Hund, den der Besitzer nicht in der Hand hat, der also ungehorsam ist und sich z. B. nicht auf das einmalige Kommando »Platz!« hinlegt, darf normalerweise für Übungen wie das Einholen einer fliehenden Person oder Überfall auf den Hundeführer nicht eingesetzt werden, stellt er doch einen Risikofaktor dar. Denken Sie auch

an die Gefahr, die von einem ungehorsamen Hund in der Öffentlichkeit ausgeht.
Alle bis jetzt genannten Übungen zählen zur Grundschule des Vierbeiners.

Freifolge

Nachdem unser Hausgefährte erfolgreich alle an ihn gestellten Forderungen erfüllte, wenden wir uns einer Übung zu, die zwar nur sportlichen — wenn auch sehr hohen — Wert haben dürfte, doch in der Praxis des täglichen Straßenverkehrs immer häufiger anzutreffen ist.
Eine gekonnte Freifolge ist Ausdruck unbedingten Gehorsams. Leider verstehen viele Hundebesitzer etwas ganz anderes darunter: das Herumlaufen des Hundes ohne Leine. Wie es der Name Freifolge schon sagt, soll hier der Vierbeiner unangeleint und ohne jegliche andere Hilfsmittel mit seinem Besitzer verbunden an dessen linker Seite wie bei der Leinenführigkeit laufen und dabei alle Gangartwechsel und Richtungsänderungen mitmachen. Um es vorweg zu nehmen: Die Freifolge ist nichts für Spaziergänge in der Stadt. Viel zu viele Umweltfaktoren können das Tier ablenken, in starke Erregung versetzen. Selbst der hervorragend ausgebildete Rüde versagt den Gehorsam, wenn eine paarungsbereite Hündin seinen Weg kreuzt. Er kann so in Situationen geraten, die ihm, aber auch den Passanten zum Verhängnis werden können. Denken Sie an die vielen Verkehrsunfälle, die durch unsachgemäßes Führen und Halten von Hunden verursacht wurden, Leid und finanzielle Belastungen mit sich brachten. Sogar die hervorragend ausgebildeten Diensthunde der Polizei werden grundsätzlich beim Streifendienst an der Leine geführt. Sie bieten angeleint eine weitaus größere Gewähr für den persönlichen Schutz des Polizisten. Aber es dient auch ihrer eigenen Sicherheit.
Wann ist die richtige Zeit, mit dieser Übung zu beginnen? Erfahrungsgemäß dann, wenn bei der Leinenführigkeit keine Korrekturen mehr nötig sind, der Hund also weder vorprellt, noch sich ziehen läßt, auch nicht seitlich wegdrückt. Sind alle diese Voraussetzungen erfüllt, kann die Freifolge systematisch aufgebaut werden. Leider erlebt man immer wieder, daß mit Hunden, die kaum eine vernünftige Leinenführigkeit beherrschen, zur Freifolge übergegangen wird. Wir teilen den Aufbau der Freifolge in mehrere Etappen ein. In der ersten hängt die Leine lose über der rechten Schulter des Hundeführers, sie wird nicht mehr mit den Händen gehalten. In dieser Phase kann sehr gut korrigiert werden.
Wenn wir mit den Händen nicht mehr korrigieren müssen, lassen wir als zweiten Schritt die Leine einfach fallen, so daß sie neben dem Hund schleift. Auch jetzt besteht noch die Möglichkeit, einen Ausbruchsversuch zu unterbinden, indem man entweder die Leine ergreift oder mit dem Fuß darauf tritt. Dritter und letzter Schritt ist, den Hund völlig von der Leine zu lösen.
Hunde, die trotz aller Geduld und Systematik nicht konstant bei ihrem Führer bleiben und bei jedem Losmachen davonsausen, kann man mit sogenannten Freifolge-Hilfsleinen zu erziehen versuchen. Sie sind nichts anderes, als ein Stück Angelsehne, die wir, ähnlich der Leine, am Halsband des Vierbeiners befestigen. Der Hundeführer hält das andere Ende entweder in der Hand oder besser — er befestigt es am Gürtel. Sehr schnell hat der Hund bemerkt, was sich da tut, er läuft mit der Sehne exakter als ohne sie. Viele Erzieher befestigen in der Übergangsphase zur Freifolge ein kurzes Leinenstück am Halsband des Hundes, mit dem sie den Vierbeiner schnell am Weglaufen hindern können. Der goldene Mittelweg ist meist der richtige. Man sollte also die Methoden immer wechseln, mal mit der Sehne, die nächste Stunde mit einem kurzen Leinenstück, dann wieder ohne Hilfsmittel arbeiten. Es gibt nicht wenige Ausbilder, die die Freifolge überhaupt nicht trainieren. Sie meinen nicht zu unrecht, wenn der Hund sich bedingungslos unterordnet, hervorragend an der Leine läuft, geht er auch ohne Leine nicht vom vorgeschriebenen Weg ab. Eine der wichtigsten Voraussetzungen, wenn nicht die wichtigste überhaupt, ist für die Freifolge eine gute Bindung zwischen Hundeführer und Hund.
Der hat Glück, der sehr verfressene Hunde hat, bei denen mit Futter alles erreicht werden kann. Wenn Sie stets einen guten Happen in der Hosentasche tragen, werden die Vierbeiner geradezu an Ihrer linken Seite »kleben« und ab und zu versuchen, die Nase in Ihre Tasche zu stecken. In regelmäßigen Abständen sollte dann der ersehnte Augenblick des Lobes und kleinen Happens kommen. Das stei-

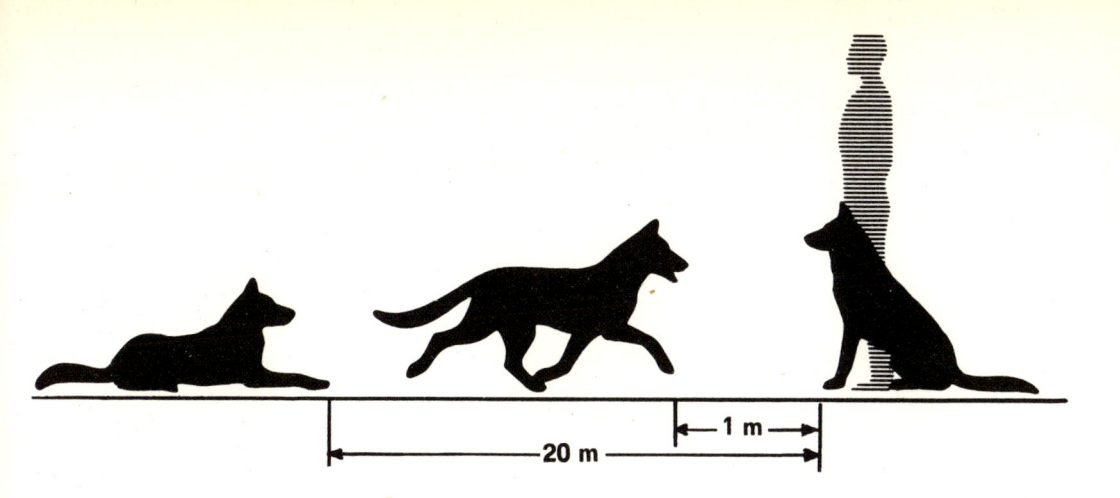

gert die Arbeitsfreudigkeit sogar eines Phlegmatikers. Ein Hinweis für die Erzieher, die mit Futter arbeiten wollen: Die verabreichten Happen müssen von der Tagesration abgesetzt werden, sonst mästen wir den Vierbeiner.

In der prüfungsgemäßen Freifolge sollte man sich in der Schrittfolge dem Hund leicht anpassen, die Geradeausstrecken nicht zu lang ausdehnen und mit plötzlichen Wendungen den Vierbeiner immer wieder zur Aufmerksamkeit zwingen. Sicher hat so mancher schon Tiere gesehen, die, ohne auf ihre Umwelt zu achten, nur Augen für ihr Herrchen oder Frauchen hatten, sich durch nichts ablenken ließen, denen die Freude an der gemeinsamen Arbeit anzusehen war. Das sind Idealbilder der Freifolge. Solche Idealbilder sind aber nicht ausschließlich auf Erziehung zurückzuführen. Man muß auch den entsprechenden Hund dazu haben, einen Hund, der schon von Anlage her Temperament besitzt, bewegungsaktiv ist und zum Ausbilder besten Kontakt entwickelt.

Leinenführigkeit, Sitz, Platz und Freifolge sind Übungen, die als Teile zu einem dynamischen Stereotyp zusammengefaßt werden können. Das bedeutet, sie zum sportlichen Einsatz immer in gleicher Reihenfolge, zeitlich und vorführtechnisch bis auf den Meter abgestimmt, zu trainieren.

Vor jeder Prüfung oder Vorführung sollten diese Übungen 15 bis 20 Minuten intensiv trainiert werden. Wenn es die Umstände erlauben und mehrere Tiere gleichen Ausbildungsstandes anwesend sind, absolviert man dieses Training in der Gruppe, z. B. als Kreisarbeit.

In vielen Prüfungsordnungen sind exakte Maße angegeben, in welcher Entfernung der Hund abgelegt wird und bis auf welche Distanz er sich dem Hundeführer nähert

Stehen auf Kommando

Ein weiteres, mehr sportlichen Wert besitzendes Prüfungsfach für den Vierbeiner ist Stehen auf Kommando.

Der Hund soll auf den einmaligen Hör-Laut: »Steh!« — meist langgezogen ausgesprochen — sowohl aus dem Schritt als auch dem Laufschritt sofort ohne nachzutrippeln ruckartig stehenbleiben. Es gibt Prüfungsordnungen, die verlangen, daß der Hundeführer neben seinem vierbeinigen Gefährten stehenbleibt. Nach anderen Prüfungsordnungen kann der Ausbilder nach dem Kommando »Steh!« weiterlaufen. Auch Kombinationen sind möglich.

Ideales Vorsitzen

Das Stehen auf Kommando läßt sich bei großen und mittelgroßen Rassen ziemlich einfach einüben. Für kleine Vertreter kann man als Hilfsmittel einen gebogenen Stock, z. B. einen Krückstock, verwenden, also wiederum einen verlängerten Arm.

Der Vierbeiner hat in mühseliger Kleinarbeit gelernt, wenn mein Führer stehenbleibt, muß ich mich setzen. Es wäre also verkehrt und für den Hund verwirrend, wenn wir die Stehübung aus dem Stand aufbauen. Der Hund läuft an der linken Seite des Erziehers, der seinen Gang verlangsamt, schließlich ruckartig stehenbleibt. Im gleichen Moment ertönt der Hör-Laut »Steh!«. Unmittelbar danach faßt der Ausbilder mit der linken Hand (bei kleinen Rassen mit dem Stock) unter die linke Lendengegend des Hundes und verhindert dadurch, daß der Hund sich hinsetzt. Gleichzeitig verhindert man mit der leicht nach oben gezogenen Leine das Weiterlaufen. Wir trainieren mit dem Hund so lange, bis er ohne Leine, Handgriff und sonstige Hilfsmittel ausschließlich auf den Hör-Laut »Steh!« an dem Fleck verharrt, an dem er das Kommando von uns erhielt. Will man einen Schritt weitergehen, dem Hund beibringen, auch stehen zu bleiben, wenn der Erzieher den Lauf nicht unterbricht, empfiehlt es sich, die Leine recht lange zu benutzen. Gleichzeitig mit dem Kommando »Steh!« rucken wir kurz an der Leine, stoppen somit den Vierbeiner, lassen dann die Leine fallen und laufen ohne Aufenthalt drei bis vier Meter weiter. Nach einer Kehrtwendung bleibt man eine Weile stehen, im Training jedesmal unterschiedlich lange. Dann gehen wir zum stehenden Vierbeiner zurück und umgehen ihn, so daß er wieder an unserer linken Seite steht. Mit dem Hör-Laut »Fuß!« geht es dann weiter.

Steht der Hund auf Kommando sehr schnell und exakt, wird die Handleine kaum noch benötigt, kann zeitweilig auf sie verzichtet werden. Aber nicht generell. Es ist von Vorteil, von Zeit zu Zeit einmal eine Wiederholung unbedingter Reize einzulegen, den Vierbeiner an bestimmte Zwangsmittel zu erinnern. Das Stehen auf Kommando ist keine reine Sportübung. Nehmen wir einmal an, auf einem Spaziergang im Regen will der Nachbar mit uns schwatzen. Bei morastigem Boden ersparen Ihnen das Kommando »Steh« und ein gehorsamer Hund zu Hause unnötige Putzarbeiten.

Herankommen auf Kommando

Bei aller guten Erziehung ist es doch immer wieder möglich, daß sich unser Hund weiter entfernt, als jedem Ausbilder recht ist. Das sofortige schnelle Herankommen des Hundes zum Herrn und Meister auf ein einmaliges Kommando ist eigentlich der Wunschtraum jedes Erziehers und Halters, auf jeden Fall aber das Ideal aller Menschen, die es nicht wagen, den Liebling von der Leine zu lassen, da es sonst Stunden kostet, diesen wieder einzufangen. In vielen Prüfungsordnungen ist die Übung »Ablegen und Herankommen« in einer Kombination zusammengefaßt. Dabei wird vorausgesetzt, daß der Vierbeiner sich auf Kommando hinlegt und dort auch bleibt, wenn der Hundeführer ihn verläßt. Wichtig ist, daß der Hund erst dann aufsteht, wenn es ihm sein Erzieher erlaubt. Aufgebaut wird die Übung folgendermaßen: Aus der Bewegung – am besten normales Schrittempo – erhält der Hund das Kommando »Platz!«, wobei auch ein Sichtzeichen als bedingter Reiz eingesetzt werden kann – das kommt ganz darauf an, wie der Hund bis zu diesem Moment erzogen wurde. Wir selbst gehen etwa 30 m weiter und stellen uns mit dem Gesicht zum Hund. So können wir ihn ständig beobachten, gegebenenfalls mit Hör-Laut oder Sichtzeichen einwirken, damit er am Platz bleibt. Wenn etwa 3 min verstrichen sind, nehmen wir Grundstellung ein. Dann wird der Name des Hundes laut und deutlich gerufen, sofort danach kommt das Kommando »Hier!«. Gleichzeitig heben wir beide Arme und schwenken sie nach unten.

Man arbeitet also mit drei bedingten Reizen, zwei Hör-Lauten und einem Sichtzeichen. Nach mehreren Trainingsstunden fallen die Hör-Laute weg, der Vierbeiner kommt allein auf das Schwenken der Arme. Das ist aber schon das Endziel. Kehren wir noch einmal zum Ausgangspunkt zurück. In den meisten Fällen, zumindest dann, wenn eine gute Bindung zwischen Mensch und Tier besteht, wird der Hund auf Ruf zu seinem Herrn gelaufen kommen. Phlegmatische Vertreter ermuntern wir, indem wir uns mit beiden Händen auf die Oberschenkel klopfen oder in die Hocke gehen (für den Hund wird man dadurch kleiner) oder rückwärts laufen, um nur einiges zu nennen.

Um falschen Reflexkombinationen vorzubeugen, sollten die Ausbilder den Hund nicht nur aus dem Schritt, sondern in wechselnden Gangarten ablegen.

Nun sind wir soweit, der Vierbeiner kommt auf Kommando wie ein geölter Blitz angesaust. Aber er soll nicht vor Freude auf unseren Arm springen oder uns umrennen. Gefordert wird, daß sich der Hund vor den Hundeführer setzt.

Dieses sogenannte »Vorsitzen« erreicht der Erzieher, indem er den heranstürmenden Hund mit seitlich ausgestreckten Armen und gespreizten Beinen am Vorbeilaufen hindert. Hilfsmittel dabei ist das Kommando »Sitz!«, in dem Moment erteilt, wenn sich der Vierbeiner ungefähr einen Meter von uns entfernt befindet. Dabei ist der Schwung einberechnet, sitzen soll er dann in ca. 50 cm Abstand. Warum gerade diese Entfernung, wird spätestens bei den Apportierübungen klar.

Wir verlangen noch, daß der Hund beim Vorsitzen aufmerksam zum Ausbilder aufblickt. Desinteressierte Lehrlinge zwingen wir sofort, wenn sie wegschauen, mit einem leisen »Sitz!«, wieder zur Aufmerksamkeit. Zehn bis fünfzehn Sekunden lassen wir den Hund so sitzen, dann kommt das Kommando »Fuß!«, auf das er sich schnell an die linke Seite des Hundeführers zu begeben und sich dort auf das erneute »Sitz!« zu setzen hat. Nach einigen Wiederholungen setzt sich der Hund meist von allein, so daß die entsprechenden Kommandos entfallen. In einigen Prüfungsordnungen wird verlangt, daß der Hund nur mit dem Kommando »Hier!« zum Ausbilder gerufen wird, mitunter ausschließlich durch Sichtzeichen. Andere verlangen selbständiges Setzen.

Jedem Ausbilder selbst überlassen ist auch, ob sich der Hund auf das Kommando »Fuß!« um den Mann herum an dessen linke Seite begibt, oder, wie man es speziell beim Riesenschnauzer oft sieht, sich vor ihm halb springend dreht und so links zu sitzen kommt.

Bewährt hat sich, in den einzelnen Ausbildungsetappen nicht nur die Gangart, sondern auch die Richtung zu wechseln, in der sich der Ausbilder nach dem Kommando »Platz!« vom Hund entfernt. Das Weggehen wird Stück für Stück ausgedehnt, dann dreht sich der Hundeführer nicht mehr um, schließlich verschwindet er ganz aus dem Gesichtskreis des Vierbeiners.

Jeder Hund besitzt so etwas wie eine innere Uhr, deshalb muß die Zeit, die er liegenbleiben muß, unterschiedlich lang sein. Beachtet man das nicht, kann es vorkommen, daß nach Ablauf der Übungsminuten sich der Vierbeiner von selbst erhebt und die Suche nach dem Herrn aufnimmt. Also: einmal eine Minute, dann wieder drei, aber auch 30 Sekunden trainieren! Hunde, die eine sehr starke Bindung zum Führer haben, kommen oft sofort, wenn sie ihren Besitzer auftauchen sehen, warten nicht erst ab, bis er Grundstellung einnimmt und das Kommando erteilt. Solche Kandidaten erhalten als erstes nach dem Verlassen des Verstecks das Kommando »Platz!« zugerufen. Der Hundeführer bleibt dann unterschiedlich lange wieder eine Weile stehen und geht ab und zu wieder in das Versteck zurück, ohne den Vierbeiner zu rufen. Der muß liegenbleiben. Erst beim erneuten Hervortreten erhält er das ersehnte Kommando und darf zu uns kommen.

Die Übung »Herankommen auf Kommando« ist nicht nur für die Hundehalter von Bedeutung, die mit ihrem Vierbeiner eine Prüfung ablegen wollen; jeder Hund sollte diese Übung beherrschen. Grundsätzlich gilt für alle: Ertönt das Kommando »Hier!«, bzw. folgt das entsprechende Sichtzeichen, hat der Hund zum Besitzer zu kommen und sich einwandfrei vor ihn zu setzen. Darauf muß jeder Ausbilder mit aller Konsequenz achten! Auch bei der Anbahnung dieser Übung kann mit Futter gearbeitet werden, denn: »Kleine Geschenke erhalten die Freundschaft«.

Ganz widerborstige Schüler werden mit dem Stachelhalsband und einer langen Leine eines Besseren belehrt. Beim Ablegen wird die am Stachelhalsband befestigte Leine ausgerollt, der Erzieher behält das Ende in der Hand. Reagiert der Hund nicht sofort auf das Kommando, erfolgt ein kurzer Leinenruck, auch seitliches Ausbrechen kann man so verhindern.

Voraussenden auf Kommando

Der Hund soll sich auf das Kommando »Voraus!« verbunden mit dem ausgestreckten, nach vorn in die gewünschte Richtung zeigenden Arm, schnell auf den gewiesenen Kurs

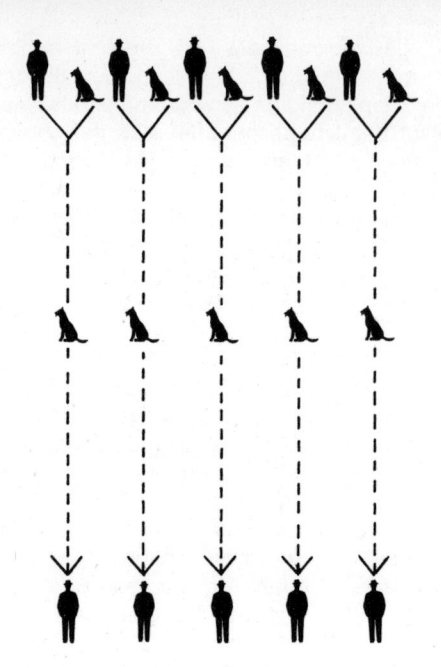

Gruppenarbeit. Sitz aus der Bewegung

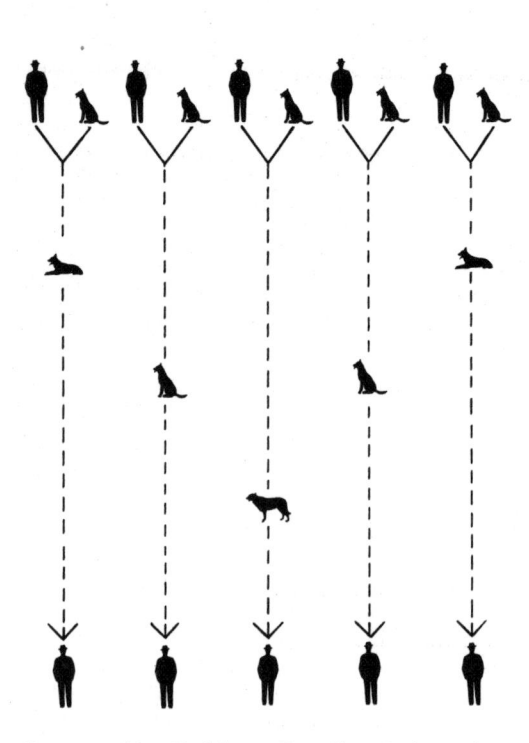

Gruppenarbeit. Keilübung, Sitz, Platz, Steh aus der Bewegung

begeben und so weit laufen, bis das Kommando »Platz!« ertönt. Dort muß der Vierbeiner nun so lange liegenbleiben, bis sein Besitzer ihn abruft oder abholt.

Diese Übung ist Bestandteil fast aller Prüfungsordnungen für Schutzhunde. Begleithunde benötigen das Voraussenden zwar in keiner Prüfung, das Training verbessert aber auf jeden Fall den Ausbildungsstand, die Führigkeit des Tieres. Die gebräuchlichste Methode des Trainings beruht auf dem Instinktverhalten des Hundes, dorthin zurückzukehren, wo er kurz vorher gelegen hat. Wir wählen uns im Gelände zwei markante Punkte, einmal den Ausgangsort, von dem der Hund später losgeschickt wird, zum anderen den Ablegeplatz. Dann nehmen wir den Vierbeiner am Halsband, der kurzen Leine oder ähnlichen Hilfsmitteln und gehen zum Ausgangsort. Von dort geht es im Laufschritt (nie langsam) zum Ablegeplatz.

Bereits beim Loslaufen vom Ausgangsort erteilt man das Kommando »Voraus!«, das künftig für den Hund den bedingten Reiz bildet. Am Ablegeplatz angekommen, erfolgt eine Kehrtwendung, dann lassen wir den Hund mit Blickrichtung zum Ausgangsort sich hinlegen. Jetzt können wir den Vierbeiner mit einem Futterbrocken belohnen. Nun beginnt die Feinarbeit. Wir entfernen uns Meter um Meter, etappenweise, der Abstand wird nur allmählich vergrößert. Der Ablauf ist also: Hund an die Leine nehmen (später in Freifolge), zum Ausgangsort gehen, mit Kommando »Voraus!« im Laufschritt zum Ablegeplatz, Kehrtwendung, Kommando »Platz!«, Hund belohnen, Hundeführer entfernt sich, macht eine Kehrtwendung, ruft den Hund zu sich, wie es bei der Übung »Herankommen auf Kommando!« gelernt wurde, also schnelles Kommen, Vorsitzen, bei Fuß gehen. Wenn das alles reibungslos vonstatten geht, beginnen wir, den Hund wegzuschicken, ohne selbst mitzulaufen. Der Ausbilder begibt sich mit dem Vierbeiner zum Ausgangsort, weist ihm mit dem Arm die vorgegebene Richtung und gibt das Kommando »Voraus!«. Das übt man intensiv mehrere Male hintereinander.

Wenn der Hund nur zögernd läuft, bzw. erst nach mehreren Kommandos, läuft der Erzieher einige Male wieder mit. Nach und nach vergrößert man den Abstand zwischen Ausgangsort und Ablegeplatz, bis die entsprechend der Prüfungsordnung geforderte Strecke erreicht ist.

In diesem Stadium der Erziehung begehen viele einen Kardinalfehler, indem sie meinen, es sei alles getan, der Hund läuft ja voraus. Gehen sie zur Prüfung, lautet die erste Frage: Wo ist die Vorausstrecke? Auf dieser stellen sie dann ihr Tier in der beschriebenen Weise ein. Kommt aber ein Leistungsrichter auf die Idee, eine andere Vorausstrecke zu bestimmen, dann passiert es: Entweder läuft der Hund nicht los, oder wenn, dann meist zögernd ... in die falsche Richtung.

Sinnvoll und zuverlässig wird das Voraussenden doch nur dann, wenn nach und nach der Hund unter den verschiedensten Umweltbedingungen dazu gebracht wird, auf den Hör-Laut »Voraus!« sich sofort vom Ausbilder weg in die gewiesene Richtung zu begeben und so lange unbeirrt zu laufen, bis ein anderes Kommando ertönt. Bei dieser Feinarbeit haben sich Futterbrocken, die am Ablegeplatz deponiert werden, großartig bewährt. Der Hund darf sie aber vorher nicht sehen. Viele Hundeführer, die zu ihrem Vierbeiner eine sehr starke Bindung haben, verzichten auf Futter zugunsten führereigener Gegenstände. Auch hier liegt die beste Lösung in der Kombination.

Den Hund, der die Übung Voraussenden bereits perfekt ausführt, sollte ab und zu eine Überraschung in Form eines Leckerbissens erwarten. Wer einen Hund hat, der sehr gern apportiert, dem steht folgende Methode offen: Der Vierbeiner wird zum Ausgangsort gebracht, wo er sich hinlegen muß. Der Ausbilder geht jetzt zum Ablegeplatz, der Hund hat ihn dabei ständig im Auge. Am Ablegeplatz zeigt er dem Hund einen führereigenen Gegenstand und legt ihn hin. Zusätzlich kann neben dem Gegenstand auch ein Futterbrocken liegen. Jetzt geht es zurück zum Vierbeiner. Aber schicken Sie ihn bitte nicht sofort los, sondern legen Sie erst eine kurze Pause ein. Danach erfolgt das Kommando »Voraus! Brings!« mit deutlicher Handbewegung in die gewünschte Richtung. Ist der Hund am Gegenstand angekommen, erhält er das Kommando »Platz!«

Bei den ersten Übungen dieser Art holen wir den Hund ab, später gehen wir dazu über, nachdem er einige Zeit ruhig gelegen hat, ihn heranzurufen. Um zu erreichen, daß der Hund vorbildlich und schnurgerade in die gewiesene Richtung läuft, üben manche Ausbilder in der ersten Zeit in schmalen Gassen. Andere verhindern das seitliche Ausbrechen, in-

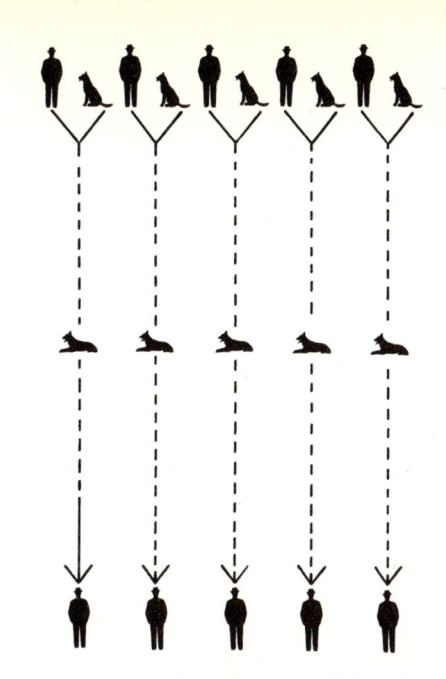

Gruppenarbeit. Aus der Bewegung erhalten die Hunde das Kommando »Platz«, die Ausbilder marschieren weiter. Die Hunde werden einzeln abgerufen.

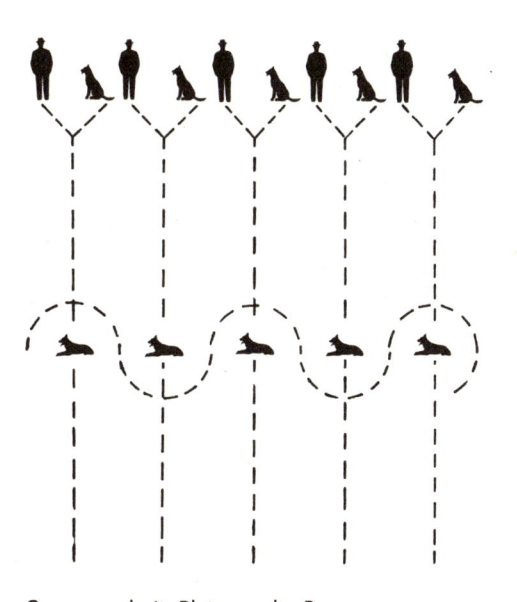

Gruppenarbeit. Platz aus der Bewegung

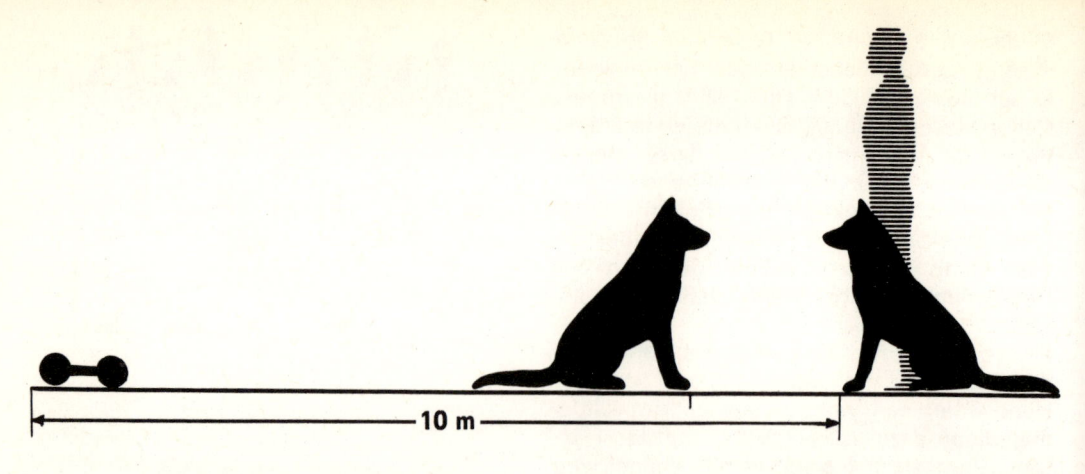

Schema der Übung »Bringen auf ebener Erde«

dem sie Leinen ziehen, an denen Fähnchen hängen. Aber Vorsicht, ein- oder zweimal geht das, doch sehr schnell gewöhnt sich der Vierbeiner an diese Umweltbesonderheit, es treten unerwünschte Ausbildungserfolge ein: Der Hund sucht die Fähnchen, läuft ohne Gassen nicht.

Bringen von Gegenständen

Ohne Wortklauberei zu betreiben, aber dieser Abschnitt ist absichtlich nicht mit »Bringübung« überschrieben. Die Ausbildung geht ein gutes Stück weiter. Leider sieht man immer wieder Erzieher, die über die Anfangsstufe, das Bringen eines sogenannten Bringholzes, nicht hinausgehen, haben sie doch damit die Forderung vieler Prüfungsordnungen erfüllt. Bei vielen nur für Sportzwecke ausgebildeten Hunden konnte beobachtet werden, daß diese nur das Bringholz akzeptieren, alles andere war für sie uninteressant. Dieses Bringholz ist aber nur ein Hilfsmittel zur Anbahnung, zum Erlernen des Bringens. Erreicht werden soll und muß, daß ein Hund auf Kommando alle möglichen Gegenstände seinem Herrn apportiert, in der fortgeschrittenen Phase der Ausbildung auch Dinge, die der Erzieher nicht weggeworfen hat.
Beginnen wir also mit der Ausbildung zum »Bringen von Gegenständen«. Bei vielen Hunden, die noch ein starkes Instinktverhalten zum Beutemachen besitzen, haben wir kaum Schwierigkeiten. Ausgenutzt wird, daß solche Tiere gern sich bewegende Gegenstände als Beute greifen. Auf spielerische Weise versucht man, den Hund dazu zu bringen, weggeworfenen Gegenständen hinterherzulaufen und diese aufzunehmen. Als Hilfsmittel kann man Bälle, Stöcke, Bringhölzer mit runden Gewichtskugeln, Knochen u. ä. nehmen. Diese Übung beginnt man am besten in der Phase der Vorausbildung beim Junghund und baut sie systematisch aus. Vielfach merken wir bei dieser spielerischen Form, daß Hunde den sich bewegenden Dingen schnell nachlaufen, sie aber desinteressiert fallen lassen, sobald sie zugefaßt hatten. Man kann dem begegnen, indem am Ast oder Knochen ein Stück Angelsehne befestigt wird. Hat der Vierbeiner den Gegenstand aufgenommen, ziehen wir an der Sehne, versuchen also, ihm das Beutestück wieder aus dem Fang zu holen. Er wird sich dagegenstemmen, seine Beute fester fassen, einen Fluchtversuch unternehmen. Endpunkt muß aber stets sein, den Vierbeiner heranzurufen und ihn zu bewegen, die Beute abzuliefern. Diese Form, das Bringen zu erlernen, ist für den Erzieher, aber auch den zu Erziehenden, die leichtere und beständigere. Es hat aber nicht jeder Hundebesitzer Gelegenheit, sich einen Welpen oder Junghund zu kaufen, viele bevorzugen aus vielerlei Gründen den ausgewachsenen Vierbeiner, der unter Umständen in der Wohnung aufgewachsen ist. Das bedeutet, daß ihm das Beutemachen konsequent abgewöhnt wurde, daß eine flatternde Gardine unberührbar ist, herumstehende Schuhe nicht zum Spielen da sind, In-

nereien von Sofakissen nicht zum Untersuchen geeignet sind — kurzum, er hat Lebenserfahrungen gemacht, die unseren Ausbildungszielen konträr gegenüberstehen. Dieser eigentlich »falsch« erzogene Hund kommt jetzt mit seinem neuen Besitzer auf den Übungsplatz, wo von ihm gefordert wird, einen Gegenstand, nämlich das Bringholz, zu dem er keinerlei Beziehung hat, auf Kommando zu holen und seinem Herrn zu übergeben.

Da seine bisherigen Erfahrungen besagen, keinem Ding, und wenn es sich noch so schön bewegt, hinterherzujagen, passiert die erste Panne. Es gilt also, eine Methode zu finden, unserem Hund schnell und zuverlässig zu neuen Lebenserfahrungen zu verhelfen. Die gibt es in Form des Zwangsapportierens. Wie es der Name schon verrät, arbeitet man dabei mit sehr starken unbedingten Reizen. An Hilfsmitteln werden ein Stachelhalsband, eine kräftige Handleine sowie natürlich das Bringholz benötigt. Zuerst überprüfen wir die Tastempfindlichkeit des Tieres, das ist nötig, um die Schmerzeinwirkung über das Stachelhalsband richtig dosieren zu können. Der links neben dem Erzieher sitzende angeleinte Hund erhält einen kräftigen Leinenruck, der dann ausreichend ist, wenn der Hund auf Grund des Schmerzes den Fang öffnet und einen »Schmerzlaut« von sich gibt.

Da die Halspartie des Vierbeiners relativ tastempfindlich ist, genügt meist schon eine mittlere Einwirkung. Neben den harten, fast schmerzunempfindlichen Hunden gibt es auch solche, die kaum eine Stachelhalsbandeinwirkung vertragen. Bei ihnen nehmen wir den Leder- oder Kettenwürger, beides aber nicht auf Zug gestellt, damit der Hund nicht gewürgt wird.

Nun zum zweiten Schritt. Wieder sitzt der Hund ordnungsgemäß angeleint links neben dem Ausbilder, der das Bringholz in seiner rechten Hand hält, am besten so, daß es der Vierbeiner nicht sehen kann. Jetzt erteilt der Erzieher laut und kräftig das Kommando »Bring's!«, unmittelbar danach ruckt er kurz, aber derb an der Leine, damit also am Stachelhalsband. Der Ruck erfolgt nach oben. Durch den Schmerz öffnet der Hund den Fang, um einen Schmerzlaut auszustoßen, diesen Augenblick nutzen wir und legen ihm das Bringholz in den offenen Fang. Mit der rechten Hand greifen wir sofort unter den Fang des Hundes und kraulen ihn am Halsansatz,

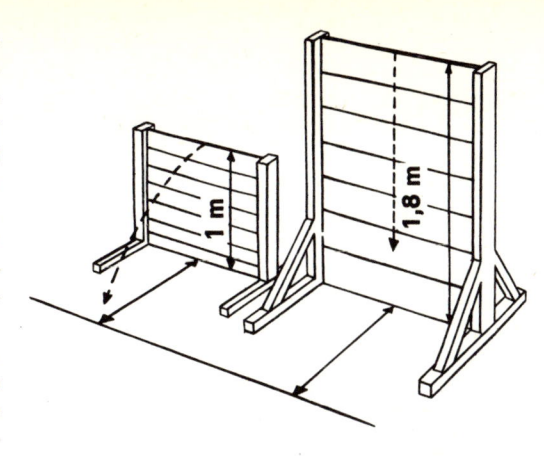

Auch beim Apportieren gilt es, Hindernisse zu überwinden

ein Lob, das eigentlich jeder Vierbeiner sehr gern hat. Zusätzlich streichelt der Ausbilder mit der linken Hand den Kopf des Hundes, das empfindet dieser erfahrungsgemäß ebenfalls als angenehm.

Man achte stets darauf, daß während der ganzen Zeit das Bringholz festgehalten wird. Nachdem ungefähr zwei bis drei Minuten vergangen sind, nimmt man mit dem Kommando »Aus!« dem Hund das Bringholz aus dem Fang. Dieser Teilabschnitt muß unbedingt so lange wiederholt werden, bis der Hund sofort nach dem Kommando »Bring's!« und einem kurzen Leinenruck nach dem Bringholz faßt. Wichtig ist auch, von Anfang an die Dauer des Festhaltens zeitlich zu differenzieren.

Der dritte Schritt beginnt damit, den Hund angeleint links neben den Ausbilder zu setzen. Verbunden mit dem Kommando »Bring's!« sowie einem kurzen Leinenruck macht der Erzieher einen Ausfallschritt nach vorn, wobei er sich nach links dreht. Somit hält er dem Hund jetzt das Bringholz etwa einen halben Meter vor den Fang. Bisher führten wir es zum Fang des Vierbeiners, jetzt wird dieser durch den Ruck am Stachelhalsband gezwungen, zum Bringholz zu kommen und es zu greifen. Und wieder wird in diesem Moment der Hund, nachdem er das Holz ergriffen hat, unter dem Fang und am Kopf gekrault und gestreichelt. Während der Ausbilder lobt und stets darauf achtet, daß der Hund das Holz nicht fallen läßt, bewegt sich der Ausbilder langsam drei bis vier Meter rückwärts. Der Hund folgt ihm so, daß sich beide stets gegenüberstehen. Schließlich gibt man das Kommando »Sitz!« oder »Setzen!«

und bahnt so gleichzeitig das geforderte Vorsitzen an. Auf das Kommando »Aus!« wird das Bringholz aus dem Fang genommen, danach muß sich der Hund auf das Kommando »Fuß« wieder an die linke Seite des Ausbilders begeben. Erst jetzt wird ausgiebig gelobt.

Diese Teilübung können wir abschließen, wenn der Hund nach dem Kommando »Bring's!« und einem leichten Ruck am Stachelhalsband, verbunden mit dem Ausfallschritt und der Linksdrehung des Ausbilders, schnell nach vorn kommt und das Bringholz ergreift.

Beim vierten Übungsteil wird der Ausfallschritt größer, im Bedarfsfall werden auch zwei hintereinander gemacht. Das Bringholz hält man ganz dicht über dem Erdboden. Damit gewöhnen wir den Hund daran, das Holz schon in Bodennähe aufzunehmen.

Der fünfte Schritt beginnt wieder mit der Grundstellung, also dem angeleinten, links neben dem Führer sitzenden Hund. Wie bereits beschrieben und geübt, machen wir, verbunden mit den jeweiligen Kommandos, den Ausfallschritt und die Linkswendung, legen aber das Bringholz mit einer Kugel auf die Erde, während die andere leicht angehoben bleibt. Das soll dem Hund das Aufnehmen des Holzes von der Erde erleichtern. Es wird wieder so lange geübt, bis der Hund auf das Kommando »Bring's!«, noch unterstützt durch den bereits leichten Leinenruck, zum Bringholz läuft und es aufnimmt. Auch beim fünften Schritt krault man noch mit der rechten Hand unter dem Fang, läuft rückwärts, läßt vorsitzen und nimmt nach unterschiedlicher Zeitdauer auf das Kommando »Aus!« das Holz ab. Beendet wird die Übung mit dem Kommando »Fuß!«. Sitzt der Vierbeiner wieder artig an unserer linken Seite, können alle Register des Lobes gezogen werden.

Auch der sechste Schritt beginnt mit der Ausgangsstellung. Der Vierbeiner erhält jedoch die lange Führerhandleine. Das Bringholz wird ungefähr einen bis eineinhalb Meter weggeworfen. Nach dem Kommando »Bring's!« muß jetzt, wenn alle bisherigen fünf Schritte richtig geübt wurden, der Hund zum Bringholz laufen, es aufnehmen, zum Ausbilder zurückkommen und sich vor ihn hinsetzen. Die lange Leine, die praktisch den verlängerten Arm darstellt, dient nur noch als Korrekturmöglichkeit. Natürlich wird es ab und zu nötig sein, zum Bringholz mitzulaufen, aber es darf nicht zur Regel werden. Wurde bei einem der einzelnen Schritte etwas falsch gemacht, fängt man am besten noch einmal ganz von vorn an, nie in der Mitte.

Der siebente und letzte Schritt ist dann, die lange Leine nach und nach zu entfernen. Für unsichere Kandidaten empfiehlt es sich, zwischendurch einmal ein langes Stück Angelsehne am Halsband zu befestigen. Der Hund hat das Gefühl völliger Freiheit, wird aber beim eventuellen Ungehorsam schnell eines Besseren belehrt. Abgeschlossen ist die Ausbildung, wenn der Hund ausschließlich auf die Kommandos, also auf die bedingten Reize, reagiert. Das heißt, nach dem Kommando »Bring's!« läuft er sofort zum weggeworfenen Holz, nimmt dieses auf, kommt zurück und setzt sich vor seinen Führer, dem er auf das Kommando »Aus!« das Holz abliefert. Mit dem Kommando »Fuß!« und dem darauf folgenden Hinsetzen an die linke Seite des Ausbilders endet die prüfungsmäßige Übung »Bringen auf ebener Erde.«

Nun ist aber, wie bereits angeführt, das Bringen von Gegenständen damit erst angebahnt. Jetzt muß man dazu übergehen, statt des Bringholzes andere Gegenstände zu nehmen. Das können kleine Taschen, Bekleidungsstücke, Spielzeug des Vierbeiners u. a. sein. Es hat sich als zweckmäßig erwiesen, Gegenstände, die der Hundeführer vorher weggelegt hatte, durch den Hund bringen zu lassen. Dazu kurz einige Erläuterungen. Der Hund wird angebunden, dann legt man die Gegenstände so ab, daß der Vierbeiner davon nichts sehen kann. Nun nehmen wir ihn an die Leine und führen ihn zu den Sachen. Meist nimmt er auf das Kommando »Bring's!« sofort den Gegenstand auf, erfolgt das nicht, bewegen wir diesen mit dem Fuß etwas vorwärts und erteilen dabei ständig das Kommando »Bring's!«. Nach und nach erreicht man so, daß der Hund auf das einmalige Kommando »Bring's!« sofort jeden bezeichneten Gegenstand aufnimmt und zum Besitzer bringt. Erst wenn dieser Ausbildungsgrad erreicht ist, kann die Übung praxisbezogen angewendet werden. Es spielt dann kaum noch eine Rolle, ob die zu apportierenden Sachen auf Wiesen, im Gebüsch oder im Wasser ausgelegt oder weggeworfen werden, der Hund bringt alles, was wir wollen.

Etwas komplizierter ist es, wenn Mauern oder ähnliches im Weg stehen.

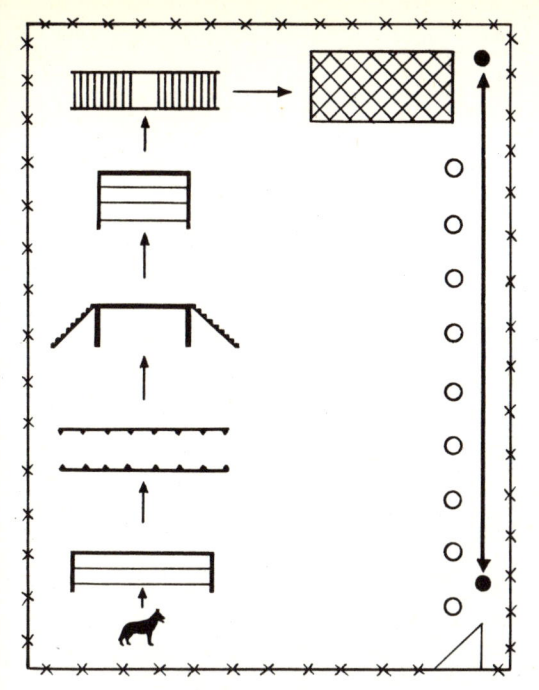

Aufbau eines Ausbildungsplatzes, dazu gehören Hürde für Freisprung, 1 m Höhe; Grabenabschnitt, 2 m Breite; Laufbalken, 3 m Länge, 1 m Höhe; variable Wand für Klettersprung, 2 m Höhe; Leiter mit Podest, 4 m Höhe; Kriechhindernis, 5 m Länge, 0,40 m Höhe; 10 Anbindepfähle, Abstand 4 m; Laufanlage für Wachhunde, 100 m lang

Überwinden von Hindernissen

Ziel der Übung ist, daß der Hund auf ein einmaliges Kommando natürliche und gestellte Hindernisse der verschiedenartigsten Formen überspringt, überklettert oder überläuft. Das macht im allgemeinen beiden, Hundeführer und Vierbeiner, viel Spaß und wird fast ausschließlich mit Hilfe der Nachahmung trainiert. Beginnen wir mit dem Freisprung über Hürden, Hecken und ähnliche Hindernisse, die einen Meter nicht übersteigen. Sie bewältigt eigentlich jeder mindestens mittelgroße Hund ohne Schwierigkeiten, sogar kleine Vertreter schrecken davor nicht zurück. Uns ist ein Kleinpudel bekannt, der im Besitz der Schutzhundprüfung I war und die Zuschauer immer zu wahren Begeisterungsstürmen hinriß, wenn er mit fliegenden Ohren über die Hürde sauste.

Der sicherste und schnellste Weg, den Vierbeiner zum Überwinden von Hindernissen zu bewegen, ist, wenn Hundeführer und Hund gemeinsam das Hindernis überspringen. Nun ist es sicher nicht jedermanns Sache, sofort einen Meter hoch zu springen. Man beginnt also mit einem Hindernis, das dem eigenen Sprungvermögen angepaßt scheint. Ausgangspunkt ist wieder die Grundstellung mit dem links neben dem Ausbilder sitzenden angeleinten Hund. Mit dem Kommando »Fuß!« laufen wir los (sofort Laufschritt!), unmittelbar vor dem Hindernis geben wir das Kommando »Hopp.«

Bruchteile von Sekunden später erfolgt ein kräftiger Leinenruck nach oben. Dabei überspringen beide, Ausbilder und Hund, das Hindernis. Zu beachten ist, daß sofort nach dem Leinenruck die Leine wieder lose gehalten wird, um den Hund beim Sprung nicht zu behindern. Der Übungseffekt kann gesteigert werden, wenn in der Gruppe trainiert wird.

Vorteilhaft ist es, wenn einige Vierbeiner mit bereits höherem Ausbildungsstand in der Gruppe sind. Das natürliche Verhalten, stets in der Meute zu bleiben, gekoppelt mit der größeren Erregung, wenn viele Artgenossen dabei sind, wirkt sich sehr günstig aus. Die Vierbeiner springen leichter, meist überwinden sie die Hindernisse geradezu im Vorbeigehen. In jedem Fall muß aber das Kommando »Hopp!« verbunden mit dem Leinenruck erfolgen.

Nachdem unser Hund nun gelernt hat, im Freisprung über einfache Hindernisse, die

Training des Weitsprunges mit einem Helfer

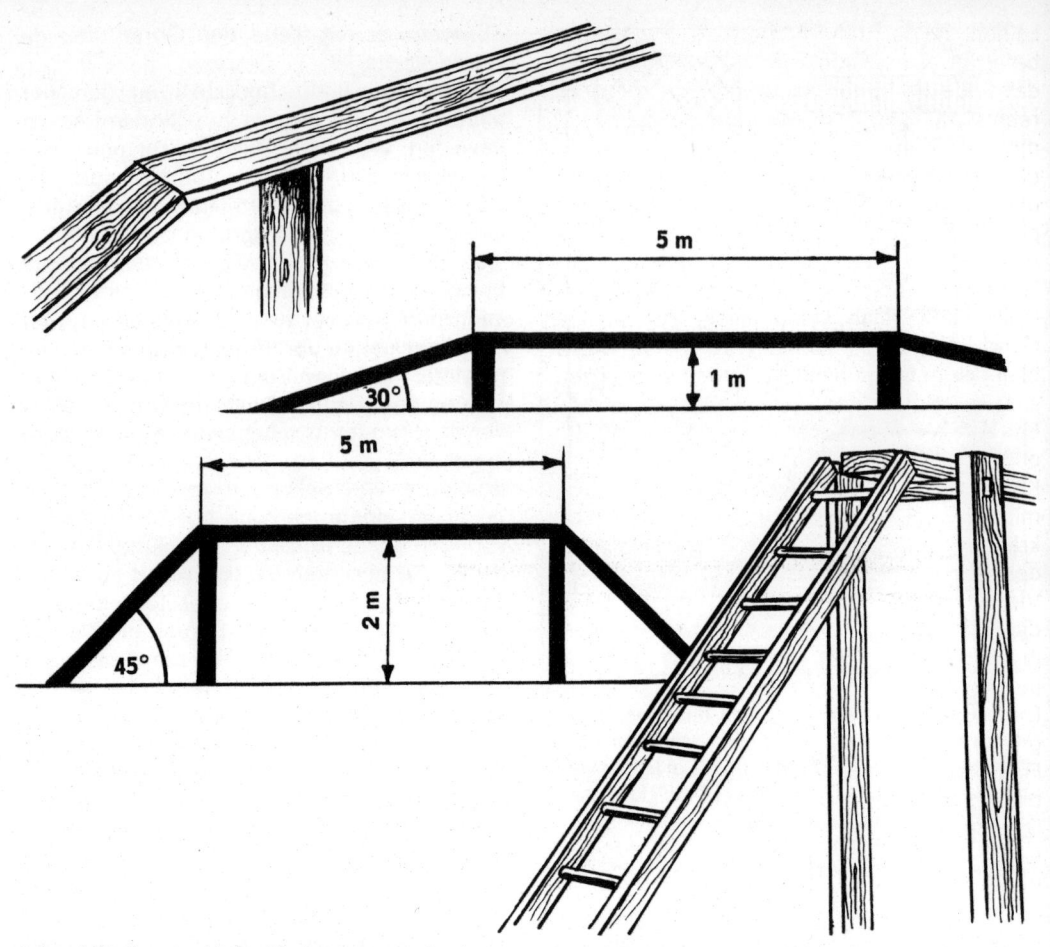

Schwebebalken und Leiterhindernisse werden im Schwierigkeitsgrad allmählich gesteigert.

nicht allzu hoch sind, zu springen, legen wir, wie beim Hochsprung, immer mehr Zentimeter zu. Wie schnell die Steigerungen erfolgen, liegt in erster Linie an der Arbeitsfreudigkeit der Vierbeiner und an ihrer körperlichen Verfassung. Bei aller Raffinesse, mit der wir zu Werke gehen, wird es immer wieder passieren, daß der Hund versucht, bei kleineren Hindernissen bis zu einem Meter Höhe, mit den Läufen aufzusetzen, sich abzustoßen. Dem begegnet man, indem an der oberen Kante des Hindernisses Strauchwerk befestigt wird, auch ein Straßenbesen, die Borsten nach oben, hat schon gute Dienste geleistet. In Ungarn sahen wir das erste Mal Hürden, die aus zwei seitlichen Begrenzungen bestanden, oben eine Querstange, an der senkrechte Holzlatten beweglich befestigt waren. Stieß der Hund beim Sprung an diese Latten, schwangen sie nach vorn oder hinten, boten also keinen Halt, im Gegenteil, verursachten im Extremfall sogar Schmerzen. Der Hund wird beim Wiederholen des Sprunges versuchen, der ihm unangenehmen Berührung zu entgehen und höher zu springen.

Es erübrigt sich beinahe zu erwähnen, daß nach jedem gelungenen Versuch der Vierbeiner ausgiebig gelobt wird. Springt der Hund einwandfrei über einen Meter, steigern wir die Höhe bis zur Leistungsgrenze. In diesem Stadium, nach Möglichkeit aber schon früher, springt der Ausbilder nicht mehr selbst mit, sondern läuft seitlich an dem Hindernis vorbei. Sobald der Hund die Hürde oder später die Kletterwand überwunden hat, geben wir ihm das Kommando »Fuß!«. Beendet wird die Übung mit der Grundstellung des Hundeführers und dem links neben ihm sitzenden Vierbeiner.

Tiere, die absolut nicht springen wollen, kann man mit Hilfe eines zweiten Ausbilders eines Besseren belehren. Dafür benötigt man zwei

Leinen, beide sind am Halsband des Hundes befestigt. Der Helfer geht links vom Hund, das Ende der einen Leine haltend, wir selbst rechts mit dem anderen Ende. Beide laufen mit dem Vierbeiner an das Hindernis heran, der Besitzer gibt das Kommando »Hopp!«. In diesem Moment reißen beide die Leine nach oben, so daß der Hund gezwungen wird, das Hindernis zu überwinden. Ausbilder und Helfer laufen seitlich an der Hürde vorbei. Der Helfer läßt seine Leine fallen, so daß der Hund links neben seinem Herrn läuft. Dieser bleibt stehen und heißt den Hund sich setzen, alles in Laufrichtung.

Bewährt hat es sich, das Überwinden von Hindernissen, gleich, ob es sich um Hürden, die Kletterwand oder den Sprunggraben handelt, mit einem Figuranten zu trainieren, der nach kräftigem Anreizen vor den Augen des Hundes das Hindernis überwindet. Der erregte Vierbeiner wird mit dem Kommando »Hopp!« dann losgelassen, wenn er den Figuranten nicht mehr sieht. Damit verhindert man, daß der Hund versucht, seitlich vorbeizulaufen. Diese Methode eignet sich sehr gut für aggressive Tiere, die gern beißen. Anstelle des Figuranten kann auch der Besitzer des auszubildenden Tieres das Hindernis überwinden. Dabei muß natürlich ein Helfer den Hund halten. Der Besitzer bleibt aber auf dem Hindernis sitzen und lockt seinen Hund durch Rufen oder Klopfen. Aber aufgepaßt, schon oft kam es vor, daß der Drang zum Herrn zu stark wurde, und der Vierbeiner sich kurzerhand umdrehte und den Helfer biß!

Ist das Überwinden von Hindernissen in Form von Hürden, Kletterwänden und Zäunen dem Hochsprung ähnlich, so kann man die Anbahnung der Überwindung von Gräben mit dem Weitsprung vergleichen. Überwindet der Hund alle ihm gewiesenen Hindernisse einwandfrei, verlassen wir den Übungsplatz und suchen Übungselemente, die Mutter Natur bereithält.

Die veränderte Umwelt, die andere Form und der neue Geruch der Hindernisse stellen echte Prüfsteine dar. Zeigen sie doch, ob wir es verstanden haben, den Hund gut zu erziehen, ihn gehorsam zu machen.

Wenden wir uns einem weiteren Komplex von Übungen zu, die auch in den Bereich »Überwinden von Hindernissen« fallen, dem Laufen auf einem Schwebebalken, dem Leiterklettern sowie dem Durchkriechen von Röhren – um nur einige Beispiele von vielen Möglichkeiten anzuführen. Das Kommando lautet hier »Kletter!« Der Hund wird an der linken Seite des Ausbilders laufend an den Schwebebalken herangeführt. Dort geben wir ihm mit der linken Hand im Bedarfsfall unter dem Bauch Unterstützung beim Balancehalten, verhindern auch, daß er sich hinlegt. Die rechte Hand hält ihn am Halsband kurz.

Gut bewährt hat sich hier ebenfalls die Methode der Nachahmung. Hunde, die bereits sicher den Schwebebalken überwinden, laufen voran, am besten vor ihrem Lehrling her. Ziel muß sein, daß der Vierbeiner sowohl angeleint als auch in der Freifolge auf das Kommando »Kletter!« schnell den Schwebebalken überwindet und am anderen Ende wieder links neben seinem Hundeführer weiterläuft. Das Leiterklettern erfolgt auf ähnliche Weise. Der Hund wird an die Leiter herangeführt, mit der linken Hand kurz am Halsband gehalten, die rechte Hand dient dem Ausbilder dazu, sich selbst festzuhalten. Mit dem Kommando »Kletter!«, verbunden mit einem Ruck am Halsband nach vorn bzw. nach oben wird nun begonnen, Sprosse um Sprosse zu erklettern. Dabei sollte ständig beruhigend auf das Tier eingeredet werden, es sollte gelobt werden, um die in der Regel starke Erregung etwas zu dämpfen. In der gleichen Art und Weise kann man seinen Hund dazu bringen, die verschiedensten Hindernisse zu überwinden. Auf vielen Übungsplätzen befinden sich Tonrohre zum Durchkriechen, Hoch- und Weitsprunghindernisse, Schrägwände usw.

Wir sollten aber versuchen, bei der Ausbildung ohne starke Schmerzeinwirkung als unbedingtem Reiz auszukommen, lieber immer wieder auf die Nachahmung zurückgreifen.

Kriechen

Es soll erreicht werden, daß der Hund auf das Kommando »Kriechen!« sich eine bestimmte Strecke kriechend vorwärts bewegt. Die Anforderungen sind unterschiedlich. Einige Prüfungsordnungen verlangen, daß der Hundeführer mitkriecht, andere lassen zu, daß nur der Vierbeiner kriecht. Unterschiedlich ist auch die Länge der Strecke, die zurückgelegt werden soll. Als sehr erfolgreich hat sich fol-

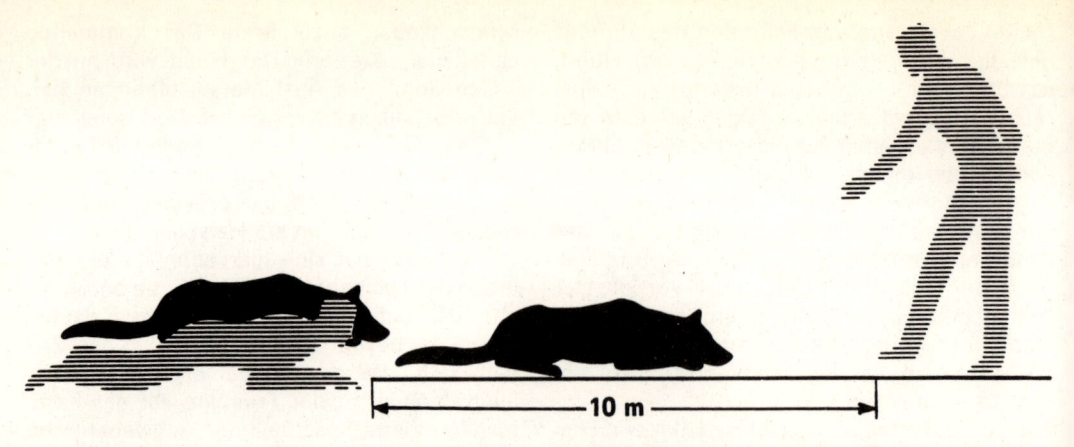

Die Erziehung zum Kriechen und die fertige Übung auf Sichtzeichen

gende Methode der Anbahnung erwiesen: Der Hund wird mit dem Kommando »Platz!« abgelegt, der Ausbilder legt sich daneben. Er nimmt die Leine in die rechte Hand, mit der linken packt er den Hund am Halsband und drückt ihn nach unten. Jetzt folgt das Kommando »Kriech!«, dabei zieht man mit der rechten Hand den Hund über die Leine ruckartig nach vorn, die linke Hand verhindert das Aufstehen. Das Kommando »Kriech!« ertönt dabei stets vor dem Leinenruck. Der Ausbilder muß selbst einschätzen, wann sowohl der Druck am Halsband als auch der Leinenruck nicht mehr notwendig sind. Später kriecht er nicht mehr mit, sondern läuft nebenher. Am Ende der Ausbildung unterbleibt es ebenfalls.

Eine andere Methode sieht vor, daß sich der Ausbilder leicht vor den Hund stellt, diesen mit der linken Hand unmittelbar hinter dem Widerrist nach unten drückt und mit der rechten Hand an der Leine ruckartig zum Vorwärtskriechen veranlaßt, stets mit dem Kommando »Kriech!« verbunden. In Abwandlung dieser Methode kann man auch die Leine unter den Steg des linken Schuhs hindurchziehen, mit der rechten Hand wieder die Leine straff halten, während die linke Hand den Hund erneut hinter dem Widerrist nach unten drückt. Hierbei wird der Vierbeiner durch die straff gespannte Leine am Boden gehalten. Aber aufgepaßt! Nie das Kommando »Kriech!« vergessen!

Noch eine Methode sei erwähnt: Der Ausbilder kniet, den Hund zwischen seinen Beinen, und ergreift dessen Vorderläufe. Verbunden mit dem Kommando »Kriech!« zieht er nun abwechselnd die Vorderläufe nach vorn und zwingt so den Hund zu kriechen. Da der Ausbilder über dem Vierbeiner kniet, macht er es diesem unmöglich, aufzustehen. Welche der Methoden zum Erfolg führt, ist sehr stark abhängig von der Geschicklichkeit des Erziehers, aber auch vom Wesen des Hundes.

Ausbildung zum Schutzdienst

Eigentlich müßte die Überschrift lauten: Die Ausbildung zum Schutzdienst und zur Verteidigungsbereitschaft. Nicht jeder Hundehalter bildet seinen Vierbeiner streng nach einer Prüfungsordnung aus, viele begnügen sich damit, daß ihr Hund in Gefahrensituationen bereit ist, den Herrn zu schützen, ihn zu verteidigen. Mancher Hundebesitzer will nur einen Wächter für Haus und Hof, er wird also andere Ausbildungsmethoden anwenden als der passionierte Sportler. Ausgangspunkt aller Übungen sind Verhaltensweisen des Hundes, die ihm mehr oder weniger stark von seinen Vorfahren vererbt wurden.

Die angeborene Verhaltensweise, bewegliche Objekte als Beute zu jagen, nutzen wir beispielsweise aus, dem Hund die lange Flucht beizubringen. Das wird mehr oder weniger zeitaufwendig sein und ist immer abhängig von der Stärke des ererbten Instinktverhaltens und davon, wie dieses in der Generationsfolge durch planmäßige Leistungsarbeit gestärkt wurde oder verkümmerte.

Die wohl wichtigste Person bei der Ausbildung zum Schutzdienst ist der Scheintäter, den wir Figurant nennen. Er ist einer der entscheidensten Faktoren im gesamten Erziehungsprozeß.

Der Figurant

Von seinem Einfühlungsvermögen, seiner Erfahrung im Umgang mit Tieren, speziell natürlich mit Hunden, und nicht zuletzt von seiner Geschicklichkeit ist es abhängig, wie sich unser Vierbeiner in dieser Spezialdisziplin entwickelt. Für diese komplizierte Tätigkeit sollten nur Personen ausgesucht werden, die über jahrelange gute Erfahrungen in der Hundeerziehung verfügen. Die vielerorts geübte Praxis, daß jedes Mitglied einer Übungsge-

Der Figurant ist ein komplexer Reizerreger, dazu gehören die Gesamterscheinung mit Geruch, Bewegung, Geräuschen, der Hetzarm, die Mimik, die Bekleidung und der Stock

Mit hohem, festem Anbiß muß der Hund die Flucht unterbinden

meinschaft einmal »dran ist«, als Scheintäter zu fungieren, ist grundverkehrt und gefährlich. Das Verhalten unerfahrener Figuranten kann bei den Tieren zu irreparablen Schäden führen und sie für die weitere Ausbildung untauglich machen. Ein zu harter Schlag, besonders auf empfindliche Körperteile, oder zu frühes Einwirken auf junge Hunde, kann dem Hund den Schutzdienst zeitlebens verleiden. Der gute Figurant muß in jeder Situation versuchen, angeborene Verhaltensweisen wie Abwehrreaktionen, Jagdtrieb usw. auszulösen und sich dem Wesenstyp des jeweiligen Hundes anpassen. Er muß, darauf abgestimmt, immer wieder nach neuen unbedingten Reizen suchen, die bestimmte Verhaltensweisen auslösen. Er zeigt sich dem Hund gegenüber als der schwächere Partner, ohne jedoch Angst zu haben, und nutzt jede Reaktion des Vierbeiners geschickt aus, das Gewünschte zu erreichen.

Der Figurant ist aber kein Superman, der alles allein macht. Er ist nur Teil eines Teams, dessen Mitglieder gut aufeinander eingespielt arbeiten müssen. In vielen Sportklubs finden Lehrgänge für Figuranten statt. Sie beginnen meist als Gehilfe eines erfahrenen Figuranten, z. B. in der Reihenhetze. Die erste selbständige Arbeit sollte dann mit solchen Tieren erfolgen, die auch eine ungeschickte Einwirkung durch den »Figurantenlehrling« verkraften. Falsch ist, sich diese Qualifikation bei Junghunden anzueignen. Bei ihnen kann nicht wiedergutzumachender Schaden angerichtet werden. Es ist in jedem Fall vorteilhaft, wenn körperlich gesunde und gewandte Personen als Figuranten arbeiten. Eine entsprechende Schutzkleidung gibt dem Figuranten das notwendige Gefühl der Sicherheit. Ein Figurant, der in kurzen Hosen arbeitet, beweist keine besondere Tapferkeit, er zeigt nur seine Unerfahrenheit.

Vorausbildung

Es trifft wie bei jeder anderen Disziplin auch für den Schutzdienst zu: Gut beraten ist, wer bereits im Jugendalter des Hundes eine gezielte Vorausbildung nicht versäumte. Daß diese einfühlsam erfolgt, sollte zwar selbstverständlich sein, doch immer wieder zu beobachtende falsche Verhaltensweisen älterer Tiere beweisen, daß sich durch falsche Erziehung in der Jugendzeit entstandene Fehler mit zunehmendem Alter verstärken.

In erster Linie knüpfen wir beim Junghund an das angeborene Beute- bzw. Spielverhalten an. Jeder größere Lappen ist beispielsweise dafür geeignet, den Vierbeiner zum Zufassen zu bewegen. Man beginnt damit, in Bodennähe den Lappen heftig hin und her zu wedeln, bis das Interesse des Hundes erregt ist. Er wird nun spielend versuchen, den Lappen als Beute zu fassen.

Immer, wenn der Hund gerade zupacken will, zieht der Helfer den Lappen schnell weg. Dieses Spiel wird einige Male wiederholt, dann muß der Vierbeiner sein Erfolgserlebnis haben. Er darf die Beute greifen. Der Helfer entfernt sich einige Meter, während der Ausbilder den Hund ausgiebig lobt. Dann nähert sich der Helfer wieder, gebückt, schleichend, Angst und Unsicherheit vortäuschend, und versucht, den Lappen zurückzuerobern. Alle Versuche des Hundes, seine Beute zu verteidigen, unterstützt der Erzieher kräftig mit Worten.

In dieser Ausbildungsetappe ist es sehr wichtig, daß der Helfer den Hund nicht bedroht, ihm keine Angst einjagt, weder vor sich selbst, aber auch nicht vor dem Lappen. Ein eingeschüchterter Vierbeiner wird nur sehr schwer zum mutigen Verteidiger von Haus und Hof. Alle Bewegungen mit dem Lappen erfolgen vor dem Hund oder seitlich an ihm vorbei. Erfolgreich abgeschlossen wird dieser Übungskomplex, wenn bereits der Anblick des Helfers mit dem Lappen beim Hund deutliche Zeichen von Erregung verursacht, wenn er versucht, Beute zu machen.

Bis jetzt hat der Helfer den Lappen dicht am Erdboden bewegt. Ist der Hund sicher geworden, gehen wir dazu über, ihm die »Beute« in Kopfhöhe zu präsentieren. Da sich der Figurant auch dabei ängstlich gebärdet, dürfte kaum eine Veränderung im Verhalten des Vierbeiners eintreten. Er will zupacken, und das darf er auch ab und zu. So weit, so gut. Jetzt heißt es, Fingerspitzengefühl beweisen! Der Helfer beginnt, ganz vorsichtig am Lappen zu ziehen, dem Vierbeiner die errungene Beute streitig zu machen. Der stemmt sich dem entgegen, versucht ruckartig, den Lappen an sich zu reißen. Hat er das einige Male getan, überläßt der Figurant ihm wieder den Lappen und vermittelt ihm ein Siegergefühl, das der Erzieher mit Lob und Streicheln noch verstärkt.

Während dieser Anfangsphasen muß der Figurant den Hund ständig im Auge behalten, genau beobachten, um zu erkennen, wann der richtige Zeitpunkt gekommen ist, ihm den Lappen zu überlassen, wann der Höhepunkt der Erregung erreicht ist. So ist zum Beispiel am Rutenspiel zu sehen, ob der Vierbeiner noch aktiv ist, oder ob sein Verhalten in Passivität bzw. sogar Angst umzuschlagen droht. Höchste Aggressivität verrät die nach hinten ausgestreckte bzw. schräg nach oben zeigende, kreisende Rute. Je weiter sie zwischen die beiden Hinterläufe eingezogen wird, desto ängstlicher ist meist das Tier. Es ist angebracht, an dieser Stelle alle Hundehalter,

Eine Form des Einholens einer fliehenden Person ist die sogenannte Körflucht oder Hentz'sche Mutprobe, bei der nach einer festgelegten Laufstrecke sich der Figurant umdreht und den Hund angreift

die es werden wollen, darauf hinzuweisen, wie wichtig es ist, alle Ausdrucksformen ihrer Tiere richtig interpretieren zu können. Das schließt Ausbildungsfehler von vornherein weitgehend aus.

Der Junghund soll aus allen geschilderten Situationen stets als Sieger hervorgehen. Ein Wort noch an die Adresse des Helfers: Bitte ganz vorsichtig in der Zeit des Zahnwechsels mit dem Hund arbeiten, am besten eine Pause einlegen. Empfindet der Vierbeiner erst einmal durch starkes Ziehen Schmerzen, verbindet er auch später mit dem Lappen diese unangenehme Lebenserfahrung und ist nur schwer für den Schutzdienst zu erziehen. Außerdem können die noch lockeren Zähne schräg gezogen werden. Auf Ausstellungen wird das negativ bewertet.

Wir setzen jetzt voraus, daß unser Hund sowohl den Zahnwechsel als auch die Arbeit mit dem Lappen gut überstanden hat, sofort zubeißt und auch festhält. In diesem Stadium formen wir aus einem Sack eine Rolle, die schon einem Hetzärmel ziemlich ähnlich sieht. Das hat den Zweck, den Hund zu zwingen, härter zuzufassen, den Fang voll zu öffnen. So wird die Grundlage für den späteren vollen Anbiß geschaffen.

Auch hier gilt: Der Vierbeiner geht immer als Sieger aus dem »Kampf« hervor und behält die Beute. Bei Tieren, die leicht bellen, kann bereits hier die Übung »Verbellen von Personen« angebahnt werden. Der Sack wird vom Helfer so hoch gehalten, daß der Hund nicht zupacken kann. Der Ausbilder unterstützt den Vierbeiner in dem Augenblick, in dem er zu

1,5–5 m

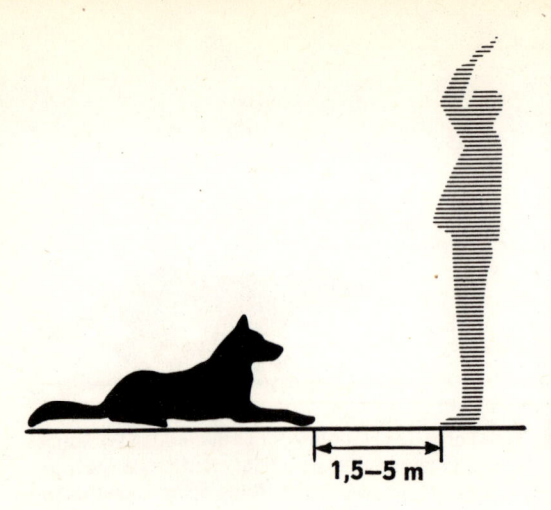

Ordnungsgemäßes Durchsuchen

Reihen- oder Ringhetze

Eine bewährte Methode zur Herausbildung von Schärfe und Verteidigungsbereitschaft gegenüber fremden Personen ist die Reihen- oder Ringhetze. Bei der Reihenhetze nehmen, wie bereits der Name erkennen läßt, mehrere Ausbilder mit ihren Tieren in einer Reihe Aufstellung. Zweckmäßigerweise suchen wir ein Gelände aus, das den Hundeführern Gelegenheit gibt, sich im Bedarfsfall an Bäumen festzuhalten. Warum? Wer schon einmal einen Hund für den Schutzdienst vorbereitet hat, weiß, welche Kräfte so ein Vierbeiner entwickelt, um zum Ärmel und somit zum Beißen zu gelangen. Also, mit einer Hand die Leine nebst Hund, mit der anderen sich selbst festhalten! Der Abstand voneinander sollte bei der Reihenhetze etwa drei bis vier Meter betragen, hauptsächlich, damit es im Eifer des Gefechtes nicht zu Raufereien kommt.

Wichtig ist, daß immer ein leistungsstarker Hund neben einen schwächeren gestellt wird. Unter leistungsstark verstehen wir in diesem Fall, daß der Vierbeiner bereits fest zupackt, während sein Nachbar noch etwas zögert. So nutzt man das angeborene Verhalten der Nachahmung am besten aus. Es müssen sich nicht zehn Leute zusammenfinden, eine Reihenhetze kann schon mit zwei Hunden erfolgreich sein.

Es ist nicht empfehlenswert, mehr als zehn Ausbilder und ihre Tiere in einer Gruppe zusammenzufassen, die Hunde kommen sonst zu wenig zum Beißen, auch kann die Entfernung zwischen dem letzten Hund und dem Figurant zu groß werden. Sind stärkere Gruppen aus Platzgründen nicht zu vermeiden, muß man mit zwei Figuranten gleichzeitig arbeiten.

Nehmen wir zur Verdeutlichung des Ablaufes an, unsere Gruppe umfaßt acht bis zehn Ausbilder mit ihren Hunden, die sich aufgestellt haben. Der Figurant läuft laut schreiend und heftig mit den Armen schlenkernd zwei- bis dreimal vor der Gruppe auf und ab. Wenn er sieht, daß alle Hunde aufmerksam sind, sich mehr und mehr erregen, läßt er der Reihe nach jeden Hund beißen. Wie oft ein Vierbeiner anbeißen darf, hängt davon ab, in welchem Maße seine Aggressivität gesteigert und gefördert werden muß. Auch bei der Reihenhetze gilt: Der Hund muß immer der Stärkere sein und als Sieger aus dem Kampf mit

bellen beginnt, mit der Aufforderung »Gib Laut!«.

Es hat sich als günstig erwiesen, dabei den Hund an die Leine zu nehmen. Der Figurant bewegt ständig die Rolle, regt so immer wieder das Interesse des Tieres und sein Begehren, Beute zu machen, an. Nach einer bestimmten Zeit kommt die verdiente Belohnung, der Hund schnappt die Rolle und der Figurant entfernt sich schnell. Das übt man so lange, bis der Hund die Erfahrung gefestigt hat, daß er durch Bellen, besser gesagt Verbellen, auch an seine Beute kommt.

Langsam vertauschen wir die Rolle mit einem ihr stark ähnelnden Sackärmel, einem ganz weichen Hetzarm. Die geforderte Ähnlichkeit mit der bisherigen Rolle ist nicht ganz von ungefähr. Besteht sie nicht, müßten wir die Übung neu aufbauen. So werden aber die Lebenserfahrungen ausgenutzt. Die Kunst des Figuranten besteht darin, den Ärmel so wie die Rolle zu präsentieren. Auch in dieser Hinsicht ist der Hund wieder einmal der Stärkere. Spätestens jetzt muß der Stock in das Ausbildungsgeschehen einbezogen werden. Der Figurant hält ihn in der freien Hand und schwenkt ihn heftig hin und her, verursacht durch Schläge an sein Hosenbein oder auf den Erdboden klatschende Geräusche. Faßt der Hund nach dem Stock, wird er ihm als Beute überlassen.

Eine große Hilfe bereits bei der Vorausbildung der Junghunde ist das Einbeziehen anderer Hunde, also das Ausnutzen des Nachahmungstriebes.

|← 1,5–5 m →|

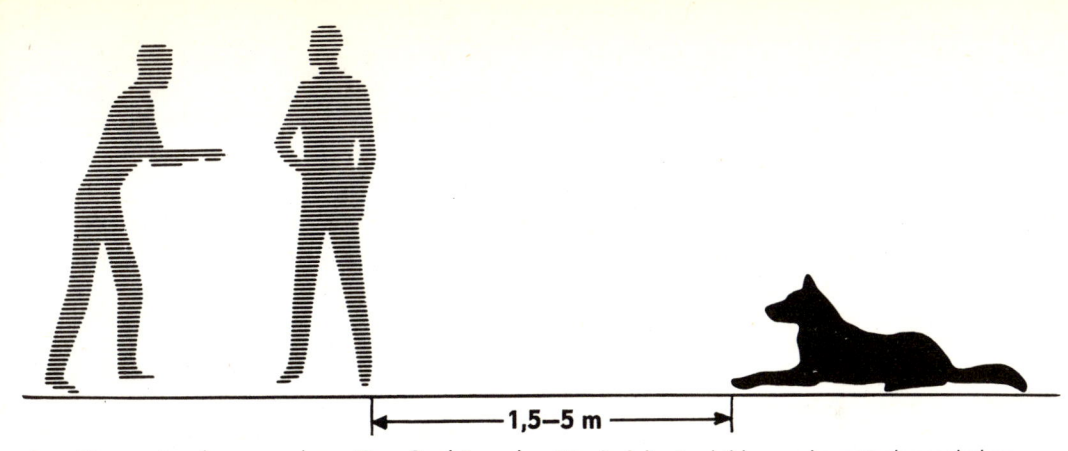

dem Figuranten hervorgehen. Den Sackärmel erhält er aber nur dann als Beute, wenn er festhält und auch nach einigen Minuten nicht losläßt.

Einige Ausbilder nutzen diese Phase, um bei stark beißenden Tieren bereits das Auslassen zu üben. Das ist möglich, aber riskant und nur dann erfolgreich, wenn die Hunde über besonders stark ausgeprägte Aggressivität verfügen. Ziel ist und bleibt: ein fester, anhaltender Biß.

Immer müssen die Ausbilder in der Reihenhetze die Hunde unterstützen, mit Worten anfeuern, sie in Richtung Figurant weisen. Für den Vierbeiner muß der Eindruck entstehen, daß der Ausbilder »mitbeißt«. Die Reihenhetze ist übrigens nicht nur für Anfänger. Auch Hunde, die bereits ein Abrichtekennzeichen erreichten, jedoch eine Portion mehr Schärfe haben könnten, werden zur Festigung

Schema eines sauberen Transportes

Nie darf die Ausbildung schematisch geschehen, auch die Ausweiskontrolle muß für den Hund ein gewohntes Bild sein

ihrer Verhaltensweisen ab und zu »in die Reihe gestellt«. Damit gehört die Reihenhetze mit zur letzten, der sogenannten Dauerphase der Hundeausbildung, der ständigen Festigung erworbener Verhaltensweisen.

Eine besondere Form der Ausnutzung des Nachahmungstriebes in der Schutzdienstausbildung ist die Ringhetze. Die Hundeführer nehmen mit ihren Tieren in einem großen Kreis mit dem Gesicht zur Mitte Aufstellung. Der Abstand zwischen ihnen beträgt ebenfalls drei bis vier Meter. Die Auswahl der Hunde erfolgt analog der Reihenhetze, ein starker neben einem schwachen Beißer. Der eine oder der andre wird vielleicht sagen, ob Kreis oder Reihe, das ist doch egal. Der Vorteil der Ringhetze liegt darin, daß hier mehr als zehn Ausbilder mit ihren Tieren einbezogen werden

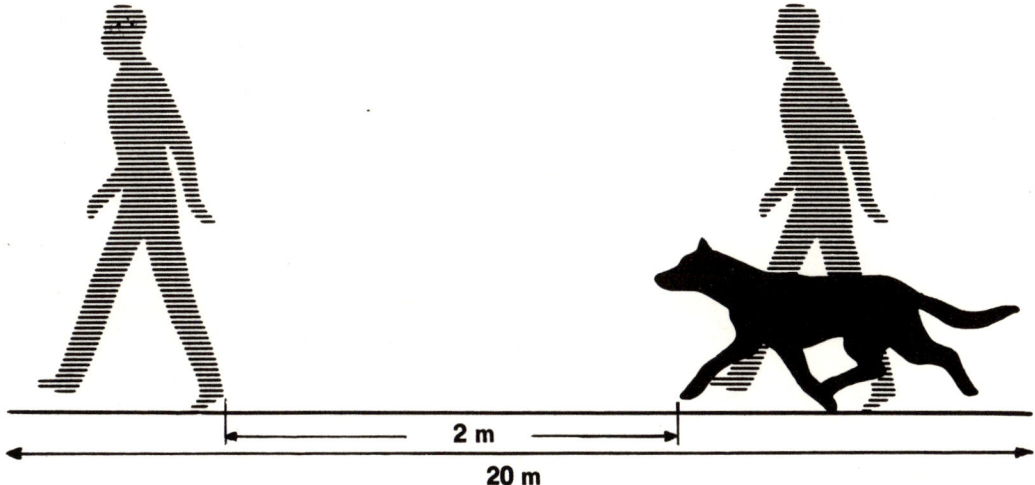

|← 2 m →|
|← 20 m →|

können. Das Geschehen ist für jeden Vierbeiner gleich übersichtlich. Ein Nachteil besteht allerdings darin, daß aus der Ringhetze die Übung »Einholen einer fliehenden Person« nicht aufzubauen ist. Im Kreis können mehrere Figuranten gleichzeitig arbeiten, die aber unterschiedliche Hilfsmittel anwenden sollten: Einer nimmt den Sackärmel, der andere einen festen Netzarm, der dritte arbeitet ohne Schutz, reizt also nur an. Die Figuranten weist man vor Beginn der Ausbildung genau ein. Jeder muß die Hunde kennen, denen er sich zu widmen hat.

Der Helfer ohne Schutzbekleidung fördert die Erregung der Tiere ohne den bedingten Reiz Hetzarm. Dadurch wird verhindert, daß später die Hunde nur auf Bekleidung reagieren. Daß er keinen der Vierbeiner anbeißen läßt, versteht sich von selbst, es sei denn, er trägt eine sogenannte Manschette unter dem Mantel bzw. der Jacke. Durch die vielen Figuranten entsteht ein großer Lärm, der die Erregung der Hunde verstärkt.

Von Zeit zu Zeit setzt man den Hunden in der Ring-, aber auch in der Reihenhetze einen Beißkorb auf, damit sie auf die Übung »Beißkorbarbeit« vorbereitet werden. Das Anreizen geschieht dabei auf die gleiche Art und Weise, wie beschrieben.

Einholen fliehender Personen

Jeder Ausbilder muß selbst einschätzen, wann sein Hund so fest im Beißen ist, daß dieser Ausbildungsschritt getan werden kann.

Ziel ist, fliehende Personen durch den Hund einholen und festhalten zu lassen. Diese Übung wird in vielen Prüfungsordnungen in unterschiedlichsten Varianten verlangt. Am leichtesten hat es der Ausbilder, wenn er die Übung aus der Reihenhetze beginnt. Der Figurant reizt den Hund an, läßt ihn aber nicht anbeißen, sondern läuft fünf bis sechs Meter weg. Ist er weit genug entfernt, läuft der Ausbilder mit seinem angeleinten, ungeduldig zerrenden Hund hinterher. Beim Figuranten angelangt, unterstützt er seinen Vierbeiner wieder mit aufmunternden Worten, klopft auch, wenn nötig, auf den Hetzärmel, unterstützt seinen Meutengefährten Hund auf jede denkbare Art. Klappt auf dieser Entfernung alles einwandfrei, vergrößert man nach und nach den Abstand zum Figuranten. Läuft der Hund zehn bis zwanzig Meter und beißt dann ohne Unterstützung des Erziehers gut an, verlängert dieser die Leine. Zuletzt läuft der Hund allein, aber durch eine schleppende Leine hat er immer das Gefühl eines sicheren Beistandes des Ausbilders. Erst wenn alle diese Übungen einwandfrei ausgeführt werden, schicken wir den Vierbeiner aus der Reihenhetze allein dem fliehenden Figuranten nach. Dabei sollte die Entfernung zum Helfer ungefähr dreißig Meter betragen.

Haben wir es erreicht, daß der Hund selbständig auf Kommando »Faß!« aus der Reihenhetze dem Figuranten nachsetzt und diesen festhält, ist es Zeit für den nächsten Schritt. Dazu verlassen wir die Reihenhetze und arbeiten allein mit einem Helfer weiter. Das nächste Ausbildungsziel besteht darin, daß der Hund allein auf das Kommando »Faß! Bandit!« oder »Voraus!« usw. den ihn anreizenden Figuranten verfolgt und an der weiteren Flucht durch guten Biß hindert. Dazu nimmt der Ausbilder seinen Vierbeiner an die Leine, läßt ihn links sitzen und wartet auf den Helfer. Der tritt in ungefähr zwanzig Meter Entfernung aus seinem Versteck, schwenkt die Arme und stößt laute Rufe aus, in etwa »Heja, he, he, heja«. Dann läuft er los. In diesem Moment erhält der Hund das Kommando und wird von der Leine gelassen. Hat er angebissen, gibt sich der Figurant einige Sekunden den Anschein, als würde er mit dem Vierbeiner kämpfen, dann bleibt er ruhig stehen.

Währenddem hat sich der Ausbilder auf ungefähr ein bis zwei Meter zu nähern und gibt dem Hund das Kommando »Platz!«. Danach ist der Vierbeiner auf jeden Fall zu zwingen, vom Figuranten abzulassen und sich neben ihn hinzulegen. Der Ausbilder durchsucht den Figuranten, und gemeinsam mit seinem Hund transportiert er ihn ab.

Bei dem gesamten bisherigen Übungsverlauf hat der Figurant stets einen Stock bei sich, darf aber den Hund keinesfalls damit schlagen. Wir üben nun so lange, bis der Vierbeiner sicher und ohne zu zögern dem fliehenden Helfer nachsetzt. Ist das erreicht, vergrößert man die zu laufende Strecke nach und nach, der Figurant wird in den anreizenden Bewegungen sparsamer, seine Rufe fallen weg. Die vorbildlich ausgeführte Übung »Einholen einer fliehenden Person« muß so ausse-

Verbellen im richtigen Abstand

hen: Der Ausbilder geht mit seinem angeleinten Hund spazieren. Plötzlich tritt der Figurant aus einem Versteck, ergreift, nachdem der Hundeführer ihn angerufen hat, die Flucht, ohne zusätzliches Anreizen. Der Hund erhält sein Kommando, setzt nach und unterbindet die Flucht mit hartem Biß, den er erst löst, wenn der Ausbilder das entsprechende Kommando erteilt.

Wie oft die einzelnen Ausbildungsschritte wiederholt werden müssen, sowohl in der Reihenhetze als auch im späteren Verlauf der Erziehung, ist abhängig vom Wesen des Vierbeiners. Bei sogenannten gutmütigen Tieren muß man ab und zu auf die Reihen- oder Ringhetze als Übung zurückkommen.

Auch die Übung »Gegenstandsbewachung«, beschrieben beim Begleithund, hilft, den Hund scharf zu machen. Der Figurant soll des öfteren Form und Farbe der Schutzbekleidung wechseln, es soll mehrfach anderes Gelände aufgesucht, und von Zeit zu Zeit die Flucht mit aufgesetztem Beißkorb ausgeführt werden, damit sich der Vierbeiner nicht an eine einzige Situation gewöhnt.

Mit einer weiteren Form der Übung »Einholen fliehender Personen« wollen wir uns nun kurz beschäftigen; der Flucht mit Sichtunterbrechung. Alle Vorbereitungen verlaufen, wie bereits beschrieben. Der Figurant kommt aus einem Versteck, läuft eine kurze Strecke, etwa zehn bis fünfzehn Meter in Sichtweite des Hundes, und biegt dann links oder rechts ab, so daß der Vierbeiner ihn nicht mehr sehen kann.

Ist der Helfer verschwunden, setzt der Ausbilder den Hund mit dem bekannten Kommando ein, zwingt diesen dazu, den Figuranten mit der Nase zu suchen. Auch bei dieser Übung sind dem Einfallsreichtum keine Grenzen gesetzt. Der Hund kann und sollte die fliehende Person über und durch die unterschiedlichsten natürlichen Hindernisse verfolgen: Gartenzäune, Hecken, Wassergräben, aber auch Tunnel, Röhren u. a.

In manchen Ländern gibt es eine interessante Variante der Übung »Selbst. Verhalten«. Der Figurant greift den Hund nicht an, sondern versucht, sich langsam seitlich zu entfernen.

Je unterschiedlicher und abwechslungsreicher wir solche Ausbildungsstunden gestalten, desto besser wird der Vierbeiner mit neuen Umwelteinflüssen fertig, kann er sich

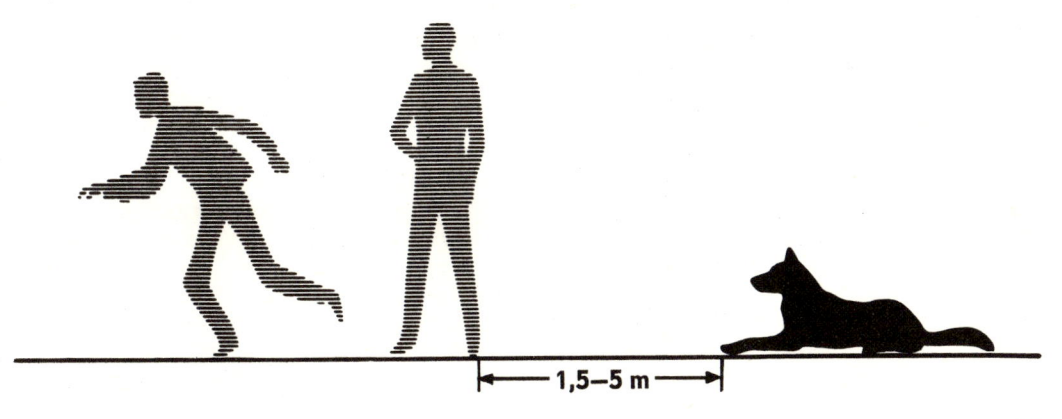

1,5–5 m

auf die unterschiedlichsten Situationen einstellen. Wir werden sehen, daß es von Stunde zu Stunde schneller geht, dem Hund bestimmte neue Verhaltensweisen anzuerziehen.

In der Verhaltensbiologie spricht man vom Lernen-Lernen, das erstmalig 1949 von Harlow beschrieben wurde. Tiere, die bereits über bestimmte bedingte Aktionen gelernt haben, Signalpaare zu unterscheiden, lernen später bei entsprechenden Aufgaben immer schneller. Im allgemeinen ist diese Fähigkeit mit dem Leistungsniveau des höheren Nervensystems korreliert.

Eine andere Methode, mit der unter Ausnutzung des Nachahmungsverhaltens im Schutzdienst gute Erfolge zu erzielen sind, ist der Einsatz von zwei Hunden bei einem Figuranten. Hier schickt man einen leistungsschwachen, also im Beißen noch unsicheren Hund gemeinsam mit einem Artgenossen, der diese Übung gern und vorzüglich ausführt (aber kein Raufer sein darf), dem Figuranten hinterher.

Zunächst lassen wir die beiden sich erst einmal beschnuppern, dann dürfen sie, an der langen Leine gehalten, den Helfer in den Hetzarm beißen, erst dann werden sie losgelassen. Das ist notwendig, weil auch Tiere, die sonst nicht zum Raufen neigen, in diesen Situationen am Helfer sich gegenseitig den Rang ablaufen wollen, sozusagen futterneidisch werden, geht es doch um ihre Beute.

Sind wir uns sicher, daß alles glimpflich abläuft, gehen wir folgendermaßen vor: Die Ausbilder halten ihre Hunde an der Leine, der Figurant reizt beide an und läuft los. Ist er etwa fünfzehn bis zwanzig Meter weg, werden beide Hunde gleichzeitig zur Verfolgung eingesetzt. Es wird auch jetzt noch ab und zu passieren, daß der leistungsschwache Hund sich einfach umdreht und zurückkommt, sich keinen Deut um den fliehenden Bösewicht schert, oder ihm zwar nachläuft, aber in sicherem Abstand verharrt. In diesem Fall koppeln wir beide mit der Leine zusammen, so daß der leistungsstarke Hund seinen förderungsbedürftigen Artgenossen mitzieht.

Viele sehen ihre Wünsche erfüllt, wenn der Hund schnell nachsetzt und so hoch wie möglich beim Anbiß springt. Auch das muß trainiert werden. Der Vierbeiner muß den richtigen Absprung wählen und die Entfernung taxieren, um nicht vorbeizuspringen. Kleine Hilfsmittel sind erlaubt.

Zuerst versucht man es aber auf dem einfachsten Weg: Wir lassen große Figuranten laufen, die dann den Hetzarm noch so hoch wie möglich halten. Führt das nicht zum Erfolg, richtet der Helfer sich so ein, daß der Hund, will er anbeißen, über eine Hürde von 1 m Höhe springen muß.

Durchsuchen gestellter Personen

Das Durchsuchen von Personen als symbolische Handlung gehört unmittelbar zu den Übungen »Einholen fliehender Personen«, »Stellen von Personen beim Revieren«, »Überfall auf den Hundeführer« — um nur einige zu nennen. Voraussetzung für das Durchsuchen ist, daß der Hund sofort nach dem Kommando vom Figuranten abläßt und sich hinlegt. Ist der Vierbeiner einmal dabei, so richtig nach Herzenslust zu beißen, gehorcht er natürlich nur ungern dem Befehl »Aus! Platz!«, erst recht nicht, wenn der Helfer nicht ganz ruhig steht. Jedes Wackeln steigert die Aggressivität des Hundes aufs neue, animiert zum Zufassen.

Es gehört schon mehr als Gehorsam dazu, so einen in den Hetzarm verbissenen Hund mit nur einem Kommando zum Ablassen und Sich-Hinlegen zu bewegen.

Beginnen wir mit der herkömmlichen Form. Der Hund erhält das Stachelhalsband umgelegt, daran wird die lange Leine befestigt. Direkt nach dem Kommando »Aus! Platz!« ruckt der Ausbilder kräftig an der Leine. Die Einwirkung des Stachelhalsbandes muß so kräftig, also so schmerzhaft sein, daß der neue Reiz (Schmerz) die Beißerregung hemmt.

Der Leinenruck kann auch von einem anderen Helfer ausgelöst werden, damit der Ausbilder seinen Hund besser beobachten kann. Doch vorsichtig, nicht selten greift der Vierbeiner jetzt den an, der ihm Schmerz bereitet!

Am besten ist, die Arbeit mit Stromgeräten anzubahnen. Das Prinzip ist das gleiche, welches Hilfsmittel wir auch wählen, Stromhalsband oder Stromärmel. Wir halten den Stromärmel für besser, da das Gewicht des Stromhalsbandes bereits Signalcharakter für

den Hund haben kann. In dem Moment, in dem das Kommando »Aus, Platz!« ertönt, drückt der Figurant auf einen am Koppel befestigten Knopf, und der Hund erhält über den Ärmel einen elektrischen Schlag, der ihn zum sofortigen Auslassen bewegt.
Wird er dadurch verprellt und will weglaufen, flüchtet der Figurant wieder und reizt erneut, läßt den Hund anbeißen und »siegen«, das heißt, er gibt ihm nach einigen Sekunden den Ärmel. Die Wiederholung der Stromarbeit sollte man in diesem Fall auf die nächste Übungsstunde verlegen. Meist ist aber das Auslassen nicht so problematisch, wie man denkt, vorausgesetzt, den Gehorsamkeitsübungen wurde genügend Aufmerksamkeit geschenkt. Wir haben es geschafft: Unser Vierbeiner liegt treu und brav neben dem Figuranten, bewacht ihn aufmerksam und harrt der Dinge, die da kommen.
Jetzt stehen zwei Möglichkeiten zur Verfügung, einmal geht der Ausbilder zu seinem Hund, erteilt ihm das Kommando »Fuß« und läßt ihn in ca. 10 m Entfernung Platzmachen; zum anderen heißt er den Figuranten, sich in gebührender Entfernung vom Hund aufzustellen. Die Wahl der Qual, welche Variante genommen wird, ist nicht so schwer, sondern richtet sich danach, wie und wo der Helfer im Gelände steht.
Wichtig ist, daß der Hund den zu Durchsuchenden gut im Auge behalten kann. Er soll eventuelle Überfälle verhindern. Der Figurant muß nach allen Seiten frei stehen. Auf ein Kommando des Ausbilders nimmt der Helfer die Arme hoch und spreizt die Beine. Jetzt erhält der Hund nochmals das Kommando »Platz!«, um ein Aufstehen zu verhindern, dann tritt der Ausbilder an den Helfer heran und tastet diesen ab. Zuerst läßt er sich den Stock geben.
Jeder ist gut beraten, der diesen Übungsteil nicht als lästiges Übel oder als Spielerei betrachtet. Abgesehen davon, daß es zur Prüfung Punkte gibt, jeder kann in die Lage kommen, daß sein Hund ihn verteidigen muß.
Man soll nicht unter den erhobenen Armen des Figuranten hindurchlaufen. Im Ernstfall hätte der Gegner dadurch Gelegenheit, den Hundeführer zu überfallen. Um die ununterbrochene Aufmerksamkeit des Vierbeiners zu erhalten, führen wir während der gesamten Durchsuchung laute Gespräche mit dem Helfer, klopfen ihm auch ab und zu kräftig auf den Hetzärmel und lassen ihn sich bewegen.

Nach der Durchsuchung tritt der Ausbilder etwa zwei bis drei Meter seitlich neben den Figuranten, heißt ihn, sich wieder normal hinzustellen und ruft dann den Hund an seine linke Seite.

Transport gestellter Personen

Begleitung, vielleicht wäre Eskortierung ein besseres Wort, aber in der internationalen Kynologie hat sich nun einmal Transport eingebürgert. Der »Transport gestellter Personen« gehört unmittelbar zum Komplex Schutzdienst, es gibt also bei einer Prüfung Punkte dafür.
Der Hund befindet sich an der linken Seite des Ausbilders. Dieser nimmt ihn wieder an die Leine und gibt das Kommando »Zum Transport marsch!« Das ist gleichzeitig für den Vierbeiner der bedingte Reiz aufzustehen. Der Figurant geht nun mit kurzen, schnellen Schritten ungefähr drei bis vier Meter vor dem Hundeführer, links daneben der vierbeinige Aufpasser, der den Helfer nicht aus den Augen lassen darf. Die meisten Hunde versuchen, zum Figuranten zu kommen. Er ist ein starker Reizauslöser, weil er noch den Hetzärmel trägt.
Um ein einwandfreies Verhalten des Hundes zu erreichen, greifen wir wieder zum Stachelhalsband, lassen den Hund vorprellen und erteilen ihm, verbunden mit dem Hör-Laut »Fuß!«, eine schmerzhafte Lektion. Wichtig ist, daß der kräftige Leinenruck erst nach dem Kommando »Fuß!« erfolgt und so derb ist, daß der vom Figuranten ausgehende Reiz gehemmt wird. Der Hund kommt zurück und läuft links neben uns. Wir üben das so lange, bis der Vierbeiner allein auf das Kommando »Fuß!« trotz Figurant bei uns bleibt.
Wir haben hier ein Beispiel des trial-error-learning vor uns, des Lernens durch Versuch und Irrtum. Es deckt sich weitgehend mit dem Lernen am Erfolg.
Da der Transport auch als Freifolge, also mit nicht angeleintem Hund gefordert wird, nehmen wir zur Erleichterung des Überganges eine Hilfsleine aus Angelsehne. Sie gibt uns die Möglichkeit, immer noch einmal mit dem

Ruck am Stachelhalsband einzuwirken. Nach und nach lassen wir auch die Sehne weg. Der Figurant wechselt während des Transportes auf Kommando des Ausbilders mehrmals die Richtung, auch damit zwingt man den Hund zur Aufmerksamkeit.

Eine weitere Möglichkeit, beim Transport zur Freifolge überzugehen, ist die schleppende Leine, ähnlich der Methode, die wir bereits bei der Flucht aus der Reihenhetze kennengelernt haben. Der Hund wird noch angeleint, schleppt die Leine jedoch während des Transportes auf der Erde schleifend nach. Die Leine darf aber weder den Hund noch den Ausbilder behindern. Im Bedarfsfall kann so schnell auf den Vierbeiner eingewirkt werden.

Für Tiere, die sich nur schwer an das freie Laufen neben dem Hundeführer gewöhnen und ständig den Figuranten beißen wollen, kann man sich die Halsleine so umhängen, daß sie von der rechten Schulter zum angeleinten Hund führt. Damit werden beide Hände frei, auf den Hund lobend oder tadelnd einzuwirken. Bei Vierbeinern, die unaufmerksam werden oder sich überhaupt nicht mehr um den Figuranten kümmern, unternimmt dieser während der Ausbildung ab und zu einen kleinen Fluchtversuch. Der Hund muß sofort nachsetzen und durch Beißen das Weiterlaufen verhindern. Auch der Stock, den wir dem Figuranten bei der Durchsuchung abgenommen haben, ist ein Hilfsmittel, den Hund zum richtigen Laufen zu bewegen. Dazu halten wir ihn in der rechten Hand. Prellt der Hund zu weit vor, geben wir Kommando »Fuß!« und einen kurzen Schlag auf die Brust. Nachhängende Tiere werden durch leichtes Antippen am Hinterteil zu schnellerer Gangart veranlaßt, ebenfalls verbunden mit dem Hör-Laut »Fuß!«.

Einige Prüfungsordnungen verlangen den Transport nebeneinander; der Figurant geht links neben dem Hund.

Überfall auf Hundeführer und Hund

Die Abwehr einer Person, die aus einem Versteck den Hundeführer und seinen Vierbeiner überfällt, ist eine Übung, die jeder Ausbilder meist gern trainiert. In vielen Gesprächen haben Hundebesitzer bestätigt, daß sie ihre abendlichen Spaziergänge viel ruhiger unternehmen, seit sie wissen, daß ihr Vierbeiner alle Angriffe abwehrt. Das ist besonders wichtig für solche Leute, die als Wächter mit ihrem Hund arbeiten oder Kontrollgänge in unübersichtlichem Gelände durchführen müssen. Oder denken wir an die Vierbeiner, die zur Unterstützung von Polizisten oder anderen Ordnungshütern eingesetzt sind.

In der Übung »Überfall auf Hundeführer und Hund« steckt eine der Grundaufgaben des engsten Hausgefährten des Menschen: über Leib und Gut seines Herrn zu wachen. Voraussetzung für den Beginn der Ausbildung ist, daß der Hund sicher beißt und so viel Schärfe hat, daß er ohne langes Zögern einen überraschend auftauchenden Figuranten sofort angreift.

Der Überfall muß in den unterschiedlichsten Varianten ausgeführt werden. Der Figurant darf keinesfalls immer an der gleichen Stelle auftauchen, sonst verbindet der Hund die an ihn gestellten Forderungen mit der Umwelt und reagiert an anderen Orten nicht mehr. Auch die Figuranten müssen wechseln und selbst die benutzte Kleidung muß variiert werden. Der Hund geht aus allen Überfällen als Sieger hervor, selbst dann, wenn er anfangs mehr erschrickt als der Hundeführer. In der Anfangsphase lassen wir den Figuranten noch im Blickfeld des Hundes aus seinem Versteck kommen. Damit mildert man den Überraschungseffekt. Später kommt der Figurant mehr seitlich und schließlich von hinten. Denken wir auch daran, daß der Hund eine vorzügliche Nase hat. Also stets die Windrichtung beachten, sonst hat er den Figuranten spitz, bevor wir es eigentlich wollen.

Da dem Ausbilder das Versteck des Figuranten bekannt ist, hat er die Möglichkeit, kurz davor seinen Hund beruhigend anzusprechen. So erreicht man, daß dieser so wenig wie möglich von anderen Umweltreizen abgelenkt wird. Sind wir am Versteck angekommen, springt der Figurant hervor und schreit heftig und gestikuliert. Er wirkt aber auf den Hund nicht überstark, wie z. B. mit einem Stockschlag, ein. Der Ausbilder unterstützt den Vierbeiner mit Worten und Gesten. Nach einem kurzen Scheingefecht »ergibt« sich der Figurant und stellt alle Angriffe ein.

Wehrt der Hund unter einfachen Bedingungen (Tageslicht, übersichtliches Gelände, Angriff von vorn oder allenfalls von der Seite) sichern den Figuranten ab, gehen wir zu schwierigeren Bedingungen über, neben Tageslicht auch Nacht, Morgen- oder Abenddämmerung, einbegriffen. Man kann den Figuranten von einem erhöhten Standort (Baum, Mauer, Gerüst ...) angreifen lassen, am anderen Tag aus liegender Stellung. Einmal nähert er sich als harmloser Spaziergänger, der mit dem Ausbilder spricht und dabei plötzlich angreift. Nachdem die unterschiedlichsten Schutzbekleidungen verwendet wurden, bekommt der Vierbeiner einen Beißkorb aufgesetzt und der Figurant greift ohne Schutzkleidung an. Dadurch gewöhnt sich der Hund nicht erst an bestimmte optische Reize wie Hetzarm, Anzug oder Mantel.

In einigen Prüfungsordnungen wird eine besondere Form des Überfalls gefordert. Der vom Ausbilder alleingelassene Hund bewacht den Figuranten, wird dabei von diesem angegriffen. Viele bezeichnen diese auch »Stirnangriff« genannte Übung als Stunde der Wahrheit, hier offenbart sich das ganze Wesen des Hundes. Der Vierbeiner wird ungefähr zehn Meter vor dem Figuranten abgelegt, beide Auge in Auge. Je nach Forderung der Prüfungsordnung erfolgt nach ungefähr einer Minute der Angriff des Figuranten auf den Hund, mit dem Ziel, diesen zu vertreiben.

Bei der ersten Körperbewegung des Figuranten muß der Hund ihn angreifen, sich von zwei bis drei Stockschlägen (mäßig, nicht mit aller Kraft) nicht beeindrucken lassen und zubeißen. In der Anfangsphase bleibt der Ausbilder in der Nähe des Vierbeiners und unterstützt diesen beim Angriff des Figuranten lautstark. Der Stockschlag wird anfangs nur angedeutet und erst später wird auf den Hund gezielt. Doch bitte beachten, daß nur bestimmte Körperteile getroffen werden, wir wollen ja dem Hund nicht mehr als nötig weh tun! Nötig aber ist es, wenn wir im Ernstfall keinen Riesenhund haben wollen, der mit dem kleinsten Stöckchen vertrieben werden kann.

Klappt alles bis hierher, gehen viele Ausbilder einen Schritt weiter. Sie erziehen ihren Hund dazu, nach einer gewissen Zeit des Festhaltens selbständig den Figuranten loszulassen, also auszulassen und ihn nur noch zu bewachen. Der Hund hat eine innere Uhr, ein ausgeprägtes Zeitgefühl. Das macht man sich zunutze. Der Figurant trägt einen Stromarm und löst exakt nach immer der gleichen Zeit, sagen wir 50 Sekunden nach dem Anbiß, einen Stromstoß aus.

Läßt der Hund den Figuranten los, bleibt dieser ruhig stehen, läuft der Vierbeiner aber nach dem Auslassen weg oder macht Anstalten dazu, reizt der Figurant erneut mit einer kleinen Flucht und provoziert einen erneuten Anbiß. Diesmal bleibt der Vierbeiner Sieger.

Revieren, Stellen, Verbellen

Das Prinzip dieser Übung ist, daß stillstehende Personen nicht gebissen werden, nur weglaufende oder angreifende, also sich bewegende. Es geht darum, versteckte Personen

Revieren mit fünf Helfern, drei links, zwei rechts

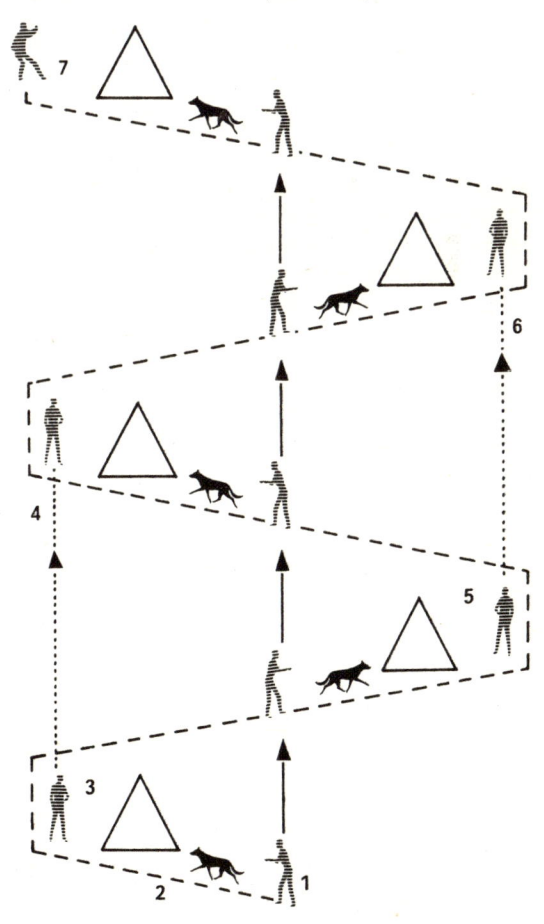

aufzustöbern, und wenn sie keinen Angriff unternehmen, zu verbellen. Sinnvoll ist, dafür ein Gelände auszusuchen, daß unübersichtlich ist und vom Hundeführer nicht ohne größeren Aufwand zu durchsuchen wäre. Der Vierbeiner muß auf das Kommando »Revier!« in die vom Ausbilder gewiesene Richtung laufen und das gewünschte Gelände absuchen. Die Praxis hat gezeigt, daß es besser ist, erst das Stellen und Verbellen und dann das Stöbern zu trainieren.

Ein Figurant steht in seinem Versteck, unbeweglich, mit Hetzarm geschützt. Der Ausbilder nimmt seinen Hund an die lange Leine und nähert sich dem Versteck. Durch den Reiz des Hetzärmels wird der Vierbeiner sofort, wenn er den Figuranten gesehen hat, versuchen, anzugreifen. Meist reicht das Einwirken mittels langer Leine, eventuell mit Stachelhalsband, damit er abläßt. Geschieht das, kommt sofort das Kommando »Gib Laut!«, verbunden mit Gesten und Bewegungen des Hundeführers, die den Hund zum Bellen veranlassen sollen. Voraussetzung ist: Der Hund muß gehorsam sein und sein Ausbilder viel Geduld haben, auch darf der Figurant kein Anfänger sein. Schneller und erfolgreicher ist die Ausbildung mit dem Stromgerät. Der Hund nähert sich dem Figuranten, der in einer ausgeschnittenen Strommatte steht. Sobald er mit den Vorderläufen auf die Matte kommt, erfolgt ein Stromstoß, der von vornherein das Anbeißen verhindert. In gleicher Art und Weise wird auch mit dem Stromärmel gearbeitet, nur läßt man den Hund erst anbeißen, bevor der Stromstoß erfolgt.

Diese Strommatte kann auch für das Auslassen eingesetzt werden: Die Matte wird so ausgelegt, daß der Figurant seine Flucht in der Mitte beendet. Der beißende Hund erhält nun entsprechend der vorher festgelegten Sekundenzahl einen Stromstoß und sofort das Kommando »Platz!«, um ihn an den Figuranten zu binden.

Das Stellen und Verbellen ist so lange zu üben, bis der Hund keinerlei Anstalten mehr macht, den stillstehenden Figuranten zu beißen. Verbellt er »sauber« und exakt, kann die lange Leine wegfallen; aber zunächst vergrößert man den Abstand, indem der Hund an eine lange Suchleine genommen wird. Wenn der Vierbeiner nun zum Figuranten geschickt wird, erhält er bereits das Kommando »Revier!«. Bei nicht ganz sicheren Kandidaten kann als Zwischenschritt die schleppende Leine genommen werden. Für einige Tiere ist es von Vorteil, sie von Anfang an daran zu gewöhnen, sich beim Figuranten hinzulegen und liegend zu verbellen. So bekommen sie keine Lust, doch zuzuschnappen. Der Erfolg hängt in großem Maße vom Wesen des Hundes ab. Einige reagieren derart schnell ab, daß sie einmal liegend keinen Mucks mehr von sich geben.

Zum Anbahnen des Revierens können wir übergehen, wenn der Hund auf das Kommando »Revier!« schnell zum stillstehenden Figuranten läuft und diesen aus ungefähr fünf Meter Entfernung anhaltend verbellt. Jetzt benötigt man mindestens zwei Figuranten, beide werden rechts und links von der Mittellinie am äußersten Rand des abzusuchenden Geländes aufgestellt, sie dürfen aber mit bloßem Auge nicht wahrnehmbar sein. Günstig ist, wenn beide z. B. auf Bäumen sitzen, so daß der Hund sie nicht so schnell findet. Wir weisen ihn nun in eine Richtung, und der dort postierte Helfer macht den Hund durch Geräusche auf sich aufmerksam. Ist dieser in seiner Nähe, verhält sich der Helfer still, dafür beginnt der gegenüber versteckte auf sich aufmerksam zu machen. Läuft der Hund dorthin, wechselt Helfer Nummer eins schnell den Standort. Je nach Ausdauer des Hundes kann das beliebig oft wiederholt werden. Hat er einen Helfer erwischt und verbellt ihn, lobt und belohnt ihn der Ausbilder. Hat man nicht so viele Leute zur Stelle, genügt auch ein Helfer. Er entfernt sich in Sichtweite des Hundes, sobald er jedoch sicher ist, daß er nicht mehr bemerkt wird, wechselt er die Seite und versteckt sich. Wenn der Hund jetzt das Kommando »Revier!« bekommt, läuft er natürlich zuerst in die Richtung, in der er den Figuranten vermutet. Der Ausbilder läßt ihn gewähren, ruft dann aber und schickt ihn in die richtige Richtung. Nach dieser Methode wechselt der Helfer ständig die Verstecke und Richtungen. Auf keinen Fall wird bei der Ausbildung zum Revieren der Hund angereizt, außer wenn er den Figuranten zwar gestellt und anfangs verbellt hat, dann aber weglaufen möchte.

Der Vierbeiner muß sich auf das Kommando »Revier!« in die vom Ausbilder gewiesene Richtung begeben und so lange suchen, bis er zurückgerufen wird oder den Figuranten gefunden hat. In diesem Falle muß er ihn so lange verbellen, bis ein anderes Kommando neue Leistungen verlangt. Viele üben das Revieren ausschließlich auf Trainingsplätzen, wo mit sogenannten Revier- oder Stöberböcken gearbeitet wird. Das sind mit Laub oder buntem Stoff bezogene Gestelle, in denen sich ein Mensch verbergen kann und die in bestimmten Abständen aufgestellt werden. Als erfolgreich hat sich erwiesen, bei der Anbahnung Futterhappen in den Revierböcken zu verstecken, so daß der Hund immer etwas findet, entweder einen Figuranten zum Verbellen oder einen guten Happen zum Verspeisen. In Ungarn haben wir Revierböcke gesehen, die an einer Seite offenen Kisten gleichen. An der offenen Seite befindet sich eine Drahttür, die der Figurant, ins Innere gelangt, hinter sich schließen kann. So hat der Hund zwar den Reiz durch Figurant und Hetzarm, kann aber nicht beißen. Die meisten Hunde versetzt das so in Rage, daß sie von ganz allein zu bellen beginnen.

Wachhund

Auch die Ausbildung zum Wachhund gehört zum Schutzdienstkomplex. Leider hört man allzu häufig, daß sich dieser oder jener Hund »nur als Wachhund eigne«. Darin zeigt sich, daß die meisten nicht wissen, was von einem richtigen Wachhund alles gefordert wird. Wir meinen nicht den Vierbeiner, der quasi so nebenbei das Grundstück seines Besitzers vor Eindringlingen schützt, sondern den professionellen Wachhund.
Vorangestellt sei, daß Wachhunde beständig – und das Wort ist mehrfach zu unterstreichen – auf der Höhe ihrer Aufgaben sein müssen. Wie bei allen anderen Einsatzvarianten haben sie wesensmäßige Voraussetzungen mitzubringen und sind ständig auszubilden. Wachhunde sollen auf jedes Geräusch reagieren und Personen, die in das zu bewachende Territorium eindringen möchten, durch lautes Bellen anzeigen, stellen oder davon abhalten, das Gelände zu betreten. Bei weitem nicht jeder Vierbeiner eignet sich zum Wachhund.
Ausgehend davon, daß der Wachhund meist auf sich allein gestellt arbeitet, muß er über eine gute Portion angeborenen Mißtrauens und über gute Schärfe verfügen. Das können auch ruhige Tiere sein, die sich in fremder Umgebung sogar etwas ängstlich verhalten, also zum sogenannten Angstbeißen neigen. Zum Schutzhund ist ein Vierbeiner mit diesem Wesen mit Sicherheit nicht geeignet, muß er dabei doch ständig mit neuen Umweltbedingungen fertig werden. Aber nach Gewöhnung an sein bestes Territorium ist er als Wachhund ideal.
Besonders Bewachungsformen, bei denen der Hund an einer Kette oder dem Laufseil befestigt ist, die ihm »Rückenhalt« verleihen und ein Gefühl der Sicherheit, kommen für ihn in Frage. Man darf nicht die gleichen Auswahlkriterien für den Wachhund anwenden, wie z. B. für den Schutz- oder Fährtenhund, gar nicht zu sprechen von den meist gutmütigen Sporthunden, die nur auf Kommando beißen und ihren Besitzer verteidigen.
Immer wieder wird die Frage gestellt, ob sich bestimmte Rassen besonders als Wachhund eignen: Die Auswahl ist dem persönlichen Geschmack des Besitzers überlassen. Auswahlkriterien sollten aber sein: leicht zu pflegen und wetterhart. Ob Tiere kleiner oder gar kleinster Rassen in der Lage sind, einen entschlossenen Einbrecher von seinem Vorhaben abzuhalten oder gar zu stellen, diese Frage muß sich jeder selbst beantworten. Nicht in Frage steht die Einsatzbereitschaft der kleinen Kerle, die meist sehr tapfer sind und

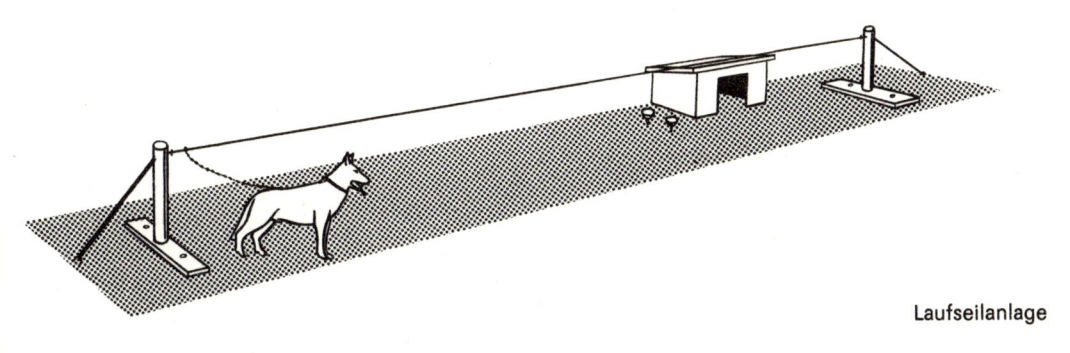

Laufseilanlage

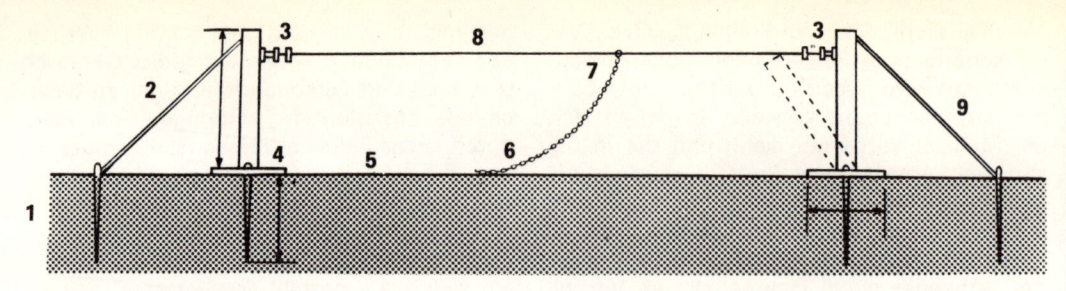

Bauprinzip einer Laufseilanlage;
Stahlanker (1); 2–5 m doppeltes Stahlseil (2); Seilklemmen (3); Eisenplatte (4); Erdoberfläche (5), 2 bis 3 lange Anlegeketten (6); bewegliche Gelenkverbindung (7); Rolle (8); Stahlseil

schon durch den Spektakel, den sie verursachen, die Umgebung auf die Gefahr aufmerksam machen.

Bewachung am Laufseil

Diese Form ist am häufigsten bei der Bewachung großer wichtiger Objekte anzutreffen. An zwei Beton- oder Eisenträgern spannt sich ein Laufseil aus Stahl mit einem Durchmesser von 0,5 bis 1,0 cm und einer Maximallänge von 100 m. Beide Enden des Laufseiles sollten mit einem Spannschloß versehen sein, um es in regelmäßigen Abständen nachspannen zu können. Auf jedem Seil läuft eine Laufrolle, an der sich eine flexible, feste und rostfreie Kette mit einigen Drehknebeln befindet. Diese muß in ihrer Beschaffenheit der Größe des Hundes entsprechen, den wir an ihr befestigen wollen, und muß so flexibel sein, daß speziell mit den Drehknebeln der Hund eine bestimmte Bewegungsfreiheit behält. Keinesfalls darf die Gefahr bestehen, daß er sich in der Kette verfängt.

Damit sich der Vierbeiner vor Witterungsunbilden schützen kann, wird eine Hütte aufgestellt, die an einer Seite, dem Seil zugewandt, völlig offen ist. So kann sich der Hund auch mit Kette bequem hineinlegen. Größere Objekte, die mit mehreren Hunden gesichert sind, werden meist mit der entsprechenden Anzahl Laufseilstrecken gesichert, die sich sowohl nebeneinander, aber auch hintereinander befinden können.

Wichtig bei beiden Varianten ist, daß sich die Hunde nicht gegenseitig berühren können, um Raufereien von vornherein auszuschließen. Auf keinen Fall aber darf der Abstand zueinander so groß sein, daß unbefugte Personen dazwischen eindringen können.

Laufgang für Wachhunde, Draufsicht,
Betonpfeiler (10 cm × 10 cm, 220 cm hoch) (1); Maschendraht (2); Hütte (3); Futternäpfe (4)

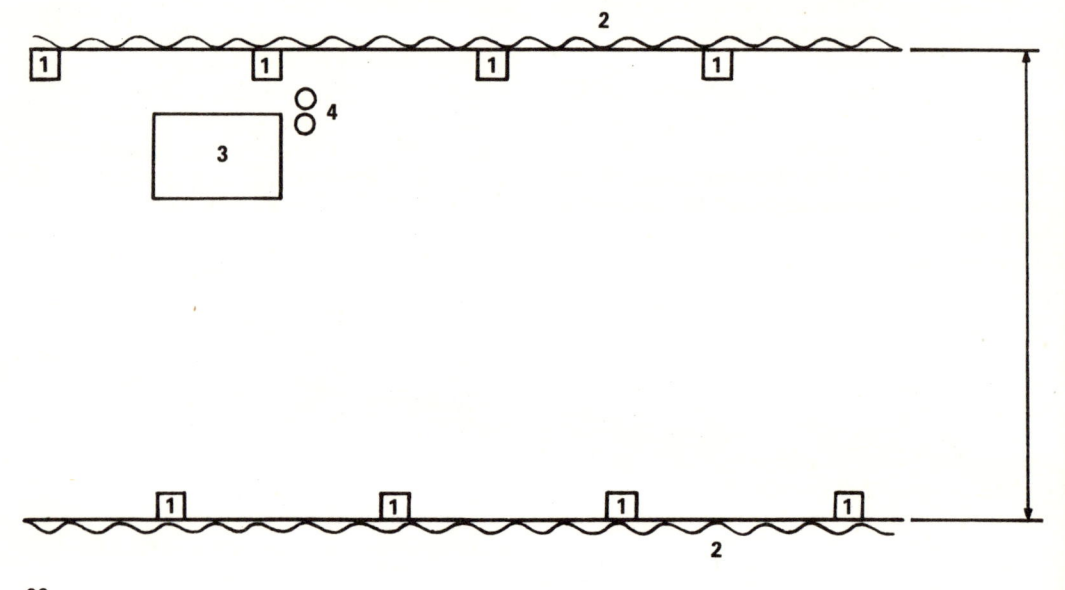

Laufgang für Wachhunde, Seitenansicht, Abweiser (1); Stacheldraht (2); Maschendraht (3); Erdoberfläche (4)

Freie Bewachung

Wie aus der Überschrift bereits hervorgeht, läuft der Hund dabei frei, ohne von einer Leine oder einer Kette festgehalten zu werden. Angewendet wird diese Form der Bewachung meist in Grundstücken. Voraussetzung dafür ist, daß der Bereich, in dem sich der Hund frei bewegt, genügend gesichert wurde, so daß er nicht nach außen entweichen kann. Die Umzäunung muß absolut sicher sein und die Garantie bieten, daß z. B. Kinder nicht hindurchfassen können.
Für größere Objekte ist die Anlage eines Doppelzaunes zu empfehlen, in dessen Bereich sich der Hund frei bewegen kann. Dieser Doppelzaun kann das gesamte Grundstück umschließen. Keinesfalls darf der Wachbereich eines Hundes 100 m Zaunlänge überschreiten, anderenfalls müssen mehrere Tiere zum Einsatz kommen. Die Trennung des Bereiches erfolgt durch feinmaschigen Draht, um Raufereien zu verhindern. Setzen wir mehrere Hunde ein, sollten diese vorher aneinander gewöhnt werden, sonst richtet sich ihre Aufmerksamkeit mehr auf den benachbarten Artgenossen als auf die Abwehr von Eindringlingen. Daß nicht Rüde neben Hündin gestellt wird, dürfte eigentlich selbstverständlich sein.

Sicherung in eine bestimmte Richtung

Darunter versteht man die Absicherung eines bestimmten kurzen Abschnittes, beispielsweise einer Eingangstür. Der Wachhund

Sicherung in eine bestimmte Richtung

hängt dabei an einer Kette, deren Länge genau auf den zu bewachenden Bereich abgestimmt wurde und ihm ausreichend Bewegungsfreiheit garantiert. Ob eine Hütte aufgestellt wird, richtet sich danach, wie lange die Bewachung dauert und welche anderen Möglichkeiten der Hund hat, sich vor Witterungsunbilden zu schützen.

Pflege und Haltung des Wachhundes

Der Wachhund bedarf wie jeder andere Vierbeiner guter Pflege, Fütterung und ständiger Aufmerksamkeit des Besitzers. Regelmäßig einmal am Tag heißt es, den Wachbereich zu kontrollieren, den Kot zu entfernen, das Tier auf Verletzungen zu untersuchen und zu putzen. In gewissen Zeitabständen, in der Praxis hat sich ein Sechs- bis Acht-Tagerhythmus als günstig erwiesen, müssen Hunde, die am Laufseil arbeiten, ausgewechselt werden. Vierbeiner, die in freier Bewachung arbeiten, können bedeutend länger dort gelassen werden. Hier entscheidet die Einsatzbereitschaft über die Pause. Gefüttert wird im Wachbereich. Viele Ausbilder behaupten, daß die Zeit der Fütterung die Wachbereitschaft herabsetzt, plädierten deshalb dafür, den Hund aus dem Bereich zu nehmen, einen anderen einzusetzen, nach dem Fressen wieder zu wechseln.

Abgesehen davon, daß dies eine sehr aufwendige Sache ist, hat die Praxis gezeigt, daß der Hund während des Fressens besonders aufmerksam ist, verteidigt er doch neben seinem Territorium auch noch sein Futter. Wichtig ist, Futter- und Wasserschüsseln ständig sauber zu halten und stets vom gleichen Betreuer füllen zu lassen. Ständiger Betreuerwechsel wirkt sich nachteilig auf das Verhalten der Hunde aus, sie lassen im Laufe der Zeit nach, auf jede fremde Person sofort zu reagieren.

Die Gewöhnung des Hundes an die Umgebung und den ihm anvertrauten Bereich ist bereits ein wichtiger Teil der Ausbildung. Nach der Gewöhnung an die neue Umgebung geht der Ausbilder zu seinem Hund und versetzt ihn durch aufmunternde Worte wie »Paß auf!« in Erregung. Dabei kommt es sehr auf den Tonfall an, der schon eine Erregung des Ausbilders spüren lassen sollte. Ein Helfer befindet sich zu diesem Zeitpunkt in einem Versteck, aus dem er von Zeit zu Zeit Steine wirft, Geräusche verursacht, kurz gesagt, die Aufmerksamkeit des Hundes auf sich zieht, ohne daß dieser ihn sieht. Reagiert der Vierbeiner mit Bellen und Aggressivität, will er also sein Territorium verteidigen, lobt man ihn ausgiebig, der Helfer verhält sich dabei still. Jetzt ist der Zeitpunkt gekommen, daß sich der Helfer zeigt und sich dem Vierbeiner nähert. Sobald dieser aggressiv reagiert, läuft der Helfer – jetzt mit Schutzkleidung – an ihm vorbei, daß der Hund ihn zu fassen bekommt. Am besten ist, den Hund nicht in den Hetzarm, sondern an jede ihm genehme Stelle beißen zu lassen. Er darf nun beißen, solange es ihm Spaß macht, erst bei deutlichen Zeichen, daß die »Wut verraucht« ist, nimmt man ihn ab.

Diese Phase der Ausbildung dauert so lange, bis der Hund ohne Unterstützung des Erziehers auf jede Person losgeht. Jetzt wird gewechselt, einmal darf und kann er beißen, das nächste Mal läuft der Helfer nach dem Anreizen sofort aus dem Bereich. Bei etwas ängstlichen Hunden muß sich der Helfer als der deutlich Schwächere verhalten. Der Ausbilder sollte sich nun immer mehr abseits stellen und nicht mehr in Erscheinung treten. Die Ausbildung erfolgt jetzt zu verschiedenen Tages- und Nachtzeiten, die Helfer wechseln, ebenso deren Bekleidung, es treten mehrere Figuranten gleichzeitig auf. Bei Geräuschen ist darauf zu achten, daß die Lautstärke unterschiedlich ist. Ein Eindringling wird natürlich so leise wie nur möglich kommen oder einen zweiten Mann mitbringen, der versucht, den Wachhund abzulenken. Das alles muß trainiert werden, ebenso wie das Verweigern von Futter, das von Fremden gereicht wird. Je praxisnäher die Ausbildung gestaltet wird, um so besser bewacht der Hund das ihm anvertraute Territorium. Auch beim Wachhund macht nur ständiges Üben den Meister. Ein Tier, das wochenlang am Seil läuft, zwar regelmäßig zur Erholung ausgewechselt wird, bei dem aber sonst nichts passiert, stumpft schnell in seinen Reflexen ab. Hier heißt es auffrischen, ab und zu einen Einbruch fingieren.

Ausbildung zur Fährtenarbeit

Die Nase ist ohne Zweifel das leistungsfähigste Sinnesorgan des Hundes, herausgebildet unter den Bedingungen des Lebens in freier Wildbahn, das an dieses Sinnesorgan der Ahnen unseres vierbeinigen Freundes hohe Anforderungen stellte. Sicher gibt es bei den einzelnen Hunden Unterschiede in der Fähigkeit, Gerüche wahrzunehmen, ebenso wie auch beim Menschen Unterschiede in der Sensibilität der einzelnen Sinnesorgane vorkommen. Die Praxis bei der Hundeausbildung zeigte jedoch, daß ein psychisch und physisch gut entwickeltes Tier auf alle Fälle so viel Sensibilität des Sinnesorgans Nase mitbringt, um das Tier zum Verfolgen einer Spur erziehen zu können. Es ist also nicht die Leistung der Nase, sondern das allgemeine Verhalten eines Hundes, das uns in die Lage versetzt, aus ihm einen Fährtenhund zu machen – oder auch nicht. Demnach ist es falsch, bei guten Fährtenhunden von einem überdurchschnittlich gut entwickelten Geruchssinn zu sprechen. Sie haben lediglich ein Wesen, das es möglich macht, sie zu überdurchschnittlichen Leistungen auszubilden. Wer sich dem speziellen Bereich der Ausbildung zur Fährtenarbeit zuwenden will, worunter nicht eine der üblichen Prüfungsfährten für Schutzhundeprüfungen zu verstehen ist, sollte sich seinen Vierbeiner sehr genau ansehen. Erfahrungsgemäß eignen sich alle Hunde für diese Spezialdisziplin, die schon ohne Einwirkung des Ausbilders auffallend häufig ihre Nase gebrauchen, überall schnuppern, häufig »der Nase nach gehen«. Im Wesensbild sollten sie dem Sanguiniker nahe kommen. Ein leichter Hang zum Phlegmatiker ist nicht nachteilig.

In freier Wildbahn benutzen die Verwandten unseres Hundes vor allem die Nase, um Nahrung aufzuspüren sowie den Kontakt zu Artgenossen herzustellen bzw. zu erhalten. Dieses Verhalten ist dem Hund angeboren und bildet die Grundlage für die Erziehung zum Suchen auf Kommando, vor allem auf menschlichen Fährten. Der menschliche Geruch auf einer Spur muß dem Vierbeiner interessant gemacht werden, Signalbedeutung erhalten.

Führerversteckfährte

Sie ist wohl die bekannteste und erfolgreichste Methode, einen Hund zur Fährtenarbeit auszubilden. Man benötigt einen Helfer, der den Vierbeiner hält. Der Ausbilder selbst entfernt sich. Dabei ruft und lockt er den Hund ständig (Vorsicht, daß der sich nicht umdreht und den Helfer beißt!) und steigert dadurch dessen Drang, nachzulaufen. Das Gelände muß so beschaffen sein, daß der Ausbilder ungefähr zehn bis fünfzehn Meter weit vom Hund gesehen werden kann, dann aber durch Bäume, Büsche oder ähnliches verdeckt wird. Sobald der Ausbilder verschwindet, gibt der Helfer das Kommando »Such!« und folgt mit dem Hund. Das Kommando »Such!« wird immer wieder zur Aufmunterung gegeben. Das Versteck des Ausbilders muß so beschaffen sein, daß der Hund gezwungen wird, die Nase zu benutzen, um ihn zu finden. Wie in dem alten Kinderspiel »Heiß und kalt« macht sich der Ausbilder bemerkbar, sobald der Hund in seine Nähe kommt, belohnt ihn mit Futter oder zumindest mit ausgiebigem Streicheln. Das ganze Spiel wiederholen wir so lange, bis eindeutig zu sehen ist, daß der Hund seinen Herrn mit der Nase sucht.

Der Weg wird immer komplizierter gestaltet. Es hat sich übrigens bewährt, dem Hund von Anfang an das Fährtengeschirr umzulegen. Es erhält dadurch ebenfalls Signalcharakter und der Hund weiß sofort, wenn sein Herr mit dem Lederzeug kommt, jetzt heißt es Spuren suchen.

In der nächsten Ausbildungsphase benötigen wir den Helfer nicht mehr. Der Hund wird an einen Baum gebunden, der sich am Ausgangspunkt der zu legenden Fährte befindet. Der Ausbilder geht jetzt wieder mit Locken und Rufen ungefähr 50 bis 60 m geradeaus und legt am Ende der Fährte für den Hund deutlich sichtbar (im Bedarfsfall noch einmal hochheben!) einen Gegenstand und einen Futterbrocken ab. Auf der gleichen Spur geht es nun zum Ausgangspunkt zurück. Beim Hund wieder angekommen, lobt ihn der Ausbilder und legt ihm dann das Fährtengeschirr um. Mit dem Kommando »Such« setzt er dann den Vierbeiner auf die Fährte an. Es ist noch nicht vorgekommen, daß ein einigermaßen vorausgebildetes Tier nicht beginnt, zu suchen. Dafür sorgt meist schon der Drang, zum Futter bzw. zum Gegenstand des Führers zu kommen. Im Gegenteil, fast immer saust der Hund so los, daß kaum von richtigem Suchen gesprochen werden kann. Der Ausbilder, der das Ende der Fährtenleine in der Hand hält, muß dann ganz schnell bremsen. Klappt die gerade Suche, baut man ein bis zwei rechte Winkel ein, denen nun die ganze Aufmerksamkeit gilt. Will der Hund über den Winkel hinauslaufen, bremsen wir ihn. Er wird sehr schnell begreifen, daß eine Fährte nicht unbedingt geradeaus verlaufen muß. Beachten Sie aber bitte, daß die Winkel nicht nur nach einer Seite gelegt werden. Jeglicher Schematismus in der Hundeausbildung schadet, führt zu falschen Verhaltensweisen! Diese einfachen Führerfährten haben nur ein Ziel, dem Hund die Lebenserfahrung zu vermitteln, daß er auf den Hörlaut »Such!« den menschlichen Geruch wahrnehmen muß, den eine Fährte ausströmt. Mit der Zeit erziehen wir ihn dazu, sich neben den Gegenstand hinzulegen. Besagte Gegenstände sind in der Regel sogenannte Suchpäckchen, hergestellt z. B. aus alten Decken, ungefähr 10mal 4 cm groß. Die Erfahrung hat gezeigt, daß der Ausbilder diese Gegenstände mindestens vier bis fünf Tage bei sich tragen muß, damit sie seinen Geruch annehmen. Wenn die Gegenstände ausgelegt werden, sucht man sich am besten einen markanten Punkt im Gelände, der uns hilft, die an der Fährte liegenden Sachen rechtzeitig zu orten. Anfangs müssen wir dem Hund noch Hilfestellung geben, damit er ordnungsgemäß verweist.

Der Ausbilder muß aber genau wissen, wo die Gegenstände liegen. Bereits bei der Annäherung beobachtet man das Verhalten des Vierbeiners und wirkt auf ihn ein, wenn ersichtlich wird, daß er am Gegenstand vorbeilaufen will.

Diese führereigenen Fährten mit Gegenständen werden so lange geübt, bis sie der Hund einwandfrei absucht, in der Fachsprache gesagt, ausarbeitet, und die Gegenstände sauber verweist. Am Ende der Fährte muß immer ein Gegenstand liegen, egal ob es sich um eine führereigene oder Fremdfährte handelt. Hat der Hund den letzten Gegenstand verwiesen, wird er ausgiebig gelobt, dann nimmt man ihm sofort das Fährtengeschirr ab, ein Signal: Arbeit beendet.

Beim regelmäßigen Fährtentraining wird man schnell merken, daß der Hund, wenn ihm das Geschirr umgelegt wird, schon die Nase herunternimmt und zu schnüffeln beginnt, bevor sein Kommando kommt.

Fleischfährte

Hier zieht der Fährtenleger ein Stück Fleisch hinter sich her. Findige Ausbilder befestigen es sich an der Schuhsohle. Mit Sicherheit erfolgreich ist diese Variante nach einem Hungertag des Vierbeiners. Diese Methode sollte aber nur bei Tieren angewendet werden, die über die Führerversteckfährte nicht auszubilden waren. Der Übergang von der Fährte mit dominantem Fleischgeruch zur menschlichen ist sehr kompliziert, es ist immer besser, als Ausgangspunkt die Führerversteckfährte zu nehmen. Muß man doch die Fleischfährte wählen, ist darauf zu achten, daß der Hund

bereit ist, Futter aufzunehmen. Er muß Hunger haben.
Im Laufe der Zeit haben sich die unterschiedlichsten Methoden entwickelt, die Fährtenarbeit anzubahnen.

Suchen mit Bringholz

Vorausgesetzt, unser Vierbeiner bringt gern und ausdauernd die verschiedensten Gegenstände, ist es möglich, diese Veranlagung auszunutzen, um ihn zur Fährtenarbeit auszubilden. Der Hund wird wieder an einen Baum festgebunden. Der Ausbilder erregt die Aufmerksamkeit des Hundes und den Drang zu apportieren, indem er ihm das Bringholz zeigt und mit Hörlauten anfeuert.

Nun läuft der Erzieher ungefähr zwanzig bis dreißig Meter geradeaus, schwenkt dann in einem rechten Winkel ab und legt nach weiteren zwanzig bis dreißig Metern das Bringholz ab. Während des Laufens und am Endpunkt ruft er den Hund immer wieder und zeigt ihm auch das Holz. Der Ausbilder läuft auf seiner eigenen Spur zum Hund zurück und muntert ihn nochmals auf, indem er versucht, ihn durch Worte wie »Bring's« zu ärgern (Der Hund ist ja angebunden), dann legt er ihm das Fährtengeschirr um und schnallt die Fährtenleine an. Mit dem Doppelkommando »Such! Brings!« setzt er dann den Hund auf die Fährte an.

In der ersten Zeit wird der Vierbeiner natürlich versuchen, so schnell wie nur möglich zum Bringholz zu kommen, dabei bremsen wir ihn wieder mit der Fährtenleine leicht, jedoch nie durch starken Zwang. Gleichzeitig feuern wir ihn aber wieder an mit dem Kommando »Such! Brings!«.

Analog der Führerversteckfährte legt man das Bringholz so ab, daß es der Hund nicht sofort sieht. Er soll es »riechen«. Im weiteren Verlauf vergrößert man die Fährtenstrecke, und das Bringholz wird besser versteckt. Schließlich beschränken wir uns auf das Kommando »Such!« und ersetzen das Holz durch andere Gegenstände.

Suchen mit einem Figuranten

Voraussetzung ist, daß der Hund einen gut entwickelten Schutz- bzw. Kampftrieb hat, also die Schärfe gut entwickelt ist. Der Ausbilder hält den Vierbeiner, ein Figurant entfernt sich auf einer vom Hund anfangs einzusehenden Strecke, wechselt mehrfach die Richtung und versteckt sich. Vorteilhaft ist, wenn das Gelände vom Hund nicht überschaubar ist. Sobald der Helfer verschwunden ist, legt der Ausbilder dem Hund das Fährtengeschirr und die Suchleine an und setzt ihn mit dem Doppelkommando »Such! Voran!« auf die Fährte an. Jeder Versuch, erhöhtes Tempo anzuschlagen, wird, wie bereits erwähnt, gebremst. Hat der Vierbeiner mehrmals erfolgreich den Figuranten mit der Nase gefunden, tritt dieser zwar noch als Reizobjekt in Erscheinung, entfernt sich jedoch dann so, daß

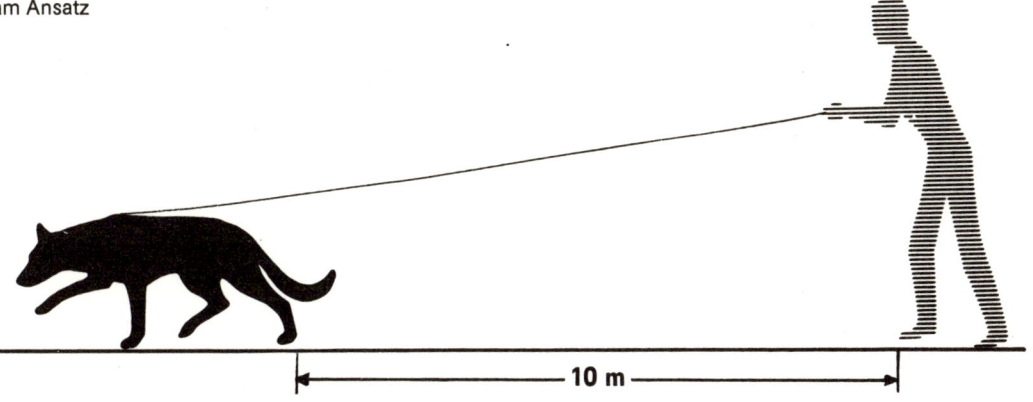

Der Ausbilder geht stets neben der Fährte, speziell am Ansatz

|◄──── 10 m ────►|

der Hund nicht mehr ihn als »Endgegenstand«, sondern eine ihm gehörende Sache findet. Am besten ist es, die Fährte an einem Baum enden zu lassen, auf dem sich der Figurant verbergen kann. Bei diesen Methoden, ob mit Bringholz oder einem Helfer, achten wir darauf, daß der bedingte Reiz, das Kommando »Such!« mehr und mehr an Signalbedeutung gewinnt, der Hund sofort mit dem Hör-Laut die Nase herunternimmt und sucht.

Der Tupfer als Hilfsmittel beim Fährtenlegen. In einem hohlen Rohr, ca. 40 mm stark, befindet sich eine Geruchslösung. Das Rohr ist oben mit Pfropfen, unten mittels Schwamm verschlossen

Fährtenlegen

Um am Fährtenanfang ein starkes Duftfeld zu erhalten, das den Hund anlockt, sein Interesse weckt, tritt man einen sogenannten Ansatz (vgl. Abb.). Die ersten zwei Meter werden drei- bis viermal in Dreiecksform getreten, dann folgen zwei bis drei Meter, die doppelt gelaufen werden, schließlich wechselt der Fährtenleger mit kurzen Schritten allmählich zum normalen Lauf. Die Fährte sollte in einem Gelände beginnen, in dem sich der Fährtenleger genau merken kann, bis wohin der verstärkte Ansatz reicht, wo der erste Winkel kommt und wo der Gegenstand liegt. Man muß auch darauf achten, daß nicht zu viele Fremdfährten den Bereich kreuzen. Wir versuchen, für den Hund die Bedingungen so günstig wie nur möglich zu gestalten. Aber man sollte nicht in einem Gelände fährten, in dem man die Spur über Kilometer optisch verfolgen kann, denn das verleitet auch den Hund, mit den Augen und nicht mit der Nase zu suchen.

Zu Beginn der Ausbildung verstärkt man das Duftfeld auch an den Winkeln, indem der Fährtenleger diese mindestens doppelt tritt, wie die Zeichnung verdeutlicht.

Eine weitere Hilfe ist es, wenn die Winkel anfangs bogenförmig gelegt werden und erst allmählich in einen rechten und schließlich in einen spitzen Winkel übergehen. Jeder Fährtenleger hüte sich davor, die Spur beständig parallel zu Saatfurchen, Wegen oder ähnlichen Begrenzungen zu gehen, diese werden leicht zu Leitlinien für den Hund. Es kommt dann durch eine falsche Lebenserfahrung zu Fehlleistungen. Also immer schräg zur Furche ziehen, ab und zu Furchen queren, natürlich auch einmal ein Stück in der Furche. So unterschiedlich wie der Fährtenverlauf, muß auch die Bodenbeschaffenheit sein. Stets gleiche Bodenverhältnisse und gleiche Gegenstände führen zu falschen Lebenserfahrungen. Die Gegenstände müssen variieren, mal klein, mal groß, aus Stoff, Leder, Holz, Metall usw. sein. Hinzu kommen unterschiedliche Farben und wechselnde Orte. Einmal wird der Gegenstand im ersten Drittel des Fährtenschenkels, einmal in der Mitte, dann wieder kurz vor dem Winkel abgelegt. Es sollten auch ab und zu Gebrauchsgegenstände ausgelegt werden, z. B. Streichholzschachteln, Taschentücher, Taschenmesser usw.

Zu einer Prüfung muß die Fährte exakt nach der vorgegebenen Prüfungsordnung gelegt werden. Das bedeutet, auch die Gegenstände haben ihren vorbestimmten Platz. Hat der Fährtenleger den letzten Gegenstand abgelegt und die Fährte damit ihren Endpunkt gefunden, macht er einen großen Sprung. Für den Hund wird damit die Duftspur abgeschwächt.

Beim Fährtenlegen muß stets die Windrichtung beachtet werden. Zu Beginn der Fährtenausbildung arbeitet man immer mit dem Wind, da hierbei der Fährtengeruch vom suchenden Hund weggetragen wird, er also seine Nase intensiv benutzen muß, um erfolgreich zu sein. Außerdem kann sich der Fährtengeruch nicht allzusehr ausdehnen. Legt man die Fährte bei sehr starkem Seitenwind,

Fährtengeschirr mit Stromanschluß

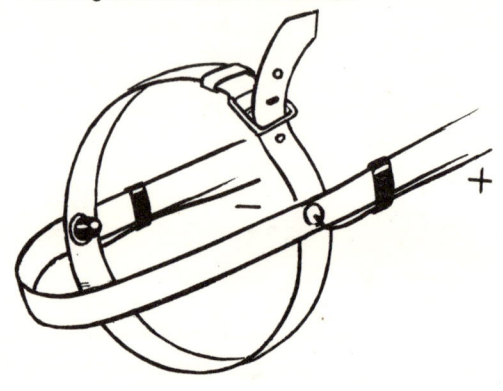

entsteht eine breite Duftstraße, die dazu führen kann, daß der Hund bis zu 5 m neben der Spur des Fährtenlegers sucht. Demzufolge mißt der Abstand von Schenkel zu Schenkel der zu legenden Fährte mindestens 30 bis 40 m, um zu vermeiden, daß bei starkem Seitenwind der suchende Hund auf einen anderen Fährtenschenkel überwechselt, somit einen Teil der Fährte nicht absucht.

Zur Sucharbeit gehört ein sogenannter »Verleiter«. An einer vorher bestimmten Stelle, die der Prüfungsordnung zu entnehmen ist, geht ein weiterer Helfer schräg durch die gelegte Spur. Der Hund muß hier differenzieren, die Gerüche auseinanderhalten und unbeirrt die angewiesene Fährte weiterverfolgen.

Ausarbeiten der Fährte

Die Fährte ist gelegt, hat ein bestimmtes Alter, das sich ebenfalls nach der jeweiligen Prüfungsordnung richtet, und kann nun ausgearbeitet werden. Dazu legen wir dem Hund das Fährtengeschirr an und befestigen daran die Fährtenleine. Damit stimmen wir den Hund bereits auf die kommende Aufgabe ein. Dann gehen wir zum Fährtenansatz. Um bei besonders suchfreudigen Hunden zu vermeiden, daß sie gleich losstürzen, lassen wir den Vierbeiner unmittelbar vor dem Ansatz erst einmal Platz machen, legen die etwa 10 m Leine in ihrer ganzen Länge aus, damit sie sich beim Ansatz nicht verfitzen kann und halten den Hund direkt am Fährtengeschirr. Nachdem er zum Ansatz geführt wurde, weist man ihn mit dem Kommando »Such!« ein und läßt ihn erst dann los, wenn man überzeugt ist, daß er die Fährte angenommen hat. Jetzt wird langsam immer mehr Leine nachgegeben, bis das Ende in der Hand liegt. Der Hundeführer läuft nun ungefähr fünf Meter rechts oder links von der Fährte hinter dem Hund her. Das ist notwendig, um den Fährtengeruch nicht zu stark zu verändern, kann es doch passieren, daß der Vierbeiner noch einmal neu auf die Fährte angesetzt werden muß.

Für die praktische Auswertung von Fußspuren ist das ebenfalls wichtig.

Wie soll sich der Ausbilder auf der Fährte verhalten? Grundsätzlich muß er seinem Hund vertrauen, darf ihn nicht bei jeder geringfügigen Abweichung sofort an der Leine ziehen oder mit Kommandos beeinflussen. Eingewirkt wird nur, wenn außer Zweifel steht, daß der Hund sich auf einer falschen Spur befindet, beispielsweise den Verleiter angeht. In solchem Fall hindert man ihn durch sanftes Ziehen an der Leine daran, die falsche Richtung einzuschlagen. Greift man bei jeder Kleinigkeit ein, wird der Hund verunsichert. Es kann passieren, daß er nur noch auf Kommando oder Einwirkung über die Leine läuft, gesteuert werden muß und nicht mehr allein sucht. Es ist Erfahrungssache, zu erkennen, ob er die Spur verloren hat. An den Winkeln muß besonders aufgepaßt werden. Hier gibt es mehrere unterschiedliche Verhaltensweisen. Bläst der Wind in Richtung des Schenkels zum Winkel, kann der Fährtenabriß ein gutes Stück hinter dem Winkel liegen, das heißt, der Hund läuft ein Stück weiter und nimmt den Winkel etwas hinter der Spur. Hier muß der Ausbilder gefühlvoll bremsen und dem Hund Gelegenheit geben, durch Differenzieren den weiteren Fährtenverlauf zu finden. Dabei verkürzt man am besten den Abstand zum Hund etwas und verhindert so, daß die untersuchte Fläche am Winkel zu groß wird. Steht eindeutig fest, daß der Vierbeiner die richtige Spur gefunden hat, läßt man die Leine nach und nach wieder auslaufen.

Keinesfalls darf gewaltsam zurückgerissen oder neu angesetzt werden, nur damit es vielleicht etwas schneller geht. Das beeinträchtigt die Bereitschaft zum selbständigen Suchen, der Hund wartet später auch auf die Einwirkung durch den Ausbilder.

Weht der Wind von vorn und schneidet beide Schenkel des Winkels an, bekommt der Hund schon etliche Meter vorher Witterung und schneidet den Winkel zum neuen Schenkel.

Kommt der suchende Vierbeiner an einen Gegenstand, müssen wir darauf achten, daß er diesen von Anfang an durch Platzmachen verweist, ohne ihn aufzunehmen. Also sorgfältig die Verhaltensweise bei der Annäherung an den Gegenstand beobachten und während der Ausbildung rechtzeitig mit dem Kommando »Platz!« einwirken. Es ist darauf zu achten, daß der Hund die Möglichkeit hat, sich in Richtung Fährtenverlauf zu legen. Später fällt das Kommando weg und das Hinlegen erfolgt selbständig. Wir verhindern das Aufnehmen von Gegenständen deshalb, um nicht Spuren zu vernichten, die unter Umständen zur Aufklärung benötigt werden. Außerdem könnten verfolgte Personen absichtlich vergiftete Gegenstände auslegen, um den Hund auszuschalten. Aus diesen Gründen hat man sich bei fast allen Prüfungsordnungen, die ja praxisbezogen erarbeitet werden, entschlossen, das Aufnehmen von Gegenständen zu bestrafen und nur das Verweisen als richtig zu bewerten.

Der Ausbilder nimmt jeden aufgefundenen Gegenstand in die Hand und hält ihn für den Prüfungsrichter deutlich sichtbar hoch. Der Hund wird erneut auf die Fährte angesetzt, wie zu Beginn. Erst wenn deutlich erkennbar ist, daß der Hund die Fährte wieder richtig aufgenommen hat, läßt der Ausbilder die Leine auf die gesamte Länge auslaufen. Am Ende der Fährte, nachdem der letzte Gegenstand gefunden und das Fährtengeschirr abgenommen wurde, erhält der Hund Gelegenheit, sich auszutoben. Man sollte versuchen, sich dem Tempo des Hundes während der Suche so anzupassen, daß die Leine locker durchhängt, ohne daß der Vierbeiner das Gefühl hat, gelenkt zu werden, Hundeführer und Hund müssen ein harmonisches Bild abgeben. Bei Tieren, die mit erhöhter Geschwindigkeit suchen, hält man die Leine ständig straff, um gleichmäßig bremsen zu können. Falsch ist häufiges Rucken.

Wenn der Hund die sogenannte Eigenfährte sucht und sogar die erste Prüfung bestanden hat, folgt die Ausbildung auf der Fremdfährte bzw. zum Fährtenhund. Dieser Übergang ist hauptsächlich für den Ausbilder problematisch, der Hund kennt ja bereits die Gerüche fremder Spuren, so unter anderem von der Suche nach einem Figuranten. Bisher wußte der Ausbilder genau, wie die Fährte verläuft, hatte er sie doch selbst getreten. Jetzt muß er sich auf seinen Hund verlassen.

In der ersten Zeit ist es gut, wenn der Fährtenleger beim Ausarbeiten dabei ist, um die Richtigkeit der Suche zu bestätigen. Der schwierigste Teil der Übung ist stets der Bodenwechsel, bzw. wenn Winkel, Wassergräben oder andere Hindernisse den Fährtenverlauf unterbrechen und der Hund den Ansatz neu finden muß. Will man seinen Vierbeiner zu einem perfekten Fährtenhund ausbilden, darf man sich nicht davor scheuen, die verschiedensten Witterungs- und Bodenverhältnisse in Kauf zu nehmen, um das Tier mit allen Umweltverhältnissen vertraut zu machen. Keinesfalls reichen Trainingsfährten aus, die ausschließlich durch Felder und Wiesen führen. Nach und nach werden Wege und Straßen einbezogen, Wasserläufe überquert, belebte Gegenden, Wälder, Gebüsch, kurz, alle Möglichkeiten der Übung angewendet. Unterbrechen Wasserhindernisse die Fährte, muß am anderen Ufer ein neuer Ansatzpunkt gefunden werden. Um dem Hund das zu erleichtern, lassen wir ihn an einem bereits gefundenen Gegenstand Witterung nehmen. Dazu bewahren wir den Gegenstand in einem Plastebeutel auf und halten ihn dem Hund vor die Nase. Auch das muß vorher trainiert werden.

Der Hund wird allmählich an immer ältere Fährten gewöhnt, jedoch sollten ab und zu Kurzzeitfährten eingelegt werden, damit der Hund die Bedingungen kennenlernt. Die Fährtenarbeit verlangt viel psychische und physische Kraft vom Hund. Untersuchungen ergaben, daß der Herzrhythmus sich bis zum Kollaps steigern kann. Deshalb ist es wichtig, den Vierbeiner stets in körperlicher Höchstform zu halten. Im Prinzip wird jeden zweiten Tag eine praktischen Einsätzen angeglichene Übungsfährte gelegt.

Zur Festigung der Differenzierungsleistungen empfiehlt sich, auch folgendes regelmäßig zu trainieren. Mehrere Helfer legen in einem Quadrat von ungefähr ein Meter mal ein Meter Fährtengegenstände ab. Der Ausbilder nimmt etwa fünf Meter von diesem Quadrat entfernt mit seinem Tier Aufstellung, läßt den Vierbeiner sitzen und holt mit einer Pinzette einen der Gegenstände. Der wird nun dem Hund zur Geruchsaufnahme vor die Nase gehalten und anschließend von dem Ausbilder wieder in das Quadrat zurückgebracht. Der Hund wird jetzt mit dem Kommando »Such!« zum Quadrat geführt, in dem er das richtige Päckchen finden soll. Ähnlich kann auch beim Fährten gearbeitet werden.

Drei Helfer legen drei verschiedene Fährtenansätze und gehen weg. Der Hund erhält nun von einem der Helfer einen Gegenstand zur Geruchsaufnahme vorgehalten und muß die richtige Fährte suchen und ausarbeiten. Ein Tier zu solchen Leistungen zu bringen, verlangt großes Einfühlungsvermögen und viel Geduld vom Ausbilder.

Wenn auch bisher immer darauf verwiesen wurde, daß die Ausbildung zum Suchen mit viel Gefühl vonstatten gehen muß, schließt das die Anwendung von Hilfsmitteln nicht aus, auch nicht von solchen, die eine starke unbedingte Reizeinwirkung mit sich bringen.

Starkzwang bei der Ausbildung zum Fährtenhund

Sicher wird ein Hund, der nur unwillig sucht, nie große Leistungen vollbringen, also kaum ein Fährtenhund, wie er »im Buche steht«, werden. Aber auch ein normaler Schutzhund muß bestimmte Leistungen in der Sucharbeit bringen. Deshalb heißt es, auch solchen Vertretern das Fährten anzuerziehen, die sich wesensmäßig nicht dafür eignen. Am gebräuchlichsten ist das Stachelhalsband, das zusätzlich zum Fährtengeschirr angelegt wird. Eine zweite Fährtenleine verläuft zwischen den Hinter- und Vorderläufen, befestigt am unteren Ende des Stachelhalsbandes.

Ruckt man kräftig an dieser zweiten Leine, so wird der Kopf des Hundes nach unten gezogen. Zeigt sich der Vierbeiner desinteressiert oder läßt sich leicht ablenken, kann unmittelbar nach dem ermahnenden Kommando »Such!« ein starker unbedingter Reiz über das Stachelhalsband ausgelöst werden.

Eine weitere Möglichkeit des Starkzwanges bietet das Stromgerät. Im Fährtengeschirr befindet sich ein Pol am rechten, der zweite am linken Schulterblatt des Hundes. Statt des Ruckes am Stachelhalsband erhält der suchunlustige Hund nun einen Stromstoß über die Pole, die über am Ende abgestumpfte Schrauben an der Haut anliegen. Die Zuleitung führt über die Fährtenleine zum Stromgerät, das am Gürtel des Ausbilders befestigt ist.

Welches Mittel erfolgreicher ist, hängt nicht zuletzt vom Geschick des Ausbilders und vom Wesen des Tieres ab. Es ist auch hier zweckmäßig, erfahrene Erzieher zu konsultieren, um für jeden Hund die richtige Methode zu finden.

Quadratsuche

Bei dieser Übung soll der Hund bestimmte Geländeabschnitte systematisch nach vorgegebenen Geruchskomponenten oder Gegenständen, an denen z. B. menschlicher Geruch haftet, absuchen. So wird er in die Lage versetzt, verlorengegangene oder versteckte Sachen zu suchen und zu finden. Die Sicherheitsorgane aller Länder machen sich diese Leistung des Hundes zunutze, indem sie die Tiere auf die verschiedensten Gerüche z. B. von Rauschgiften, Kaffee, Waffen, Sprengstoff, aber auch Leichen ausbilden. Diese vierbeinigen Spezialisten sind bis heute und sicher noch lange Jahre unersetzliche Helfer. Mit ihrer Hilfe sind viele Gesetzesbrecher hinter Schloß und Riegel gebracht worden.

Bei der Ausbildung geht man davon aus, daß der Hund in einem bestimmten Raum Gegenstände von uns oder anderen Personen finden soll. Zuerst sollte man versuchen, an den Beutetrieb anzuknüpfen. Man läßt den Hund am Rand eines abgesteckten Quadrates in der ungefähren Abmessung von 50 m mal 50 m sitzen, zeigt ihm einen Gegenstand, am besten einen, mit dem vorher Bringübungen ausgeführt wurden, und spornt den Vierbeiner durch Bewegungen und Laute an. Man wirft den Gegenstand in das Quadrat, läßt ein bis zwei Minuten vergehen und schickt den Hund mit dem Hör-Laut »Such!« los.

Der Ausbilder fördert die Sucharbeit durch aufmunternde Worte und Kommandos. Er geht auch selbst mit auf die abzusuchende Fläche und weist den Hund mit Handzeichen und Kommandos immer wieder auf das Arbeiten hin. Hat der Hund den Gegenstand gefunden, wird analog der Fährtenarbeit mit dem Kommando »Platz!« eingewirkt und so verhindert, daß er mit den Zähnen zufaßt. Das ist so lange zu üben, bis der Hund die weggeworfenen Gegenstände einwandfrei verweist. Jetzt legt man die Gegenstände im Quadrat ab. Der Ausbilder bückt sich dabei mehrmals, damit sich der beobachtende Vierbeiner nicht die Stelle merkt, an der der Gegenstand liegt.

Im weiteren Verlauf der Ausbildung versteckt man die Sachen oder vergräbt sie sogar. Dabei legt der Ausbilder Scheinverstecke zur Irreführung an. Damit er einen Anhaltspunkt hat, begrenzt er das abzusuchende Areal mit Fähnchen oder markierten Stöckchen, die mit der Zeit auch für den Hund Signalcharakter erhalten.

Bei der zweiten Form der Quadratsuche wird der Hund am Fährtengeschirr geführt. Vorher wird eine exakte Kurzfährte in das Quadrat gelegt, auf der mehrere Gegenstände liegen. Die Fläche ist ungefähr 50 mal 50 m groß. Ein Helfer hat die Fährte etwa 30 min vor Beginn der Arbeit gelegt. Der Hund wird an der Fährtenleine am Ansatz mit dem Kommando »Such!« auf die Spur geschickt. Hat er sie aufgenommen, wird die Spur ausgearbeitet. Man muß darauf achten, daß der Hund auch Gegenstände verweist, die ein bis zwei Meter neben der Fährte liegen. Die Quadratsuche an der Leine wird meist in unübersichtlichem Gelände, wo der Ausbilder sein Tier nicht sehen kann, angewandt. Tiere, die gern bellen, kann man dazu erziehen, daß sie die Gegenstände nicht durch Hinlegen, sondern durch Bellen verweisen. Der Gegenstand wird an einem Bindfaden befestigt. Wenn der Hund ihn gesehen hat, zieht ein Helfer daran. Der sich bewegende Gegenstand und das Kommando »Gib Laut!« bilden die Grundlage der Ausbildung. Den Gehilfen versteckt man am besten in einem Gebüsch. Damit der Hund nicht sofort auf ihn aufmerksam wird, ist die Windrichtung zu beachten.

Fährtenmischgeruch

Jede Fährte, also auch die des Menschen, hat einen Fährtenmischgeruch, der sich aus den unterschiedlichsten Einzelgerüchen zusammensetzt:

— Geruchskomplex des Menschen,
— Gerüche des verletzten Bodens,
— Gerüche der vom Menschen beim Laufen

beschädigten Pflanzen.
Von anderen Fährten unterscheidet sich jede Spur eines Menschen durch dessen Individualgeruch. Darunter versteht man den Komplex aller Teilgerüche; Ausscheidungen des Stoffwechsels; Gerüche aufgenommener Nahrungs- und Genußmittel; Gerüche der täglichen und beruflichen Umgebung; Gerüche von Bekleidung, Kosmetika und mitgeführter Gegenstände sowie Regionalgerüche. Dieser menschliche Individualgeruch bleibt im Laufe der Jahre trotz bestimmter Veränderungen relativ stabil. Im Verlauf der Ausbildung zur Fährtenarbeit muß der Hund lernen, die individuellen Besonderheiten des menschlichen Geruchs zu unterscheiden. Die Quelle des Individualgeruches des Menschen ist vor allem sein Schweiß. Die etwa 2,4 Millionen Schweißdrüsen des menschlichen Körpers scheiden im Normalfall täglich einen knappen halben Liter Schweiß aus. In winzigen Teilchen bleiben diese Absonderungen in allen mit der menschlichen Haut in Berührung kommenden Gegenständen stärker oder schwächer haften, besonders intensiv in Schuhen und Bekleidung.

Außerdem wirken die Boden- und Witterungsverhältnisse auf den Fährtenmischgeruch ein und beeinflussen die Haltbarkeit der Spur positiv oder negativ. Ungünstig auf die Haltbarkeit einer Fährte wirken sich große Hitze, starke Sonneneinstrahlung, Sturm, stark anhaltender Regen, starker Schneefall und Frost aus. Günstig sind in der Regel feuchte Witterung (sie aktiviert die Geruchsteile im Gegensatz zu starkem Regen, der die Partikel abspült), leichter Sprühregen, Windstille, dünne Schneedecke.

Günstige Bodenverhältnisse sind wenig begangene Wege durch Wälder, lockere Böden und Wiesen. Zu den schlechten Bedingungen zählen hoher Pflanzenwuchs, feste Unterböden, stark begangene und befahrene Wege und Straßen.

Um speziell in der Anfangsphase schnell zu guten Ergebnissen zu kommen, gibt es einige Tricks. Den Vierbeinern wird ein starker Geruch vorgesetzt, der an das angeborene Triebverhalten anknüpft. So werden oft Fährten mit dem Urin paarungsbereiter Hündinnen betupft (vgl. S. 104). Weitere Leitgerüche für Anfänger sind Fleischmehl und ein Anisgemisch. Letzteres ist ein Substrat aus Anis und Öl, das in den Tupfer gefüllt wird. Beim Fährtenlegen stößt der Helfer den Stab in regelmäßigen, nicht zu weiten Abständen auf den Boden und erreicht damit eine Konzentration des Fährtenmischgeruches. Am Fährtenansatz muß mehrfach getupft werden, um ihn besonders deutlich zu machen.

Intensivfährte

Alle Ausbilder werden mit ihren Tieren in Gruppen zu maximal fünf aufgeteilt, Erzieher und Hund legen die Fährte gemeinsam und arbeiten sie dann gemeinsam aus. Für den Vierbeiner entsteht ein doppelt interessanter Geruch, der des Ausbilders und sein eigener. Diese kombinierte Mensch-Tier-Fährte macht den späteren Übergang zur reinen Menschenspur leichter. Es ist möglich, bei dieser Methode alle bereits bekannten Gerüche zu kombinieren: Fleisch, Urin, Anisgemisch, Figurant.

Im Abstand von ungefähr 50 m zueinander legen die Ausbilder mit ihren Hunden die Fährten. Am Ende kommt zum Gegenstand der bereits bekannte Futterbrocken als materieller Anreiz für den Vierbeiner. Das Ausarbeiten der fünf Fährten geschieht im Wechsel, so daß für jeden Hund der Fährtengeruch von Fährte zu Fährte verstärkt wird. Hat der Vierbeiner eine Fährte erfolgreich ausgearbeitet, kehrt sein Ausbilder mit ihm auf der gleichen Spur zum Ansatz zurück und verstärkt sie damit ebenfalls noch.

Bei diesen Intensivfährten findet der Hund keinen reinen Eigengeruch, sondern stets ein Geruchsgemisch. Er lernt also auf den Hör-Laut »Such!« ein Geruchsgemisch zu verfolgen, das Differenzieren kommt später. Hat der Vierbeiner deutlich den Hör-Laut »Such!« verstanden, nimmt er also die Nase herunter und sucht, läßt man ein Hilfsmittel nach dem anderen weg. Später werden die Fährten jeweils von zwei Ausbildern in U-Form gelegt. Später legt jeder Ausbilder sein U für sich allein, danach je drei Erzieher jeder eine Spur. Diese schneiden sich jeweils an einer Stelle. Das erfolgt in der Form, daß zwei U-Fährten in gebührendem Abstand hintereinandergelegt werden, die dritte so darüber, daß sie mit je einem Schenkel eine der beiden anderen schneidet. Sie bildet den Verleiter für die beiden anderen.

Ausbildung nach Sichtzeichen

Viele Hundefreunde haben ein persönliches Hobby: Sie bilden ihre Vierbeiner so aus, daß diese ausschließlich auf Sichtzeichen reagieren. Einige Prüfungsordnungen verlangen deshalb auch, daß ein ganzer Teil Übungen vom Hund nur auf Sichtzeichen ausgeführt wird.
Sichtzeichen gehören zu den Umweltreizen, die erst im Laufe des Lebens für den Hund Signalcharakter erhalten. Es sind also bedingte Reize, die während der Erziehung entweder an Stelle eines unbedingten Reizes, wie z. B. Schlag, Druck, Zug, Futterbrocken, angewendet werden oder statt eines bedingten Reizes (Hör-Laut) zum Einsatz kommen. Wer diese Form der Kommandosprache wählt, muß vorher genau prüfen, ob sich sein Tier wesensmäßig dafür eignet. Am besten sind Hunde mit starker Führerbindung, die sich auch durch andere Umwelteinflüsse nicht so schnell ablenken lassen. Aufmerksam verfolgen sie die kleinste Bewegung ihres Besitzers, immer auf dem Sprung, sofort zu ihm zu laufen. Das erleichtert die Ausbildung ungemein, reagieren sie doch sehr leicht auf Sichtzeichen.
Kompliziert wird es, wenn sich infolge unkontrollierter Bewegungen des Ausbilders unerwünschte Lebenserfahrungen bilden. Das kann z B. bei der Übung »Ablegen eines Hundes mit Hereinrufen« auftreten. Der Ausbilder muß in einer Entfernung von etwa dreißig bis vierzig Metern seinem Hund aus einem Versteck heraus gegenübertreten, Grundstellung einnehmen und nach einer bestimmten Zeit den Vierbeiner auf Kommando oder Sichtzeichen zu sich rufen. Vergißt der Erzieher, die Pause einzulegen, kommt der Hund bereits zu ihm, sobald er das Versteck verläßt und Grundstellung eingenommen hat.
Der Hund hat die Erfahrung gemacht, daß das Kommando zum Hinlaufen sofort erfolgt, wenn der Ausbilder zu sehen ist. Nach kurzer Zeit wird das Einnehmen der Grundstellung zum Sichtzeichen besonderer Art. Die Ausbildung auf Sichtzeichen verlangt vom Hund ständige Aufmerksamkeit. Alles Gestikulieren und Herumhampeln nutzt nichts, wenn der Vierbeiner sich für ganz andere Dinge interessiert und in der Weltgeschichte herumschaut. Grundsätzlich gibt es zwei Wege, einen Hund auf Sichtzeichen auszubilden. Der erste Weg: Der Hund soll sich aus der Freifolge auf einen Hör-Laut oder ein Sichtzeichen hinlegen. Er läuft also ohne Leine links neben dem Ausbilder und erhält das Kommando »Platz!«. Gleichzeitig vollführt die rechte Hand eine weitausholende Bewegung nach vorn auf den Kopf des Hundes. Die flache Hand berührt den Kopf des Hundes. Ein leichter Klaps reicht aus. Nach öfterer Wiederholung genügt die Handbewegung, und der Hund legt sich hin.
Der zweite Weg ist etwas umständlicher, man muß ihn aber kennen, da der bereits beschriebene Trainingsaufbau nicht bei allen Übungen angewendet werden kann. Erst wenn der Hund die jeweiligen Übungen exakt auf Hörlaute ausführt, beginnen wir mit der Erziehung zum Reagieren auf Sichtzeichen. Auch dafür ein Beispiel. Der Hund wurde an einem bestimmten Platz abgelegt und soll auf ein Sichtzeichen zu uns kommen. Mit einem Hör-Laut klappt das schon bestens. Wie geht man nun vor? Der Hund wird, wie gewohnt, angewiesen, Platz

»Fuß«   »Zu mir«   »Setzen«   »Gib Laut«   »Kriech«

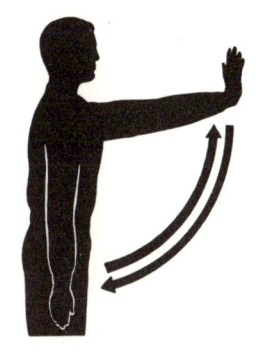

»Platz« – wenn sich der Hund neben dem Ausbilder befindet

»Platz« – wenn sich der Hund vor dem Ausbilder befindet

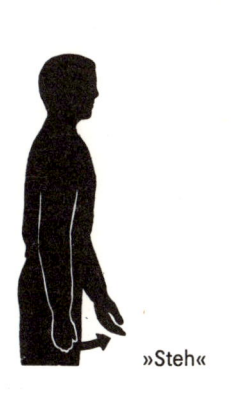

»Steh«   »Bleib«

zu machen, unter Umständen schon mittels Sichtzeichen. Dann gehen wir in unser Versteck, kommen nach Ablauf der vorgesehenen Zeit wieder und nehmen Grundstellung ein. Die notwendige Pause wird eingelegt, anschließend erfolgt das Sichtzeichen, dann der gewohnte Hör-Laut. Nach einer gewissen Trainingszeit, deren Länge sich nach der Lernbereitschaft des Vierbeiners richtet, reagiert dieser auf das Sichtzeichen und wartet den Hör-Laut nicht mehr ab. Wie wir aus beiden Beispielen ersehen können, erfordert diese interessante Form der Ausbildung viel Geduld und vor allem exakt beherrschte Körperbewegungen des Ausbilders. Sind aber

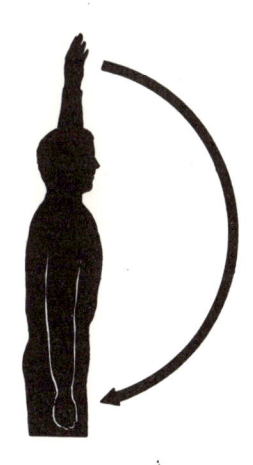

Sichtzeichen zum sicheren Verständigungsmittel zwischen Herr und Hund geworden, bietet sich dem Zuschauer ein beeindruckendes Bild: Der exakt laufende Ausbilder und sein wie durch Zauberei sich setzender, legender, bellender und laufender Hund. Wie wohltuend unterscheidet sich doch der Hundebesitzer, dessen Vierbeiner auf eine Handbewegung hin vor der Kaufhalle regungslos liegen bleibt vom lauthals »Platz!« schreienden Nachbarn. Doch: Einen Hörlaut kann man verstärken, sollte der Hund partout nicht zu uns hinsehen. Sichtzeichen jedoch sind in ihrer Intensität gleichbleibend.

Rennhunde

Von vielen Hundebesitzern und solchen, die es werden wollen, hört man die Meinung, ein Windhund wäre nur schwer oder überhaupt nicht zu erziehen. Die kuriosesten Begründungen werden dafür gegeben: Jeglicher Gehorsam schadet dem Hetztrieb. Oder: Das urwüchsige Temperament läßt Ausbildung nicht zu. Oder: Mit Erziehung verliert sich der »Adel« des Windhundes. In unserem Bekanntenkreis gibt es eine ganze Menge Windhundfreunde und -besitzer. Ihre Wohnstubenwände tragen statt Bildern die Urkunden und Diplome nationaler und internationaler Schönheits- und Rennsiegertitel. Ihre Hunde parieren auf's Wort, zwar nicht immer und unbedingt aufs erste – doch das sahen wir bereits beim bestausgebildeten Diensthund. Die eingangs zitierten Auffassungen sind nicht nur falsch, sie dienen meist den Besitzern als Ausrede, die es nicht verstehen, mit ihrem Vierbeiner richtig umzugehen.

Natürlich gibt es beim Windhund gewisse Eigenarten, die bei der Ausbildung zu berücksichtigen sind. Windhunde wurden seit Jahrtausenden ausschließlich für die Hetzjagd gehalten und gezüchtet. Noch heute findet man im Mittelmeerraum, in Nordafrika und im Orient Länder, in denen man Windhunde im praktischen Einsatz erleben kann. Ihr Metier ist und bleibt die Hetzjagd. Nicht von ungefähr besteht auch heute noch die Bezeichnung Hetzhunde.

Die lange währende Zuchtauswahl ausschließlich nach dem Leistungsprinzip formte Tiere, in denen sich ein unübertroffener Hetztrieb mit enormer Schnelligkeit verband. Dem gegenüber traten Eigenschaften wie Schutztrieb, Nasenveranlagung und Unterordnungswilligkeit immer mehr in den Hintergrund, wurden sie doch nie gefordert. Mit der alleinigen Aufgabe, das Wild zu hetzen, wurde der Windhund zum Spezialisten, wie wir es auf anderen Gebieten bei anderen Hunderassen auch finden. Die Zuchtauswahl legte keinen Wert auf Ausbildungsfähigkeit in puncto Gehorsam, sie richtete sich ausschließlich darauf, einen Hund zu erhalten, dessen Körperbau Schnelligkeit und Beweglichkeit immer mehr steigern konnte. Nur der wird also mit einem Windhund gut zurecht kommen, der es versteht, ihn richtig einzuordnen und ihn so zu nehmen, wie er durch die lange Zuchtauswahl geformt wurde. Keinesfalls darf die oft als Starrsinn ausgelegte Eigenwilligkeit mit Gewalt unterbunden werden. Man erreicht höchstens einen verängstigten oder bösartigen Hund. Derjenige, der seinen Vierbeiner einfühlsam, doch unerbittlich lenkt, wird bald einen gehorsamen Begleiter besitzen, vor dem jeder Laie bewundernd den Hut zieht.

Lebenswichtig für jeden Windhund ist, sich ausgiebig und frei austoben zu können, so richtig nach Herzenslust zu laufen und zu rennen. Einmal von der Leine, helfen alle Versuche, ihn wieder in die Gewalt zu bekommen, nichts. Da gibt es nur eins, an dem Platz, wo der Hund das Weite suchte, zu warten, bis er sich ausgetobt hat, denn dann kommt er ganz von allein zurück. Versucht man, ihn mit Pfeifen und Rufen zum Gehorsam zu bewegen, erreicht man höchstens, daß er auch später darauf nicht mehr reagiert, sind wir doch jeglicher Möglichkeit bar, ihn sofort für Ungehorsam zu strafen. Wie überall lautet auch

hier der Grundsatz, daß ein Kommando, dessen Erfolg nicht sicher ist, gar nicht erst gegeben werden darf. Selbstverständlich ist es auch beim Windhund günstig, wenn er bereits als Welpe die richtige Erziehung erhält, aber sogar der erwachsene Hund ist noch in bestimmtem Maße formbar. Will man den Windhund nicht nur als Gefährten, sondern für den späteren Einsatz auf der Rennbahn — was immer empfehlenswert ist —, muß das Verhalten von Anfang an gut beobachtet werden. Nur so können vorhandene Anlagen richtig genutzt und auf seine Verhaltensweisen entsprechend eingegangen werden.
Einzeltiere sind leichter auszubilden als ganze Meuten. Immer ist mit sogenannter weicher Hand zu arbeiten.

Rennsportgeschichte

Eine der ältesten Sportarten überhaupt ist das Coursing, bereits bei den ägyptischen Pharaonen bekannt und beliebt. Die moderne Coursing-Geschichte beginnt in England unter der Herrschaft Königin Elisabeth I. (1558 bis 1603). Sie gab Weisung, Hetzjagden mit Windhunden als sportliches Vergnügen nach vorher festgelegten Regeln durchzuführen. Zur ungeahnten Blüte kam dieser Sport im 18. und 19. Jahrhundert, als die Coursing Clubs wie Pilze aus dem Boden schossen. Gelaufen wird auf zwei Arten, einmal werden die Hasen von Treibern in eine gewünschte Richtung gelenkt oder von allen Teilnehmern mit ihren Hunden sowie den Zuschauern durch Abschreiten des Geländes in breiter Front aufgestöbert. Der Hase erhält einen bestimmten Vorsprung, dann koppelt der sogenannte Slipper die für den Start bestimmten Hunde los. Hoch zu Roß verfolgt der Richter das Geschehen. Sieger wird der Vierbeiner, der am meisten zum Ergreifen der Hasen beitrug, also nicht in jedem Fall der, welcher den Hasen schnappt. Inzwischen ist das Coursing in fast allen europäischen Ländern als Hetzjagd auf lebendes Wild verboten. Coursings hinter dem künstlichen Hasen ersetzen die traditionellen Rennen jedoch völlig. Das Geläuf beträgt ungefähr 500 m, der künstliche Hase wird über Rollen gezogen. Es starten generell zwei Hunde. Sieger wird, wer dem künstlichen Hasen am besten folgt, also auf alle Haken am sichersten reagiert. Die U. I. C. L. (Union Internationale des Clubs des Lévriers — Internationale Föderation der Renn- und Windhundsportverbände) bestätigte 1975 ein Coursing-Regelwerk.
Die zweite und am weitesten verbreitete Form ist das Racing, die Hetzjagd auf eine Attrappe, die mechanisch bewegt wird. Auch diese Rennart hat ihren Ursprung in England. Laut »Times« fand die erste Veranstaltung am 11. September 1876 statt. Der künstliche Hase wurde eine Schiene entlang gezogen. Die gerade Strecke betrug 365,76 m. Das Interesse des englischen Publikums blieb jedoch aus, so daß diese Erfindung bald wieder in Vergessenheit geriet. Amerikaner griffen die Idee auf, vervollkommneten sie, und bald eroberte das Racing alle Erdteile.

Rennvorbereitung

Bei kaum einer Rassegruppe ist die Forderung nach Einheit von Schönheit und Leistung so ausgeprägt, wie bei den Windhunden. In England als dem Mutterland des organisierten Rennsportes führte das zeitweise dazu, Rüden, die auf der Bahn versagten, kurzerhand zu töten. In die Zucht nahm man ausschließlich Siegertiere, um deren wertvolle Arbeitsanlagen zu erhalten.
Erfahrungsgemäß läßt man den jungen Hund bis zum Alter von sechs Monaten mit Trainingsanforderungen in Ruhe. In dieser Zeit hat er natürlich das Einmaleins des Hundelebens zu erlernen, doch Rennbahnen sieht er nur als Zuschauer. Wichtig ist in dieser Phase, jeglichen Ansatz von Rauflust gegenüber Artgenossen zu unterdrücken. Ein junger streitlustiger Windhund neigt auch später auf der Rennbahn mehr zum Raufen, denn zum Laufen. So ungefähr ab dem sechsten Monat, ausschlaggebend sind Konstitution und Kondition, nehmen wir den Junghund ans Fahrrad. Wir beginnen mit kurzen Strecken und vergrößern das Tagespensum immer mehr. Der Hund soll stets traben, nie galoppieren. Im Trab werden alle Muskelpartien gleichmäßig beansprucht und trainiert, Herz und Lunge ar-

beiten rhythmisch. Jetzt wird es langsam Zeit, ständiger Gast auf der Rennbahn zu werden, sowohl beim Training als auch beim Rennen. Der Vierbeiner lernt die Atmosphäre kennen, gewöhnt sich an das ganze Drum und Dran, nicht zuletzt an die große Ansammlung fremder Artgenossen. Es bedarf sicher kaum der Erwähnung, daß der Hund auf der Rennbahn an der Leine gehalten wird. Er hat zu lernen und zu begreifen, daß es sich nicht um einen Spielplatz handelt, auf dem man nach Herzenslust herumtoben kann. Hunde, die auf der Rennbahn spielen durften, laufen später oft nicht die geforderte Distanz durch. Sie sind leicht ablenkbar.

Haben wir nun das Gefühl, daß sich unser Vierbeiner immer mehr für den künstlichen Hasen interessiert, beginnen wir mit der Schulung des Auges. Als ausgesprochener Hetzhund jagt der Windhund mit den Augen, mit ihnen verfolgt er den künstlichen Hasen auf der Rennbahn. Dieses Verfolgen eines Stück Fells gehört von jetzt an zum täglichen Spiel zu Hause. Es muß dem Hund deutlich Freude bereiten, nach dem Hasenfell zu rennen. Am besten, man fertigt sich eine eigene Attrappe.

An eine möglichst lange leichte Stange kommen ungefähr drei bis vier Meter Schnur, daran das Stück Fell. Dreht man sich um die eigene Achse, entsteht ein ausreichend großer Kreis für den Hund zum Rennen. Sind Anzeichen von Lustlosigkeit zu bemerken, heißt es, das Spiel sofort abzubrechen, am nächsten Tag geht es weiter. Es ist grundverkehrt, so lange zu üben, bis der Vierbeiner gänzlich die Freude verliert. Der nächste Schritt ist das Gewöhnen an die Rennbahn, aber bitte auch in mehr spielerischer Form, ohne Stoppuhr, dafür mit Belohnungshappen.

Zwei Dinge gilt es, vor den ersten Trainingsläufen auf der Bahn zu klären. Zuerst sprechen wir mit dem verantwortlichen Rennleiter bzw. Ausbilder ab, wann wir die Bahn benutzen dürfen, da zu dieser Zeit kein anderer Hund und möglichst auch keine Zuschauer in der Nähe, keinesfalls jedoch auf der Bahn sein sollten. Und schließlich muß der Bediener der Hasenmaschine so eingewiesen werden, daß er das Fell immer dicht vor die Nase des Hundes legt. So hält man sein Interesse wach. Besonders wichtig ist, daß der Mann an der Hasenmaschine genau darauf achtet, daß der Hund die Attrappe nicht erreicht, sonst wird er womöglich verprellt. Das Training beginnt mit dem Ablaufen der Geraden. Klappt das, kommen die Kurven dazu, später wird die ganze Bahn umrundet.

Vor Überforderung aus falschem Ehrgeiz warnen wir eindringlich. Lieber etwas länger die Einzelstrecken einarbeiten, als zu früh aufs Ganze zu gehen.

In der ersten Trainingszeit arbeitet man noch ohne jegliches Zubehör wie Renndecke und Beißkorb. Aber an den Startkasten muß der Hund von Anfang an gewöhnt werden. Er darf weder etwas Unheimliches, noch Unbekanntes sein. Sind wir und mit uns die helfenden, erfahrenen Rennhasen von den guten Leistungsanlagen des vierbeinigen Schützlings überzeugt, gehen wir den nächsten Ausbildungsschritt.

Als erstes wird der Hund an die Renndecke gewöhnt, die mit der Zeit ebenso wie das Fährtengeschirr Signalcharakter erhält. Für den Windhund muß sich diese Decke mit der guten Erfahrung, laufen und hetzen zu können, verbinden. Deshalb empfiehlt es sich, auch bei täglichen Spaziergängen die Renndecke aufzulegen. Gehört sie dann, ebenso wie Leine und Halsband, zum täglichen Umgang des Tieres, bringt man sie mit der Rennbahn in Verbindung. Wir legen sie also nur noch vor den Trainingsläufen auf.

Auf die gleiche Art erziehen wir den Hund dazu, daß er einen Beißkorb zu tragen hat, erst beim Spaziergang, dann auf der Rennbahn. Nun kommt das Schwerste: Bislang lief der Hund zwar sehr schön, aber allein. Jetzt soll er das mit anderen Artgenossen gemeinsam tun. Besonders kompliziert ist diese Umstellung für Einzelhunde. Am besten nimmt man einen vierbeinigen Helfer, der bereits über jahrelange Rennerfahrung verfügt, ruhig ist und nicht zum Raufen neigt. Mit ihm zusammen läuft nun unser Lehrling.

Der Bediener der Hasenmaschine hat jetzt darauf zu achten, daß der Neuling das Stück Fell immer vor Augen hat, um nicht stehen zu bleiben. Bewährt hat sich, vor dem Start mit dem Hund die Bahn abzulaufen, aber immer vom Start zum Ziel, nie umgekehrt, sonst lernt er noch, die Bahn zurückzulaufen.

Eine andere Regel lautet: Nie den Hund auf dem kürzesten Wege vom Ziel zum Start zu bringen, damit er ebenfalls nicht auf kürzestem Wege zum Besitzer zurückkommt. Für den Fachmann ist es selbstverständlich, doch von Anfängern wird es aus falsch verstandener Tierliebe immer wieder verkehrt gemacht: die Fütterung zur rechten Zeit. Zum Rennen schickt man den Hund stets hungrig, auch in den Pausen gibt es keine Mahlzeiten. Ist die Grundausbildung abgeschlossen, beginnt das spezifische Training. Die Hauptarbeit vollzieht sich auf der klubeigenen Rennbahn, wo mindestens einmal in der Woche gelaufen werden sollte. Ein Platzwechsel ab und zu gehört unbedingt in das Programm, um den Hund an veränderte Umweltbedingungen zu gewöhnen. Jeder Trainingslauf ist ein Endlauf, das muß als ungeschriebenes Gesetz über jedem Übungstag stehen. Alle Unsauberkeiten, auch Unregelmäßigkeiten, die im Wettbewerb als Verstoß gegen die Rennordnung geahndet würden, müssen im Keim erstickt werden. Natürlich ist mit dem ein- oder zweimal wöchentlich stattfindenden Training kein Internationaler Champion zu formen, dazu gehört mehr.

Tägliches kilometerweites Fahrradfahren zur Kräftigung der Muskeln und des Herzens darf ebenso wenig fehlen, wie das ständige Fordern von Gehorsam. Auch der lorbeergeschmückte Windhund muß ein Hund bleiben, in Haltung, Unterbringung und Behandlung.

Rennen

Der Hund ist durchtrainiert, unserer Ansicht nach top-fit, und ein Rennen steht vor der Tür. Er wurde gemeldet, und nachdem wir uns vom Tierarzt die notwendigen Atteste eingeholt haben, ist es endlich soweit. Selbstverständlich reisen wir rechtzeitig an. Man hat nicht immer das Glück, beim ersten Rennen auf der Hausbahn zu starten. Man richtet sich zeitlich so ein, daß der Hund vor dem Start noch etwas Ruhe genießen kann. Wir informieren uns inzwischen anhand des Programms, wann unser Vierbeiner dran ist. Im Gepäck befinden sich folgende Utensilien: Trinknapf, Beißkorb, Leine, Halsband, im Bedarfsfall Bandagen zum Umwickeln der Fesseln, Renndecken. Die Decken haben international folgendes Aussehen:

Startnummer 1: rote Decke, weiße Zahl
Startnummer 2: blaue Decke, weiße Zahl
Startnummer 3: weiße Decke, schwarze Zahl
Startnummer 4: schwarze Decke, weiße Zahl
Startnummer 5: gelbe Decke, schwarze Zahl
Startnummer 6: schwarz-weiß gestreifte Decke (Längsstreifen), rote Zahl

Diese Decken muß jeder Windhundbesitzer selbst beschaffen. Sie dienen ausschließlich zur Kennzeichnung der Tiere, haben also nichts mit der Bahn oder dem Startplatz im Startkasten zu tun. Über die Box, in die der Vierbeiner zum Start muß, entscheidet das Los unmittelbar vor jedem einzelnen Rennen, wenn alle Teilnehmer versammelt sind.

Das Programm gibt auch Auskunft, welche Decken den Hunden umzulegen sind. Starten von einer Rasse oder einem Geschlecht mehr als sechs Tiere, machen sich Vorläufe nötig; bei zu großen Feldern sogar Zwischenläufe, in denen die Finalteilnehmer ermittelt werden.

Endlich hat das Warten ein Ende, mit bis zum Zerreißen angespannten Nerven hören wir den Aufruf für unser Rennen. Es geht zum Start. Nach der Auslosung der Boxen kommt für die Konkurrenz das Zeichen, die Tiere in den Startkasten einzusetzen. Der Hase erscheint, die vorn befindliche Gittertür verschiebt sich nach oben, und die Hatz beginnt. Belegt unser Vierbeiner von den sechs Startern einen guten sechsten Platz, so ist das zwar kein Grund zum Feiern, doch zürnen wir ihm nicht zu sehr – die Einladung für das nächste Rennen liegt schon auf dem Tisch.

Schlittenhunde

In New Haven im Staate Connecticut (USA) befindet sich auf dem Gelände der Yale-Universität das sogenannte »Pantheon der Hunde«, in seiner Art das einzige in der Welt. In den Nischen der Saalwände des Gebäudes stellte man und stellt man Marmorstatuen berühmter Hunde auf. Eine Inschrift erinnert an die Leistungen, die der Hund Togo vollbrachte. In Alaska geboren, als Nachkomme zweier sibirischer Schlittenhunde, war er von frühester Jugend an Kälte, Eis und Schnee gewöhnt. Bereits mit acht Monaten arbeitete er dank seiner Kraft, seiner Fähigkeit und seinem Ungestüm als Leithund eines Schlittengespanns. Über 7000 Kilometer legte er in einem einzigen Jahr zurück, davon die Hälfte im Winter über das gefrorene Beringmeer. Sein Schlittengespann hatte in jener unwirtlichen Gegend die Verbindung zwischen den weit voneinander entfernt liegenden menschlichen Siedlungen aufrechtzuerhalten. Die Stadt Nome in Alaska wurde 1925 von einer schweren Diphterieepidemie heimgesucht. Da das Meer zugefroren und die Stadt mit dem Schiff nicht zu erreichen war, hing das Leben der Einwohner von der Schnelligkeit ab, mit der Serum herbeigeschafft werden konnte.
Der Norweger Seppala kämpfte sich mit seinem Hundegespann über 300 Kilometer durch einen Blizzard und erreichte Nome gerade noch so rechtzeitig, um den Menschen Hilfe bringen zu können. In diesem Gespann lief Togo. Er hielt nicht nur seine vierbeinigen Gefährten, sondern auch seinen Herrn in diesem mörderischen Lauf aufrecht. Der erfahrene Gespannführer wollte bei 30 Grad Kälte und tobendem Unwetter fast schon aufgeben. Die Einwohner von Nome setzten dem Hund Togo ein Denkmal, sein einbalsamierter Körper steht im Museum der Stadt Peabody.
Heute finden wir den Schlittenhund, wie alle Formen des Zughundes, fast ausschließlich auf den Rennpisten des Hundesportes. Sogar in mitteleuropäischen Breiten findet diese urwüchsige Sportart immer mehr Anhänger. Für den künftigen Musher — wie in der Fachsprache der Gespannführer heißt — gibt es einige Besonderheiten bei der Auswahl, Aufzucht und Erziehung der Hunde zu beachten. Schon sehr früh in seiner Entwicklung zum Haustier wurde der Hund zum Ziehen oder Tragen von Lasten genutzt.
Die Zugleistung des Hundes ist relativ gering, deshalb kann davon ausgegangen werden, daß die ersten Gerätschaften, die die Hunde ziehen mußten, schlittenähnliche Gespanne waren. Die leichteren Gleitbedingungen von Eis und Schnee wurden dabei genutzt. Aus diesem Grunde siedelt man den Ursprung des Zughundes in nördlichen Gebieten an. Felszeichnungen in Schweden beweisen, daß die Jäger der Jungsteinzeit sowohl Hunde als auch Schlitten kannten. Beide wurden aber stets unabhängig voneinander dargestellt.
Heim geht sogar so weit, im Hund der nördlichen Regionen das erste Zugtier des Menschen überhaupt zu sehen. Er meint, in südlichen Gefilden mußte man erst Rad und Wagen erfinden, bevor Zugtiere eingesetzt werden konnten. Um den Hund als Zugtier gibt es seit vielen Jahren Diskussionen. Viele behaupten, das sei Tierquälerei. Zum Beweis führen viele Kynologen an, daß beim Hund

die passiven Trag- und Fixationseinrichtungen, z. B. die Bänder, viel schwächer entwickelt sind als vergleichsweise beim Pferd. Die Bänder sind weitgehend durch ermüdbare Muskeln ersetzt, seine Gelenke sind in ihrer Bewegungsfreiheit viel weniger eingeengt als die der standfester gebauten Huftiere. Außerdem liegt der Körperschwerpunkt des Hundes in der vorderen Rumpfhälfte. Dem entgegen steht, daß, vorrangig in den arktischen Breiten, Tausende von Haushunden jahrelang willig Zugarbeit leisten. Jeder Hundehalter, auch in Mitteleuropa, weiß aus eigener Anschauung, wie gern sein Vierbeiner vor Schlitten oder Wagen läuft. Jeder Hundehalter weiß, daß die Kondition von Hunden, die regelmäßig, doch nicht über Gebühr, körperlich gefordert werden, viel besser ist als die von Tieren gleicher Rasse, die als Familienhund ohne körperliche Betätigung ihr Dasein fristen.

Grundausbildung

Nicht jeder, der sich zum Kauf eines Schlittenhundes entschließt, wird ein aktiver Musher. Viele lassen sich von der exotischen Schönheit der einzelnen Rassen leiten. Wir möchten aber ernsthaft warnen: Ein Schlittenhund ohne ausreichende Bewegung verkümmert. Schlittenhunde sind ausgesprochene Meutetiere, sie brauchen für ihre gute Entwicklung Artgenossen um sich. Fast alle Schlittenhunderassen sind außergewöhnlich verträglich, selbständig und unkompliziert. Daraus ist jedoch nicht zu schließen, daß der Schlittenhund leicht zu erziehen sei.

Wer einen Dienst- oder Schutzhund braucht, wählt besser unter den dafür prädestinierten Rassen. Die Erziehung des Schlittenhundes erfordert meist mehr Ausdauer, Einfühlungsver-

Einspannen versetzt hintereinander

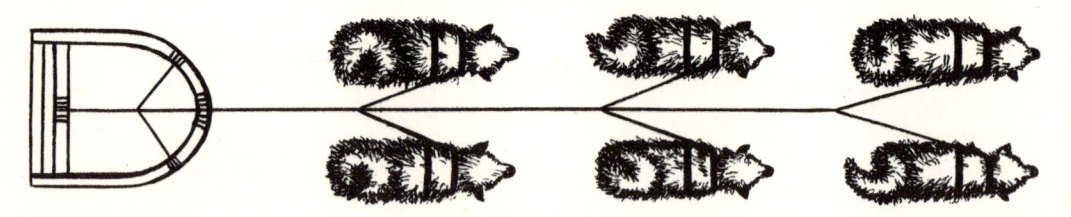

Gespannform nebeneinander, ohne Leithund

Einspannen hintereinander

mögen und Geduld als die anderer Rassen. Ein Hund, der Disziplin kennt, wird auch im Gespann ordnungsgemäß arbeiten. Schlittenhunde wollen gefordert sein, eine Aufgabe bekommen. Ihr Metier ist das Laufen und Ziehen. Der Besitzer eines Schlittenhundes darf nicht vergessen, daß er einen Vertreter nordischer Rassen vor sich hat. Die Tiere sind zwar leicht zu akklimatisieren, doch nennenswerte körperliche Belastungen sollten bei Temperaturen über 10 °C (maximal 15 °C) unterbleiben.

Obwohl die These berechtigt ist, daß ein wirklich guter Schlittenhund seinen Arbeitseifer und seine Schnelligkeit einbüßt, wenn man von ihm absoluten Gehorsam verlangt, kommt doch niemand an gewissen Formen der Ausbildung vorbei. Das beginnt mit dem Herstellen der richtigen Rangordnung. Wie will sich ein Gespannführer behaupten, wenn seine Hunde über keinerlei Disziplin verfügen? Nochmals wird betont: Eine Kombination zwischen gutem Wach- und Schlittenhund ist unmöglich. Die Wachsamkeit entspricht nicht seinem Grundnaturell. In den Regionen des ewigen Eises wird jeder Fremde als willkommener Gast begrüßt, bissige Hunde werden auf der Stelle getötet.

Das erste, was der künftige Schlittenhund lernt, ist das Herankommen auf Kommando, auch hier hat sich das Anbahnen mit Futter als Belohnung bewährt. Dann soll sich der junge Hund auf Kommando legen, setzen und liegenbleiben. Die Ausbildung erfolgt wie in den Kapiteln über die Erziehung zum Gehorsam beschrieben, aber ohne alle Formen des Starkzwanges. Wir haben bei der Erziehung eines Schlittenhundes mehr Zeit zur Verfügung, als sie im allgemeinen der Besitzer eines Diensthundes hat, da der praktische Einsatz weit später erfolgt. Wichtig ist auch das Verhalten anderen Artgenossen gegenüber. Von Anfang an unterdrückt man jegliche Anzeichen von Aggressivität gegen andere Hunde, immer im Hinblick auf den späteren Einsatz vor dem Schlitten. Mit ungefähr sechs Monaten, wenn der Junghund bereits über Gehorsam verfügt und die entsprechenden körperlichen Voraussetzungen hat, streift ihm der Ausbilder erstmalig das Zuggeschirr über. Erinnern wir uns an die Ausbildung zur Fährtenarbeit oder die Ausbildung des Windhundes. Auch der Schlittenhund darf mit dem Geschirr keine unangenehmen Erfahrungen machen. Zeigt er deutlich Freude, besonders, wenn der Besitzer mit dem Zuggeschirr in der Hand kommt, erfolgt der zweite Schritt, das Laufen und Ziehen. An Halsband und Leine gehalten erhält der Hund ein Startkommando, eventuell »Lauf!«. Der Ausbilder läuft gemeinsam mit dem Vierbeiner, doch nie vor ihm, besser etwas dahinter. Das ist wichtig, da spä-

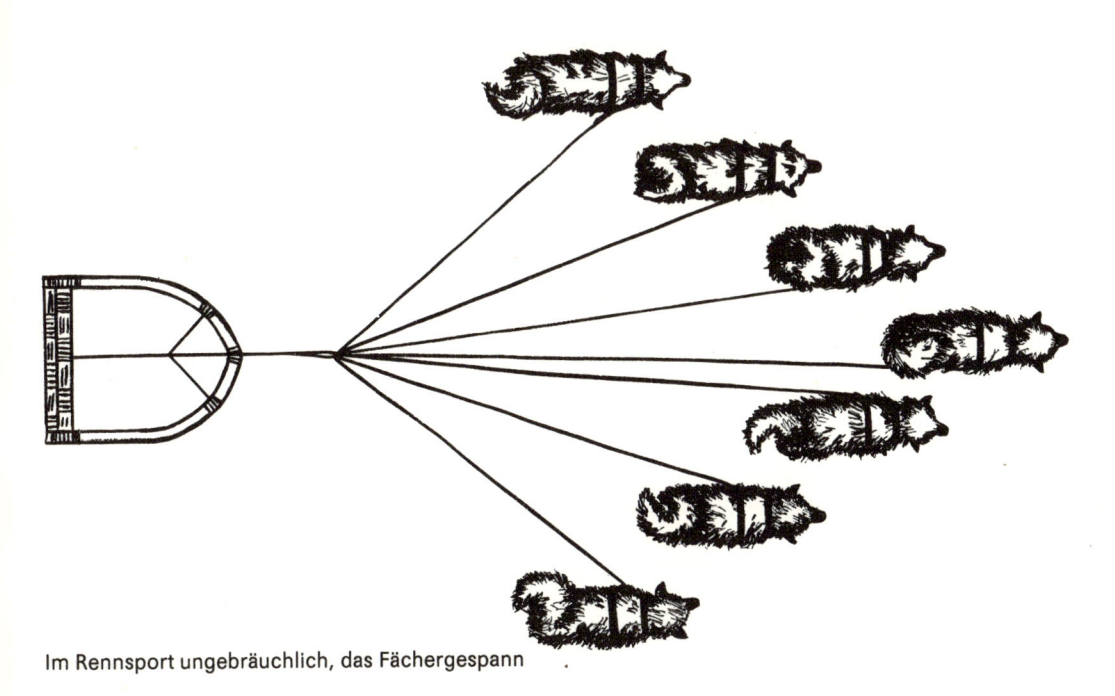

Im Rennsport ungebräuchlich, das Fächergespann

ter der Schlittenhund immer ohne den Menschen vor dem Schlitten geht. Nach einer gemeinsam gelaufenen Strecke bleibt man mit einem Kommando, das sich nie verändern darf (z. B. »Halt«!) stehen. Das wiederholt man nur so oft, bis der Hund eindeutig auf Kommando vor dem Erzieher herläuft. Nun beginnt das gleiche mit Geschirr.

Immer, wenn ein Trainingslauf zu Ende ist, nehmen wir das Geschirr ab und loben den Hund ausgiebig. Zusammengefaßt kann man folgende Grundregeln – aufgestellt von Anette und Arthur Philipp – nennen:

1. Immer gleiche Kommandos für Start und Halt.

2. Die geplanten Trainingsstrecken von vielleicht 50, 100 oder 200 Metern werden ohne ungewollten Halt durchlaufen.

3. Möglichst immer hinter dem Hund laufen.

4. Den Hund stets durch Loben und Aufmuntern »bei Laune« halten, die Arbeit muß vor allem Spaß machen.

5. Die Leine so bald wie nur irgend möglich nicht mehr am Halsband, sondern am Zuggeschirr befestigen.

6. Der Hund wird immer von der gleichen Person trainiert.

7. Das Training erfolgt ohne ablenkende Zuschauer.

Es dauert meist nicht allzu lange, bis der Hund auf Kommando so schnell losläuft, daß man ihm kaum noch folgen kann. Jetzt beginnt die Zugarbeit. Als Hilfsmittel brauchen wir einen Pkw-Reifen oder einen Holzklotz gleichen Gewichts. Die Zugleine befestigt man am Reifen, dann schirren wir auf der Trainingsstrecke den Hund wie gewohnt an. Die Leine machen wir am Halsband fest, am Geschirr die Zugleine mit dem Reifen. Wie schnell sich der Vierbeiner nach dem Startkommando an das Gewicht gewöhnt, hängt außer seiner Wesensveranlagung von der Geduld des Ausbilders ab. Manchen Vierbeiner stört das »Anhängsel« überhaupt nicht, andere gewöhnen sich nur sehr langsam daran. Reagiert der Hund überempfindlich, gibt der Ausbilder das Halt-Kommando. Dabei klinkt man am besten die Zugleine aus und gibt dem Hund Gelegenheit, den Reifen ausgiebig zu beschnuppern. Hat sich der Hund beruhigt, klinken wir die Zugleine wieder ein und geben erneut das Startkommando. Mit Fingerspitzengefühl passen wir den Augenblick ab, in dem der Hund am besten läuft, halten ihn an und klinken die Zugleine aus. Schon dabei gibt es viel Lob. Danach schirren wir den Hund aus. In dieser Trainingsphase übt man viel und regelmäßig, doch nicht täglich. Ziel ist, die Leine so schnell wie möglich vom Halsband zu entfernen und in die Zugleinenöse des Geschirrs einzuhängen. Beendet ist die Ausbildung in dieser Etappe dann, wenn sich der Vierbeiner vor Freude kaum zu halten weiß, sieht er den Ausbilder mit dem Zuggeschirr kommen. Und wenn er dann mit dem Gewicht hinter sich so kraftvoll davonstürmt, daß es schon leichtathletischer Begabung bedarf, ihm zu folgen. Auch hier einige vom Musher-Ehepaar Philipp aufgestellte Regeln:

1. Der Ausbilder muß immer Übersicht und Ruhe bewahren sowie viel Geduld aufbringen.

2. Beim Startkommando muß der Hund als erster loslaufen.

3. Eine vorher bestimmte Strecke sollte ohne ungewollte Unterbrechung durchlaufen werden.

4. Alle Übungen beginnen mit dem Überstreifen des Geschirrs und enden mit dem Abnehmen desselben.

Gespanntraining

Zwei Richtungen bestimmen derzeit den Schlittenhundesport: Das Ziehen im Gespann, also mit mehreren Vierbeinern, und die Ausbildung zum Skandinavier, d. h. dem Laufen als Einzelhund. Der richtige Moment, sich für eine der beiden Arten zu entscheiden, ist dann gekommen, wenn der Hund es gelernt hat, im Geschirr allein vorwärts zu laufen und dabei zu ziehen. Es hat keinen Sinn, das Spezialtraining für das Gespann allein oder nur mit einigen Anfängerhunden zu beginnen. Richtig ist, die Hilfe eines erfahrenen Schlittenhundeführers und seines Gespanns zu erbitten, damit sich der Neuling an seine Rolle gewöhnen kann. Vor den Schlitten, bzw. im Sommer den Trainingswagen, spannen wir einen erfahrenen Leithund, direkt hinter ihn den Anfänger und daneben wieder einen gedienten Schlittenhund. Für solche Lehrausbildung nimmt man gern Schlittenhunde, die aus Altersgründen keine Rennen mehr laufen. In unserem Fall geht es um Sicherheit, nicht um Schnelligkeit. Man wählt eine ungefähr drei Kilometer lange ebene Strecke. Die Temperaturen sollten nicht zu hoch sein.

Bilden wir zum ersten Mal einen Schlittenhund aus, übernimmt der erfahrene Musher die Regie, also die Lenkung des Gespanns. Er weiß am besten, welche Kommandos zur richtigen Zeit erfolgen müssen und wann und wo durch Abstützen und Schieben unterstützt werden muß. Wird eine nicht zu lange Trainingsstrecke gewählt, macht sie dem Junghund sicher bis zum Ende Spaß. Aber: Aufhören, wenn es am schönsten ist. Die Freude des Laufens und Ziehens soll den Höhepunkt erreicht haben, wenn das Halt-Kommando ertönt, das löst mit der Zeit Begierde und Vorfreude auf das Kommende aus.

Als Trainingsstrecke wählen wir einen abwechslungsreichen Kurs, der bereits im Sommer von allen Hindernissen befreit wurde. Wichtig ist, einen Rundkurs zu fahren, damit die Hunde nie die gleiche Strecke zurück müssen. Die zu fahrende Strecke richtet sich nach der Gespanngröße. Die Zahl der Kilometer nimmt zur Saison hin zu.

Aber es gibt noch einige Randprobleme, die bereits in der Grundausbildung beeinflußt werden können, z. B. das Lösen. Jeder, der schon einmal einen Rüden sein eigen nannte, weiß um dessen artbedingte Angewohnheit, sich an jeder passenden und unpassenden Stelle durch kurzes Beinheben zu verewigen, also seine Marken zu setzen. Auch eine Hündin unternimmt ab und zu während der Arbeit den Versuch, sich krumm zu setzen. Das stört den Rhythmus des Laufes der Hunde empfindlich. Der Musher muß auf diese Situation gefaßt sein. Tritt sie ein, eilt er so schnell wie möglich nach vorn, um dem Lehrling noch während – oder besser direkt vor – dem Verrichten des »Geschäftes« einen derben Klaps auf das Hinterteil zu geben, verbunden mit einem scharfen »Pfui!« »Aus!« oder ähnlichen Rufen, je nachdem, was bisher für den Hund als Verbotskommando üblich war.

Etwas anders verhält es sich beim Kotabsetzen. Es gibt eine ganze Reihe Schlittenhunde, die das in vollem Lauf erledigen, leider läßt sich das kaum anerziehen. Der Versuch lohnt aber. Beim geringsten Anzeichen, daß einer der Hunde Kot absetzen will, spornen wir das Gespann zu schnellstem Tempo an. Der Neuling wird so mitgerissen, und es ist möglich, daß er im vollen Lauf kotet. Klappt das nicht, ist es besser, kurz anzuhalten. Das kostet auf jeden Fall weniger Zeit, als wenn ein kotender Hund vom Gespann viele Meter weit mitgeschleift wird.

Einspannen

Es ist beim Schlittenhundesport wichtig, welcher Vierbeiner wohin angespannt wird. Wer nur mit zwei Tieren fährt, spannt beide nebeneinander an. Bei drei Hunden läuft einer als Leittier, die beiden anderen dahinter nebeneinander. Vier Hunde spannen wir zwei hinter zwei. Ein Fünfergespann läßt wieder die Variante des Leithundes zu. Während des Trainings wechselt der erfahrene Musher öfter die Positionen der Hunde, um sie an alle Varianten zu gewöhnen.

Das Wort »gewöhnen« ist eines der wichtigsten in der Arbeit mit dem Schlittenhund. Alle Abläufe sollen sich ihm im gleichen Rhythmus einprägen, dazu gehört auch das Anspannen. Es ist weder für den Zuschauer noch für den Starter ein schönes Bild, wenn sich kurz vor einem Rennen die Hunde wie wild gebärden, von mehreren Helfern gehalten werden müssen und kaum einzuspannen sind. Wie angenehm ist da das Gespann, das zwar voll innerer Spannung, doch diszipliniert an die Startlinie fährt, um dann auf Kommando förmlich zu explodieren. Die bereits mehrfach erwähnten Musher Anette und Arthur Philipp geben für das Einspannen folgende Reihenfolge an:

1. Der Trainingswagen oder Schlitten wird in Startposition gerückt und mit einer Leine und einem Haken befestigt (Pfosten, Anhängerkupplung des Autos usw.).
2. Die Zugleinen werden am Trainingswagen bzw. Schlitten befestigt und auf dem Boden ausgelegt.
3. Die Hunde werden angeschirrt. Dabei klemmt sich der Hundeführer bzw. sein Helfer den Hund zwischen die Knie und streift ihm das Geschirr über.

An diese Prozedur wird der Hund von Anfang an gewöhnt, da gibt es weder ein vor Freude Hochspringen noch das Wälzen auf dem Boden. Jegliche Spielereien sind bereits im Keime zu ersticken.

4. Am Geschirr werden die Hunde einzeln zum Wagen bzw. Schlitten geführt und eingespannt, zuerst der Leithund. Schnuppern oder Beinheben ist auf dem Weg dorthin strikt verboten, es wird volle Konzentration auf die Arbeit verlangt.

5. Wenn alle Tiere angeschirrt sind, begibt sich der Musher zum Schlitten bzw. Wagen; auf sein Kommando beginnt der Lauf.

Während der Arbeit darf keinerlei Nachsicht bei Ausscheren geübt werden. Alle Unarten sind bereits im Ansatz zu unterbinden und je nach Schwere zu bestrafen. Nach dem Lauf läßt man das Gespann erst einige Minuten ruhig stehen, dabei gewöhnen sich vor allem junge Hunde daran, bei einem Halt nicht gleich wieder loszurennen. In dieser Pause kontrolliert der Musher die Pfoten, lobt die Hunde einzeln – aber Achtung, nicht vergessen, den Wagen oder Schlitten festzubinden. Ist alles vorbei, spannt man die Hunde in umgekehrter Reihenfolge gegenüber dem Einspannen aus, schirrt sie ab und läßt ihnen Zeit, sich zu verschnaufen. Erst wenn sich alle Tiere etwas erholt haben, bekommen sie Wasser und zur gewohnten Stunde Futter. Grundsatz ist, nie nochmals einspannen.

Es muß sich der Reflex bilden: Nach getaner Arbeit ist Ruhe!

Hilfsmittel

Wer den Schlittenhundesport ernsthaft betreiben will, muß der richtigen Ausrüstung ebensolche Aufmerksamkeit entgegenbringen, wie der Auswahl der Hunde.

Schlecht passende Geschirre oder drückende Haken bedeuten nicht nur unnötige Arbeit, sie können sowohl dem Hund als auch dem Musher den Spaß am Sport verleiden. Als erstes muß das richtige Geschirr ausgewählt und angepaßt werden. Besonders wichtig ist, daß es eng anliegt und nicht rutscht. Sitzt es am Hals zu hoch, können Atemstörungen auftreten; ist es zu lang, rutscht es in die Kniekehlen. Ein gutes Geschirr endet vor dem Rutenansatz, wo sich die Schlaufe für die Zugleine befindet. Das heißt, daß Geschirre für jeden Hund maßgeschneidert werden müssen. Zugleich muß das richtige Halsband gefunden werden, am besten eins mit blockiertem Zug. Der Hund kann es nicht abstreifen, es behindert auch nicht beim Ziehen und läßt sich so weit zuziehen, daß es eng anliegt. Dann wählt man die in großer Zahl benötigten Karabinerhaken. Mit ihnen rüsten wir die Zugleine und die Anlegekette aus. Natürlich vergessen wir den Schlitten bzw. Wagen nicht. Beide sollten vom Fachmann hergestellt werden. Eigenkonstruktionen bergen viele Gefahren in sich. Zur weiteren Ausrüstung gehört auf jeden Fall ein Schneeanker, um den Schlitten zu arretieren, speziell bei festgefrorenem Schnee.

Bei anderen Witterungsbedingungen nimmt man zum Festhalten des Gespanns die Notleine. Die Anbindekette darf nicht fehlen. Sie besteht aus der Hauptkette, von der in ungefähren Abständen von 80 cm bis 1 m die Einzelketten für die Hunde abgehen, jeweils mit einem drehbaren Wirbel mit der Hauptkette verbunden. Diese wird an weit genug voneinander entfernten Bäumen befestigt, möglich sind auch zwei haltbare Stahlpflöcke. Jetzt fehlen noch die Zugleine und ein Transportsack, der im Notfall unterwegs einen verletzten Hund aufnehmen kann und die Zubehörtasche mit Ersatzteilen.

Herdengebrauchshunde

Auch der Schäfer stützt sich bei der Ausbildung seiner Hütehunde, in der Kynologie allgemein als Herdengebrauchshunde bezeichnet, auf vorhandene Anlagen, Gewohnheiten und das fördernde Beispiel. Das letzte ist nicht zu unterschätzen. Nehmen wir zum Beispiel den Bauernhund alter Prägung, der kaum irgendwelche Ausbildung erhielt und meist nur am Vorbild der Mutter oder älterer Artgenossen lernte. Obwohl der Schäfer von allen Hundeführern sicher am engsten mit seinem vierbeinigen Gehilfen verwachsen ist, faßt er seinen Hund keinesfalls milde an. Der Herdengebrauchshund muß scharf heran. Faulheit und Nachlässigkeit dürfen nicht geduldet werden. Man sagt nicht von ungefähr, daß die Lehre des Herdengebrauchshundes früh anfängt und sein ganzes Hütehundeleben lang dauert. Ein älterer Hütehund ist so mit seinem vielseitigen und immer wechselnden Dienst verwachsen, daß sein ruhiges, selbständiges Arbeiten von interessierten Zuschauern oft bewundert wird.

Die Erziehung beginnt an dem Tag, an dem der Schäfer den Hund bekommt. Es ist vorteilhaft, den Welpen direkt vom Züchter zu holen. Jede freie Minute gehört dem Hund. Man beschäftigt sich mit ihm, ruft immer wieder seinen Namen, füttert ihn mehrmals am Tag, führt ihn ins Freie, kurzum, tut alles, um das beiderseitige Verhältnis so gut wie nur möglich zu gestalten. Es ist auch die günstigste Zeit, den Junghund genau zu studieren, festzustellen, welche Eigenarten, Neigungen, Vorzüge oder Nachteile er hat. Das ist wichtig zu wissen, um später zum richtigen Zeitpunkt einwirken zu können.

Spaziergänge führen wir mit und ohne Leine aus, achten aber stets darauf, daß sich der Hund nur an unserer linken Seite aufhält. Wir lassen den Vierbeiner so wenig wie nur möglich mit Artgenossen oder fremden Kindern spielen. Geflügel und Katzen sind ebenso tabu wie andere Haustiere.

Der Hund muß in dieser Etappe lernen: Haustiere und Menschen sind keine Beute! Damit wird der Grundstein für die spätere Arbeit an der Herde gelegt. Bei dieser Arbeit kann ja Kontakt sowohl mit Menschen als auch mit Wild- und Haustieren bestehen. Während dieser Ausbildungsphase versuchen wir, dem Hund möglichst alle späteren Umweltverhältnisse anzubieten, ihn an alles mögliche zu gewöhnen, was ihm beim Hüten begegnen kann – eine der wichtigsten Voraussetzungen für eine zuverlässige Arbeit an der Herde.

Geht man beim Schutzhund davon aus, zur Festigung der Übungen die Schutzhundprüfung I so oft wie möglich zu wiederholen, bis die nächste Stufe folgt, muß der Schäfer die Gewöhnungszeit effektiv nutzen. Sogenanntes prüfungsmäßiges Arbeiten zahlt sich nicht aus. Ungefähr mit dem sechsten Monat beginnt die Ausbildung zur Gehorsamkeit. Mancher Schäfer versucht, diese Erziehungsphase neben der Arbeit an der Herde zu erledigen. Das empfiehlt sich nicht, denn darunter leidet meist die Hüteleistung. Die Ausbildung eines Junghundes fordert volle Konzentration. Für diese Zeit müßte die Herde außer acht gelassen werden. Das kann zu Unruhe führen, die sich so auswirkt, daß die Tiere nicht richtig sattgehütet nach Hause kommen. Auch hier gilt: Die Hauptarbeit der Ausbildung abends bzw. in der Freizeit leisten. Zu den Gehorsamkeitsübungen, die ein Herdengebrauchshund beherrschen muß, gehören die Leinenführigkeit, die Freifolge sowie Sitzen, Platzmachen und Stehen. Später erweitert man um Voraussenden und Hereinrufen. In der Zeit der Ausbildung zum Gehorsam führen wir den künftigen Hütehund immer wieder auf belebte Straßen, in Menschenansammlungen, aber besonders zu Viehherden. Der Vierbeiner erhält nur kurze, einprägsame Kommandos. Nach Abschluß des Zahnwechsels beginnt die Ausbildung an der Herde. Nach dem Zahnwechsel deshalb, weil sich sonst durch eventuelle Schmerzeinwirkung Zaghaftigkeit beim Beißen herausstellen kann. Jeder Schäfer muß selbst einschätzen, ob der Hund so weit ist, daß er an die Herde kommen kann. Bedingung ist, daß die allgemeingültigen Gehorsamkeitsübungen perfekt sitzen und der Vierbeiner bedingungslos alles ausführt, was der Ausbilder von ihm verlangt.

Wurde das Tier bisher mit den allgemeinen Umwelteinflüssen vertraut gemacht, heißt es nun, ihn an sein spezifisches Arbeitsgebiet heranzuführen, die Schafherde. Begonnen wird noch einmal mit einer kurzen Zeit der Gewöhnung, während der man den Hund an das Schafstalltor führt, mit ihm zu den Schafen geht, sich in der Herde bewegt. Es dauert meist nicht lange, und die Tiere haben sich aneinander gewöhnt. Jetzt nimmt man den Hund mit auf die Weide, sicherheitshalber erst angeleint. Die Ausbildung an der Herde beginnt damit, dem Hund das richtige Beißen beizubringen. Es stehen verschiedene Griffe zur Verfügung, der Keulen-, Nacken- und Rippengriff. Der erste hat sich durchgesetzt. Der Keulengriff wird im praktischen Hütebetrieb benutzt, um widerspenstige Schafe zu bestrafen, sie zur Wiedereinordnung in die Herde zu zwingen. Der Biß des Hundes nach einem Schaf darf jedoch nicht zur lieben Gewohnheit werden, es ist das äußerste Strafmittel. Der Griff kann vom Hund selbständig, beispielsweise beim Furchehalten, aber auch auf Befehl des Schäfers ausgeführt werden. Der Hütehund darf ein Schaf niemals an den verschiedensten Körperstellen beißen. In den meisten Fachbüchern, aber auch in vielen Gesprächen mit Schäfermeistern wird der Biß in die Keule oberhalb des Sprunggelenkes als bester Griff beschrieben. Bevor der Hund den Griff nicht beherrscht, kann er nicht im praktischen Hütebetrieb eingesetzt werden.

Ein Helfer hält ein gut mit Wolle bewachsenes Schaf fest, der Ausbilder tritt mit seinem angeleinten Hund an die hintere Partie des Schafes. Mit der Hand weist er ihm die Stelle und gibt dazu das Kommando: »Beiß«!. Reagiert der Hund nicht, wird das Schaf einige Schritt weggeführt. Dann erwacht beim Hund der Beutetrieb. Er faßt zu.

Wichtig ist, daß man den Griff nur in die vorbestimmte Stelle zuläßt, auch keinen harten, langanhaltenden, immer wieder zufassenden Biß erlaubt. Verbeißt sich der Hund zu lange oder faßt an der falschen Stelle an, nehmen wir ihn mit kurzem Leinenruck und dem Kommando »Aus!« zurück. Diese Übung wiederholt der Ausbilder so lange, bis er sicher ist, daß der Hund nur an der vorgegebenen Stelle kurz zufaßt. Jetzt erfolgt der nächste Schritt: Der angeleinte Hund beißt frei laufende Schafe. Jetzt müssen wir besonders darauf achten, daß der Beutetrieb nicht mit unserem Lehrling durchgeht. Erst wenn der Hund den Griff absolut sicher, exakt und sauber auf Kommando ausführt, beginnen die Übungen an der Herde für den Einsatz als Beihund. Man sollte keinesfalls leichtfertig über noch vorhandene Unsauberkeiten hinwegsehen, mit der Hoffnung, das könnte im Verlauf der praktischen Arbeit noch ausgebügelt werden. Die Folge ist meist ein verdorbener Hund mit allen möglichen Untugenden, im schlimmsten Fall verletzte oder zerfleischte Schafe.

An die Herde gehört nur der Hund, der hundertprozentig sicher im Greifen ist. Beihund wird der Hund genannt, der beim Schäfer verbleibt. Der an der anderen Seite der Schafherde allein gehende Hund heißt Halbenhund.

Eine weitere praktische Übung, die viel Selbständigkeit vom Hund verlangt und sicheres Greifen voraussetzt, ist das Furchehalten und Greifen der Nascher. Das Weidegelände wird meist durch Furchen gekennzeichnet. Fehlen diese, schafft sich der Schäfer künstliche Markierungen, die so auffällig sein müssen, daß der Hund sie erkennt. Mit dem angeleinten, kurz gehaltenen Hund geht der Ausbilder diese natürliche bzw. künstliche Furche entlang. Bei jeder seitlichen Abweichung kommt sofort das harte Kommando »Furche!«. Bleibt der Hund sicher, wird er ausgiebig gelobt. Jegliches Vorprellen wird unterbunden. Das Furchegehen übt man so lange, bis der Hund selbständig, unangeleint, in der Furche verbleibt. Je nach Veranlagung braucht der Schäfer zum Einüben des Furchegehens zwischen drei und acht Wochen. Er hält in der gesamten Ausbildung den Hund an seiner linken Seite. Viele Tiere arbeiten übereifrig, das heißt, sie nehmen sofort alle Schafe an, die sich der Furche auch nur nähern. Jetzt muß viel Fingerspitzengefühl bewiesen werden.

Die Aufgabe des Schäfers ist es, mit der Herde die Fläche restlos bis zur vorgegebenen Grenze zu nutzen. Der Hund darf nur die Schafe strafen (die Nascher), die jenseits der vorgegebenen Grenze fressen, also die Furche überschreiten. Um das einzuüben, nimmt man den Hund an die lange Leine und straft bereits die Absicht, Schafe grundlos zu belästigen mit hartem Leinenruck sowie einem energischen »Pfui!«

Es empfiehlt sich, dieser Ausbildungsetappe etwas mehr Zeit zu widmen, um zu erreichen, daß jegliche Neigung, grundlos zu beißen, im Hund restlos erstickt wird. Man straft auch unsaubere Bisse. Die Ausbildungsphasen Furchehalten – Beißen – Wehren müssen so gefestigt werden, daß der Hund selbständig als Beihund arbeiten kann. Er muß die Furche als Grenze seines Reviers erkennen, in dem er uneingeschränkter Herr ist, dessen Grenzen er aber zu respektieren hat. Sind wir unserer Sache sicher, lassen wir den Hund abgeleint einige Zeit in der Furche laufen, leinen ihn dann wieder an, und ein Helfer treibt einige Schafe über die Furche. Mit dem Kommando »Paß auf!« erregen wir die Aufmerksamkeit des Hundes und fügen sofort das Kommando »Beiß!« an. Treten die Schafe wieder hinter die Furche zurück, rufen wir den Hund. Bleibt er nicht stehen, hilft ein harter Leinenruck nach. Beendet ist diese Ausbildung, wenn der Hund beim Zurücktreiben der Nascher keine Anstalten mehr macht, in die Herde einzudringen. Jetzt beginnt die freie Arbeit, ohne Leine, wobei sich bewährt hat, ab und zu die Reflexe mit der Leine zu verstärken. Immer wieder wird korrigiert, helfend eingegriffen und natürlich ausgiebig gelobt. Das Verhältnis zwischen Lob und Tadel hat eindeutig zugunsten des Lobes auszufallen.

Man muß immer damit rechnen, daß auch ein bereits gut ausgebildeter Hund im Übereifer jugendlichen Temperamentes beim Verfolgen der Schafe in die Herde einbricht. Meist genügt ein scharfes Kommando, im Bedarfsfall wird eine Kette geworfen. Auch ein Erdwurf mit der Schippe hat sich bewährt. Langjährige Schäfer sagen, daß der gut veranlagte Hund in einer Jahreshüteperiode bis zum Beihund ausgebildet werden kann. Die Steigerung zum Halbenhund verlangt Festigkeit in der Furchenarbeit und relative Selbständigkeit, die durch stetige Vergrößerung der Entfernung zwischen Schäfer und Hund geübt wird. Der Endpunkt der Ausbildung ist dann erreicht, wenn dem Hund die »Halbe« überlassen werden kann, er also eine Seite der Herde in den ihm vorgegebenen Markierungen allein hütet. Eine weitere Übung ist das Vorgehen und Stehenbleiben vor der Schafherde, ohne zu beißen und ohne die Herde zu stören. Sinn und Zweck des Ganzen ist, die Herde in eine gewünschte Richtung zu lenken (Kippen) bzw. von falschen Wegen abzuhalten. Das Stellen wird beispielsweise beim Austrieb, beim Treiben zur Weide sowie im engen und weiten Gehüt eingesetzt. Der Hund muß auf der ihm vom Schäfer zugewiesenen Stelle stehenbleiben, bis die Herde vorüber ist. Besonders temperamentvolle Hunde werden immer wieder versuchen, den angewiesenen Platz zu verlassen. Das unterbindet man sofort konsequent. Im praktischen Hütebetrieb sind Stellen und Furchehalten die wichtigsten Übungen. Das Stellen ist vom Hund täglich mehrmals zu leisten.

Im weiten Gehüt kommt es immer wieder vor, daß der Schäfer den Hund vorausschickt und ihn sich an einer bestimmten Stelle hinstellen heißt. Das ist auch möglich, wenn es darum geht, die laufende Herde zum Schwenken in eine bestimmte Richtung zu veranlassen oder vorgeprellte Schafe wieder einzuordnen. Der Hund muß sich auf das Kommando »Voraus!« in die gewiesene Richtung begeben und so lange laufen, bis ihm der Schäfer das Kommando »Steh!« gibt. Das Voraussenden verbindet man zweckmäßigerweise mit einem Sichtzeichen, entweder mit dem Arm oder dem Hütestock. Langsam vergrößert der Ausbilder die Entfernung, ruft jedoch den Hund anfangs aus kürzerer Distanz immer wieder zu sich heran.

Der Hund sollte nicht zu weit vorausgesandt werden, um den Kontakt nicht abreißen zu lassen. Beim bereits erwähnten Kippen steht der Hund direkt an der Herde, nicht einige Meter davor. Dabei besteht natürlich die Gefahr, daß er zu heftig herantritt oder trotz bester Erziehung in die Herde einbricht. Beides führt zu Unruhe. Deshalb behält man den Hund auf kürzester Distanz im Auge, um sofort eingreifen zu können. Durch das Abdrängen einzelner Tiere erreicht der Hütehund die gewünschte Richtungsänderung der gesamten Herde, also auch das Umkehren bzw. Zurückweichen.

Ein letzter Schwerpunkt ist das Verhalten im Straßenverkehr. Grundlage ist, daß der Vierbeiner mit allen Varianten des Straßenverkehrs vertraut gemacht wurde, sich also nicht vor Lkw fürchtet und auch an der Leine bereits zwischen Fahrzeugen und Herde geführt wurde. Er muß lernen, zwischen Fahrzeug und Herde zu bleiben und auf das Kommando »Komm ran!« die Herde an die rechte Fahrbahnseite zu drücken, damit der Straßenverkehr nicht behindert wird. Dabei achtet man besonders darauf, daß der Hund ruhig und ohne Hast an der Herde hin und her läuft. Das üben wir zunächst mit dem angeleinten Hund. Bleibt er unbeeindruckt und arbeitet sicher, läßt man es ihn allein versuchen. Er muß die linke Straßenseite frei halten, ohne die Herde zu weit abzudrängen. Dabei muß verhindert werden, daß Fahrzeuge den Hund verletzen. Gibt es doch immer wieder Kraftfahrer, die kein Vertrauen in die Arbeitsweise und -leistung der Hunde haben und diese zumindest verunsichern. Der Hund muß verhindern, daß einzelne Schafe abgetrennt werden oder daß Fahrzeuge in die Herde eindringen können.

Nach ungefähr zwei- bis dreijähriger gründlicher Ausbildung ist der Halbenhund fertig, das heißt, er übernimmt selbständig eine Seite der Herde, während der Schäfer mit Hilfe des Beihundes die andere Seite beaufsichtigt.

Über die Erziehung sowie das Arbeiten an der Herde schrieb Schäfermeister Heinz-Karl Schmidt in der Zeitschrift »Der Hund« 1984: »Während der Ausbildungszeit eines Junghundes als Beihund und später als Halbenhund habe ich stets zwei ausgebildete Hütehunde bei mir. Läßt die Fruchtfolge oder Hütemöglichkeit es zu, kann einer der beiden ausgebildeten Hunde einen ›freien Tag‹ machen, auch der auszubildende Junghund erhält einen Urlaubstag. Ist nun der Junghund mit seiner Erziehung als Beihund fertig, beginnt die Ausbildung zum Halbenhund. Dazu gehört, daß ich den Hund an der rechten Seite der Herde gehen lasse. Dabei gehe ich zuerst auch auf dieser Seite und erweitere den Abstand täglich, bis ich es geschafft habe, daß der Hund auf der rechten Seite verbleibt und ich wieder auf meiner gewohnten linken Seite gehen kann. Soll der Hund nun auf der rechten Fahrbahnseite oder in der rechten Furche gehen, gebe ich das Hör- und Sichtzeichen »Geh rüber«, verbunden mit dem Anzeigen der Richtung. Dabei muß der Hund vor der Schafherde hinüber gehen. Beim Hüten auf einer großen Fläche, also im weiten Gehüt, auf dem sich die Herde ausbreiten könnte, arbeite ich stets mit dem Halbenhund. Dabei verwende ich meist Sichtzeichen, weil die Entfernung zwischen mir und dem Hund so groß ist, daß Hörzeichen nicht verstanden werden können. Soll die Herde wieder zurückkommen, schicke ich den Halbenhund mit dem Kommando »Geh raus!«, und der Hund muß weit über die Spitze der Herde hinausgehen. Dann muß er im spitzen Winkel bis zur Mitte der Herde laufen, wo er das Kommando »Geh vor!« und »Steh!« erhält, so daß die Herde kippt und langsam wieder zurückweidet.

Danach nimmt man den Hund auf demselben Weg wieder zurück, so daß er die alte Furche erneut einhält. Bei der gesamten Ausbildung von Herdengebrauchshunden habe ich stets darauf geachtet, nur solche Hunde zu verwenden, die keine Raufer sind bzw. keinen Jagdtrieb besitzen. Vorwiegend habe ich Hündinnen an der Herde, weil sie im Wesen leichter lenkbar, anhänglicher und feinfühliger sind. Auch achte ich stets darauf, die verschiedensten Kommandos in unterschiedlicher Lautstärke zu geben. »Steh«, »Platz« werden z. B. hart gesprochen, »Geh vor«, »Komm ran«, »Furche« in einer ruhigeren Tonart.

Je länger ein Hund an der Herde arbeitet, desto besser ist das Verständnis. Oft genügt dann ein Kopfnicken, Handzeichen, Pfiff oder auch nur ein Lächeln von mir, und der Hund weiß, was er zu tun hat.«

Am treffendsten charakterisiert die Kollektivarbeit und die Arbeitsteilung zwischen dem Schäfer und seinem Hund an der Herde: »Der Schäfer ist der Meister, der Halbenhund der Geselle und der Beihund der Lehrling im letzten Lehrjahr.« Zwischen Schäfer und Hund herrscht ein besonderes Verhältnis. Einen guten Schäfer erkennt man an der Pflege seiner Hunde.

Blindenführhunde

Auch die Ausbildung des Blindenführhundes gliedert sich in mehrere Etappen, die durch zunehmende Schwierigkeitsgrade gekennzeichnet sind. Hauptproblem und gleichzeitig der schwierigste Lernprozeß für den Hund ist die Orientierung des Hundes innerhalb für ihn nicht überschaubarer Raumdimensionen. Es werden gewaltige Umstellungen im tierischen Verhalten gefordert, wenn der wesentlich kleinere Hund den aufrechtgehenden Menschen vor solchen Hindernissen zurückhalten soll, die für ihn selbst keinerlei Schwierigkeiten bedeuten. Diese Raumbeherrschung, die wesentlich über seine eigenen körperlichen Bedürfnisse hinausgeht, ist die schwerste Aufgabe, die der Hund während seiner gesamten Ausbildungszeit zu lösen hat.

Das Ziel der Ausbildung eines Blindenführhundes ist, ihm durch systematisches Training beizubringen, wie unterschiedlichste Hindernisse im Raum zu beachten und zu umgehen sind. Während der Arbeit heißt es für den Vierbeiner, viele natürliche Bedürfnisse zu unterdrücken: Beschnuppern von Artgenossen, Verfolgen fremder Spuren, Schnuppern an Losung und Urinstellen anderer Hunde usw. muß er unterlassen.

Sogar seine Bewegungsfreiheit ist stark eingeengt, d. h. dem langsamen Gang des Blinden angepaßt. Klar ist aber, daß der Hund nur das kann, was ihm beigebracht wurde. Er wird also nur Strecken führen, die er früher bereits gegangen ist, und in Fahrzeuge einsteigen, die er während des Trainings kennengelernt hat. Das Kommando »Geh zum Bahnhof!« hat nur dann Sinn, wenn der Hund damit etwas Bekanntes verknüpfen kann. Um zu erreichen, daß der Hund vor für ihn ungefährlichen Hindernissen warnt und im Führgeschirr läuft, wurden im Laufe der Jahre verschiedenste Hilfsmittel konstruiert, von denen der »Künstliche Mensch« oder Abrichtewagen das wohl bekannteste ist. Er dient der Simulation später realer Situationen.

Geschichte

Obwohl es Abbildungen aus sehr frühen Zeiten gibt, die blinde Menschen mit Hunden darstellen, ist es doch unwahrscheinlich, daß es sich bei ihnen um erste Formen des Führhundes handelt. Es ist anzunehmen, daß diese Tiere Gefährten der Blinden waren, mit ihnen durchs Land zogen und auch zu kleinen Hilfeleistungen herangezogen wurden.

In Herculaneum fand man bei Ausgrabungen ein gut erhaltenes Bild, das einen Mann darstellt, der von einem Hund geleitet wird und sich auf einen Stab stützt. Da er die Gabe, die ihm eine Frau reicht, nicht ergreift, schließt man, daß er blind ist. Ob der Hund den Mann leitet oder nur begleitet, ist aus dem Bild allerdings nicht zu erkennen.

Eine Sage berichtet, daß der vom Keltenkönig Odran geblendete germanische Fürst Helmhold von seinem Hund durch die dichten Urwälder des Taunus geführt wurde. Ebenfalls in Begleitung eines Hundes zogen viele blinde Sänger des Mittelalters von Burg zu Burg. Es ist nicht bewiesen, daß es sich um Führhunde handelte. Bekannt sind aber die Hunde des Pariser Blindenhospitals »des Quinze-Vingts«, die um 1780 von den Hospitalinsassen zu Führdiensten ausgebildet wurden. 1797 erschien das Buch »Geschichte berühmter Hunde« von A. F. J. Frèville, in dem es heißt: »Die Art, wie der Hund die unsicheren Tritte der Blinden leitet, erregt wahrhaftig Bewunderung und verdient unsere Erkenntlichkeit. Welche Klugheit, Geduld und Sorgfalt in diesem wohltätigen Tiere! Niemals verfehlen sie an deren Tür zu weilen, die ihrem Herrn ein Almosen zu geben imstande sind. Sehr sorgfältig weichen sie den Karren, Lasttieren und Frachten auf ihrem Wege aus, und das in der größtmöglichen Entfernung schon. Ich habe gesehen, sagt Montaine, wie welche einen ebenen und geraden Weg nicht gingen, bloß weil er tiefe oder mit Wasser angefüllte Gräben hatte, und daß diese vorsichtigen Tiere einen anderen krummeren Fußsteig wählten, wo ihr Herr aber keiner Gefahr unterworfen war.«

Josef Reisinger, ein Handwerksbursche, der 1780 als Zwanzigjähriger auf der Wanderschaft sein Augenlicht verlor, gilt als erster, der systematisch einen Hund für die Führarbeit ausbildete. Sein Spitz, den er ab 1788 stets bei sich hatte, führte ihn so perfekt, daß häufig an Reisingers Blindheit gezweifelt wurde. Unter anderen griffen Autoren wie Johann Wilhelm Klein, Begründer des Wiener Blindeninstituts, und der Schweizer B. Birrer das Thema Führhund auf und wiesen den Wert des Führhundes nach. Doch während des ersten Weltkrieges griff Dr. L. Senefelder aus Wien, unterstützt vom Österreichischen Polizei-, Kriegs- und Sanitätshundeverein, den Gedanken neu auf und schlug vor, den vielen im Krieg erblindeten Männern einen Führhund zur Seite zu geben. Das Echo war wiederum nur gering. Erst 1916 richtete der deutsche Geheimrat Stelling die erste Führhundschule der Welt in Oldenburg ein. Unterstützung fand er beim Deutschen Verein für Sanitätshunde, konnte sich jedoch trotz erfolgreicher Arbeit finanziell nicht halten. 1923 gründete dann der Deutsche Schäferhundverein in Potsdam wiederum eine Führhundschule. Jetzt trat der Blindenführhund seinen Siegeszug um die Welt an. Die Ausbildungsmethoden werden ständig auf dem neuesten Stand wissenschaftlicher Erkenntnisse gehalten.

Spezialausbildung

Man kann davon ausgehen, daß ein normal veranlagter Hund nach ungefähr acht Wochen Spezialausbildung so weit ist, gute Führarbeit zu leisten. In der ersten Phase der Erziehung lernt der Vierbeiner gutes Benehmen, wie es in den einleitenden Kapiteln beschrieben wurde. Im Verlauf der Spezialausbildung soll sich der Hund dann zunächst an den »Künstlichen Menschen« gewöhnen. Dieser Wagen läuft auf drei luftbereiften Rädern, das Vorderrad, und damit der ganze Wagen, ist nach rechts und links schwenkbar.

Hinter diesem Rad befindet sich ein Dorn, der den Wagen vor dem Überrollen der Bordsteinkante ruckartig bremst. Vor dem Schwenkrad ist ein Verweisungsbügel angebracht, der das Überrollen der Bordsteinkante oder auf der Erde liegender Hindernisse ruckartig oder laufhemmend verhindert. Die Maße des Abrichtewagens entsprechen in Höhe und Breite einem mit Hund laufenden Menschen. In diesem Wagen wird der Hund eingeschirrt. Er muß im Verlaufe der Ausbildungszeit dessen Maße völlig in die eigenen Verhaltensweisen aufnehmen.

In der ersten Zeit werden ebene Strecken ohne die verschiedenartigen Hindernisse »von oben«, wie z. B. Baugerüste, überhängende Äste usw. befahren. Erst, wenn der Hund schon ziemlich vertraut mit dem Wagen ist, folgen Bordsteine. Bei der letzten, abschließenden Übung wird eine hohe, querliegende Latte vom oberen Wagenrand gerade noch heruntergerissen, wenn der Hund sie nicht beachtet.

Wird der Vierbeiner im Wagen angeschirrt, so entspricht das bis ins Detail dem späteren Hundegeschirr. Die benötigten Riemen berühren die gleichen Körperteile. Das ist u. a. deshalb wichtig, weil in der Eingewöhnungszeit fast alle Kommandos durch Einwirken über das Geschirr unterstrichen werden. Die Riemenführung gestattet es dem Hund, den Wagen nach allen Seiten frei zu bewegen. Der Ausbilder hält einen längeren Riemen in der Hand, mit dem er die Möglichkeit hat, auf den Hund einzuwirken. Ziel der ersten Ausbildungsetappe ist es, den Hund an die feste Bindung an den Wagen zu gewöhnen, ihm erste Kommandos zu vermitteln und ihm die neue Umgebung vertraut zu machen. Täglich werden Spaziergänge mit Wagen unternommen und erweitert, bis das Tier den Wagen frei zieht. Der zunächst neben dem Hund herlaufende Ausbilder bleibt mit der Zeit immer weiter zurück.

Läuft der Hund frei mit dem Wagen auf hindernisfreier Strecke, werden Halt- und Kehrtwendungen auf glatten Wegen geübt. Gerade die Kehrtwendungen haben später für das Verhalten an Hindernissen, die der Hund selbständig umgehen soll, Bedeutung. Führt der Hund alle bis jetzt geforderten Leistungen willig, ohne Hemmungen, mit lebhaftem Ausdruck und nicht gedrückter Rute aus, folgt die Arbeit am Bordstein. Auf dem jetzigen Ausbildungsstand angelangt, versteht es der Hund, auf hindernisfreier, gerader Strecke im Wagen zu gehen. Er hat die unterschiedlichsten Kehrtwendungen und das Halten gelernt. Man geht in der weiteren Arbeit davon aus, daß der Bordstein das wohl häufigste Hindernis ist, das dem Hund beim Führen eines Blinden begegnet.

Wie bringt man es dem Hund nun bei, daß die für ihn freie Gehbahn, unterbrochen durch die Straße, Hindernisse enthält, die für ihn normalerweise keine sind? Der Vierbeiner geht im Wagen an die Bordsteinkante, ohne eine Reaktion zu zeigen. Natürlich wird die Kante dabei überfahren. Jetzt setzt der hinter dem Schwenkrad befindliche Dorn auf der Kante auf und bremst den Wagen ruckartig, so daß der Hund mehr oder weniger hart am Weiterlaufen gehindert wird. Mit dem Kommando »Voran!« hebt der Ausbilder den Wagen über den Bordstein. Immer wieder läßt der Ausbilder den Wagen über die Kante fahren, hebt ihn an und läßt den Hund mit dem Kommando »Voran!« die Straße überqueren. Auf der anderen Straßenseite wiederholt sich das Geschehen in umgekehrter Reihenfolge. Der Hund fährt im normalen Lauf gegen die Bordsteinkante, wobei der vorn am Wagen angebrachte Verweisungsbügel das Gefährt ruckartig zum Stehen bringt. Jetzt erfolgt wieder das Anheben durch den Ausbilder, gleichzeitig kommt das Kommando »Voran!«.

Je nach Veranlagung des Hundes sollte das Anfahren des Bordsteines mehr oder weniger heftig erfolgen, um den Reflex stark auszubilden. Es kommt vor, daß Hunde in Erwartung des kommenden Rucks die Straße nur zögernd überqueren. Hier ermuntert der Ausbilder mit dosiertem Lob.

Das Übungsgelände wird ständig gewechselt. Immer neue Umweltverhältnisse werden dem Vierbeiner angeboten. Damit sich beim Hund keinesfalls ein Zeitreflex bildet, muß am Bordstein unterschiedlich lange verwiesen werden. Er darf erst dann weiterlaufen, wenn das Kommando dazu erfolgt. Jetzt nehmen die Schwierigkeiten ständig zu. Außer dem Bordstein muß er ferner die verschiedensten Hindernisse passieren, z. B. enge Durchgänge, oder eigens zur Ausbildung schräg aufgestellte Stangen. Begonnen wird mit einfachen, deutlich sichtbaren Hindernissen, die der Hund erkennen und verweisen muß. Ein enger Durchgang wird z. B. mit zwei Böcken simuliert, die so auf dem Gehweg aufgebaut werden, daß der Wagen gerade noch hindurchpaßt – aber nur, wenn der Hund das Hindernis richtig angeht. In der ersten Zeit stößt er sicher an. Das wird vom Ausbilder getadelt. Stößt der Hund immer wieder an, unterstreicht der Ausbilder das »Pfui!« mit einem harten Leinenruck. Mit der Zeit verweist der Hund auftauchende Hindernisse, indem er stehenbleibt, so daß sie der Blinde ertasten kann, bevor er sich weiterführen läßt. Erweist sich das Hindernis für den Wagen als zu eng, muß es umgangen werden. Neben dem engen Durchgang gehören die verschiedensten anderen Hindernisse zum Übungsprogramm: Fahrräder, Kinderwagen, parkende Autos usw.

Die nächste Erfahrung muß der Hund mit dem für ihn eigentlich uninteressanten Raum über ihm machen. Es stellen sich ihm Hindernisse entgegen, die über seiner eigenen Höhe liegen, so z. B. eine schräg nach oben führende Stange, die er erst einmal anfährt. Dafür wird mit dem Kommando »Pfui!« und einem Leinenruck gestraft. Nun soll der Hund lernen, sich selbständig vom Hindernis zu entfernen und es in sicherem Abstand zu umgehen. Meist muß er dabei auf die Straße. Nachdem er also das Hindernis angefahren hat und dafür gestraft wurde, gönnt man ihm eine kleine Pause, damit er auch später vor Hindernissen kurz verweilt. Dann kommt das Kommando »Ran an Bord!«, unterstützt durch Zurückziehen der Handleine. Im Bedarfsfall wird der Wagen leicht gedreht.

Der Hund soll lernen, selbständig zu handeln. Ist die Bordsteinkante erreicht, verweist der Hund sie und das Gespann betritt die Straße. Der Ausbilder achtet vom ersten Moment an darauf, daß der Hund die Straße auf dem kürzesten Weg wieder verläßt, also das Hindernis in möglichst kleinem Bogen umgeht. Bevor der Fußweg wieder betreten wird, verweist der Hund ordnungsgemäß die Bordsteinkante, der Ausbilder hebt den Wagen auf den Fußweg und mit dem Kommando »Voran!« setzen beide die Arbeit fort. Wichtig für die gesamte Ausbildung ist, daß der Hund die Breite des Gespanns richtig einzuschätzen lernt und immer die Mitte des Fußweges sucht, um nach beiden Seiten größten Spielraum zu haben. Zum richtigen Einschätzen seitlicher Begrenzungen gehört aber auch, Toreinfahrten, Hauseingänge, Tore usw. zu durchfahren, alles Situationen, die einem allein laufenden Vierbeiner keinerlei Schwierigkeiten bereiten.

Als komplizierteste Übung erwartet den Hund das Lattenhindernis. Der Hund wird in der ersten Zeit das Hindernis voll angehen, also so im Wagen weiterlaufen, als wäre es eine hindernisfreie Strecke. Die heruntergefallene Latte trifft den Hund im Rücken. Schmerz und Schreck wirken zusammen und lehren ihn, eine für den Blinden gefährliche Situation rechtzeitig durch Anhalten zu verweisen; das Hindernis in Kopfhöhe. Mit dem Kommando »Pfui!« und einem Leinenruck wirkt der Ausbilder zusätzlich auf den Hund ein. Auf das Kommando »Voran!« muß der Vierbeiner einen Ausweg suchen. Es ist bei fortgeschrittener Ausbildung von besonderer Wichtigkeit, immer weniger helfend einzugreifen. Der Hund muß die Lösung der Aufgabe so selbständig wie nur möglich finden, unterstützt von den Kommandos, an die er sich immer mehr gewöhnt. Es wird nicht lange dauern, bis der Hund gelernt hat, sich von der heruntergefallenen Latte zu befreien und sich auf Kommando zum Bordstein zu wenden, um das Hindernis auf der Straße zu umgehen. Der Ausbilder stellt sich so, daß der Hund in seinem Bestreben, zum Ausbilder zu gelangen, den Bordstein anläuft. Schnell wird der Vierbeiner miteinander verknüpfen, daß die Latte unangenehm, aber die Straße zum Ausweichen besonders angenehm ist. Man muß aber darauf achten, daß der Hund von Anfang an alle Hindernisse stets in einem für den Blinden ungefährlichen Abstand verweist und auch umgeht.

Die Hindernisse werden an verschiedenen Plätzen errichtet und ihre Form ständig variiert, um das Tier vor immer neue Entscheidungen zu stellen. Ist dieser Ausbildungsstand mit dem Gerät erreicht, beginnt die Arbeit ohne Wagen.

Im Handgeschirr

Läuft der Hund im Wagen völlig sicher, verweist und umgeht er alle Hindernisse zur Zufriedenheit des Ausbilders, beginnt die letzte Etappe der Ausbildung, die Arbeit im Handgeschirr. Jetzt heißt es, das Verhalten an allen Hindernissen in der gleichen Art wie später bei der Führungstätigkeit zu üben. Der Hund lernt, mit dem Menschen neben sich zu gehen. In der Phase der Umgewöhnung auf das Handgeschirr kommt dem richtigen Verhalten des Ausbilders größte Bedeutung zu. Er muß alle verwiesenen Hindernisse mit dem Stock ertasten, um für den Hund durch Lautkombination, also durch Stockklopfen, einen Reflex zu bilden. Das Wichtigste ist jetzt die richtige Aufgabenstellung. Sie muß einem Großstadtverkehr angepaßt sein. Zum Lehrprogramm gehört nun: auf bestimmte Kommandos von Tür zu Tür zu gehen, das Einsteigen und Aussteigen bei Verkehrsmitteln, das Herabsteigen schwieriger Treppen, das Ausweichen vor Passanten usw. Verweist der im Handgeschirr laufende Hund einmal ungenau, geht der Ausbilder absichtlich gegen das Hindernis und ruckt mit dem Kommando »Pfui!« am Handgeschirr. Dann wiederholt er die Übung im Abrichtewagen. Zeigt der Hund das richtige Verhalten, wird er ausgiebig gelobt. Verhält sich der Hund auf allen gebotenen Wegen und an allen Hindernissen richtig, erfolgt ein sogenannter Blindgang. Dabei werden dem Ausbilder die Augen verbunden. Eine Begleitperson wacht darüber, daß durch Fehler des Tieres dem Ausbilder kein Schaden zugefügt wird. Verläuft dieser Blindgang ohne Komplikationen, ist der Blindenführhund für seine Aufgabe reif.

Hundeführerlehrgang

Eine gute Zusammenarbeit zwischen Blindem und Hund ist nur dann möglich, wenn beide sich verstehen, aufeinander eingehen, ein Gespann bilden. Hierbei treten naturgemäß viele Schwierigkeiten auf, besonders bei solchen Menschen, die zum ersten Mal einen Hund besitzen. Um Konflikte von vornherein auszuschließen, findet in den Abrichteanstalten für Blindenführhunde ein in der Regel zehn Tage dauernder Lehrgang für die künftigen Führhundehalter statt. Hier wird der Blinde mit seinem Vierbeiner vertraut gemacht, mit dessen Pflege, Haltung und Fütterung, aber auch mit allen anderen Problemen, die eine Hundehaltung mit sich bringt. Am Ende der Einarbeitung soll sich der Blinde gut mit dem Hunde verstehen und mit dem Tier umgehen können. Ebenso wie vorher die Ausbildung, staffelt sich auch der Lehrgang in verschiedene Etappen zunehmender Schwierigkeit.

Der Hund muß den Blinden als Meutenführer anerkennen und gleichzeitig von dem bisherigen, dem Ausbilder, gelöst werden. Natürlich wird der Hund, speziell in den ersten Tagen, ständig den Kontakt zum Ausbilder suchen und auf den neuen Herrn nicht reagieren.

In diesen Tagen wird eine der wichtigsten Voraussetzungen für die spätere gute Zusammenarbeit zwischen Blindem und Hund geschaffen. Der Hund muß den Blinden von Anfang an respektieren, sonst kann der Gehorsam des Führhundes später zu wünschen übrig lassen. Das kann für den Blinden sehr gefährlich werden. Der Blinde muß sich von Beginn des Lehrganges an möglichst viel mit seinem Tier beschäftigen. Der Hund lernt, auf die Kommandos seines neuen Herrn heranzukommen, sich zu setzen oder zu legen. Auch das tägliche Putzen des Tieres gehört von Anfang an zu den Obliegenheiten des Blinden. Zwischen beiden entsteht ein Rangordnungsverhältnis. Wie schnell die nötige feste Bindung erreicht wird, hängt sehr vom Einfühlungsvermögen des Blinden im wahrsten Sinne des Wortes ab.

Wichtig ist, daß der Hund in den ersten Tagen lernt, auf das Kommando »Hierher!« so zu seinem neuen Herrn zu laufen, daß dieser ihn vor dem Überstreifen des Geschirrs berühren kann. Erste Übungsgänge sollten nie eine Stunde überschreiten, denn beide Partner sollen sich zunächst kennenlernen. Diese Gewöhnungsgänge finden auf ruhigen Straßen statt, wobei außer der Bordsteinkante keine Hindernisse eingebaut werden. Der Hund soll den Blinden und seine Kommandos kennenlernen und der Blinde soll darauf achten, stets die Kommandos an der richtigen Stelle kombiniert mit dem Handgeschirr einzusetzen. Ein erhobenes Geschirr gehört für den Hund zum Kommando Gehen.

Hält der Blinde am Bordstein das Geschirr zu hoch, kann es passieren, daß der Hund weiterläuft, bevor sein Führer das Hindernis ertastet hat. Richtig ist, das Hindernis zu ertasten und dann erst das Geschirr hochzunehmen, als Signal für den Hund, die weitere Führung zu übernehmen. Je nach dem Grad der Anpassung werden die täglichen Übungsgänge erweitert und der Schwierigkeitsgrad erhöht, wobei alle Arbeiten ständig vom Ausbilder kontrolliert werden. Der Blinde muß der Leistung des Hundes voll vertrauen. Jeder Versuch, aus Mißtrauen die Führung selbst zu übernehmen, kann den Hund zu Handlungen zwingen, die erlernten Verhaltensweisen entgegenstehen.

Katastrophenhunde

Bei Erdbeben, Häusereinstürzen, Erdrutschen und anderen Katastrophen können Personen verschüttet werden. Die noch mit Schutt und Trümmern bedeckten Opfer werden von den Suchmannschaften sehr oft nicht gefunden, weil sie infolge ihrer Verletzungen unfähig sind, sich durch Rufen oder Klopfen bemerkbar zu machen. Dank seiner Ausbildung, lebende Menschen, die unter Trümmern liegen, zu suchen, kann der Katastrophenhund den Bergungstrupp schnell an den Fundort führen. Die anspruchsvolle Ausbildung eines Katastrophenhundes erfordert von Mensch und Tier sehr große Einsatzbereitschaft. Wer es gewohnt ist, seinen Vierbeiner vorwiegend über Starkzwang zu Leistungen zu bringen, wird Mühe haben bei der Ausbildung eines Katastrophenhundes. Er muß lernen, den Hund nicht durch Einwirkungen herkömmlicher Art, sondern durch Ermunterung, das heißt in erster Linie durch guten Kontakt, zu einer bestimmten Leistung zu veranlassen. Das erfordert viel Einfühlungsvermögen und Geduld, aber auch Konsequenz. Der Hund darf nicht überfordert werden, ist jedoch zu einer möglichst großen Selbständigkeit zu führen. Die Ausbildung zum Katastrophenhund ist nicht im Alleingang möglich, schon gar nicht für Anfänger.

Am besten sind Hunde geeignet, die bereits eine Prüfung bestanden haben, gesunde Nerven haben und nicht zu aggressiv auftreten. Die Gehorsamkeitsleistungen der Fährtenhundprüfung entsprechen in etwa denen, die auch für Katastrophenhunde zutreffen.

Bei der Spezialausbildung bewährte sich, die Ausbildung allein auf Futter aufzubauen. Der Erzieher ist im Vorteil, der mit Familienmitgliedern als Helfer arbeiten kann. Der Beginn ist überall möglich, im eigenen Garten, auf dem Hof. Als erstes wird ein Behältnis, ein Faß oder eine Kiste, benötigt, so groß, daß es den Helfer aufnehmen kann. Nun gräbt man ein Loch, anfangs nicht allzu tief, verbirgt den Helfer im Behältnis und bedeckt es mit Erde. Im Bedarfsfall führen wir vorher einen Gummi- oder Plasteschlauch ein, der ständige Frischluftzufuhr garantiert. Nachdem die Erdoberfläche wieder so hergerichtet wurde, daß sie sich von der Umgebung kaum noch unterscheidet, lassen wir den Hund mit dem Kommando »Such!« laufen oder nehmen ihn mit gleichem Hör-Laut an die Führerhandleine. Besser ist für spätere praktische Einsätze die freie Suche. Der Vierbeiner entdeckt das Duftfeld des versteckten Helfers relativ schnell. Beginnt er an der richtigen Stelle zu scharren, loben und ermuntern wir ihn. Beherrscht er die Übung »Gib Laut!«, erhält er das notwendige Kommando. So erreichen wir nach nicht allzu langer Zeit, daß der Hund verborgene Personen durch Scharren und Bellen anzeigt. Als Belohnung erhält der erfolgreiche Vierbeiner stets einen Leckerbissen vom Helfer, nachdem er aus dem Versteck geholt wurde. Der Helfer versteckt sich an den verschiedensten Stellen unter, auf und über der Erde. Wichtig ist, den Hund so selbständig wie möglich suchen zu lassen, er muß selbstbewußt genug sein, auch in Röhrensysteme und Trümmerfelder einzudringen.

Da kaum geeignete Übungsmöglichkeiten für Katastrophenhunde in den Städten und Gemeinden zur Verfügung stehen, haben beispielsweise die Mitglieder des Prager Rettungshundeführerzuges in der CSSR ein Abkommen mit der dortigen Stadtverwaltung geschlossen, das garantiert, daß die Hundeführer von jeder Haussprengung rechtzeitig erfahren. Kurz nach der Sprengung nutzen sie die Ruine als Trainingsplatz unter sehr praxisnahen Bedingungen. Wenn unser Hund das angebotene Gelände sicher absucht, erweitern wir die Anforderungen an den Hund. Er soll jetzt zwei bis drei Helfer suchen. Der Phantasie bei der Auswahl der Verstecke sind keine Grenzen gesetzt: auf Bäumen, in Kisten, unter Reifen, in Röhren, in Kellergängen usw. Eines darf auf keinen Fall geduldet werden, geringste Anzeichen von Aggressivität. Lassen diese sich nicht gänzlich unterbinden, ist der Vierbeiner für die Ausbildung und Arbeit als Katastrophenhund untauglich. Wer mit einem Tier ohne Vorausbildung arbeiten möchte, muß vorher Gehorsam und Fährtenarbeit einüben.

Bei dieser Spezialrichtung der Hundeausbildung handelt es sich nicht nur um sportliche Qualifikationen, sondern um praxisbetonte Arbeit. Einige Zahlen aus der Arbeit der Schweizer Katastrophenhundeführer verdeutlichen das:

Jahr	Anlaß	eingesetzte Teams	Lebendbergungen
1976	Erdbeben Friaul, Italien	12	16
1977	Erdbeben Bukarest, Rumänien	10	10
1978	Erdbeben El Asnam, Algerien	18	22
1980	Erdbeben Süditalien	12	11

Insgesamt waren Schweizer Rettungsteams (ein Team besteht immer aus Hundeführer und Hund) in acht Jahren achtmal im Einsatz, wobei von den 66 Teams 59 Menschen lebend geborgen wurden.

Ähnlich der Ausbildung der Katastrophenhunde erfolgt speziell bei den Sicherheitsorganen die Ausbildung von Leichensuchhunden, nur benutzt man dort entweder Geruchskonserven Toter, bzw. Leichenteile, die versteckt werden.

Sanitätshunde

Der Sanitätshund stellt die älteste Art des Rettungshundes dar. Als Flächensuchhund hat er in unübersichtlichem Gelände vermißte Personen zu suchen und seinem Ausbilder anzuzeigen. Ursprünglich mußte der Hund einen Handschuh, die Kopfbedeckung oder ein anderes Bekleidungsstück der gefundenen Person zurückbringen. Auf dieses Zeichen begab sich der Ausbilder mit seinem vierbeinigen Helfer zum Vermißten. Heute arbeitet man meist mit dem Bringsel. Die Arbeitsweise gleicht dem Bringselverweisen bei der Jagdhundeerziehung.

Hat der Hund seinem Herrn einen Gefundenen angezeigt, führt er ihn dorthin und legt sich neben die vermißte Person. Die verschiedenen Prüfungsordnungen legen unterschiedliche Qualifikationen fest. Stets sind aber Personen auf der Erde anzuzeigen, keine vergrabenen oder versteckten Menschen. Die höchsten Anforderungen verlangen, daß der Sanitätshund in vierzig Minuten ein schwieriges Gelände von 500 m Länge und 120 m Breite systematisch absucht und darin drei Personen und einen Gegenstand findet und korrekt anzeigt. Das stellt hohe Anforderungen an Hund und Ausbilder. Letzterer muß körperlich fit und in der Lage sein, sich taktisch richtig in komplizierten Situationen zu verhalten.

Vom Hund werden gutes Wesen, Lauffreude und Selbstbewußtsein verlangt. Seit Jahrhunderten wird im Schweizer St. Bernhards-Hospiz der Bernhardiner als Sanitätshund eingesetzt, der vom heutigen Standpunkt aus ein Zwischending von Sanitäts- und Lawinensuchhund ist. Dennoch wird allgemein der erste Weltkrieg als die Geburtsstunde des Sanitätshundewesens angesehen. 1893 gründete der Tiermaler Bungartz den »Deutschen Verein für Sanitätshunde«, aber erst in den Jahren 1914/15 gelangten Sanitätshunde aus traurigem Anlaß zu höchsten Leistungen. Die Ausbildung des Sanitätshundes erfolgt analog der bereits beschriebenen Einzeldisziplinen des Schutzhundes. Besonders wichtig ist die Quadratsuche.

Lawinensuchhunde

Der Lawinensuchhund leistet wertvolle Dienste bei der Suche nach Verschütteten und kann ihre Körper in kürzester Zeit auch unter einer dicken Schneelage ausmachen. Die Rettungsmannschaft beginnt dann sofort mit dem Schneeräumen und den eigentlichen Rettungsarbeiten. Lawinensuchhunde sind nur noch in wenigen Ländern zu finden, z. B. in den Alpen und in der Hohen Tatra.

Was wird von einem Lawinensuchhund verlangt? Die Gehorsamkeitsübungen ähneln in ihrer Ausführung denen der Schutzhunde, nur einige Disziplinen werden vom Ausbilder gemeinsam mit dem Vierbeiner ausgeführt, u. a. das Kriechen. Wir wollen uns speziell mit dem Suchen nach Lawinenopfern befassen. Prüfungsmäßig sieht das so aus, daß der Hundeführer mit seinem Tier in einer künstlichen oder natürlichen Lawinenbahn von 80 m mal 150 m die Suche nach den Lawinenopfern ausführt. Der Hund sucht in Zickzack-Linie das Gelände ab und zeigt aufgespürte Opfer durch Scharren an. Der Ausbilder durchquert die Lawinenbahn und hält sich dabei etwa auf der Mittellinie, vergleichbar mit dem Revieren nach Figuranten bei der Schutzhundausbildung. Nur bei sehr schlecht überschaubarem Gelände verläßt er die Linie, um den Hund bei seiner Arbeit beobachten zu können. Vorher wurden auf Anordnung des Prüfungsrichters zwei Menschen etwa einen Meter tief in Spezialkisten im Schnee vergraben. Dabei dürfen Hundeführer und Hund nicht anwesend sein. Die Helfer und alle Personen, die eingegraben werden, verlassen und betreten die Lawinenbahn je nach Gelände entweder links oder rechts von den in Höhe der Grabestellen verlaufenden Längsachsen. Haben alle Helfer die Lawinenbahn verlassen, tritt eine ungefähr zwanzig Minuten dauernde Pause ein, erst dann beginnt der Hund seine Suche. Hat er einen Helfer gefunden, soll er auf dieser Stelle mit den Pfoten graben oder auf andere, deutlich erkennbare Art den Erfolg anzeigen. Ist die gefundene Person freigelegt und weggebracht worden, kehrt der Ausbilder an die Ausgangsposition zurück und beginnt von neuem mit der Suche. Alle akustischen und Sichtzeichen sind erlaubt. Die einzelnen Prüfungsstufen unterscheiden sich nur durch die Tiefe der Verschütteten, die bis zu zwei Metern reicht.

Bei der Auswahl geeigneter Hunde für die Ausbildung zum Lawinensuchhund hat sich gezeigt, daß ein Hund, der nicht das Wesen eines guten Schutzhundes hat, nur schwer zu einer zuverlässigen Sucharbeit zu bringen ist.

Die Entwicklung der Suchfreude ist bei der Vorausbildung das wichtigste. Sie kann stimuliert werden, indem man den Hund seinen eigenen Herrn suchen läßt. Er wird vor den Augen seines Vierbeiners im Schnee vergraben, und nach erfolgreichem Finden erntet der Hund viel Lob und auch mit Lieblingshappen wird nicht gespart.

In der nächsten Phase können Familienangehörige, zu denen der Hund ein gutes Verhältnis hat, als Helfer fungieren. Die Entfernung, aus der unser Hund beim Eingraben zusehen darf, wird nun ständig größer. Damit wird die Suchfreude so lange trainiert, bis der Vierbeiner jeden Fremden mit demselben Eifer wie seinen Herrn unter dem Schnee aufstöbert. Günstig ist auch, während der Ausbildung den Hund vergrabene Gegenstände suchen zu lassen.

Atmende Helfer werden stets schon sehr schnell während der sogenannten Grobsuche entdeckt. Das ist aber bei kaum noch atmenden und bedeutend kompakter eingeschlossenen Lawinenopfern nicht die Regel.

Um die engmaschige Feinsuche üben zu können, läßt man Gegenstände suchen, die sich in der Geruchsintensität stark vom menschlichen Körper unterscheiden. Das Auffinden von Gegenständen kann im Ernstfall wertvolle Hinweise für die mutmaßliche Lage der Opfer geben. Um den Hund effektiv einsetzen zu können, übt man sich während der sportlichen Tätigkeit auch darin, das Gelände richtig zu beurteilen. Diese Fähigkeit muß jeder Ausbilder beherrschen.

Ausstellungshunde

»Eine Hundeausstellung ist: ein Hobby, ein recht interessanter Anlaß, ein Treffpunkt der Hundefreunde, ein internationaler Großanlaß, eine Spinnerei, ein ausgemachter Blödsinn, ein Intrigenspiel, der Treffpunkt für Minderwertigkeitskomplexe. Es kommt auf den Blickwinkel des Besuchers, Ausstellers, Tierfreundes, Kritikers oder Nörglers an« – soweit die Gedanken eines Ausstellungsrichters, wie wir sie in der Fachzeitschrift »Schweizer Hundesport« 1982 lasen. Er stellte im gleichen Beitrag folgende drei Thesen auf, die sich jeder Hundebesitzer, der einmal ausstellen will, genau einprägen sollte:

1. Man sollte meinen, der Hundebesitzer hat seinen Hund gepflegt und so weit erzogen, daß er sich von der besten Seite zeigt.
2. Man sollte meinen, daß der Hundebesitzer den Standard der von ihm bevorzugten Rasse kennt und die Vorzüge der Rasse am lebenden Objekt auf einer Ausstellung herausstellt.
3. Man sollte meinen, der Hundebesitzer kennt seinen Hund durch und durch und somit auch sein Verhalten in allen Situationen. Es gibt ruhige, selbstsichere und temperamentvolle, wendige und nervöse, stets verteidigungsbereite Hunde, und es gibt alle Mischungen und Nuancen dieser Charaktereigenschaften. Diese Eigenschaften im Ring so zu zeigen, daß sich der Charakter mit den anatomischen Vorzügen präsentiert, ist die hohe Kunst des Vorführens.

Eine Ausstellungskarriere fängt dort an, wo ein Zuschauer am Ring eingehend beobachtet und lernt. Obwohl es kein Abrichtekennzeichen »Ausstellungshund« oder dergleichen gibt, ist es für den Neuling wichtig, zu wissen, was eigentlich von ihm gefordert wird und wie der Ablauf der Ausstellung ist.

Beurteilung

Unser Hund ist der schönste, das steht außer Zweifel. Aber nachdem das auch der Nachbar und sogar die Freunde im Hundeverein sagen, möchten wir das aus berufenem Munde hören. Zufällig findet in der Nähe eine Hundeausstellung statt. Aus den Meldeunterlagen ersehen wir, in welcher Klasse unser Vierbeiner starten kann. Das richtet sich nach seinem Alter, seinen Prüfungen und Ausstellungstiteln. Am Tage der Ausstellung fahren wir rechtzeitig, im Besitz eines tierärztlichen Attestes, zum Veranstaltungsort.
Dort sind viele Seilvierecke bzw. Kreise abgesteckt, in denen sich Menschen und Hunde tummeln. Was passiert nun in diesen »Richterringen«, welche Anforderungen gilt es zu erfüllen? Zuerst werden alle Tiere einer Klasse im Ring aufgestellt, in Reihenfolge ihrer Startnummern. Dann geht es auf Kommando des Helfers oder Richters im Laufschritt oder Schritt im Kreis herum. Dabei läuft der Hund links neben dem Besitzer im inneren Kreis. Hat sich der Richter einen allgemeinen Überblick verschafft, beginnt die Beurteilung der Hunde, die dazu einzeln in der

Mitte des Ringes Aufstellung nehmen müssen. Wichtig ist, daß der Besitzer nicht nervöser als notwendig ist. Seine Nervosität überträgt sich sofort auf den Vierbeiner. Man muß sein Tier vor allem ständig beobachten, damit es immer die vorteilhafteste Stellung einnimmt. Steht der Hund etwas zu eng oder nicht genügend gestreckt, macht man noch einige Schritte, reicht das nicht, wird noch einmal ein kleiner Kreis gelaufen und der Hund neu aufgestellt. Diese gesamte Einzelbeurteilung wird Standmusterung genannt.

Der Richter faßt nun den Hund mehrfach an, dieser darf nicht aggressiv reagieren. Das Gebiß wird beurteilt, Muskulatur und Hoden werden gefühlt. Nach der Standmusterung erfolgt eine erste Einschätzung des Gangwerkes, wobei das zuvor geübte richtige Tempo eingeschlagen werden muß. Damit ist die Einzelbeurteilung, zu der auch das Messen der einzelnen Proportionen des Körpers, wie Höhe, Breite, Länge, Kopf, Stirn, Fang, gehört, beendet. Der Hund erhält eine Grundnote. Sind alle Konkurrenten einzeln bewertet, werden sie wieder gemeinsam aufgestellt, oft schon in der Reihenfolge der Grundnote, teilweise auch nach den Startnummern. Jetzt erfolgt die genaue Plazierung, wobei die Hunde im Kreis geführt werden. Das Tempo bestimmt der Richter, er fordert auf, in Schritt oder Trab zu laufen. Je vorteilhafter der Hund sich hierbei zeigt, um so günstiger ist die Plazierung. Der Besitzer muß darauf achten, daß der Vierbeiner aufmerksam und gespannt läuft, nicht lässig dahintrödelt. Man bereitet sich am besten in der Gemeinschaft vor, aber einiges muß jeder allein tun.

Vorbereitung

Da zu Ausstellungen viele Hunde und noch mehr Menschen auf kleinstem Raum zusammenkommen, ist die Gefahr der Verbreitung von Krankheiten sehr groß. Deshalb ist der Hundebesitzer gut beraten, der seinen Vierbeiner durch Impfungen vor Krankheiten schützt, zumal in den meisten Ländern ohne Impfnachweis zumindest über Staupe- und Tollwutimmunisierung kein Zutritt zum Ausstellungsgelände gestattet wird.

Ein Hund, der top-fit in den Ausstellungsring kommen soll, muß durch viel Bewegung in einer körperlich guten Verfassung sein. Für große, mittelgroße, aber auch kleine Rassen, die zu den sogenannten sportlichen Typen zählen (wie z. B. hochläufige Terrier) ist das regelmäßige ausgedehnte Traben am Fahrrad sehr gut, immer der Größe des Hundes, seinem Körperbau und den Umweltbedingungen angepaßt. Kleine und schwere, sehr kleine und besonders tiefstehende Tiere werden auf ausgedehnten Spaziergängen bewegt und dabei ab und zu kleine Trabstrecken eingelegt. Viel Bewegung ist nicht nur für die Gesundheit gut. Sie strafft auch den ganzen Körper und wirkt sich positiv auf das Gangwerk aus. Wichtig für den Ausstellungshund ist, daß er sich in gutem Ernährungszustand befindet, wobei gut genährt nicht mit dick zu verwechseln ist. Einen Tag vor der Ausstellung wird morgens gefüttert, aber lediglich leichte Kost, nichts, was die Verdauungsorgane zu stark belastet. Am Ausstellungstag selbst erhält der Hund außer Wasser nichts, im Höchstfall ein rohes Ei mit Traubenzucker.

Bei vielen Hunderassen gehört das Fell, seine Farbe, Struktur, die Dichte und der Glanz zu den wesentlichsten Standardmerkmalen. Es stellt einen besonderen Schmuck dar. Deshalb muß man das Fell besonders pflegen. Erfahrene Aussteller haben die verschiedensten Geheimrezepte und ihre eigenen Mixturen. Durch das regelmäßige Verabreichen von Multivitaminpräparaten, einer bestimmten Menge guten Futterkalkes und einem bohnen- bis würfelzuckergroßen Stück Bäckerhefe können wir die Haarentwicklung positiv beeinflussen. Dazu geben wir außerdem täglich ein rohes Ei. Mit diesen zusätzlichen Gaben beginnen wir etwa zehn Wochen vor der Ausstellung und hören eine Woche davor damit auf. Wir haben bei Bernhardinern und Neufundländern damit gute Erfahrungen gemacht. Auch regelmäßiges Bürsten und Kämmen sowie das Scheren und Trimmen im richtigen Zeitabstand gehören zur guten Fellpflege. Eine wichtige Rolle spielt das Baden des Hundes. Haben wir einen Vierbeiner, dessen Haar eine geschlossene Decke bilden muß, darf das Bad nicht später als vier bis fünf Tage vor der Ausstellung stattfinden. So lange braucht das Haar, um sich wieder richtig zu legen. Fell, das locker gewünscht wird, also bauschen soll, ist erst kurz vor der Ausstellung zu waschen. Bevor der Hund in den Ring geht, kämmt man ihn noch einmal richtig auf.

In der Zuchtrichterpraxis kommt es immer wieder vor, daß sich Tiere im Ring stark beeindruckt zeigen, und die Besitzer dann verlegen die Schulter zucken: »Wir wohnen sehr einsam, der Hund kennt das alles noch nicht.« Es ist klar, wächst ein Hund vorwiegend im Zwinger bzw. auf dem Grundstück auf, fernab von fremden Menschen, vom Straßenverkehr und anderen Tieren, vor allem Hunden, bedeutet für ihn eine große Ausstellung eine hohe psychische Belastung. Es ist die Pflicht des Besitzers, seinen Vierbeiner allseitig auf das ungewohnte Ereignis vorzubereiten, besonders dann, wenn es sich um einen etwas ängstlichen Hund handelt. Also, rechtzeitig vor der Ausstellung den Hund mit Straßenverkehr, Menschen, Hunden usw. bekannt machen. Wollen oder können wir das nicht, sollten wir unseren Hund nicht zu einer Ausstellung anmelden.

Ein weiterer Punkt ist das Ringtraining, die Vorbereitung des Hundes auf das Geschehen im Richterring. Viele Leser werden ungläubig den Kopf schütteln, wenn wir behaupten, daß sehr selten ein Aussteller seinen Hund so präsentiert, daß alle Vorzüge voll zur Geltung kommen. Da werden die Hunde an der falschen Seite geführt, hinterhergezogen, springen seitwärts umher, wollen zu Familienangehörigen, die am Rand stehen und dort nicht stehen sollten!, stehen bei der Standmusterung nicht und wälzen sich während der Gebißkontrolle mit Herrn und Richter auf dem Boden. Der Richter kann nur das beurteilen, was er sieht, nicht, was er erahnt. Das richtige Präsentieren im Ring beginnen wir bereits mit den Welpen zu üben. Dem Hund muß das Vorgeführtwerden ebenso selbstverständlich sein, wie z. B. das tägliche Fressen. Am besten eignen sich Spaziergänge zum Training. Mit Bekannten üben wir die Gebißkontrolle. Dabei muß der Hund sitzen.

Zuerst werden bei geschlossenem Fang die Lefzen an der Fangspitze nach oben und unten gezogen, so daß die Schneidezähne und ihre Stellung zueinander gut sichtbar sind. Anschließend sind die Lefzen bei halb geöffnetem Fang an den Seiten bis hinter den Fangwinkel abzuziehen, danach wird der Fang so weit geöffnet, daß auch die letzten Zähne ganz hinten deutlich zu sehen sind. Hiernach fassen wir mit der einen Hand nach oben den Oberkiefer, mit der anderen von unten den Unterkiefer und ziehen den Fang auseinander. Aber reißen Sie dem Hund das Maul nicht zu weit auf! Die Richter verlangen oft, auch den untersten Zahn zu sehen. Das Zeigen des Gebisses übt man ebenfalls am besten schon mit dem Junghund.

Auch das richtige Stehen muß trainiert werden. Tiere kleiner Rassen werden auf dem Tisch beurteilt, größere auf dem Boden. Der Hund muß zwei bis drei Minuten völlig ruhig stehen, in der Haltung, die den Vergleich mit dem Rassestandard am besten möglich macht. Immer wieder korrigieren wir die Haltung. Das ist auch während der Ausstellung erlaubt, ja sogar erwünscht. Der Vierbeiner darf den Kopf nicht hängen lassen, er muß ihn hoch halten. Stete Aufmunterung verbessert auch die Ohrenhaltung. Zur guten Vorbereitung gehört auch, daß unser Hund einwandfrei an der Leine läuft, stets an der linken Seite und die grundlegenden Gehorsamkeitsübungen wie »Sitz!«, »Platz!« und »Steh!« beherrscht. In der Bewegung wird der Hund im Kommen, im Gehen und von der Seite geprüft; sowohl im Schritt als auch im Trab. Für das Einüben des richtigen Tempos beim Traben sind zwei Personen erforderlich. Die eine läuft mit dem Hund, die andere beobachtet das Gangwerk und legt das Tempo fest, bei dem die Harmonie der Bewegung am deutlichsten wird. Auf dieses Tempo muß der Hund trainiert werden.

Das Abtasten des Hundes wird zuerst nur vom Besitzer trainiert. Er fühlt die Muskulatur und überprüft die Hoden, nimmt auch verschiedene Messungen mit einer Meßlatte oder einem Zollstock vor. Sind wir der Meinung, der Hund läßt das als selbstverständlich geschehen, überlassen wir das Abtasten und Messen einem Helfer.

Mit einem so vorbereiteten Hund kann man getrost dem Ringrichter entgegensehen.

Neun Merksätze möchten wir dem künftigen Aussteller mit auf den Weg geben:

1. Der Hund gehört erst dann in den Ring, wenn seine Klasse gerichtet wird oder eine spezielle Aufforderung seitens der Ringleitung erfolgt.
2. Als Aussteller keine Nervosität zeigen, sie überträgt sich sofort auf den Hund!
3. Bissige Hunde sind sicher zu verwahren, zu kennzeichnen und dem Richter zu melden.
4. Nach Aufforderung durch den Richter ist der Hund immer zügig in flüssiger und flotter Bewegung vorzuführen, um ihn in bester Form zu zeigen.

5. Der Richter fragt nach dem, was er wissen will, also keine langen Erzählungen über den eigenen Vierbeiner, erst recht nicht über andere!

6. Keinesfalls wird der Hund im Ring gestraft, beträgt er sich auch noch so ungezogen. Das ist meist unserer eigenen schlechten Vorbereitung zu danken.

7. Während der gesamten Zeit im Ring richten wir unsere Aufmerksamkeit nur auf den Hund. Man stellt sich nie zwischen Hund und Richter.

8. Keine Unterhaltungen mit den Zuschauern oder anderen Startern, der eigene Hund steht im Mittelpunkt!

9. Das Urteil wird im Ring nicht kritisiert. Hat man berechtigte Zweifel, wendet man sich hinterher an den Richter.

»Hörende Hunde« für Taube

In einem Rehabilitationszentrum für taube Knaben in Newton Abbot, Großbritannien, werden seit einiger Zeit Hunde getestet, die dazu ausgebildet wurden, tauben Menschen als »Ohren« zu dienen. Initiator ist die englische Organisation »Hearing Dogs for the Deaf« (Hörende Hunde für Taube). Diese Hunde werden so erzogen, daß sie auf gewöhnliche Geräusche des Haushaltes (zum Beispiel Wecker, Türglocke usw.) reagieren, ihren Besitzer durch Körperkontakt darauf aufmerksam machen und ihn zu der Quelle des Geräusches führen. Die Hunde sind für taube Menschen in zweierlei Hinsicht von Bedeutung: einmal helfen sie tauben Menschen dabei, auf bestimmte akustische Signale ihrer Umgebung entsprechend zu reagieren, zum anderen werden Einsamkeit und Isolationsgefühle des Tauben mit Hilfe eines hörenden Begleiters vermindert. Einsam und isoliert sind viele Taube, vor allem solche, die allein in ihrer Wohnung leben.

Auswahl und Erziehung

Im Vordergrund der Auswahl steht die Geräuschempfindlichkeit des Hundes, wobei bestimmte, dem späteren Verwendungszweck entsprechende Geräusche besonders bewertet werden. Rasse und Geschlecht der Tiere spielen keine Rolle, um so mehr Lernbereitschaft und gutmütiges Wesen. Alle Hunde werden gezielt für den späteren Besitzer ausgesucht. Das bedeutet, daß zuerst der Halter bestimmt wird, erst dann ein Hund, der am besten in die Umgebung und den Lebensstil des Tauben paßt. Das Alter der Tiere liegt zwischen acht Monaten und zwei Jahren. Die Hunde bildet man in einer Umgebung aus (Geräusche-Training, Gehorsam), die ihrem künftigen Heim sehr ähnlich ist. Die Grundausbildung dauert ungefähr vier Monate und umfaßt Geräusche wie Klingeln oder Klopfen an der Tür und Alarmsignale. Hörende Hunde erhalten ihre Kommandos durch Hörlaute und Sichtzeichen zugleich. Das ist unerläßlich, da der Taube später die Worte eventuell anders ausspricht als der Ausbilder und deshalb besser auf Sichtzeichen zurückgreift. Halter hörender Hunde müssen natürlich fähig und willens sein, ihren Hund richtig zu versorgen. Sobald der Hund seine Grundausbildung – die analog der Ausbildung zum Begleithund geschieht – abgeschlossen hat, arbeitet der Ausbilder so ungefähr zehn Tage mit ihm und dem Empfänger in dessen Heim. Er leitet den Tauben an, die Fähigkeiten seines Hundes voll auszunutzen und vervollständigt die Ausbildung des Vierbeiners gemäß den besonderen Bedürfnissen des Tauben. So lernt der Hund beispielsweise auf Babygeschrei, fallende Schlüssel, das Pfeifen des Wasserkessels und anderes zu reagieren. Durch weitere Besuche vergewissert sich der Ausbilder, daß Hund und Halter zusammenpassen und gut zusammenarbeiten.

Jagdhunde

Wer kann genau sagen, wann die Menschheit auf den Hund kam? Waren es die Menschenhorden, die den Wölfen nachzogen und sie von ihrer Beute verjagten? Waren es die Wölfe, die unseren Vorfahren folgten, um ihren Hunger an dem zu stillen, was jene zurückließen? Eines scheint gewiß zu sein, die Anbahnung dauerhafter inniger Beziehungen zwischen Mensch und Hund zum gegenseitigen Vorteil erfolgte über die Jagd.
Diese Beziehung hat sich bis in unsere Tage erhalten und die Menschheitsgeschichte begleitet. Schon aus prähistorischer Zeit gibt es Hinweise über die jagdliche Verwendung des Hundes. Seine Rolle als erstes Haustier ist zwar umstritten, aber doch sehr wahrscheinlich. Den Nachweis über die Verwendung des Hundes als Schlachttier bringen Funde: Hundeknochen, die wahrscheinlich von Menschenhand zertrümmert wurden.
Die Beziehung Mensch — Hund machte in geschichtlicher Zeit eine erstaunliche Wandlung durch, vom gejagten Tier über das Opfertier zum unentbehrlichen Jagdgefährten. Besonders durch die Jagd erreichten Hunde Achtung und Ansehen und verschafften zugleich ihrem Herrn Prestige und sogar Privilege.
Durch die Veränderung der Jagdmethoden wandelte sich auch die jagdliche Verwendung des Hundes. Dabei war er aber immer: ob bei der reinen Fangjagd, den kombinierten Formen der Jagdausübung oder der Schießjagd. Unterschiedliche Formen der Jagdausübung hatten im Laufe der Zeit auch Bedürfnisse nach Hunden mit ganz bestimmten Eigenschaften zur Folge. Die Variabilität wölfischer Erbmasse machte es möglich.

Da waren die Spürhunde, die mit tiefer Nase der Fährte des Haarwildes laut folgten. Man nannte sie Jagdhunde und später Bracken. Schon seit früher Zeit werden sie sorgfältig ausgebildet. Sie hetzten nicht wild, sie jagten. Sie nahmen die Fährte des Wildes auf und folgten ihr läutend. Auf diese Art arbeiteten sie dem Jäger zu. Ihr Aussehen wurde in alten Überlieferungen so beschrieben:

»Dicht behaart, mit traurigem Gesichtsausdruck, der an einen Straßenbettler erinnert.«

Eine andere Gruppe, die Hetzhunde, jagten nach dem Gesicht und waren schnell wie ein Pfeil. Sie brachten das Wild durch ihre überlegene Schnelligkeit und Wehrhaftigkeit zur Strecke. Ihr Einsatz erfolgte in der Meute oder auch als Einzeljäger, wie z. B. der russische Barsoi, der auch den Wolf einholte, stellte und würgte. Die Hetzmeuten wurden im Interesse einer hohen Jagdeffektivität bald kombiniert. Stöberhunde übernahmen es, das Wild mit der Nase zu suchen und aufzustöbern. War es flüchtig, wurden die bis dahin angeleinten, schnellen Hetzer geschnallt.
Für starkes, wehrhaftes Wild gesellte man den Meuten die Packer zu. Sie wurden erst von der Leine gelassen, wenn das Wild gestellt war. Ihre Aufgabe bestand darin, das Wild niederzuziehen, bzw. wehrhafte Stücke wie Keiler und Bär zu binden.
Besondere Bedeutung erlangte der Leithund. Er findet bereits im frühen Mittelalter Erwähnung. Die Bezeichnung Leithund fand Anwendung für den führenden Hund einer Meute. Er ist im Sprachgebrauch als »Kopfhund« in die Geschichte der Jagdhunde eingegangen.

Der Leithund ist seinerzeit zur eigenständigen Rasse geworden und wurde ausschließlich am Riemen gearbeitet. Er leitete den Jäger zum Wild. Dabei wird vom Leithund Beachtliches verlangt. Er mußte die kalte Fährte des Hirsches, einer Sau oder auch eines Bären ausmachen, sie annehmen, verweisen und nach Bestätigung durch den Leithundeführer nicht mehr verlassen, bis das Wild gefunden war.

Die Hunde wurden immer nur auf eine Wildart eingearbeitet und waren hoch im Kurs stehende Spezialisten. Sie wurden nie vom Riemen geschnallt. Es wurde sogar vermieden, daß sie das Wild zu Gesicht bekamen. Die hohe Kunst der Arbeit mit dem Leithund bestand darin, den Einstand eines oder mehrerer Hirsche sicher auszumachen. Dieses Gebiet wurde dann mit Netzen oder Tüchern umstellt, und die Herrschaften konnten zur Jagd gerufen werden.

Der Leithund war der vornehmste unter allen Hunden. Der ihn führende Jäger nahm eine geachtete Stellung an den Jägerhöfen ein und trug die Bezeichnung »Besuchsknecht«.

Die Verehrung des Leithundes findet Ausdruck in einer Grabinschrift: »Hier ruht ein Hund, der offenbar klüger als sein Jäger war.« Wenn der gerechte Weidmann unserer Tage über diesen scheinbar anmaßenden Satz nachdenkt, wird er ihn nicht unbedingt für übertrieben halten.

Aus den letzten Leithunden wurden die heutigen Schweißhunde. In der Arbeit dieser Hunde besteht ein prinzipieller Unterschied. Der Leithund wurde auf der kalten Fährte geführt und kam vor dem Schuß oder vor der Meute zum Einsatz. Dem heutigen Schweißhund ist die rote Fährte vorbehalten. Sein Einsatz erfolgt nach dem Schuß. Er soll den Jäger am Riemen zum verendeten oder im Wundbett sitzenden Wild führen, zur Glanzzeit der Leithunde ein unvorstellbarer Verstoß gegen das Ritual der Leithundearbeit. Nur der verdorbene Leithund folgte der roten Fährte. Das war in der Geschichte der Jagdhunde den Einsatzhunden vorbehalten.

Zu der Vielzahl der Hundesorten gesellte sich der Hühnerhund. Er verdankte seine Existenz der Einführung des Schrotschusses bei der Jagd auf Niederwild. Von ihm wurde schon mehr Universalität verlangt. Er sollte mit hoher Nase das Wild suchen, ihm vorstehen und es nach dem Schuß auch apportieren. Er wurde zunehmend zur Wasserarbeit eingesetzt. Alle für die Jagd abgerichteten Hunde waren Spezialisten und wurden für die eine oder andere Art zu jagen ausgebildet. Das wurde so weit getrieben, daß entsprechend der zu jagenden Wildart jeweils die Hunde gewechselt wurden.

In der weiteren Entwicklung bestimmte die Schießjagd in Wald und Feld nunmehr das Geschehen. Die Schußtechnik vervollkommnete sich durch die Hinterladergewehre. Ansitz, Anstand und Pirsch wurden zu vorherrschenden Jagdarten. So ist es noch bis heute.

Ein alter Weidspruch lautet: »Ohne Hunde hört die Jagd auf.« Gemeint ist die weidgerechte Jagd, eine Jagd, mit Jahrhunderte alter Tradition, die aus den Erfahrungen vieler Generationen von Jägern schöpft und sich den gegebenen Bedingungen der Jagdausübung anpaßt. Es ist eine Art zu jagen, die dem Wild eine Chance läßt und immer die Hege und Pflege heimischer Wildbestände im Auge hat. Der Jagdhund an der Seite seines Jägers ergänzt und vervielfältigt dessen jagdliche Fähigkeiten. Geschätzt werden die Sinnesleistungen, besonders der Nase, sowie Schnelligkeit und Ausdauer des vierläufigen Jagdgefährten. Der Hund verhindert, daß Wildbret verludert. Alle Jagdhunde unserer Tage, die aus Leistungszuchten stammen, verfügen über Anlagen, die sie zu hervorragenden Leistungen befähigen, aber nur, wenn wir diese Anlagen durch einfühlsame, zielstrebige und kundige Ausbildung entwickeln.

Ein unerzogener Jagdhund ist eine Strafe für seinen Jäger, aber keine Quelle der Freude. Zum guten Jäger gehören auch fundierte Kenntnisse über die Ausbildung und den Einsatz der Jagdhunde. Deshalb muß nicht jeder Jäger einen Jagdhund führen. Das würde viele Jäger überfordern. Oft fehlen auch die materiellen und technischen Voraussetzungen dafür. Nicht jeder hat das Talent, einen Hund zu führen. Das ist kein Vorwurf oder Tadel, nur eine Feststellung. Jeder Jäger ist aber verpflichtet, sich ständig eines geübten Hundes mit Hundeführer zu versichern, die für die Jagdausübung zur Verfügung stehen. So muß auch der Hundeführer nicht unbedingt mit der Waffe jagen. Das gerechte Führen eines Jagdhundes ist an sich eine weidmännische Leistung von hohem Rang. Die Jagdhunderasse ist dabei nicht von Bedeutung.

Die Entscheidung für die Hunderasse ist eine ganz individuelle Angelegenheit. Praktische Überlegungen sollten aber vor persönlichem Geschmack Vorrang haben.

Auch der Jagdhund ist zuerst und überhaupt ein Hund, das betrifft Reflexe, Signalsysteme, Erregungs- und Hemmungsprozesse sowie Entwicklungsphasen. Alle Innigkeit der Beziehungen zwischen Jäger und Hund machen den Hund niemals zum Menschen. Darin unterscheidet sich der Jagdhund, ganz gleich welcher Rasse, nicht von anderen.

Im Jagdhund wurden in Jahrhunderten züchterischer Entwicklung bestimmte Eigenschaften gefördert, die zur Jagd nötig sind.

Wir haben es also mit Hunden zu tun, deren besondere Veranlagung wir entfalten müssen. Unser Hund ist ein Individuum, ein unverwechselbares Einzelwesen mit ganz persönlichen Eigenschaften, die ihn von anderen seiner Art und Rasse, seinen Vorfahren, Geschwistern und Nachkommen unterscheiden. Er ist aber auch eine Persönlichkeit im anspruchsvolleren Sinne des Begriffes, eine Hundepersönlichkeit. So steht am Anfang jeglicher Ausbildung eines Jagdhundes das Bemühen, die Hundepersönlichkeit zu ergründen, sein Wesen zu studieren, um es zu begreifen. Erst dann können wir unsere Ausbildungskonzeption festlegen. Wer meint, weil er schon einen Jagdhund abgeführt hat, könne er es bei einem anderen Hund genau so machen, wird eine böse Überraschung erleben.

Dem Aufbau einer engen Beziehung zwischen Jäger und Hund gehört die ganze Aufmerksamkeit, besonders in der Phase der Entwicklung der jagdlichen Anlagen.

Alle Beziehungen zwischen Jäger und Hund beginnen mit der gegenseitigen Verständigung. Beide müssen lernen, miteinander zu kommunizieren. Um diese Kommunikation herzustellen, werden Signale benötigt, die der eine sendet, der andere empfängt. Beide müssen diese Signale verstehen und ihnen die gleiche Bedeutung geben. Unsere Hunde verstehen die menschliche Sprache nicht und haben auch keine eigene Sprache. Mancher Hundefreund hat das schon bedauert. Deshalb sind die Mittel für die Kommunikation mit unserem Hund begrenzt. Laute sind dafür geeignet. Wir können die unsinnigsten Lautkombinationen bilden und sie zum Kommando machen, um einen gewünschten Effekt zu erzielen. Einen unserer Hunde hatten wir so durchgearbeitet, daß er bestimmte, besonders bekannte Kommandos wie Sitz, Platz und Kommen nur befolgte, wenn dem Befehl »Bitte« hinzugefügt wurde. Das erzeugte bei Uneingeweihten den Eindruck einer besonders höflichen Umgangsweise mit dem Hund. Für ihn war aber das scharf ausgesprochene »Bitte,« die höchste Alarmstufe zum Gehorsam.

Wegen der Begrenztheit der sprachlichen Kommunikation bedienen wir uns zur Verständigung aller möglichen Informationsarten: akustischer, optischer, mechanischer, chemischer und in Sonderfällen auch elektrischer Signale.

Akustische Signale

Das sind die Laute, mit denen wir unsere Sprache bilden, das ist der Pfiff mit der Hundepfeife oder den gespitzten Lippen, das ist auch der Schuß, der dem erfahrenen Hund viel zu sagen hat. Es geht also bei den akustischen Signalen immer der Weg zum Gehirn unseres Hundes über das Gehör. Sicher kommen während der praktischen Jagd noch eine Vielzahl von Geräuschen hinzu, die der Hund zu differenzieren lernt und auf die er reagiert. Uns geht es jetzt um die akustischen Signale, die vom Führer ausgehen. Entscheidend ist es, von Anfang an die gleichen Laute, den gleichen Pfiff usw. für die gleiche Aufgabe zu verwenden. Damit machen wir das Signal zum Kommando.

In der jagdlichen Arbeit mit dem Hund sind folgende Kommandos als akustische Signale gebräuchlich:

Kommando (Hörzeichen)	Bedeutung
»Such!«	Grundkommando für die selbständige Suche in Feld, Wald, Busch und Wasser
»Such voran!«	Ergänzung des Grundkommandos mit Sichteinweisung in die gewünschte Richtung auch zum Eindringen in Dickicht oder Wasser
»Such apport!«	Suche, finden und apportieren nach dem Schuß
»Such verwundt«	Ansetzen und Ermuntern auf der Schweißfährte
»Such die Bak!«	Einweisen zur Wasserarbeit
»Apport!«	Grundkommando für Bringen
»Bring – apport!«	Bringen eines in Sichtweite geworfenen Gegenstandes oder Wildes auf dem Land oder im Wasser

Kommando (Hörzeichen)	Bedeutung
»Komm!«, auch »Komm ran! Fuß«!	Herankommen des Hundes mit der Schulter in Kniehöhe neben dem Führer gehen
»Down!«	ablegen mit dem Kopf auf den Vorderläufen, ohne den Platz zu verlassen
»Platz!«	zuweisen eines Platzes, an dem der Hund ohne »Downstellung« verbleibt
»Sitz!«	hinsetzen in jeder beliebigen Situation
»Laß sehen!«	verweisen des Wundbettes bei der Schweißarbeit
»Schone!« auch »Steh!«	zum ruhigen Suchen veranlassen und das gewünschte Vorstehen ankündigen
»Faß!«	fassen und würgen von Raubzeug oder Raubwild, auch zum Ansetzen auf krankes Wild oder wehrhafte Sauen
»Gib Laut!«	anhaltendes Bellen in jeder Situation (Voraussetzung für das Totverbellen)
»Zum Stück!«	den Hund im Anschluß an die Riemenarbeit zum gestreckten Wild schicken, zum Totverbellen oder Totverweisen

Die Hundepfeife wird für drei Kommandos eingesetzt:

»Kommen!«	zwei oder mehr glatte Pfiffe
»Wenden!« oder (»Stehenbleiben!« und zum Führer äugen)	ein glatter Pfiff
»Down!«	Trillerpfiff

Es ist zweckmäßig, bei der Arbeit stets die gleiche Pfeife zu benutzen. Bewährt hat sich die kombinierte Hundepfeife nach Oberländer, sie ermöglicht an einem Ende den glatten Pfiff und am anderen den Trillerpfiff. Doch auch jede andere Kombination ist möglich und sicher schon erprobt.
Bei der Jagdausübung sind Pfeifsignale von Vorteil. Sie werden vom Hund auf größere Distanz leichter vernommen, prägen sich offensichtlich besser ein und sind wirkungsvoller als Kommandos. Dabei spielen für den Menschen normalerweise unzugängliche Hörbereiche eine Rolle. Pfiffe beunruhigen das Wild weniger als gebrüllte Kommandos. Und der Jäger hat auch nach größter Anstrengung noch genügend Luft für einen anständigen Pfiff.
Bei den akustischen Signalen für den Jagdhund dürfen die Jagdhornsignale nicht unerwähnt bleiben. Es ist immer wieder beeindruckend, wenn viele Jagdhunde mit kräftigem Heulen in den Ruf der Hörner zur Jagd einstimmen, als würden sie alles verstehen. Ich glaube aber nicht, daß die Hunde Jagdsignale auseinanderhalten können und von selbst z. B. das Signal »Treiber rein« bei der Treibjagd befolgen lernen. Die Jagdhörner sind für den Hund höchstens zur Einstimmung auf die Jagd von Bedeutung. Sicher lenken läßt sich der Hund damit nicht, höchstens, wenn er verlorengegangen ist, dem Hörnerklang folgt und die Jägermeute beim Schüsseltreiben wiederfindet.

Optische Signale

Hier handelt es sich um Gesten, die mit den Armen oder Händen ausgeführt werden, oft ist es nur eine Kopfbewegung. Die Gesten dienen der lautlosen Verständigung zwischen den beiden Jägern. Sie sind in der Jagdpraxis unersetzlich. Mit den optischen Signalen fordern wir das Sehvermögen unseres Hundes und werden dabei erleben, daß es wesentlich besser ist als sein Ruf.
Unsere Zeichen werden auf große Entfernung wahrgenommen und selbst wenn man sich annähernd hinter dem Hund befindet, kann er auf Grund der besonderen Konstruktion des Hundeauges unsere Zeichen erkennen und deuten. Es ist sehr eindrucksvoll, wenn man sich dem vorstehenden Hund von hinten nähert und ihn mit Gesten zu Reaktionen veranlassen kann.
Auch bei den Sichtzeichen müssen wir entscheiden, welche wir verwenden wollen. Wir arbeiten sie zusammen mit dem Kommando ein und erzeugen damit eine synchrone Beantwortung durch den Hund. Kommandos mit Sichtzeichen in ihrer Kombination unermüdlich wiederholt und durchgesetzt, ermöglichen es, das akustische Kommando erst gelegentlich und dann vollständig wegzulassen. Das Sichtzeichen bringt dann allein den gewünschten Erfolg. Das Kommando soll aber nicht ganz und

gar durch Sichtzeichen ersetzt werden. Wir wollen erreichen, daß beide, Kommando wie Sichtzeichen, mit der gleichen Aktion des Hundes beantwortet werden. Andernfalls würden wir ja sonst auf eine Kommunikationsmöglichkeit verzichten, die auch in der Jagdausübung ihre Existenzberechtigung hat, besonders immer dann, wenn der Hund uns nicht sehen, aber hören kann. Das ist in unübersichtlichem Gelände die Regel. Also hören wir auch nach der Einprägung der Sichtzeichen nicht auf, mit unserem Hund zu sprechen.

Die Sichtzeichen müssen wir zu Beginn der Abrichtung festlegen. Für wichtige Handlungen des Hundes haben sich bestimmte Zeichen bewährt. Sie kommen auch unseren Ausdrucksgewohnheiten am nächsten. Es sind im wesentlichen Sichtzeichen zur Einweisung des Hundes und Sichtzeichen, die den Hund ruhigstellen.

Wenn wir unseren Hund zur Suche schicken, unterstützen wir das Kommando »Such voran!« oder »Such apport«, indem wir mit dem rechten oder linken Arm die gewünschte Richtung angeben und anfangs noch durch auffordernde Schritte in die gleiche Richtung unser Kommando unterstützen. Dieser Vorgang heißt dann: den Hund zum Suchen einweisen. Nach mehrmaliger Wiederholung erleben wir, wie unser Hund von selbst schon auf die optische Einweisung prompt reagiert. Bei einem Hund, der Kommandos nicht befolgt, ist selbstverständlich auch mit Sichtzeichen nichts zu machen.

Wenn wir einen Hund zur Suche durch Zeichen einweisen, werden wir bald merken, daß der Hund dabei zunehmend lernt, zu uns herzusehen. Wenn der Hund durch unsere Einweisungen mehrfach Erfolg hat, nämlich den Hasen findet, den wir gesehen haben, als er sich drückte, oder das Rehwild im Schutz eines Busches, dann wird unser Ansehen in den Augen des Hundes gewaltig wachsen, und er wird unsere Hinweise freudig befolgen. Sind wir soweit, dann hat der glatte Wendepfiff seine besondere Bedeutung, wenn der Hund den Pfiff vernimmt, stehenbleibt und zu seinem Jäger äugt. Er bekommt dann mit der entsprechenden Armbewegung die Richtung zum Weitersuchen angezeigt. Zögert er noch, dann bewegen wir uns auffällig und demonstrativ in die gewünschte Richtung.

Dieses Anhalten des Jagdhundes mit dem Pfiff und sein aufmerksames Hinblicken zu dem Jäger ist schon eine überzeugende Demonstration der engen Beziehung zwischen Jäger und Hund. Wenn er dann noch willig das Suchen in der angegebenen Richtung fortsetzt, können wir die künftigen Beziehungen sehr optimistisch beurteilen.

Erstaunliches kann auch bei der Einweisung zur Suche im Wasser erreicht werden. Der Hund soll eine geschossene oder geflügelte Ente, die er in der Regel nicht sehen kann, im Wasser suchen und finden. Wir konzentrieren dann die Einweisung darauf, dem Hund zu helfen, die Witterung der Ente wahrzunehmen. Folgt er seiner Nase, kann er die Ente finden, greifen und bringen. Am Tag geht das mit Sichtzeichen ganz gut. Was geschieht aber bei Dunkelheit, da Wasservögel häufig beim abendlichen Anflug auf Gewässer bejagt werden? Dann beginnt die Arbeit des Hundes erst, wenn das Büchsenlicht weg ist. Richtungweisende Sichtzeichen sind in finsterer Nacht vergebliche Mühe. Es empfiehlt sich deshalb, für die Wasserarbeit neben vorwärtsweisenden Kommandos auch das Kommando »links« und »rechts« einzuüben.

Dazu ist erforderlich, beim Arbeiten im Wasser oder auch im Feld, wenn der Hund es hören kann, ständig mit dem Einweisen das Sichtzeichen Arm nach rechts (bzw. links) ausgestreckt und das Kommando »Nach rechts!« (bzw. links) zu verwenden. Da uns Lernhilfen wie für Kinder »das schöne Händchen ist rechts« oder »links ist da, wo der Daumen rechts ist«, beim Hund nicht zur Verfügung stehen, hilft nur ständig zu üben, bis er weiß, wo rechts und links ist.

Unser Hund lernt es so, Kommando oder Pfiff beim Einweisen derart miteinander zu verknüpfen, daß es ihn bald nicht mehr stört, wenn Kommando oder Sichtzeichen wechselweise einmal wegfallen.

Neben dem Einweisen des Hundes zur Suche oder Wasserarbeit durch Sichtzeichen, ist das Ruhigstellen aus voller Aktion durch ein optisches Signal von größter Bedeutung für die Jagdpraxis. Im Prinzip arbeiten wir genau so wie beim Einweisen.

Mit dem Kommando »Down!« oder dem Trillerpfiff heben wir einen Arm senkrecht hoch. Auch bei dieser Übung wird das Kommando oder der Pfiff allmählich durch das Sichtzeichen zum »Down« ersetzt.

Dieses wichtige Sichtzeichen muß auch unter Jagdbedingungen ständig geübt werden. Sehr gut eignet sich die gemeinsame Pirsch, wenn der Hund bei Fuß geht.

Wir können durch ein Geräusch – leises Schnalzen mit der Zunge oder den Namen des Hundes flüstern – Sichtkontakt herstellen und den Hund deutlich das Sichtzeichen sehen lassen. Wenn er nicht verstehen will, ist es immer noch möglich, das Kommando »Down« zu flüstern. Klappt es nicht, dann sitzt das Kommando zum Ablegen noch nicht. Es heißt, nochmal von vorn beginnen.

Auch hier bringt die Wiederholung frappierende Ergebnisse. Wir werden dabei erleben, wie unser Hund zu vielem bereit ist, wenn es um die gemeinsame Jagd geht.

Wenn wir mit unserem Hund über die Entwicklung der Anlagen hinaus sind, machen wir ihn für die Jagd »fertig«. Er muß sich beim Anblick oder der bloßen Witterung von Wild richtig benehmen lernen. Bei aufstehendem Wild soll der Hund stehen bleiben oder in die Downlage gehen, je nachdem, wie wir es wünschen. Hier verlangen wir vom Hund eine sehr große Unterordnungsleistung, die eigentlich gegen die bis dahin bewußt geförderte jagdliche Passion gerichtet ist. Es gilt, den Appell gegen den angeborenen und beim Jagdhund entwickelten Hetz- und Greiftrieb durchzusetzen. Der Jäger steht vor der Aufgabe, das Kommando oder den Pfiff zur Downstellung in ihrer Signalwirkung auf das aufstehende Wild zu übertragen. Der aus der Sasse aufstehende Hase oder der mit klatschendem Flügelschlag aufsteigende Fasan muß zum Sichtzeichen »Down« oder »Halt« werden. Dabei vollzieht sich für die Kommunikation zwischen Jäger und Hund ein bedeutsames Phänomen, ein Stück »Hohe Schule« der Jagdhundeabrichtung. Das Signal wird nicht vom Jäger gegeben, sondern vom Wild.

Bei der Einarbeitung des erforderlichen Verhaltens vor Wild können wir noch ein weiteres optisches Signal nutzen, das nur bei der Jagdausübung zur Verfügung steht, die Jagdwaffe. In der Beziehung zwischen Jäger und Hund spielt die Jagdwaffe eine ganz besondere Rolle. Der Hund, der unter der Waffe geführt wird, versteht ihren Donner zu deuten und lernt es auch, die Waffe als optischen Signalgeber zu akzeptieren.

In der Jagdausübung ist es sinnvoll, das Heben der Waffe in Schußposition mit dem Ablegen des Hundes zu verbinden. Wird die Waffe angelegt, geht der Hund in die Downstellung. Er wartet den Schuß ab und arbeitet dann weiter, wenn er sein Kommando zum Suchen oder Apportieren bekommt.

Auch diese Begriffskombination läßt sich herstellen: Der Hund bekommt mit dem Anheben der Waffe immer das Kommando: »Down!«. Wenn der Hund bei Fuß geht, reicht dann bald das geflüsterte Kommando. Lange genug geübt, kann dann das Kommando wegbleiben, und der Effekt wird mit der Waffe erreicht. Es ist auch hier nötig, den Sichtkontakt Hund-Jäger herzustellen. Der Hund muß sehen, daß die Waffe in Anschlag geht.

Ein Freund hat uns immer wieder demonstriert, wie sein Hund die Downstellung einnimmt, wenn er die Waffe anschlägt. Das klappte wie im Zirkus. Aber die große Pleite kam, als ein Hase hochging. Der Jäger, in der Gewißheit, sein Hund fällt wie vom Blitz getroffen um, packte die Waffe und sah verdutzt seinem Hund hinterher, der mit hellem Geläut davonstob. »Mehr als hundertmal hat das schon geklappt«, sagte er wahrheitsgemäß dem Leistungsrichter. Der gab die einzig richtige Antwort: »Aber nicht bei 100 Hasen.« Genau da liegt der Hase im Pfeffer. Der Hund kann, wenn er den Hasen sieht, die Haltung der Waffe nicht sehen. Er will sie auch gar nicht sehen. Wir kommen also nicht umhin, das Signalgeben auf das aufstehende Wild zu übertragen. Es gibt viele Situationen, in denen man dem Hund wenig Aufmerksamkeit schenken kann, weil das Wild alle Konzentration fordert. Auf der Pirsch und bei Treib- oder Drückjagden, wenn die Hasen die Schützenkette passieren, oder die Schwarzkittel die Dickung verlassen, ist ein Hund, der sich durch die angepackte Waffe selbst ablegt, auf keinen Fall störend. Wir müssen nicht damit rechnen, daß er in die Leine springt und der Schuß unkontrolliert abgeht. Auch das hat es schon häufig gegeben.

Die Möglichkeiten, Sichtzeichen zu verwenden, sind aber damit noch nicht erschöpft. So kann das Herankommen des Hundes auf Ruf oder Pfiff optisch unterstützt werden, indem wir mit einer oder auch mit beiden Händen leicht auf die Oberschenkel klopfen. Der auf Zusammenarbeit orientierte Hund folgt bald diesem Signal. Diese Handbewegungen bewährten sich schon oft zur Aufmunterung des Hundes, schnell heranzukommen und den Apportiergegenstand abzugeben. Solche Unterstützungen sind im allgemeinen auch auf Leistungsprüfungen zugelassen.

Es hat sich als hilfreich erwiesen, den Hund mit einem Sichtzeichen an das vorschriftsmäßige Vorsitzen beim Abgeben des gebrachten

Wildes zu erinnern. Eine gut geeignete Geste ist der angewinkelte Arm mit ausgestrecktem Zeigefinger in Höhe des Brustbeines, nachdrücklich mit dem Kommando »Sitz!« verbunden.

Die gleiche Haltung des Zeigefingers kann den Hund zum Lautgeben veranlassen, nur wird dazu der Zeigefinger im Rhythmus des Bellens bewegt. Der Hund wird vor uns zum Sitzen gebracht und dann, verbunden mit der rhythmischen Bewegung des Zeigefingers, auf Kommando »Gib Laut!« zum Bellen veranlaßt.

Die mechanischen Signale in der Kommunikation mit dem Jagdhund sind dem Abrichter oder Hundehalter im allgemeinen geläufig. Nur werden sie nicht selbstverständlich unter der Kategorie mechanische Signale eingeordnet. Es geht um die Nutzung von Hilfsmitteln, um die Krafteinwirkung auf den Hund zu verstärken oder die Reichweite der Einwirkung wesentlich zu vergrößern. Kraft und Reichweite sind Mittel, mit denen wir unsere Autorität als Hundeführer wesentlich erhöhen.

Unser Jagdhund merkt schon, wenn er das erste Mal an die Leine genommen wird, wer der Meister ist. Er kann nicht mehr hinlaufen, wohin er will, weil er durch eine ihm unüberwindlich erscheinende Gewalt in die von seinem Jäger gewünschte Richtung gedrängt wird. Will er dieser Gewalt ausweichen, gehen von ihr Schmerzen aus.

Unsere überlegene Stärke oder Kraft können wir dem Hund relativ schnell und leicht mit Einsatz entsprechender Hilfsmittel beweisen. Besonders einfach ist das, wenn wir unseren vierläufigen Jagdgefährten bereits als Welpen bekommen.

Wir verlangen von den Jagdhunden aller Rassen und Einsatzgebiete eine selbständige Arbeit über eine große Distanz. Jäger und Hund können sich nicht sehen und oft auch nicht hören. Der Jäger kann auf den Hund nicht einwirken, aber der Hund muß vom langen Arm seines Jägers überzeugt sein. Der Jäger sieht alles, hört alles, weiß alles, und sofort ist er in der Lage, jede Sünde zu strafen. Deshalb brauchen wir bei der Ausbildung des Jagdhundes Mittel, die ihm unseren »langen Arm« dauerhaft einprägen. Das wichtigste Hilfsmittel ist die Leine und ihre sinnvolle Handhabung (Leinenführigkeit). Grundsätzlich gilt immer: Zwangsausübungen und Abstrafung nur beim angeleinten Hund! Ähnlich, aber nur eben ähnlich, ist die Arbeit am langen Schweißriemen. Hier führt uns der Hund an der langen Leine zum gestreckten Stück. Dabei verzichten wir bewußt auf eine Einflußnahme über die Leine auf die Arbeit des Hundes. Wir verlangen »nur« von ihm, daß er uns zur Beute mitnimmt, die er findet, wenn er der Schweißfährte folgt. So ist die lange Leine bei der Ausbildung des Jagdhundes Hilfsmittel und Arbeitsmittel zugleich.

Eine weitere Möglichkeit, auf den Hund über eine mehr oder weniger große Distanz einzuwirken, ist die Wurfkette oder das Wurfschrot und ähnliches. Einige Ausbilder gehen, wenn sie die Wirkung der Wurfkette oder auch des Schlüsselbundes mehrfach mit Erfolg geprobt haben, dazu über, das Kommando regelmäßig mit dem Klirren der Kette zu untermauern. Das halten wir für unzweckmäßig. Diese permanente Drohung nutzt sich ab, und das Kommando wird ebenfalls abgewertet. Wer seinen Kindern mit dem bösen Wolf drohen muß, hat von seiner Autorität auch schon reichlich eingebüßt.

Eine äußerst umstrittene mechanische Einwirkung auf den Jagdhund ist der sogenannte Strafschuß. Der ungehorsame Hund wird mit einem Schrotschuß gestraft. Auf diese Art kann eine beachtliche Weite der strafenden Einwirkung erreicht werden, die noch dazu von einem Donner begleitet wird. Das ist aber auch schon alles, was für diese Methode spricht. Bei jungen und sensiblen Hunden kann der Strafschuß verheerende Wirkung haben. Schon das Anpacken der Waffe ruft Schreck und Fluchtreaktionen hervor und ist nicht mehr das Zeichen für eine neue Phase der Zusammenarbeit zwischen Jäger und Hund – die Arbeit nach dem Schuß.

Schon das verbietet den Strafschuß. Es besteht außerdem die Gefahr, daß wir unseren Hund mehr oder weniger schwer verletzen. Hodenverletzungen bei Rüden, ein verirrtes Schrotkorn im Auge oder im Gescheide können sogar zum Tode führen. Auf alle Fälle ist der Strafschuß Tierquälerei, also weg mit ihm aus unserer Kommunikation mit dem Junghund!

Eine andere Möglichkeit, über größere Distanz auf den Hund einzuwirken, hat Oberländer beschrieben und das erforderliche Gerät dazu gleich patentieren lassen: das Katapult. Es verlangt einige Übung, um damit einen sicheren Schuß auf die Keule des Hundes zur rechten Zeit zu plazieren. Das Prinzip der Anwendung chemischer Signale besteht darin:

mit verschiedenen Substanzen reizen wir bestimmte Nervenendungen. Das bewirkt eine Erregung oder Hemmung der Nervenfunktionen.

Uns interessieren ganz speziell die Geruchs- und Geschmacksrezeptoren, die in der Mundhöhle und dem Nasenbereich nahe zusammenliegen. Wir haben die Möglichkeit, unserem Hund einen angenehmen oder auch unangenehmen Reiz für sein Geschmacks- und Geruchsempfinden zu verschaffen.

Wir wenden uns vor allem an den Trieb zur Selbsterhaltung und Arterhaltung: gefressen wird das, was schmeckt, also die Geschmacks- und Geruchsrezeptoren angenehm reizt. Wenn unser Hund gehorcht und eine Leistung vollbringt, die wir von ihm erwarten, bekommt er den ersehnten Reiz in Form eines Bissens, der seinen Begierden entspricht und schmeckt. Für den Jagdhund gibt es aber noch eine besondere Weise der Belobigung dieser Art: das »Genossenmachen«! Jäger und Hund verbindet der Drang, Beute zu machen. Für den Jäger regelt der Jagdkalender die Hegeziele. Der Abschußplan und andere weidmännische Gesetze ordnen seinen Drang nach Beute, weidmännisches Denken und Empfinden disziplinieren den Jäger. Unser Hund sieht das anders. Er sucht Beute, um seinen Hunger zu stillen oder seinen Jagdtrieb abzureagieren, unabhängig vom Jagdkalender. Beansprucht der Jäger die gemeinsam gemachte Beute für sich allein, wird er seine Attraktivität für den Hund verlieren. Beteiligen wir aber unseren Hund an der Beute, dann sind wir die Größten. Das »Genossenmachen« ist die Beteiligung des Jagdhundes an der gemeinsamen Beute. Das geschieht vor allem zum Abschluß einer erfolgreichen Schweißarbeit. Beim Aufbrechen des gefundenen Schalenwildes wird der Hund unter Wind abgelegt. Wenn die rote Arbeit getan ist, wird ihm durch seinen Führer ein Stück Aufbruch gereicht. Es tut auch ein Handteller voll Schweiß, den der Hund aus der Hand seines Jägers entgegennimmt, der ihn dabei freundlich anspricht. Dieses »Genossenmachen« geht einschließlich des Begriffes auf alte Bräuche zurück. Im jagdlichen Brauchtum, insbesondere in Zeiten der Parforcejagd, fand diese Verfahrensweise als Cuvè bezeichnet und im deutschen Sprachraum als Gepfneisch ihre Anwendung. Nach Beendigung der Jagd wurden Gescheide, Feist, Lunge, Milz und auch das kleine Wildbret des zur Strecke gebrachten Hirsches mit Schweiß vermischt auf der Hirschdecke zurechtgemacht. Mit einem Hornsignal wird der Fraß für die an der Hetz beteiligten Hunde freigegeben. Der Leithund wurde mit dem Hirn und anderen Kopfteilen des Hirsches ausgezeichnet. Auch das Herz des erlegten Tieres durfte bevorzugt er »genießen«.

Das »Genossenmachen« mit Wildbret, noch dazu mit warmen Wildteilen, ist umstritten. Es fehlt nicht an Meinungen, die es als eine Verleitung zum Anschneiden ansehen. Aber — gerade das Verleiten ist ein wichtiges Verfahren, Untugenden gar nicht erst aufkommen zu lassen.

Um das Anschneiden zu lernen, braucht der Hund nur Gelegenheit und Hunger. Gelegenheit gibt es oft, und der Hunger stellt sich von selbst ein. Das Stück wird vom Hundeführer geteilt. Es ohne ausdrückliche Aufforderung dennoch anzurühren, wird mit harter Strafe schon im Moment des Versuches bedroht. So müssen wir das »Genossenmachen« bewußt nutzen, um zu loben und gleichzeitig nachdrücklich klarzumachen, wer die Beute teilt und zu welchen Teilen. Gelingt uns das, werden wir nie einen Anschneider haben.

Die Anwendung elektrischer Signale soll nur der Vollständigkeit halber erwähnt werden. Es geht um die Verwendung eines elektrischen Schlages zur Abgewöhnung von Untugenden, wie notorisches Hetzen oder Entweichen im Feld. Es wird genau wie bei anderen Gebrauchshunden verfahren.

Grundübungen

Gewöhnlich trifft der Jäger auf seinen Hund, wenn dieser acht bis zwölf Wochen jung ist. Der Hund verfügt zu dieser Zeit über eine kleine, aber bedeutende Vergangenheit, eine etwas ratlose Gegenwart und eine große Zukunft, die vor allem in der Hand seines Jägers liegt.

In diesem Alter entdeckt der kleine Kerl seine Umwelt, sammelt Erkenntnisse und ergreift Besitz. Es bleibt nichts, was nicht genauestens untersucht wird. Gegenstände verschwinden oder werden für ihren eigentlichen Verwendungszweck unbrauchbar. Warme Pantoffeln sind bevorzugte Beuteobjekte. Dieser nicht ermüdende Entdeckungsdrang, diese Lernbegierde, muß bewußt und gezielt ausgenutzt werden. Alles, was sich für die jagdliche Verwendung eignet, wird gefördert, und gleichzeitig werden alle Regungen unterdrückt, die zu einem guten Jagdhund nicht passen. Deshalb ist bereits diese Entwicklungsphase unseres künftigen Jagdgefährten für die Ausbildung bedeutungsvoll. Wir schaffen wichtige Grundlagen für eine erfolgreiche Abrichtung zum Jagdgebrauchshund. Die Beziehungen zwischen Jäger und Hund müssen mit der Zuweisung seines Platzes in der Rangordnung beginnen.

Unsere Aufgabe besteht darin, dem hochgeliebten jungen Jagdhund ungeachtet seiner künftigen Verdienste, den letzten Platz in der Rangordnung zuzuweisen. Jede andere inkonsequente Regelung rächt sich, besonders bei der späteren jagdlichen Verwendung. Daher gilt immer der Satz: Unser Hund ist nicht der Jäger, er ist nur sein Helfer. Deshalb beginnt die Arbeit an unserem künftigen Jagdgebrauchshund mit seiner Einordnung, und das heißt für den Hund Unterordnung.

Ein »Flegeljahr« können wir uns bei der Kurzlebigkeit der Jagdhunde nicht leisten. Wobei nicht denen das Wort geredet werden soll, die mit ihrem noch nicht einjährigen Hund bereits Phantastisches vollbracht haben wollen, und auch nicht denen, die den Hund systematisch verwildern lassen, um ihn dann in einer Parforcedressur zu zerbrechen.

Der junge Jagdhund muß gelenkt durch seinen Jäger in die künftigen Aufgaben hineinwachsen. Er muß im ersten Lebensjahr seine jagdlichen Anlagen freudig entwickeln können. Das verlangt viel vom Hundeführer, und es bleibt ein weiser Spruch: »Jeder hat den Hund, den er verdient!«

In unserem Abrichteprogramm müssen wir bis etwa zum sechsten Lebensmonat erreichen, daß unser Hund sich selbstverständlich unterordnet, sich freudig im Revier bewegt und beginnt, bewußt mit seinem Führer zusammenzuwirken. Dazu muß er:

— auf Ruf oder Pfiff freudig herankommen
— leinenführig sein
— die Downstellung kennen und sie angeleint durchhalten
— mit dem Revier vertraut sein
— die Nase gebrauchen können.

Wer auf Jugendprüfungen erlebt hat, wie sich Hundeführer auf ihren gerade zufällig vorüberkommenden Hund stürzen, ihn an einem beliebigen Körperteil packen und verklärt lächelnd den Karabiner einklinken lassen, der versteht, wenn wir behaupten:

Das freudige Herankommen des Hundes zu seinem Jäger auf Ruf oder Pfiff ist das Kernstück der Beziehung zwischen Jäger und Hund. Beim Jagdhund ist das von noch größerer Bedeutung als bei anderen Gebrauchshunden. Das ergibt sich aus dem hohen Maß an Selbständigkeit in der Arbeit bei großer räumlicher Distanz zwischen Führer und Hund. Oft gibt es keinen Sichtkontakt, und Rufe werden gar nicht vernommen. Deshalb müssen wir bereits in den ersten Lebensmonaten bei unserem Hund erreichen, daß er alle Erwartungen seines Lebens mit seinem Jäger verbindet. Freude und Lob sowie Pflicht und Zwang gehen gleichermaßen von diesem aus. Die erste Verantwortung für das freudige Kommen des Hundes liegt noch beim Züchter. Spätestens wenn die Welpen die Augen öffnen, müssen sie auf den betreuenden Menschen geprägt werden. Das geschieht schon durch den Ruf zur Futterschüssel, durch öfteres Hochheben und Abliebeln sowie durch das Gewöhnen an menschliche Laute, an unsere Sprache.

Aus Zuchten mit einer derartigen Fürsorge für die Welpen bekommt der Jäger einen Hund, der nicht mißtrauisch flieht, sondern Neigung hat, sich ihm anzuschließen.

Für alle Abrichteübungen gilt die Grundregel: Nur Zwang auf den Hund ausüben, wenn wir unseren Willen auch durchsetzen können. Nie dem Hund eine Chance zum Entweichen geben.

Nicht wenige Führer von Jagdhunden mußten aufgeben, weil ihr Hund, wenn er Zwangsmaßnahmen erwartete, nicht mehr in den Einflußbereich seines Herrn kam. So mancher Hund ist eher zu Hause als sein Jäger, weil er es vorzieht, nach Hause zu gehen, statt seinem zornigen Führer zu begegnen. Genauso ist es mit dem Hund, der allein seine Pirsch gemacht hat, nach Hause kommt und Prügel bezieht. Der Hund pirscht weiter allein und immer ausgedehnter, denn Pirschen ist schön, nach Hause kommen tut weh. Kommt er dann doch nach Hause, versucht er, seinen Herrn vom Leibe zu halten, oder nimmt stoisch die Strafe auf sich. Nachhausekommen bedeutet Strafe. Gestraft wird er ja nur, wenn er kommt, nicht wenn er geht. Ist es soweit mit uns und unserem Hund gekommen, dann sieht es für eine jagdliche Gemeinschaft trübe aus. Kommt der Hund nicht mehr gern zu seinem Führer, dann ist ein Führerwechsel angeraten.

Die Übungen zur Leinenführigkeit ordnen wir in die ersten Beziehungen systematisch ein und machen das genau so wie bei allen anderen Gebrauchshunden.

Aber einige Besonderheiten sind zu beachten. Unser Hund ist bei der Jagd in jedem Gelände an unserer Seite. Er muß also frühzeitig lernen, Hindernisse zu umgehen, damit er seinen Jäger und sich nicht behindert. Er muß begreifen: Der Hund läuft nicht mit seinem Jäger, sondern der Jäger mit seinem Hund.

Bei der freien Folge bei Fuß ist es dem Hund gestattet, auf einem schmalen Pfad auch hinter seinem Jäger zu pirschen. Der Kontakt darf aber nicht abreißen. Vor seinen Jäger gehört er nur, wenn er suchen soll. Dazu bekommt er das Kommando »Such voran!«. Der Hund muß immer veranlaßt werden, bei uns zu bleiben. Das Kommando »Fuß!«, an der Leine eingeübt, muß dann auch ohne die Einwirkung über die Leine befolgt werden. Will er ohne Kommando loskommen, dann trifft ihn unbarmherzig die Wurfkette. Diese Erfahrung zwei-, dreimal im richtigen Moment vermittelt, wirkt ein ganzes Hundeleben lang. Bei sehr führigen und auch weichen Hunden reicht oft eine harte Stimme, um ihn an unserer Seite zu halten.

Nicht wenige Jäger verzichten auf die Leine, nicht aus Besserwisserei oder Ignoranz. Die Leine war nicht notwendig. Der Hund war gehorsam. Er stieg auf dem Hof oder vor dem Haus ins Auto und im Revier wieder aus und schon begann die Jagd. Oder die Jagd begann gleich hinter dem Haus. Warum dann anleinen? Bei einer solchen Verfahrensweise kommt der Hund eigentlich nur an die Leine, wenn etwas für ihn Unangenehmes geschieht. Die Leine wird zur Strafmaßnahme. Wenn dann wesensstarke Hunde z. B. im Vorführring zu Zuchtprüfungen an der Leine dahinschleichen wie »geprügelte Hunde« im wahrsten Sinne des Wortes, sind die Hundeführer ratlos: »Ich weiß nicht, was mit meinem Hund heute los ist.«

Wir aber wissen, er empfindet Unbehagen, weil es für ihn keine Selbstverständlichkeit ist, anständig neben seinem Jäger an der Leine zu gehen. Deshalb sollte jede Arbeit oder Jagd an der Leine beginnen und auch an der Leine enden. Der Hund wird mit dem Kommando »Sitz!« angeleint und genauso wird er nach der Befolgung des Kommandos geschnallt und zur Arbeit eingewiesen. Das kann vorerst durchaus eine »Bei-Fuß-Folge« sein.

Wenn so verfahren wird, herrscht Ordnung in den Beziehungen. Es sei hier noch darauf verwiesen, daß die Leinenführigkeit eine Voraussetzung für die spätere Arbeit am Schweißriemen ist.

Zu den Grundübungen für den jungen Jagdhund gehört auch, wie bei allen anderen Gebrauchshunden, die Förderung der Bringefreudigkeit.

Das Ablegen des Hundes ist eine Sache, die früh geübt wird und dann ein ganzes Leben halten muß. Das Einüben geschieht im Prinzip wie bei den anderen Hunden.

Sicheres Ablegen ist Grundvoraussetzung für ein erfolgreiches jagdliches Führen des Hundes. Für den Hund bedeutet es, auf das Kommando »Down!« eine bestimmte Stellung einzunehmen. Der Hund liegt auf dem Brustbein, die Vorderläufe sind nach vorn gestreckt, so daß der Körper auf den Ellenbogengelenken ruht, der Kopf liegt zwischen den Vorderläufen. Die Hinterhand ist wie in der Sitzstellung gelagert. Diese Lage hat der Hund auf das Kommando, den Pfiff oder das entsprechende Sichtzeichen blitzartig einzunehmen.

Er muß an dem Ort, an dem er abgelegt wird, verweilen, bis er durch den Pfiff abgerufen oder abgeholt wird. Vor hochgehenden Hasen nimmt er ebenfalls die Downstellung ein, oder wir arbeiten unseren Hund so durch, daß er stehenbleibt. Diese Lage hat er einzuhalten, auch wenn der Hase dreist an seiner Nase vorbeihoppelt. Schüsse und andere aufpeitschende Jagdgeräusche dürfen den abliegenden Hund nicht verleiten aufzustehen.

Nur so sind endlose Hetzen auf Wild zu verhindern, nur auf diese Weise kann der Hund bei Pirsch oder Ansitz ruhiggestellt werden. Wer diese Forderungen übertrieben oder sinnlos findet, muß sich mit einem schlechten Jagdhund begnügen.

Das Ablegen ist eine harte Unterordnungsübung. Ähnlich wie beim Apportieren verlangen wir vom Hund das Gegenteil von dem, was er gern möchte. Er will den Hasen hetzen und greifen, aber er muß in die Downstellung. Er will uns hinterherlaufen, dabeisein, aber er muß fest liegen. Wenn rundherum das Jagdgetümmel tönt, liegt er mit dem Kopf zwischen den Vorderläufen. Die Downstellung ist mit der Demutshaltung des im Kampf unterliegenden Hundes gleichzusetzen. Wir fordern mit dem Kommando »Down!« seine bedingungslose Unterwerfung. Das ist nicht unproblematisch. Ein zu scharfes Herangehen beim jungen Hund kann zwar einen absoluten Gehorsam erzwingen, aber gleichzeitig alle jagdlichen Passionen auslöschen, die Persönlichkeit des Hundes für immer zerbrechen.

In der Jugend lernt der Hund das Kommando »Down!« kennen, und er befolgt es ohne Ablenkung. Abgelegt wird er nur an der Leine. Das ist schon viel. Es reicht, um ihn getrost mit ins Revier zu nehmen. Will man mehr von ihm, müßte man ihn sehr hart hernehmen. Einen empfindsamen Hund kann das für immer verderben.

Wenn unser junger Jagdhund ohne Bocksprünge an der Leine geht, auf Ruf oder Pfiff zum Führer eilt und, wenn auch mit Einschränkung, durch Ablegen ruhig gestellt werden kann, dann muß er ins Revier. Jetzt kommt für den Jäger die Zeit, in der für ihn sein junger Hund wichtiger als die Jagdbeute ist. Der Hund gehört auf der Pirsch an die Seite seines Jägers. Beim Ansitz liegt er angeleint unter dem Hochsitz.

Unter Kontrolle und in ständigem Kontakt mit seinem Führer soll unser junger Hund seine Umgebung entdecken und lernen, sich frei und zügig zu bewegen. Vor Überforderung brauchen wir keine Angst zu haben. Wenn der Hund müde wird, legt er sich einfach hin oder er »klebt«, d. h., er geht uns nicht mehr von den Füßen. Dann müssen wir das akzeptieren.

Für unsere ersten Ausflüge wählen wir möglichst übersichtliches Gelände, Wiesen und Felder mit Buschwerk, kleinen Waldstücken, Tümpeln und Gräben mit entsprechendem Niederwildbestand. Dem Jäger in Hochwildgebieten sei angeraten, kooperative Beziehungen mit Weidgenossen aus Niederwildrevieren zu pflegen. »Tausche Hasen gegen Hirsch« ist eine Basis zur Verständigung.

Im Revier wird der Hund zum Sitzen veranlaßt und mit dem Kommando »Such voran!« geschnallt. Aufmunternd und freudig muß es klingen, das Kommando zum Suchen. Dann gehen wir los mit unserem Hund und lassen ihm alle Freiheiten. Wir werden bald erkennen, ob unser Hund die Neigung hat, weit zu gehen oder uns an den Füßen klebt. Geht er weit, haben wir fürs erste weniger Mühe, klebt er, dann muß er immer wieder ermuntert werden vorauszugehen. Wenn es nicht anders geht, müssen wir einen Trab einlegen, um etwas Munterkeit in unseren Reviergang zu bringen. Beim ersten Ausgang dieser Art kann noch kein Urteil gefällt werden. Es zeigt sich aber bald, ob er weit sucht oder uns vor den Füßen herumstochert. Eine treffende Abrichteweisheit sagt: »Besser einen weiten Hund zurückholen, als einen kurzen schieben.«

Die Neigung zur weiten Suche ist eine angeborene Wesenseigenschaft. Junge Hunde, die kaum aus dem Zwinger kommen, keine Gelegenheit haben, sich mit ständig wechselnden Umweltbedingungen und Einflüssen auseinanderzusetzen, werden ganz gewiß nicht bei den ersten Reviergängen mutig und selbstbewußt die neue Situation meistern. Das sind dann die Hunde, die ihrem Führer zwischen den Beinen umherquirlen und Verzweiflungsausbrüche erzeugen. Auch hier hilft wie immer nur Geduld. Häufig kleben auch Hunde, von denen von frühester Jugend an nur Unterordnung verlangt wurde. Viele Hundebesitzer nehmen mit selbstgefälligem Stolz solche zweifelhaften Komplimente hin wie: »Der Hund ist noch so jung und schon so gehorsam.«

Den Wert eines jungen Jagdhundes an seinem Gehorsam oder sogar an seiner Unterwürfigkeit zu messen, ist töricht. Es kommt auf das richtige Maß an. Der Hund, der sich nicht vom Führer löst, verlangt viel Aufmerksamkeit. Er muß immer wieder zur selbständigen Suche ermuntert und vor allem vor Wild gebracht werden. Dann muß der Durchbruch kommen; das Verlangen, das Wild zu greifen, muß ihn veranlassen, hinterherzuhetzen und sich von seinem Führer weit zu entfernen. Es ist für einen Jäger günstig, einen jungen Hund mit Hilfe eines abgeführten, in jeder Beziehung erfahrenen Hundes auf die ersten Sprünge zu bringen. Er ist der beste Abrichtehelfer. Wir hatten immer Gelegenheit, mit einem zweiten fertigen Hund unsere Junghunde ins Revier zu bringen, und darauf möchten wir nie verzichten. Der erfahrene Hund nimmt das junge Kerlchen mit auf die Suche. Erst hängt es spielerisch an der Seite des jagenden Hundes und wird diesem unerträglich lästig. Das veranlaßt ihn, weite Suchen zu machen, um den Kleinen abhängen zu können. Eine Weile gelingt das, aber dann ist der Nachwuchs wieder heran. An der Seite eines geübten Hundes lernt unser junger

Jagdhund, sich flott zu bewegen. Er löst sich vom Führer, meistert Hindernisse und steckt überall seine Nase rein, wo der Große etwas bewindet.

Kommt der Vorstehhund vor Wild, steht er vor, zieht nach, steht wieder vor, dann macht der Kleine mit. Er sekundiert seinem Meister. Der junge Hund wird ebenfalls starr und ahmt das Verhalten des Alten nach. Wenn wir diese Gelegenheit nutzen und mit dem Kommando »Schone!« oder »Steh, mein Hund!« noch akustisch einwirken, haben wir für die Festigung der Vorstehanlagen viel gewonnen.

Wir können auch die Gehorsamkeit des fertigen Hundes nutzen. Rufen wir den Hund öfters mit Pfiff heran, kommen beide. Unser Hund lernt an der Seite eines abgeführten Jagdhundes, sich im Revier zu bewegen, Gräben zu überspringen, Koppelzäune zu überwinden, im Wasser zu pantschen, zu kommen, wenn er gerufen wird, und er übernimmt das Interesse am Wild und begreift so seinen eigentlichen Lebenszweck.

Es kommt aber bald die Zeit, in der der zweite Hund stört. Unser junger Hund kann bei der Entwicklung seiner eigenen Persönlichkeit ernsthaft behindert werden. Wenn wir den Alten an der Leine behalten und nur den Jungen zur Suche schicken, wird er sich ständig umsehen und das ganze Ritual abspielen, um den »Großen« zum Mitgehen zu veranlassen.

Der firme Hund an der Leine kann in verschiedenen Situationen nützlich sein. Wenn sich z. B. Raubzeug oder eine wildernde Katze stellt. Der Kampf ist für den Kleinen ein großes Ereignis. Er wird in die Auseinandersetzung eingreifen, und wenn er nur Geräuschkulisse ist. Er lernt, worum es geht, wenn Raubzeug auftaucht. Es schadet nichts, ihm die gewürgte Katze zum Beuteln zu überlassen.

Aber auch hier ist unabdingbare Voraussetzung: Unser abgeführter Hund ist absolut raubzeugscharf. Eine Niederlage können wir uns nicht leisten. Dann heben wir uns solche Begegnungen besser für einen späteren Zeitpunkt auf.

Wir haben die Erfahrung gemacht, daß sich zwei gleichaltrige Hunde, auch Wurfgeschwister, in der Abrichtung erheblich behindern können. Einer von beiden übernimmt immer die Führung, und der andere folgt willig. Der führende Hund, angeregt durch seine Meuteführerrolle, will sich ihrer würdig erweisen. Soll er allein arbeiten, fehlt ihm die Meute, auch wenn diese nur aus einem Hund besteht. Wenn unser junger Hund sich wie sein Vorbild im Revier bewegen kann, Wild annimmt, Hindernisse selbständig überwindet, in unwegsames Gelände eindringt und auch das Wasser kennengelernt hat, muß mit ihm allein gearbeitet werden. Erst dann entwickelt sich die Selbständigkeit des Hundes und gleichermaßen die innige Beziehung zwischen dem Jäger und seinem Hund. Dann ist es an der Zeit, die spezifischen jagdlichen Eigenschaften des Junghundes voll zur Entfaltung zu bringen.

Entwicklung der Anlagen

Wenn unser Hund ein halbes Jahr alt ist, ist es Zeit zu prüfen, ob die jagdlichen Anlagen, die wir erwarten, bei ihm vorhanden sind. Wir stellen uns die Aufgabe, die jagdlichen Anlagen voll zur Entfaltung zu bringen, sie herauszulocken, vorausgesetzt, sie sind da.

»... wir suchen dadurch, daß wir den jungen Hund im Felde ... sich selbst überlassen, festzustellen, ob er im Besitz derjenigen Anlagen ist, ... welche für den künftigen Gebrauchshund unerläßlich sind« (Oberländer).

Der Begriff »Anlagen« ist besonders unter Hundezüchtern gebräuchlich, geht leicht von den Lippen und wird oft gedankenlos in den Sprachgebrauch aufgenommen.

Wir gehen davon aus, daß Anlagen für ein bestimmtes Leistungsvermögen von den Vorfahren ererbt werden. Sie folgen erbbiologischen Gesetzmäßigkeiten. So sagen wir z. B.: Der Hund hat die Nase seiner Mutter. Wir meinen damit, die Leistung seiner Nase ist ähnlich der seiner Mutter. Diese Feststellungen machen deutlich, daß wir von der Erblichkeit der Anlagen ausgehen. Die in den Erbanlagen enthaltenen Verhaltensmuster, Konstitutions- oder Konditionstypen sind stammesgeschichtlich entstanden und wurden durch Zuchtauswahl betont oder verdrängt. Wir geben uns schon lange mit den Instinkten der Wildhunde nicht mehr zufrieden. Planmäßig werden Eigenschaften verdrängt, die für den Hund als Jagdgefährten unserer Tage unbrauchbar sind. Das wird besonders im Triebverhalten erkennbar. Zum Beispiel ist der Fluchttrieb beim Wildhund eine lebenserhaltende Reaktion. Ein Hund aber, der auf jede scheinbare Gefahr mit Fluchtbereitschaft, Unsicherheit oder aggressiver Schärfe reagiert, ist als Jagdhund unbrauchbar. Unsere Hunde müssen zwischen aktiver und scheinbarer Gefahr differenzieren können und zweckmäßig darauf reagieren. Aus der erblichen Übertragbarkeit jagdlicher Anlagen muß die praktische Konsequenz abgeleitet werden: Wir können nur mit jagdlich gut veranlagten Hunden rechnen, wenn sie aus bewährten Zuchten stammen.

Allein die Zugehörigkeit zu einer der Jagdhunderassen ist keine Gewißheit. Eine Garantie gibt es nie, weil es auch in gut durchgezüchteten Hundefamilien oder Zuchtlinien passieren kann, daß bei Einzeltieren wesentliche Anlagen verlorengegangen sind. Deshalb berechtigt die beste Abstammung allein noch nicht zur Weiterzucht. Es kommt nur der Hund in die Zucht, der alle gefragten Anlagen ausreichend selbst unter Beweis stellen kann.

Eine zweite Überlegung zu den jagdlichen Anlagen sollten wir uns für das Abrichtekonzept gut einprägen. Die erreichte Anlage für eine Leistung ist noch nicht die Realisierung dieser Leistung.

Die Anlage ist so etwas wie eine Vorstufe und die Voraussetzung für die gewünschte Leistung. Deshalb sprechen wir nicht nur von einer Prüfung der Anlagen, sondern ausdrücklich von ihrer Entwicklung. Seine Anlagen kann nur der Hund zeigen, der dazu Gelegenheit erhält. Unser junger Hund muß so geführt werden, daß er selbst seine Anlagen entdecken kann, sich ihrer bewußt wird und sich entsprechend verhalten kann. Tun wir das nicht, dann bleiben seine Talente verborgen, und unser Hund ist möglicherweise ein verkanntes Genie.

Lernen ist wichtig für die Entfaltung der Anlagen. Anlagen werden durch Lernen nicht nur entwickelt, sie können auch verstärkt, verbessert oder fehlende Anlagen in einem bestimmten Grad durch Lernen ersetzt werden. Einen Hund, der sich in keiner Weise wasserfreudig zeigt, können wir durch langwährende Bemühungen an das Wasser gewöhnen und ihn gleichzeitig so unter Zwang setzen, daß er jedes Wasser zwar widerwillig, aber immerhin annimmt. Nutzen wir dann noch seinen Greiftrieb und lassen ihn hinter Enten arbeiten, so kann er seine Scheu vor Wasser zeitweilig vergessen. Der versierte Abrichter kann bei Leistungsprüfungen mit einem nur durchschnittlich veranlagten Hund hohe Wertungen bei den Anlagenkennziffern erreichen, während der weniger erfahrene und gewitzte mit einem hoch veranlagten Hund nur auf durchschnittliche Zensuren kommt. Das ist keine Kritik an der Leistungsprüfung und den Richtern, sondern ein Hinweis auf die Bedeutung der Entwicklung der Anlagen unseres Hundes.

Zu den jagdlichen Anlagen zählen: die Konstitution des Hundes, Finderwille und Spurwille, die Art zu jagen, der Suchstil und das Vorstehen, die Wasserfreudigkeit, die Wesensfestigkeit sowie die Wild- und Raubzeugschärfe.

Unter der Konstitution des Jagdhundes verstehen wir seine körperliche Gesamtverfassung. Sie ist die Grundlage für die Jagdausübung. Sie entspricht dem Standard der jeweiligen Jagdhunderasse und wird vererbt. Wenn wir einen Rassehund aus einer jagdlich anerkannten Leistungszucht unser eigen nennen, können wir davon ausgehen, daß wir einen Hund haben, der mit hoher Wahrscheinlichkeit über die rassespezifischen Eigenschaften als Anlage verfügt.

Die Umweltbedingungen spielen eine große Rolle bei der Entwicklung der Konstitution. So spielt die sachgemäße Aufzucht der Junghunde eine wichtige Rolle. Junge Hunde, deren Entwicklung durch Mangelernährung, ungenügende Bewegung und Pflege belastet wurde, erreichen nicht die in der Erbmasse vorgesehenen konstitutionellen Merkmale. Das ist beim erwachsenen Hund nicht mehr zu korrigieren. Andererseits bleibt alle Mühe vergebens, wenn ein Hund ungünstige konstitutionelle Anlagen hat. Ein genetisch fixierter Gebißfehler z. B. ist auch durch optimale Aufzucht nicht zu beseitigen. Es ist Aufgabe der Zuchtleitungen, nur Hunde zur Zucht kommen zu lassen, die über optimale konstitutionelle Anlagen verfügen. Das zeigt sich in den bei Körveranstaltungen vergebenen Form- und Wesenswerten, nicht nur für Jagdhunde.

Eine körperliche Eigenschaft interessiert uns am Jagdhund ganz besonders: das Leistungsvermögen der Nase.

Wir wissen über das Wunder der Hundenase schon recht viel. Untersuchungen ergaben, daß der Hund noch Stoffe in einer Konzentration von 1 zu 1 Million riechen kann, die der Mensch nur in der Konzentration 1 zu 1 wahrnimmt. Diese »millionenfache Überlegenheit« macht den Hund zum unentbehrlichen Jagdgefährten für den Menschen. Wir ergänzen unseren relativ schwachen Geruchssinn durch den des Hundes.

Es gibt individuelle Unterschiede im Leistungsvermögen. Unser Hund kann mit einer überdurchschnittlichen Nasenleistung veranlagt sein, oder aber auch unter dem Durchschnitt liegen. Das werden wir bald merken und müssen es als gegeben hinnehmen. Außerdem ist die Nasenleistung eine Anlage, die erst durch fleißiges Üben voll zur Entfaltung kommt.

Das große Leistungsvermögen der Hundenase ist nicht nur auf die Vielzahl der dafür zuständigen Riechzellen zurückzuführen, sondern auch auf bestimmte Reaktionen im zentralen Nervensystem, das in der Lage ist, geringste Reize zu analysieren und in Reaktionen umzusetzen. Die Programmierung dieses Zentrums erfolgt durch Erfahrung. Erst die Jagdpraxis schafft die Hundenase, die wir für die Jagd brauchen. Unser Hund muß lernen, seine Nase einzusetzen, er muß eine Vielzahl Geruchserfahrungen sammeln. Sein »Riechhirn« muß bei jeder interessanten Witterung Alarm schlagen, wenn er z. B. in der Feldsuche Federwildwitterung in die Nase bekommt.

Man kann nicht früh genug damit beginnen, den Hund anzulernen, seine Nase zu gebrauchen. Er nutzt schon in den ersten Lebensminuten seine Nase, wenn er das Gesäuge der Mutter sucht, um seinen Hunger zu stillen.

Wir können die Futtersuche mit Hilfe der Nase weiter entwickeln, z. B. durch die Futterschleppe. Es wird ein Stück Fleisch an einen Faden gebunden und etwa 15 bis 20 m weit auf der Erde gezogen. Am Ende dieser Schleppe steht die volle Futterschüssel. Von seiner ersten Futterschleppe an hört er dabei das Kommando »Such!«. Die Begriffsverknüpfung findet sehr schnell statt und unser Hund bringt beim Kommando »Such!« seine Nase zum Einsatz. Wenn wir ihm dabei noch die Richtung weisen, schaffen wir erste Voraussetzungen für das Verstehen von Sichtzeichen.

Entfernung und Schwierigkeitsgrad werden nach und nach vergrößert. Drei bis vier Monate alte Junghunde können schon solche Schleppen über 100 m, nach entsprechender Übung auch im Gelände mit hohem Grasbewuchs, Gebüsch oder im Wald, halten. Entscheidend ist das Interesse der Hunde. Wir können auch andere Gegenstände verwenden, z. B. einen Spatz als erstes Schleppenwild. Das Schleppen soll noch spielerisch und lustbetont für den Hund sein. Wir müssen aber dabei aufpassen, daß der kleine Hund die gefundene Beute nicht für sich beansprucht und damit schnell verschwindet, sie auffrißt oder eingräbt. Wird so etwas zur Angewohnheit, kann es schwierig werden, es dem Hund wieder auszutreiben. Deshalb sollten die kleinen Schleppen an der Suchleine durchgeführt und der Hund zum Bringen ermuntert werden. Bringt er, wird die Beute gegen einen Belobigungshappen ausgetauscht. Das bereitet schon die spätere Bringearbeit vor.

Bei den ersten Reviergängen können wir uns auch vor unserem Hund verstecken. Er läuft dann kopflos hin und her oder er setzt seine Nase ein. Auf diese Art beginnen wir schon, die Führerfährte für den Hund interessant zu machen. Er soll ja später unserer Fährte folgen und absichtlich verlorene Gegenstände bringen.

Auch kürzere Schweißfährten können gespritzt oder getupft werden. Der junge Hund findet seine Futterschüssel, wenn er der Fährte folgt.

Wir brauchen als konstitutionelles Merkmal eine Nasenveranlagung, die mindestens dem Durchschnitt der Rasse entspricht. Diese Anlage ist ebenso Voraussetzung wie vier gesunde Läufe, ein fester gerader Rücken, ein kräftiger Fang und normal ausgebildete andere Sinne wie Sehvermögen und Gehör, alles im Rahmen der Rassemerkmale. Aber das wichtigste, einen Jagdhund charakterisierende Merkmal ist seine Jagd-Passion, eine alles andere zurückdrängende Leidenschaft, die beide, Jäger und Hund, kennzeichnet und miteinander eng verbindet. Beim Hund ist die Leidenschaft der Trieb, um jeden Preis Beute zu machen, das Wild zu verfolgen, zu greifen und zu würgen, auch unter Einsatz seines Lebens.

Die Leistung der Nase muß entwickelt werden, aber sie wird erst dann zur jagdlichen Anlage, wenn hinter ihr die Passion steht, die dem Hund gegeben ist. Hat er sie nicht, kann er sie auch nicht erlernen, wobei sich durch Erziehung immer noch ein mittelmäßiger Jagdhund erreichen läßt.

Die jagdliche Passion ist aber nicht ein einheitliches Merkmal, sondern so etwas wie ein Dach, unter dem mehrere Eigenschaften des Jagdhundes zusammengefaßt werden, die den Charakter von Anlagen im bereits besprochenen Sinne haben.

Wichtig ist der *Finderwille*. Er ist die Triebfeder des Jagdhundes, sein Motor, der ihn vorwärtstreibt, Wild zu finden. Ein Hund, der diesen Trieb nicht hat, ist für die Jagd kaum zu gebrauchen. Solche Hunde hetzen nur kurz und zaghaft oder sie »übersehen« das sich drückende Wild, um sich keinen Ärger zu machen. Für sie gibt es auch einen Begriff in der Weidmannssprache, sie heißen »Blinker«. Manche sind ausgeprägt komödiantisch begabt. Sie zeigen einen beeindruckenden Eifer, vom Wild wegzusuchen. Wer das nicht weiß, kann leicht vom Hund getäuscht werden.

Blinker können erzogen werden. Starker Abrichtezwang, z. B. beim Apportieren, verleitet sonst sehr führige Hunde, einem Stück Wild aus dem Weg zu gehen, um es nicht bringen zu müssen. Es handelt sich dann um eine Störung in der Beziehung zwischen dem Jäger und seinem Hund, die einfühlsam korrigiert werden muß. Wir kommen bei der »Bringeleistung« darauf zurück.

Auch der Finderwille muß entwickelt werden. Wenn die Anlage da ist, ist das kein Problem. Auch wenn sie verdeckt ist, können wir sie durch geschicktes Führen herauslocken. Das geht sehr schnell, wenn wir unserem jungen Hund Erfolgserlebnisse verschaffen. Wir müssen ihn, wie es in der Jägersprache heißt, »vor Wild bringen«. Stößt er bei seinen ersten, noch meist zaghaften Suchen auf einen Hasen in der Sasse oder er sieht ihn hoch- und davongehen, muß er deutliches Interesse zeigen. Er überzeugt, wenn er mit kräftigem Geläut nachsetzt und zeigt, daß er einen ausgeprägten Greiftrieb hat. Ein Hund von sieben bis acht Monaten muß einen Hasen bereits leidenschaftlich hetzen. Mit dieser Forderung treffen wir sicher nicht auf ungeteilte Zustimmung. Es geht um das Problem Hasenhetzen und Hasenreinheit. Hiervon ist der Feldspezialist ausgenommen, der nach der englischen Schule ausgebildet wird. Für ihn gibt es den Hasen gar nicht, und er muß auch so geführt werden. Ganz anders bei den kontinentalen Vorstehhunden als Vollgebrauchs- und Stöberhunden. Diese jungen Hunde müssen nicht nur hetzen dürfen, sie müssen es erlernen. Sie sollen nicht nur ein paar Verfolgungssprünge andeuten, sondern den Hasen verfolgen, so weit sie ihre Läufe tragen. Kommt der Hase außer Sicht, geht es auf der Spur weiter. Das Austoben der Hetzleidenschaft und des Greifwillens ist eine wichtige Etappe der Entfaltung jagdlicher Passion unseres Hundes.

Wenn der Hund in seiner Jugend nicht hetzen lernt, wie soll er dann später den krankgeschossenen Hasen verfolgen, ihn mit sicherem Griff packen, unverzüglich zu seinem Herrn bringen und korrekt abgeben? Das muß unter allen Bedingungen geschehen, die das Revier stellt: auf aufgeweichtem Acker, bei hohem Schnee oder beim Überwinden von Gräben und Zäunen. Wie sähen wir aus, wenn im Treiben ein Hase krankgeschossen wird und unser Hund begänne ein Spiel mit dem Hasen oder liefe ihm eine kurze Strecke nach, um sich dann ratsuchend nach seinem Jäger umzusehen.

Wir müssen den jungen Hund nach Herzenslust hetzen lassen. Der Hund lernt dabei auch bald zu unterscheiden, ob er einen kranken oder gesunden Hasen verfolgt. Er kann später einschätzen, ob er eine Chance hat, ihn zu erreichen. Aber es gibt Hunde, die bis ins hohe Alter den Hasen bis zum Horizont hetzen. Das ist Ausdruck der Inkonsequenz des Hundeführers in wichtigen Phasen der Ausbildung.

Beim Hasenhetzen entfaltet der Hund seine jagdliche Passion und wird schnell und ausdauernd. Gibt er sich diesem Genuß freudig hin, ist es an der Zeit, die Möglichkeiten, einen Hasen zu verfolgen, einzuschränken und ihn auf der Spur einzuarbeiten. Damit kommen wir zu einer äußerst wichtigen Anlage unseres Hundes, seinem *Spurwillen*. Jetzt kommen wir mit dem »Spur«-Begriff ein wenig in Kollision. Wir unterscheiden zwischen Fährten, Spur und Geläuf. Es geht immer um die Tritte, die von verschiedenen Wildarten auf ihren Gängen oder Fluchten zurückgelassen werden. Im weidmännischen Sprachgebrauch wird das Hochwild gefährtet und das Niederwild gespürt. Das Hochwild hinterläßt Fährten und das Niederwild Spuren. Geläufe hinterläßt das Federwild, mit Ausnahme einiger Arten, die zum Hochwild zählen. Deshalb arbeitet der Hund auf der Hasenspur, er verfolgt die Rotwildfährte oder er arbeitet ein Fasanengeläuf aus.

Den Begriff Spurwille und alle anderen Begriffe, die sich in irgendeiner Weise darauf beziehen, verwenden wir für Spuren und für Fährten. Es spielt keine Rolle, ob es sich um eine Gesundspur oder Gesundfährte handelt oder um eine Wundspur oder Wundfährte. Als Spurwille bezeichnen wir das Bestreben des Hundes, einer einmal angenommenen Spur unter allen Umständen zu folgen und auf ihr Wild zu finden, tot oder lebendig.

Der Spurwille des Hundes ist eine Anlage der Wildhundvorfahren, für die Wildhunde art- und lebenserhaltend. Das Festhalten an der Spur führt zur Beute. Wer es nicht konnte, erwies sich als lebensunfähig, selektierte sich selbst. Unsere Hunde dagegen werden auch ohne Spurwillen und ohne Beute zu machen, gefüttert, deshalb ist es besonders wichtig, durch Zuchtselektion Hunde mit unzureichendem Spurwillen auszusondern. Der Wille, die Spur zu halten, ist nicht anzuerziehen. Eine schwache Leistung kann mit viel Ermunterung verbessert werden, aber mehr nicht. Der Jäger ist gut beraten, der die Spurleistung seines jungen Hundes genau prüft und intensiv fördert.

Mit dem Spurwillen verbindet sich auch die Spursicherheit. Als spursicher bezeichnen wir einen Hund, der eine einmal aufgenommene Spur unter allen Bedingungen hält. Wenn die Spur durch Wiedergänge oder Absprünge des Wildes abreißt, müssen wir sehr aufmerksam auf das Verhalten des Junghundes achten. Nimmt er die Nase hoch und geht zur freien Suche über, macht sich die Sache leicht. Man kann sogar sagen, er gibt die Spur auf und versucht auf »gut Glück« noch zur Beute zu kommen. Dieser Hund gilt nicht als spursicher. Der spursichere Hund behält die Nase unten. Er versucht hartnäckig, die abgerissene Spur wiederzufinden. Ein erfahrener Hund kreist die Spur ein, bis er sie wieder hat. Dann geht er zügig weiter.

Auch die Spursicherheit ist eine jagdliche Anlage. Sie läßt sich nicht vom Spurwillen trennen. Der Spurwille ist die Basis für die Spursicherheit.

Wenn unser Hund eine angenommene Spur sicher hält, auch wenn sie von anderen Spuren gekreuzt oder tangiert wird, ist er spurrein. Die Spurreinheit hat etwas mit dem Differenzierungsvermögen der Hundenase zu tun. Der Hund muß sie erlernen. Erfahrung ist hierbei sehr wichtig, nur guter Wille allein reicht nicht aus. Er muß einige Spuren kennen und auseinanderhalten können, um die richtige Spur immer wieder herauszufinden. Ein Hund ohne ausgeprägten Spurwillen erweist sich nicht als spursicher und wird auch Schwierigkeiten mit der Spurreinheit haben.

Mit der Spuranlage des Jagdhundes verbindet sich die Spurtreue. Spurtreue als weidmännischen Begriff verwenden wir für das Verhalten des Hundes auf der Spur kranken Niederwildes oder der roten Fährte des Hochwildes, der Schweißfährte. Als spurtreu gilt der Hund, der sich auf einer Wundspur oder Wundfährte durch keine andere Gesundspur der gleichen Wildart ablenken läßt. Das gleiche gilt für sich kreuzende oder tangierende andere Wundspuren oder Fährten. Auch für die Spurtreue ist der Spurwille die Grundlage. Der Spurwille wird bei der Anlagenprüfung mit der Hasenspur geprüft. Der Hund soll an der frisch verlassenen Sasse die warme Spur des flüchtigen Hasen aufnehmen und sie zügig verfolgen. Die Spur über 500 m oder mehr zu verfolgen, ist eine gute Leistung.

Für einige Rassen wird von der Zuchtleitung Spurlaut verlangt. Beim Brackieren z. B. wird von den Laufhunden erwartet, daß sie sich auf die Spur des Hasen setzen, ihn läutend verfolgen, ihn immer wieder auf die Läufe bringen, bis der Hase in seinen engeren Einstand, dort, wo er hochgegangen ist, zurückkehrt. Das kann aber eine lange Zeit dauern. An der Sasse steht der Jäger und trägt dem Hasen seine Schrote an. Diese Jagdart wird bei uns nicht mehr praktiziert, dafür fehlen die großflächigen Räume. In Waldgebieten führt das Brackieren zu einer enormen Beunruhigung des Wildes. Die Bracken, die schon sehr lange im Dienst der Jagd stehen, haben ihren Spurwillen auf unsere heutigen Jagdhunde übertragen.

Das Ausarbeiten der gesunden Hasenspur als wichtigstes Anlagenfach der Leistungsprüfungen ist eine umstrittene Angelegenheit. Es wird immer wieder die Frage aufgeworfen, wofür die gesunde Hasenspur gut ist. Erfahrene Führer wissen: Das erste, was man dem jungen Hund nach der Anlagenprüfung abgewöhnen muß, ist das Hetzen von Wild und das endlose Verfolgen von Gesundspuren. Der Hund muß hasenrein und auch bogenrein gemacht werden. Schaffen wir das nicht, haben wir unseren spurwilligen Hund selbst in einem schwach besetzten Hasenrevier nie unter der Flinte, er ist immer eifrig auf Spuren unterwegs. Die Frage ist berechtigt: Warum soll ich meinen Hund erst griffig auf die Spur machen, um ihm dann alles wieder mit viel Mühe abzugewöhnen? In vielen Fällen gelingt es nicht oder nur unvollkommen. Nicht jeder Jäger ist ein erfahrener Hundeführer und nicht jeder Jäger kann dafür die erforderliche Zeit und Mühe aufbringen.

Den Argumenten gegen die Hasenspur als Prüfungsfach schließen sich auch diejenigen an, deren Hunde Schwierigkeiten mit der

Spur haben, die lustlos in der Spur herumstochern, um dann schnell wieder zu ihrem Führer zurückzukehren.

Trotz aller Argumente gegen die Hasenspur gibt es keine bessere Möglichkeit, den Spurwillen als Anlage zu prüfen und zu entwickeln. Den Spurwillen eines Hundes zu prüfen, ist eine unbedingte Notwendigkeit. Der Spurwille ist bei allen Jagdhunderassen eine wesentliche Voraussetzung für den jagdlichen Einsatz, sei es als Verlorenbringer, auf der roten Fährte oder beim Stöbern. Das Prüfen dieser Anlage ist für die Nachzuchtbeurteilung und Zuchtzulassung unerläßlich. Es ist uns keine andere Methode bekannt, mit der diese Anlage besser geprüft werden kann. Der Vorschlag, den Hund nur am Riemen auf der Hasenspur zu arbeiten, ist eine Überlegung wert, verlangt aber die Änderung aller Prüfungsordnungen. Eigene Erfahrungen damit endeten fast immer mit einem Reinfall. Eine Hündin, die in der letzten Phase der Prüfungsvorbereitung nur am Riemen auf der Hasenspur arbeitete, verhielt sich ohne Leine auf der Spur, als wäre sie fest angekettet. Sie arbeitete im Schritt, legte höchstens einen leichten Trab ein und stand noch mehrmals auf der Spur vor. Sie äugte immer wieder zum Jäger, ob er nicht bald nachkomme. Nach 200 m brach sie dann die Arbeit ab. Die Leistungsrichter gaben die Mindestnote, aber auch noch eine Chance. Der Jäger bekam Gelegenheit für eine zweite Spur. Zwischendurch hatte er aber die günstige Gelegenheit, seine Hündin auf der Feldsuche und einer langen Hetze lokker zu machen. So nahm die Hündin die nächste Hasenspur aus der freien Suche an und verfolgte sie mit hellem Geläut, bis sie den Hasen stechen konnte.

Wir akzeptieren die Hasenspur als Anlagenprüfung und Methode, den Spurwillen im Hund zu wecken. Deshalb wird unser junger Hund gewissenhaft auf die Hasenspur vorbereitet.

Um die Hasenspur einzuüben, brauchen wir selbstverständlich zuerst ein Revier, in dem Hasen vorkommen. Ein mäßig besetztes Gebiet ist besser als ein übermäßig von Hasen bevölkertes Terrain. Am besten eignen sich von Feldgehölzen oder Schilfpartien durchbrochene Flächen.

Mit den Übungen zur Hasenspur beginnen wir gewöhnlich im Herbst. Die Getreideschläge sind abgeerntet, die Wiesen gemäht und von der Mehrzahl der Koppeln ist das Vieh nach Hause getrieben worden. Der junge Hund erhält Gelegenheit, frei zu suchen. Er bewegt sich locker im Feld und wird einen Hasen aus der Sasse zwingen. Wenn er von dem Hasen, bevor er hochgeht, Wind bekommt, anzieht und vielleicht sogar noch vorsteht, dann ist das schon eine günstige Ausgangsposition. Auf alle Fälle wird er den flüchtigen Hasen hetzen, möglichst weit und laut. Wir bleiben an der Sasse stehen. Keine Angst, der Hund kommt bestimmt zurück, gewöhnlich auf der eigenen Spur. Er wird, wenn er in die Nähe der Sasse kommt, bereits eifrig mit der Nase am Boden suchen. Wir können ihm helfen und ihm die Sasse zeigen. Er steckt gierig seine Nase hinein und saugt die warme Hasenwitterung auf. Manche Hunde beginnen, in der Sasse zu scharren, als wollten sie nachsehen, ob sich der Hase versteckt. Dabei wird der Hund mit »Such!« ermuntert, einem Kommando, das ihm vom Futterschleppen seit früher Jugend vertraut ist. So lernt unser Hund die Witterung des Hasen kennen. Dieser Geruch wird im »Nasencomputer« unauslöschlich gespeichert.

Wir haben noch andere Möglichkeiten, den Hund mit der Hasenwitterung oder überhaupt Wildwitterung vertraut zu machen. Der Hund kann nicht früh genug an gestrecktes Wild herangelassen werden. Die Witterung ist für ihn so interessant, daß er sich minutenlang nicht losreißen kann und immer wieder den ganzen Wildkörper abwindet. Aber Achtung! Macht er Versuche, am Stück herumzupfen, dann muß freundlich, aber bestimmt eingegriffen werden. Appetit kann er sich holen, aber gegessen wird zu Hause! Beim Einführen der Hasenspur haben wir jetzt mehrere Möglichkeiten, weiterzumachen. Sie werden aber vom Geschehen im Revier bestimmt.

Gelingt es uns, einen Hasen hochzumachen, und der Hund sieht ihn nicht, haben wir eine gute Chance, ihn an der verlassenen Sasse anzusetzen. Wir merken uns die Fluchtrichtung und rufen unseren Hund heran, leinen ihn an und führen ihn an die Sasse. Dort machen wir ihn mit »Such, such!« aufmerksam und lassen ihn dann an der Leine auf der warmen Spur gehen. Dabei weisen wir ihn immer wieder zum Suchen ein. Je nachdem, wie eifrig er schon die warme Spur annimmt, können wir ihn nach zehn, zwanzig oder dreißig Metern schnallen und selbständig weiter auf der Spur arbeiten lassen. Erfahrene Abrichter empfehlen, den Hund die erste Hasenspur am

Schweißriemen arbeiten zu lassen. So kann man während der Spurarbeit korrigierend auf den Hund einwirken und ihn zum Spurhalten veranlassen. Außerdem gewöhnen wir den Hund schon an die spätere Schweißarbeit.

Von jetzt an müssen wir unserem Hund viele Spuren anbieten, aber Sichthetzen vermeiden. Es ist günstig, für die Arbeit Gebiete zu wählen, in denen Hasen schnell Deckung finden. Der Hund muß die Nase einsetzen, weil er den Hasen nicht sehen kann, und wir haben bessere Möglichkeiten, ihn vom Hetzen abzubringen. Es ist jetzt an der Zeit, die »Down-Bremse« zu festigen und anzuwenden. Erweist sich unser Hund als sehr hitzig auf der Spur, überläuft er ständig die Haken und schneidet die Spur immer wieder, spricht das für den Drang, die Spur voranzubringen. Dann sollten wir ihn aber an den Schweißriemen nehmen und zur ruhigen sicheren Spurarbeit anhalten.

Die Aufgabe des Abrichters besteht zusammengefaßt darin: Der Hund soll die Hasenwitterung kennenlernen, begreifen, daß er dem Hasen nahe kommt, wenn er sich konsequent auf seine Spur setzt. Gleichzeitig muß er davon abgehalten werden, nur um sich zu äugen und alles zu hetzen, was sich bewegt. Der »Down-Pfiff« muß konsequent eingesetzt werden, um den immer leidenschaftlicher jagenden Hund unter Kontrolle zu bringen. Dabei denken wir immer daran: Die Entfaltung des Spurwillens ist eine Grundvoraussetzung für einen guten Jagdhund, ob kontinentaler Vorstehhund, Stöberhund oder Erdhund.

Die Lautveranlagung des Hundes ist für die Jagdausübung nicht zu überschätzen. Alle Hunde bellen, es sei denn, sie sind durch pathologische Veränderungen stumm, eine äußerst seltene Situation. Die Vorfahren unserer Hunde kannten das Bellen nicht. Sie kommunizierten akustisch über das Heulen. Das Bellen des Hundes hat sich erst mit der Domestikation entwickelt. Das Bellen könnte als Sprache des Hundes im Umgang mit den Menschen interpretiert werden. Der verwilderte Hund verlernt das Bellen oder vergißt es. Die Dingos, als verwilderte Haushunde, bellen in ihrer Wildhundemeute nicht. Bringt man sie aber in menschlichen Gewahrsam, dann bellen einige von ihnen, obwohl sie es nie vorher gelernt haben.

Bei unseren Jagdhunden nutzen wir den Laut des Hundes für die akustische Kommunikation zwischen Hund und Jäger. Die Ausdrucksmöglichkeiten der an den Jäger gegebenen Signale sind sehr variantenreich und nuanciert. Dem Jäger, der Ohren hat zum Hören und einen gesunden »Hundeverstand« dazu, hat der jagende Hund viel mitzuteilen, einiges aus Anlage, anderes durch Abrichtung.

Nach dem anlagebedingten Verhalten unterscheiden wir den spurlauten, sichtlauten oder stummen Hund. *Spurlaut* ist der Jagdhund, der auf einer Hasenspur, solange er ihr folgt, anhaltend Laut gibt. Der Reiz zum Läuten kommt über die Witterung. Der spurlaute Hund hat eine niedrige Reizschwelle für die Spurwitterung. Es ist zu beobachten, daß der auf der Spur eifrig läutende Hund in dem Augenblick, in dem er die Spur verliert, sofort verstummt. Nimmt er die Spur erneut auf, beginnt er wieder zu läuten.

Hunde, die auf der Hasenspur laut sind, geben auch auf einer Schalenwildfährte Laut, sie sind also fährtenlaut. Es gibt aber Hunde, die auf der Fährte laut sind, auf der Hasenspur jedoch nicht. Das Kriterium für Spurlaut ist das Verhalten auf der Hasenspur.

Noch etwas ist bei der Lautbeurteilung von Bedeutung: Der Hund soll Laut geben, ohne den Hasen vorher eräugt zu haben. Nicht als Spurlaut gilt eine beginnende laute Hetze, die dann in Nasenarbeit auf der Spur übergeht und weiter laut vorangebracht wird. Das gilt insbesondere für Jagdhunde, die zur Gruppe der Erd- und Stöberhunde gehören.

Sichtlaut ist der Hund, der anhaltend läutet, solange er das Wild sieht, das er verfolgt. Verliert er es aus den Augen und muß die Nase für die weitere Verfolgung einsetzen, verstummt der Laut.

Standlaut gibt der Hund, wenn er ein Stück Schalenwild stellt, das er nicht bewältigen kann, weil es zu groß oder wehrhaft ist. Er bellt so lange, bis der Jäger heran ist, um noch einen Schuß anzubringen. Standlaut gibt der Hund aber auch, wenn er eine Katze auf den Baum gejagt hat und sie nicht erreichen kann. In solchen Situationen können wir sehen, wie ernst es unserem Hund ist mit der Jagd. Verläßt er den Baum mit der Katze, ohne zum Erfolg gekommen zu sein oder abgeholt zu werden, ist seine Passion zweifelhaft, zumindest noch ungenügend entwickelt.

Ein anderer Laut ist der *Weidlaut*. Es ist eine umstrittene Lautäußerung. Der Hund gibt bereits Laut, ohne Wild zu sehen oder eine Spur oder Fährte angefallen zu haben. Die aufgestaute Passion entlädt sich schon, wenn er von der Leine kommt. Er geht mit hellem Geläut los, und alle Jäger im Umkreis greifen nach der Waffe und erwarten das Wild. Aber es passiert nichts. Der Weidlaut ist für das Jagdausüben lästig und irreführend. Weidlaute Hunde geben in der Regel auch Spurlaute. Nach unseren Erfahrungen unterbleibt der Weidlaut im Laufe eines Jagdtages bei den meisten Hunden sehr bald, und der Hund konzentriert sich dann auf Spuren und Fährten und beschränkt auch seine Lautäußerungen darauf. Der Weidlaut ist anlagebedingt. Er setzt eine niedrige Reizschwelle zur Lautäußerung voraus.

Warum ist die Lautveranlagung für die Jagd wichtig? Die Zusammenarbeit zwischen Jäger und Hund muß auch ohne Sichtkontakt funktionieren. Ein stummer Hund ist im Feld noch zu kontrollieren, aber in Busch und Wald nicht mehr. Er gibt uns keine Signale, wenn er Wild vorhat, es sieht oder die Spur verfolgt. Er ist für die Jagd schlecht geeignet. Bei der Jagd auf Federwild brauchen wir den Laut nicht. Deshalb ist er für den sogenannten Hühnerhund, der ausschließlich Federwild mit hoher Nase zu suchen und anzuzeigen hat, ohne Bedeutung. Der sichtlaute Hund dagegen gibt uns mit hellem Geläut zur Kenntnis: »Ich habe das Wild, es wird gleich vor der Flinte erscheinen!«. Verliert er das Wild außer Sicht, dann schweigt er, sieht er es wieder, dann beginnt sein Geläut erneut. So können wir uns am Verlauf der Signale des Hundes orientieren und zum Schuß fertigmachen. Der spurlaute Hund bietet beim Buschieren und Stöbern wesentlich mehr. Er zeigt uns schon das Verfolgen einer warmen Spur an. So passiert es, daß das herausgedrückte Stück Wild bereits gestreckt ist, und dann erst kommt der Spur folgend der läutende Hund. Einige Hunde läuten nur im Wald oder in unübersichtlichem Gebüsch eifrig auf der Spur. Kommen sie ins Feld, so verstummen sie. Andererseits ist der im Feld spurlaute Hund auch im Walde spurlaut, wenn er die Spur angenommen hat. Eine Beziehung zwischen Spurlaut und Spurwillen ist nicht sicher nachweisbar. Der Laut auf der Spur wird nicht vom Spurwillen bestimmt, sondern von der Reizschwelle für die Witterung in der Spur oder Fährte. Der spurlaute Hund muß den sichtlauten Hund an Spurwillen nicht übertreffen. Selbst der stumm jagende Hund kann sich durch einen hartnäckigen Spurwillen und auch durch Spurtreue auszeichnen.

Auf alle Fälle muß unser Jagdhund gut sichtlaut sein. Wir verlangen aus gutem Weidmannsgrund vom Vorstehhund mindestens Sichtlaut. Der Vorstehhund hat den Vorteil langer Läufe und kann mehr eräugen und kräftig läuten. Dabei darf nicht vergessen werden, daß der Vorstehhund im Feld mit hoher Nase arbeiten soll, aber auch Spuren, Fährten und Geläuf mit tiefer Nase ausarbeiten muß. Die Erd- und Stöberhunde dagegen haben ihre Nase immer unten. Auch deshalb verlangen die Zuchtordnungen dieser kleinwüchsigen Jagdhunderassen den spurlaut jagenden Hund.

Wir sind auf jeden Fall gut beraten, wenn wir uns einen Hund aus einer Zucht zulegen, in der der Spurlaut gefestigt ist. Prüfen können wir den Welpen noch nicht. Der Laut muß herausgelockt werden. Es sind einige Übungen auf Hasenspuren nötig, bis der Hund lauthals die Spur verfolgt. Es kann aber auch passieren, daß der Spurlaut mit zunehmendem Alter des Hundes wieder verlorengeht. In diesem Falle reichte die Anlage nicht aus, oder der Hund ist mit Wild übersättigt. Es bedeutet ihm nichts mehr, und die Spurarbeit samt Laut wird immer mäßiger. Durch Abstinenz läßt sich das schnell korrigieren.

Bis zur Jugendprüfung wissen wir, ob unser Hund spurlaut, sichtlaut oder stumm jagt. Wir müssen uns damit abfinden, wenn er stumm hetzt. Hat er die Anlage nicht, kann ihn keine Macht der Welt auf der Spur oder hinter Wild läuten lassen. Der Jäger muß sich entscheiden, ob er sich von seinem Hund trennt oder von vornherein einen begrenzten Einsatz in Kauf nimmt.

Oft ist der Einwand zu hören: »Der Hund hat sonst einen lockeren Hals, er kläfft den ganzen Tag.« Das sind zwei völlig verschiedene Dinge. Spurlaut, sichtlaut oder stumm jagen ist eine angeborene Leidenschaft, der »lockere Hals« unter Umständen zwar auch, er hat aber nichts mit der Art des Jagens zu tun.

Der Hund mit lockerem Hals, also einer, der oft und freudig aus unterschiedlichsten Gründen bellt, hat eine Eigenschaft, die bei der Ausbildung zum Totverbeller hilfreich sein kann: Sie erleichtert die Anbahnung zum Lautgeben. Unter den Hunden mit lockerem Hals finden wir am häufigsten die sogenannten Naturtotverbeller, die ohne Lehrzeit das gefundene Stück durch Verbellen anzeigen. Dennoch ist das Totverbellen vor allem ein Dressurfach. Selbst der »maulfaule« Hund kann das

ch der Jagd

Der gute Jagdhund ist ein unentbehrlicher Helfer des Weidmannes

Höhepunkt und Abschluß einer Ausbildungsetappe: Die Prüfung vor den kritischen Augen des Leistungsrichters

...ker Spaniel beim Kaninchenapportieren

Erst auf Kommando wird abgeliefert

Die erste Etappe, das Bringholz

...rste Einsatz unter der Flinte

Können diese Augen lügen?

Schnell und zügig holt er die Beute

Mit sicherem Griff wird die Ente gebracht

eltenes Bild: Habicht und Jagdhund arbeiten gemeinsam. Der eine stöbert das Kaninchen auf, der anschlägt es

Getroffen, gefunden und gebracht

Mit Vorstehpose wird ein Kaninchen signalisiert

Deutsch Drahthaar am Kaninchenbau

folgreiche Nachsuche

Untersuchen des Anschusses

btragen von der Fährte

Wildernde Katzen muß der Hund schnell töten

Pirsch am Wasser. Die Hunde befinden sich stets hinter dem Jäger, bis das Einsatzkommando kommt

er Erpel ist geflügelt, gleich wird er tauchen

Der Hund bringt den Erpel mit sicherem Griff

öbern im Schilfwasser

Beim Reviergang sind die Hunde immer dabei

Während der Jäger das gestreckte Stück versorgt, verharrt der Hund ruhig, aber aufmerksam auf seinem Pla

Die klassische Vorstehpose

Vorstehen mit erhobenem Hinterlauf

Der Hund bindet den krank geschossenen Überläufer

Totverbellen, Krönung der erfolgreichen Nachsuche

Ruhig wartet der Jagdhund bis der Schuß verhallt und das Einsatzkommando für ihn kommt

Unter den aufmerksamen Augen des Schäfers und seines Schafpudels weidet die Herde am Hang

Rettungshunde demonstrieren ihr Können

Der Austrieb hat begonnen

Findige Musher in der Hohen Tatra bauten einen Kinderroller zum Trainingsgefährt um

rig scharrend zeigt der Lawinensuchhund einen Verschütteten an

e Fundstelle wird markiert, dann heißt es, erste Rettungsmaßnahmen einzuleiten

In der Hohen Tatra setzt der Bergrettungsdienst Motorschlitten ein, damit die Teams schnell zum Unglücksort gelangen

Totverbellen erlernen. Auch der stumm jagende Hund kann zum Totverbeller ausgebildet werden.

Das Vorstehen ist als jagdliche Anlage immer wieder beeindruckend. Vorzustehen ist der Gruppe der Vorstehhunde vorbehalten, den kontinentalen Vorstehhunden und in Perfektion den englischen Spezialisten, den Pointern und Settern.

Unter Vorstehen verstehen wir das Anzeigen von gefundenem, lebendem Wild durch eine typische Pose. Die klassische Pose mit vorgerecktem Kopf und angehobenem Vorderlauf ist nicht obligatorisch. Manche Hunde heben einen Hinterlauf oder auch gar keinen Lauf. Die Setter liegen sogar vor. Aber eines haben alle Vorstehhunde gemeinsam: Sie erstarren zur Bildsäule. Kein Glied und kein Härchen bewegt sich.

Ist das Vorstehen eine Anlage oder ein Abrichteergebnis? Das Vorstehen ist offensichtlich eine Naturanlage. Der Urahne Wolf konnte es auch und kann es heute noch. Vor dem entscheidenden Sprung auf die Beute konzentriert er seinen ganzen Körper, um die Beute sicher zu greifen. Deshalb ist die Vorstehphase nur kurz, dauert höchstens Sekunden. Darauf hat die Zucht von Vorstehhunden aufgebaut. Der auslösende Reiz ist die Witterung von lebendem Wild. Die Anlage zum Vorstehen ist bei den Vorstehhunderassen und auch bei einzelnen Angehörigen dieser Rassen differenziert ausgeprägt. Vorstehanlagen und Spurveranlagung konkurrieren miteinander. Die in England geführten Vorstehhunde werden in keinem Fall auf eine Spur oder ein Geläuf eingearbeitet. Sie haben nur mit hoher Nase zu suchen und dem lebenden Wild sicher vorzustehen. Das tun sie bei entsprechender Führung perfekt. Das *Apportieren* wird für sie alle aber schädlich, ja sogar als Schande betrachtet. Der Hund auf der Spur oder Fährte nimmt die Nase an den Boden, saugt sich an der Spurwitterung fest und verfolgt sie möglichst lauthals. Ein solches Verhalten verlangt aber, bei ihm ein starkes Interesse an Haarwild oder Hochwild zu entwickeln. Dieses Interesse wird dem englischen Vorstehhund zuerst gründlich ausgetrieben. Das erleichtert natürlich das Vorstehen vor Federwild erheblich. Das Interesse ist ausschließlich auf Huhn oder Fasan gerichtet. Mit dem Apportieren ist es ähnlich. Es hat etwas mit Greifen zu tun. Greifwille ist für ein sicheres Durchstehen schädlich.

Die Abrichter von englischen Hunden nach klassischer Manier sagen, ein Hund, der gelernt hat zu apportieren, rückt dem Wild zu weit auf den Leib und stößt es heraus. Um den englischen Vorstehhund nicht in eine solche Lage zu bringen, wird für das Apportieren ein zweiter Hund, der Retriever, geführt. Diese Anforderungen an den Vorstehhund in England, zu suchen, zu finden und vorzustehen, führen zu einer entsprechenden Selektion. In der Zucht kommen die sicheren Vorsteher weiter. An Spuren und Haarwild interessierte Hunde haben keine Chance, sich fortzupflanzen. Deshalb ist auch die Vorstehanlage bei den englischen Hunden besonders gefestigt. Das Dilemma der kontinentalen Vorstehhunde besteht in ihrer Universalität. Dabei drängt häufig die eine Veranlagung die andere zurück oder verdeckt sie. Das betrifft auch die Hunde englischer Rassen, die bei uns als Vollgebrauchshunde geführt werden. Für die Prüfung und Entwicklung der Vorstehanlage unserer jungen Hunde lassen sich einige Schlüsse ziehen:

1. Das Vorstehen ist generell anlagenbedingt und bei den Vorstehhunden als rassespezifische Anlage züchterisch gefestigt. Es ist aber diejenige jagdliche Anlage, die durch Abrichtung am meisten zu beeinflussen ist. Wird diese Anlage nicht gefördert und gefordert, verkümmert sie. Durch eine gezielte und geschickte Abrichtung läßt sich die Vorstehanlage zum vollkommenen Vorstehen entwickeln. Das bedeutet, daß wir von unserem jungen Vorstehhund beim ersten oder auch schon wiederholten Auffinden von Wild nur ein kurzes Anziehen und ein sekundenlanges Vorstehen erwarten dürfen. Sicher ist das Verhalten je nach Anlage bei den einzelnen Hunden differenziert.

2. Der Hund steht freiwillig nur so lange vor, wie er es zum sicheren Greifen des gefundenen Wildes für erforderlich hält. Das perfekte Vorstehen mit eventuellem Nachziehen, ohne das Wild herauszustoßen, ist eine Unterordnungsleistung. Sie muß anerzogen, erzwungen werden. Deshalb gehört zur Durchsetzung des Vorstehens Gehorsam vor dem Wild. Wir werden das sichere Vorstehen auch erst erreichen, wenn unser Hund so weit durchgearbeitet ist, daß er sich bedingungslos unterordnet. Diese Situation haben wir beim jungen Hund noch nicht und müssen sie auch nicht erzwingen.

3. Spurveranlagung und Vorstehneigung können sich wechselseitig verdrängen. Es ist deshalb zweckmäßig, einen Hund mit ausgeprägtem Spurwillen zuerst an Federwild zu bringen, bevor er auf die Spur eingearbeitet wird. Erst wenn unser Hund ausreichendes Interesse an Federwild zeigte und auch wiederholt vorstand, wird er auf die Hasenspur losgelassen. Es empfiehlt sich, junge Hunde zum Üben des Vorstehens grundsätzlich an die lange Leine zu nehmen. Voraussetzung für den Erfolg ist ein gut besetztes Revier. Man kann sich auch mit einem Volieren-Fasan behelfen. Dem Vogel werden die Ständer zusammengebunden und er wird in eine Deckung gebracht. Der Fasan wird noch mit einem Holzpflock oder an einen Busch fixiert, damit er nicht abstreichen kann. Wir suchen eine Stelle, die es ermöglicht, den Hund unter Wind heranzuführen. Wenn der Hund herangeführt wird, ermahnen wir ihn mit den Worten »Ruhe, Ruhe!« – ganz gedehnt ausgesprochen – zur Ruhe. Kommen wir in die Nähe des fixierten Fasans, muß darauf geachtet werden, daß sich die Leine spannt und wir über sie auf den Hund einwirken können. Zeigt der Hund, daß er Wind bekommen hat, erhält er das Kommando: »Steh, mein Hund!« – lang gedehnt, leise ausgesprochen und ständig wiederholt – bis er steht. Meistens steht er dann straff in der Leine, und wir können uns, langsam nähern. Aber die Leine immer gespannt halten! Ist er weit entfernt vom Fasan, darf er etwas nachziehen. Gehen Sie dann bis an den Hund heran und berühren ihn, dabei immer wieder freundlich mahnend »Steh, steh, steh mein Hund!« Selbstverständlich kann man ein anderes Wort verwenden, das auch beruhigend wirkt. Häufig wird »Schone!« verwendet.

Als Nächstes müssen wir den Fasan vor dem Hund herausnehmen. Wir dürfen uns dann beide herzlich über die Beute freuen. Das ist wichtig, sonst hat der Hund kein Erfolgserlebnis! Gleichzeitig lernt er: Die Beute gehört dem Meuteführer und der entscheidet, was damit geschieht.

Wenn diese Übung mit mehreren Hunden nacheinander durchgeführt wird, müssen wir den Fasan immer wieder neu in Deckung bringen.

Eine andere bewährte Methode, den jungen Hund zum Vorstehen zu bringen, ist die Ausnutzung seines Nachahmungstriebes. Das geht sehr gut mit einem wirklich eingearbeiteten Vorstehhund, der fest und sicher steht. Unseren fertigen Hund lassen wir suchen, natürlich dort, wo etwas zu erwarten ist. Wenn er fest steht, dann führen wir den jungen Hund an ihn heran und ermuntern beide zum Durchstehen. Das nennt man Sekundieren, und es klappt meist ausgezeichnet. Es ist eine gute Möglichkeit der Anbahnung. Es kann natürlich passieren, daß unser junger Hund gar keine Witterung hat, sondern sich nur wie der Alte verhält. Aber immerhin machen wir ihn mit unserem Kommando zum Vorstehen vertraut. Zugleich begreift er, was wir gern sehen wollen.

Wenn wir den Hund dann frei arbeiten lassen, müssen wir das Hetzen von Federwild, auch wenn es beim Vorstehen aufsteht, unbedingt verhindern. Gelingt uns das nicht, haben wir später viel Arbeit, um ihm das wieder abzugewöhnen. Auf alle Fälle muß der Hund, wenn er nachprellt, zur Ordnung gerufen werden. Erst wenn er auf »Halt!« oder »Down!« gründlich durchgearbeitet ist, können wir auf diese Weise auf ihn einwirken.

Wasserfreude ist die Bezeichnung für ein gutes Verhältnis des Hundes zum Wasser. Es ist eine Anlage, freudig ins Wasser zu gehen. Von einem brauchbaren Jagdhund verlangen wir, daß er zu jeder Jahreszeit jedes beliebige Wasser annimmt, nach Wassergeflügel stöbert und auch aus dem Wasser oder Schilf bringt, was an Wild zu finden ist. Deshalb ist die Wasserfreude weitgehend mit dem Stöbertrieb verbunden.

In welchem Alter soll der junge Hund ins Wasser? Nach unseren Erfahrungen soll man den Hund nicht vor seinem ersten Geburtstag ins Wasser zwingen. Geht er vorher freiwillig ins Wasser, können wir uns freuen. Wenn der Junghund mit ins Revier kann, dann ist er auch alt genug, um Bekanntschaft mit Gewässern aller Art zu machen. Wassergräben, Tümpel und Pfützen werden, auch wenn der Herbst schon kühl ist, vom wasserfreudigen Hund angenommen. Sie schöpfen begierig und suhlen voller Lust. Über ein solches Verhalten können wir glücklich sein. Unser Hund zeigt damit robuste Gesundheit, Härte gegenüber Umweltreizen, eben das, was wir Wasserfreude nennen. Anschließend soll er sich aber trocken oder wenigstens noch warm laufen. Mit solch einem Hund haben wir keine Schwierigkeiten, wenn die Wasserarbeit beginnt.

Anders ist es mit Hunden, die sich höchstens die Pfoten naß machen und große Eile zeigen, schnell wieder ins Trockene zu kommen. Bei ihnen brauchen wir viel Geduld. Es ist noch alles zu gewinnen, aber auch wieder vieles zu verlieren.

Wasserfreudigkeit hängt ganz offensichtlich mit den Wesenseigenschaften des Jagdhundes zusammen. Der Hund, der zur Härte neigt, ist wasserfreudiger als der »weiche« Hund. Unter Härte verstehen wir die Eigenschaft des Hundes, unangenehme Einwirkungen hinzunehmen und schnell, gar nicht oder wenig beeindruckt darüber hinwegzugehen. Für den Abrichter wird das erkenntlich, wenn der Hund gestraft werden muß. Bei dem weichen Hund reicht es, die Stimme zu heben, für den harten Hund brauchen wir eine harte Hand. Der weiche Hund will nicht ins Wasser. Der harte Hund nimmt das kälteste Wasser hin und zeigt sich davon nicht beeindruckt. Daraus ergibt sich für den Umgang mit unserem jungen Hund, der wenig Wasserfreude zeigt: Die Einwirkung auf ihn muß seinem Wesen angemessen sein. Den Hund in hohem Bogen ins Wasser zu werfen, weil er »ungehorsam« war, ist das sicherste Mittel, aus einem bis dahin wenig wasserfreudigen einen wasserscheuen Hund zu machen. Behutsam angefaßt, kann aus einem »wasserempfindlichen« Junghund ein für die Wasserarbeit brauchbarer Jagdhund erzogen werden.

Das Gewöhnen ans Wasser, besonders von etwas empfindlichen Hunden, beginnen wir im Frühjahr, im Mai, wenn die Gewässer schon etwas erwärmt sind. Unser Hund ist dann etwa ein Jahr alt. Auch hierbei ist die Unterstützung durch einen wasserfreudigen erwachsenen Hund unbezahlbar. Wir erwarten von ihm nichts weiter, als daß er freudig ins Wasser geht und unseren Junghund spielend mitnimmt. Dazu suchen wir ein Gewässer mit flachen Ufern und allmählichem Übergang zu tieferem Wasser. Wenn wir bei unserem ersten Ausflug ans Wasser erreichen, daß der junge Hund ohne Zögern hineingeht und sich frei darin bewegt, ohne zu schwimmen, ist das schon gut. Nimmt unser Hund bereits die Pfoten vom Grund und beginnt zu schwimmen, ist das noch besser. Will er gar nicht mehr heraus aus dem Wasser, können wir sehr zufrieden sein.

Oft bereitet der Übergang vom Waten zum Schwimmen Schwierigkeiten. Wenn das Vorbild des zweiten Hundes, der vorans chwimmt, nicht ausreicht, dann muß der Jäger ins Wasser. Einfach losschwimmen, dann reißt meist der Knoten, und mit einem Satz ist der Hund hinter uns her! Oft stehen die Schwimmschüler aufrecht im Wasser und bearbeiten mit den Vorderläufen wie mit Trommelstöcken die Wasserfläche. Mit zunehmendem Drang vorwärtszukommen setzt unser Hund die Hinterhand ein und weiß nun, wie er schwimmen muß. Holt er uns ein, müssen wir mit Kratzern und Striemen rechnen. Sie sind Ausdruck seiner Freude, den Herrn erreicht zu haben. Wir sollten sie gelassen hinnehmen als Ausdruck eines ersten Erfolgserlebnisses des jungen Hundes.

Wer selbst nicht ins Wasser gehen will, kann es auch mit einem Boot versuchen. Das Hineinwerfen von Holzstückchen oder anderen schwimmfähigen Gegenständen ist ein zweifelhaftes Verfahren. Es ist nur angebracht, wenn der Hund schon selbständig bringt. Bringt er nicht sicher, müssen wir das Bringen durchsetzen oder verlieren an Ansehen. Die spätere Arbeit im Wasser, Stöbern mit oder ohne Ente, Apportieren aus jeder Situation, verlangt einen Hund, der sich gern und ungehemmt im Wasser bewegt. Erreichen wir das bei unserem jungen Hund nicht, wird er den Anforderungen der Wasserarbeit nicht gerecht.

Für den jungen Hund mit wenig Drang zum Wasser brauchen wir den Sommer über bis zur Herbstzuchtprüfung nicht nur viel Einfühlungsvermögen, sondern auch alle freie Zeit. Kann er schwimmen, muß er so oft wie möglich Gelegenheit dazu bekommen, möglichst täglich. Haben wir Gelegenheit, auch seinen Greifwillen auszunutzen, dann geht die Arbeit schneller voran. Die Zeit, in der die Jungenten bereits schwimmen und tauchen und die alte Ente vor dem Hund schwimmt, um ihn abzulenken, ist die beste Zeit, den Hund im Wasser einzuarbeiten. Den Appell an ihre Jagdleistung verstehen fast alle Hunde. Vom Stöbern auf Sicht werden wir immer häufiger dazu übergehen, die Nase einsetzen und die Schwimmspur der Ente ausschwimmen zu lassen. Nutzen wir also jede Gelegenheit, den jungen Jagdhund ins Wasser zu bringen und geben wir ihm die Möglichkeit, Wassergeflügel zu finden und zu verfolgen!

In wasserreichen Gebieten ist das für den Jäger kaum ein Problem. Anders für den, der »auf dem Trocknen sitzt«. Es empfiehlt sich aber, einen höheren Aufwand nicht zu scheuen. Der Hund lohnt es mit seinen Prüfungsergebnissen und bei der Jagdausübung. Auch der sich wenig wasserfreudig zeigende Junghund kann ans Wasser gewöhnt werden. Andererseits können Hunde aus wasserfreudigen Zuchten im wasserarmen Hochland »vertrocknen«. Kommen sie erst als ältere Hunde mit Gewässern in Beziehung, bleibt es beim Schöpfen und im günstigsten Falle beim Suhlen.

Das Kapitel jagdliche Anlagen kann nicht abgeschlossen werden, ohne auf die *Wesenseigenschaften* einzugehen, die einen guten Jagdhund auszeichnen.

Wie bei allen Hunderassen, gibt es auch bei den Jagdhunden individuelle Unterschiede in der Zuordnung zu dem einen oder anderen Typ, einschließlich der fließenden Übergänge, der höheren Nerventätigkeit.

Für den Jagdhund ist Wesensfestigkeit Voraussetzung. Wesensfest ist ein Jagdhund, der sich ruhig und ausgeglichen verhält. Dieses Verhalten stellt sich auch nach Störungen durch außergewöhnliche Umwelteinflüsse schnell wieder ein. Bei der Jagd kann es sicher viele außergewöhnliche Einflüsse geben. Von besonderer Bedeutung ist der Schuß. Wir brauchen einen schußfesten Hund. Er soll auf den Schuß mit Aufmerksamkeit reagieren, sich aber insgesamt unbeeindruckt verhalten, also weder Furcht noch Angst zeigen, nicht mit eingeklemmter Rute am Führer kleben oder gar in panischer Angst davonlaufen. Die einzelnen Reaktionsarten haben fließende Übergänge. Wir unterscheiden zwischen Schußempfindlichkeit und Schußscheu. Schußempfindlich ist ein Hund, der die Arbeit unterbricht, z. B. die Suche im Feld, oder der die Ente im Wasser fallen läßt, statt sie zu apportieren.

Wenn er nach Aufforderung durch seinen Führer die Arbeit wieder fortsetzt, ist er in gewissem Grade schußempfindlich. Je mehr Zeit dafür erforderlich ist, um so höher ist der Grad der Schußempfindlichkeit. Stark schußempfindlich ist unser Hund, wenn er sich nicht bewegen läßt, die unterbrochene Arbeit wieder aufzunehmen, seinem Führer an den Beinen klebt und deutlich Angst zeigt. Schußscheue Hunde flüchten nach Abgabe eines Schusses in panischer Angst und ziellos. Sie verstecken sich irgendwo und umkreisen ihren Führer in weitem Abstand. Es dauert sehr lange, bis wir solche Hunde wieder herangelockt haben. Hat der Führer den Schuß selbst abgegeben, suchen schußscheue Hunde in ihrer Angst auch Schutz bei anderen Personen. Hunde, die Autos gewöhnt sind, springen in jedes offen stehende Auto und lassen sich nicht überreden, wieder herauszukommen.

Manchmal ist der Hund sogar schon zu Hause bei seinem Frauchen, wenn der enttäuschte Hundeführer erst nach langem Suchen dort ankommt. Erweist sich unser Hund als schußscheu, ist er für die Jagd nicht zu gebrauchen. Entweder wir trennen uns von ihm, oder er bekommt eine andere Lebensaufgabe.

Anders ist es mit der Schußempfindlichkeit. Der leicht schußempfindliche Hund kann an den Schuß gewöhnt werden. Auch bei höheren Graden der Empfindlichkeit ist das nicht ausgeschlossen. Schußempfindlichkeit muß nicht in jedem Fall angeboren sein. Sie kann bei nervösen Hunden durch unbedacht abgegebene Schüsse ohne Vorbereitung in nächster Nähe des Hundes erzeugt werden. Unser junger Jagdhund wird mit Bedacht auf den Schuß vorbereitet. Wir lassen dazu im Feld suchen. Hat er sich etwa zwanzig bis dreißig Meter entfernt, wird ein Schrotschuß abgegeben. Wir werden sehen, wie unser Hund reagiert. Zeigt er sich gelassen oder interessiert, wird gleich noch einmal geschossen. Bleibt er bei seinem Verhalten ausgeglichen, können wir aus geringerer Entfernung schießen. Über die Schußfestigkeit eines solchen Hundes brauchen wir uns keine Sorgen zu machen. Ist er aber nach dem ersten Schuß beunruhigt, klemmt die Rute ein und geht nicht weiter, rufen wir ihn herbei und reden beruhigend auf ihn ein. Dann muß ein Helfer die Flinte übernehmen und in einer Entfernung von etwa fünfzig Metern einige Schüsse abgeben. Der Hund sitzt angeleint bei seinem Führer. Wir wirken beruhigend auf ihn ein. Mit ihm zu reden ist immer gut. Er wird so begreifen, daß der Knall nicht besorgniserregend ist. Sein Führer ist ja auch ganz ruhig und unbesorgt. Bei weiteren Übungen nähern wir uns immer mehr dem Schießenden. Dann machen wir den nächsten Versuch. Wir geben Schüsse ab, wenn der Hund im Feld sucht. Oft wird der entscheidende Durchbruch erzielt, wenn der Hund unter der Flinte zur Jagd geführt wird. Der passionierte Hund begreift bald, daß Schuß und Beutemachen zusammengehören. Dann heißt es aber aufpassen, daß er nicht schußhitzig wird, denn das ist ihm schwer abzugewöhnen!

Auf die gleiche Art können Sie auch versuchen, den schußscheuen Hund an den Schuß zu gewöhnen. Die Aussichten sind nicht groß, aber immerhin soll es schon gelungen sein. Schußscheue Hunde sind in der Regel auch milieu- und gewitterscheu. Alle Arten von Scheu, also extremes Fluchtverhalten und Angst bei gewöhnlichen Umwelteinflüssen sind Folge eines schwachen Nervensystems. An solchen Hunden werden wir auf der Jagd keine Freude haben. Zur Zucht dürfen sie auf keinen Fall eingesetzt werden.

Eine andere wichtige Wesenseigenschaft des Jagdhundes ist *Härte*. Wir bezeichnen damit das Verhalten des Hundes unter Einwirkung ihm unangenehmer Umwelteinflüsse. Je nachdem, wie er Strafe bei Abrichtung, Schmerz bei Verletzung während der Arbeit oder Niederlagen im Kampf hinnimmt, ist er hart oder weich. Weiche Hunde sind nervenschwach. Auf keinen Fall dürfen wir aber *Führigkeit* mit Weichheit verwechseln. Auch ein harter Hund kann ein führiger Hund sein. Unter Führigkeit verstehen wir die Bereitschaft des Hundes, mit seinem Führer zusammenzuarbeiten. Schwerführige Hunde suchen nicht den Kontakt mit ihrem Führer, sie suchen die Freiheit, allein zu jagen. Der leichtführige Hund dagegen kommt nach einer Hetze immer gern zum Führer zurück. Er äugt während der Arbeit im Feld, Busch oder Wasser immer zu seinem Herrn und sucht die Verbindung.

Die Führigkeit eines Hundes ist eine Anlage, also angeboren. Deshalb darf Führigkeit nicht mit Gehorsam verwechselt werden. Führigkeit bietet der Hund an, Gehorsam muß ihm abverlangt werden. Deshalb kann auch der schwerführige Hund ein gehorsamer Hund sein. Er kann genau so zur Nasenreinheit, zum Verlorenbringen und zur Schußruhe erzogen werden wie der führige Hund. Nur verlangt er wesentlich mehr Mühe und Erfahrung des Ausbilders. Es gehört zum Zuchtziel der meisten Jagdhunderassen, führige Hunde für die Jagd anzubieten.

Zu den Wesenseigenschaften des Jagdhundes gehört auch *Schärfe*, Bereitschaft zu aktivem Kampf. Beim Jagdhund unterscheiden wir zunächst zwischen Wildschärfe, Raubzeugschärfe und Mannschärfe. Mit der Wildschärfe haben wir uns schon befaßt. Sie ist die Grundlage für den Finderwillen und damit für die jagdliche Passion. Auch sie ist eine angewölfte Eigenschaft. Die Raubzeugschärfe ist mit der Wildschärfe nicht identisch. Ein durchaus wildscharfer Hund kann sich an Raubzeug oder Raubwild sehr zurückhaltend verhalten. Der raubzeugscharfe Hund greift den Fuchs, die Katze oder den Marder in jeder Lage an und würgt ihn in kürzester Zeit. Die Raubzeugschärfe wird beim jungen Hund systematisch aufgebaut. Die Entfaltung dieser Anlage kann gestört werden. Unser Hund soll möglichst bei seiner ersten Begegnung mit Raubzeug Sieger sein. Also nichts zu früh erzwingen, sondern den Hund wenigstens ein Jahr alt werden lassen! Auch bei der ersten Begegnung mit Raubzeug ist ein zweiter Hund unschätzbar. Mannschärfe ist für den Jagdhund eine unerwünschte Eigenschaft. Jäger mit mannscharfen Jagdhunden vereinsamen. Keiner will mit ihnen und ihren Hunden zur Jagd gehen. Der Jagdhund soll zum Menschen zutraulich sein und auch fremden Menschen gegenüber keine Aggressivität zeigen. Das schließt nicht aus, daß er wachsam ist und auch sein Territorium verteidigt. Mannscharfe Jagdhunde sind meist das Abbild der Wünsche ihres Besitzers. Wer sich von seinem Hund beschützen lassen will, sollte sich nach einem geeigneten Gebrauchshund umsehen, aber keinen Jagdhund mißbrauchen.

Jagdvorbereitung

Unser Hund ist jetzt etwa ein Jahr alt. Wir haben alles Erforderliche getan, seine Anlagen zur Jagd geprüft und sie zielstrebig aus ihm herausgelockt. Seine Stärken und auch seine Schwächen sind uns bekannt. Unser Hund weiß schon um die Freuden der Jagd. Er respektiert auch seinen Führer. Er ist aber, alles in allem, noch ein »roher« Hund. Jetzt muß er auf die gemeinsame Jagd vorbereitet werden. Er muß lernen, sich vor Wild zu benehmen und wissen, wie er sich nach dem Schuß seines Jägers zu verhalten hat. Unser Hund muß seine Rolle in der gemeinsamen Jagd begreifen und sie völlig übernehmen. Gleichzeitig erlernt er das Apportieren und wird zur Bringtreue und zum Verlorenbringen erzogen. Die Suche im Feld, das Stöbern und Buschieren, um zum jagdlichen Erfolg zu kommen, wird geübt, bis es der Hund beherrscht. Die Arbeit auf der roten Fährte, also Schweißarbeit, steht an vorrangiger Stelle unseres Abrichteprogramms. Die Arbeit im Wasser wird zur Vollendung gebracht und die Raubzeugschärfe voll entwickelt, die Erdhunde üben die Arbeit im Bau. Diese Leistungen streben wir in zwei Etappen an. Die erste ist die Herbstzuchtprüfung. Zur Vorbereitung haben wir den ganzen Sommer Zeit. Ein Jahr später legt unser Hund eine seiner Rasse entsprechende Gebrauchsprüfung ab. Das ganze Ausmaß des vom Hundeführer und seinem Hund zu absolvierenden Programms kann man aus der Gebrauchsprüfung ersehen (siehe Anhang). Natürlich ist es erlaubt, den Hund noch im Jahr der Herbstzuchtprüfung zur Gebrauchshundeprüfung zu führen, in der Regel ist aber noch einiges nachzubessern.

Die einzelnen Disziplinen werden nicht nacheinander, sondern im wesentlichen nebeneinander eingearbeitet. Schwerpunkte werden durch die Jagdausübung und die natürlichen Bedingungen der Jahreszeiten gesetzt.

Wir müssen auf alle Fälle mit der Unterordnung beginnen. Es gilt zuerst, den Hund voll in die Hand zu bekommen. Wir müssen es schaffen, ihn in jeder beliebigen Situation ruhigzustellen, und er muß das Bringen von Wild erlernen. Beides sind ausgesprochene Dressurfächer. Dabei zeigt sich auch, ob unser Hund führig ist. Er wird es uns leichter oder schwerer machen, aber geschenkt werden kann ihm nichts, das Klassenziel muß erreicht werden!

Ob auf der Pirsch, beim Ansitz, während der Treib- oder Drückjagd, unser Hund muß sich vor Wild benehmen können. Die Zeiten der lustigen Hetzen sind endgültig vorüber. Das Abrichteproblem ist: Wie bringe ich das meinem Hund bei?

Über die Bedeutung des Kommandos »Halt« oder »Down«, verbunden mit Pfiff und dem Sichtzeichen, wurde bereits hingewiesen. Jetzt ist es soweit, das perfekte Anhalten und Ruhigstellen des Hundes durchzusetzen.

Unser Hund erlernt zuerst das ganze Programm »Platz machen« und »ablegen« wie beschrieben. Er ist durch das Kommando »Down!« zu beherrschen. Das Sichtzeichen sowie der Trillerpfiff zum Ablegen werfen ihn nieder. Dieses Können muß jetzt schrittweise den jagdlichen Bedingungen angepaßt werden.

Zuerst legen wir den Hund auf der Pirsch im Wald ab und entfernen uns. Die Entfernung wird immer größer und die Zeit wird immer länger. Steht der Hund auf oder kriecht hinter uns her, dann bringen wir ihn immer wieder zu der Stelle, an der er abgelegt wurde. Dabei dürfen wir nicht zimperlich sein. Der Umgangston wird hart und auch laut. Ein fester Griff in den Nacken und kräftig auf den Platz drücken gehören dazu. Der Hund muß begreifen, daß hier aller Spaß aufhört.

Über die Haltung, die der Jagdhund beim »Down!« einzunehmen hat, kann man unterschiedlicher Auffassung sein. Die klassische Stellung, Kopf streng zwischen den Vorderpfoten, hat manches für sich. Unsere Hunde dürfen den Kopf heben und sich umsehen, ohne gerügt zu werden.

Jegliche Inkonsequenz verlängert die Dauer der Abrichtung. Wenn der Hund ca. 20 Minuten liegt und wir uns etwa 50 m entfernt haben, begeben wir uns aus dem Sichtbereich des Hundes. Er hat zu liegen, bis er abgeholt oder abgerufen wird. In der ersten Zeit empfiehlt es sich, zu ihm zu gehen und seine Platzlage aufzuheben. Später wird er durch den glatten Pfiff herangeholt.

Nun ist es an der Zeit, den Hund durch jagdliche Situationen abzulenken. Da ist zuerst der Schuß. Der Hund wird abgelegt und wir geben ein paar Meter neben ihm einen Schuß ab. Ist unser Hund schußhitzig, versichern wir uns zweckmäßigerweise der Unterstützung eines Helfers. Der Helfer schießt, und wir achten auf unseren Hund. Die Wurfkette, treffsicher geschleudert, ist ein überzeugendes Argument, wenn er aufsteht. Auch bei dieser Übung wird die Entfernung immer größer. Das Schießen können wir dann bald selbst übernehmen. Es geht aber auch umgekehrt. Die Entfernung beim Schießen zum Hund wird geringer. Ziel ist: Der Hund liegt fest, wenn geschossen wird, auch wenn der Führer vom Hund nicht gesehen werden kann.

Der nächste Abrichteschritt kann das Ablegen durch den Schuß sein. Es wird im Prinzip genauso gearbeitet wie bei den anderen Übungen. Das Kommando »Down!« wird auf den Schuß übertragen. Wenn der Hund sein Pensum bis dahin beherrscht, weiß er auch, daß es bitterer Ernst wird, wenn er nicht pariert. Dann geht es verhältnismäßig schnell bis man erreicht hat, den Hund mit dem Schuß sicher abzulegen!

Die nächste Belastungsprobe beim Ablegen ist das Wild selbst. Unser Hund soll, wenn er abgelegt ist, auch liegen bleiben, wenn er

Wild wittert oder sieht. Selbst der Hase, der ihm an der Nase vorbeiläuft, ist kein Anlaß zum Aufstehen oder zur Veränderung der Platzlage.

Bei Treib- und Drückjagden kommt noch das Jagdgetümmel hinzu. Auch jagende Hunde strapazieren die Nerven unseres Hundes. Es ist nicht übertrieben, täglich mit dem Hund immer wieder die Downlage in ständig wechselnder Umgebung und in unterschiedlichen Situationen zu üben. Es gilt für den Jäger, der einen Hund abführt, immer wieder: Erst der Hund, dann die Beute!

Der nächste Schritt in unserem Abrichteprogramm ist wesentlich komplizierter. Der Hund muß vor aufstehendem oder sichtig werdendem Wild in die Downlage gezwungen werden oder sie von selbst einnehmen. Erst dann kann der Jäger mit berechtigtem Stolz behaupten: »Ich habe meinen Hund in der Hand!«

Soll unser Hund als Vollgebrauchshund alles können, lohnt es sich, ein paar Überlegungen anzustellen, ob er hasenrein sein muß oder die Haltlage nach Trillerpfiff ausreicht. Hasenrein ist der Hund, wenn er dem flüchtigen Hasen nur nachsieht und ihn erst dann verfolgt, wenn er ein Kommando dazu bekommt. Die Entscheidung nimmt uns oft der Hund ab, Harte, schwerführige Hunde, noch dazu mit ausgeprägtem Finderwillen und Wildschärfe bereiten selbst versierten Abrichtern Schwierigkeiten.

Auch Hunde, die sich in der Jugendentwicklung mit dem Spurwillen schwer tun und immer wieder zum Hasenhetzen ermuntert wurden, sind schwer zur Hasenreinheit zu erziehen. Wir werden im Laufe der Abrichtung merken, wieviel wir dem Hund und uns selbst zumuten können. Die Abrichtung zur Hasenreinheit beginnt in allen Fällen mit dem Pfeifen des Hundes vom flüchtigen Wild. Er muß seine Hetze, am besten schon das Vorhaben zur Hetze, auf den Pfiff hin einstellen. Der Trillerpfiff und der Zwang zum »Down«, der von ihm ausgeht, muß stärker sein als das Verlangen zu hetzen. Damit werden wichtige Triebanlagen des Hundes wie Jagd- und Beutetrieb unter Kommando gezwungen. Wir sollten recht früh damit beginnen. Für die Erziehung zur Hasenreinheit und das Verhalten vor Wild hat sich die Übung im Kaninchengehege, auch Kaninchengarten genannt, bewährt. Das Kaninchengehege ist ein eingezäuntes Geländestück, in dem Wild- oder Hauskaninchen gehalten werden. Die Hundeführer, die englische Vorstehhunde ausbilden, haben damit sehr gute Erfahrungen gemacht.

Der Hund kommt an eine lange Leine, und wir gehen mit ihm bei Fuß zwischen den Kaninchen umher. Dabei nutzen wir jede Gelegenheit, auf den Hund einzuwirken, wenn er den Versuch macht, den Kaninchen nachzusetzen. Beachtet er das Kommando »Fuß!« nicht, dann lassen wir ihn kräftig in die umgelegte Stachelhalsung laufen.

Soll er sich ruhig überschlagen, wenn er zu hitzig ist. Geht er dann bei Fuß und schielt nur noch sehnsüchtig nach den Kaninchen, legen wir ihn angeleint im Gehege ab.

Das Ablegen muß durchgesetzt werden. Leine, Stachelhalsung und Wurfkette werden konsequent zur Unterstützung verwendet.

Apportieren im Kaninchengehege ist der nächste Übungsschritt. Dabei lernt der Hund, einen einmal aufgenommenen Gegenstand nicht fallenzulassen, auch nicht wenn anderes Wild auftaucht.

Absolviert unser Hund diese Übungen fehlerfrei und läßt sich durch umherhoppelnde Kaninchen nicht ablenken, dann können wir eine Schleppe im Gehege anlegen und den Hund sie arbeiten lassen. Läßt er sich dabei nicht mehr irritieren, dann können wir mit unserem Hund getrost ins Revier gehen. Jedesmal, wenn Wild aufsteht, wird der Hund mit dem Pfiff abgelegt. Wir holen ihn dann ab und lösen dabei seine »Downstellung« auf. Für seinen Gehorsam wird unser Hund gebührend gelobt.

Haben Sie den Eindruck, daß Ihr Hund das aufstehende Wild bereits als Kommando zum Ablegen anerkennt, dann kann der Pfiff unterbleiben. Legt er sich und bleibt liegen, dann wird er herangerufen und anhaltend gelobt. Der Hund hat verstanden, was wir von ihm erwarten, und er ist bereit, den Erwartungen gerecht zu werden. Wir haben dann einen hasenreinen Hund. Aber kein passionierter Hund bleibt auf Dauer hasenrein, wenn er nicht immer wieder daran erinnert wird. Das ist besonders von Bedeutung, wenn der Hund häufig zum Stöbern eingesetzt wird. Beim Stöbern muß er den Hasen aus der Deckung vor die Flinte bringen. Also muß er ihn bis zum Waldrand hetzen. Es gilt auch hierbei: Wird der Hund zum Stöbern geschickt, dann muß er bald wieder im Feld streng unter der Flinte geführt werden.

183

Jagdliches Bringen

Mit den Bringeleistungen des Jagdhundes sind die Begriffe *Bringetreue* und *Verlorenbringen* verbunden. Die Bringetreue des Hundes ist erwiesen, wenn er unter allen Bedingungen gefundenes Wild ohne Kommando selbständig bringt. Das ist perfektes Apportieren. Diese Bringetreue ist in erster Linie ein Abrichteergebnis. In den seltensten Fällen begegnet uns ein bringefreudiger Hund, der ohne wesentliche Abrichtung wie selbstverständlich alles angeschleppt bringt, was er an Wild findet.

Auf Bringetreue kann in der Jagdpraxis nicht verzichtet werden. Unser Hund verliert erheblich an jagdlichem Gebrauchswert, wenn wir uns auf seine Bringetreue nicht verlassen können. Das Finden und Herantragen von gestrecktem Niederwild wie Hase, Fasan, Rebhuhn, Kaninchen, Ente oder Gans und auch Raubwild und Raubzeug ist die Aufgabe des Jagdhundes nach dem Schuß. Wenn der Hund im Wasser die tote Ente nur mit der Nase anstößt und dann weiter nach lebenden Enten stöbert, wenn er einem gestreckten Hasen aus dem Wege geht, weil es zu mühsam ist, ihn zum Herrn zu bringen, möchte man manchmal aus der Haut fahren. Aber der Hund ist nur so gut, wie ihn sein Führer ausgebildet hat.

Die Bringeleistung können wir in drei Gebiete einteilen:

— Bringen auf Kommando
— Bringen auf der Schleppe
— Bringen ohne Kommando.

Diese drei Abschnitte verstehen sich als Phasen der Ausbildung, die nacheinander erfolgen. Sie sind die Grundlage für den bringetreuen Hund. Die Bringetreue ist Voraussetzung für das Verlorenbringen, das unser Abrichteziel ist.

Das *Bringen auf Kommando* ist die elementarste Form des Apportierens. Die Anbahnung zum Apportieren erfolgt beim Jagdhund genau wie bei jedem anderen Gebrauchshund.

Wir verstehen unter Bringen immer das Aufnehmen des Apportiergegenstandes, das freie Herantragen, sich vor den Hundeführer hinsetzen und auf Kommando abgeben. Es ist für den Jagdhund wichtig, rechtzeitig vom Apportierbock oder -holz auf Wild überzugehen, und zwar auf Niederwild, Raubwild und Raubzeug. Die Bringeleistungen der kleineren Jagdhunderassen sind aus konstitutionellen Gründen begrenzt. Vom Teckel kann man bei entsprechender Ausbildung das Bringen von leichterem Federwild, z. B. Hühner, erwarten. Auch Enten werden aus dem tiefen Wasser gezogen. Teckel schleppen Kaninchen über relativ weite Strecken. Etwas mehr muß der Terrier bringen. Enten aus tiefem Wasser zu bringen ist Pflicht. Vom Spaniel wird das Bringen von Hasen und Fasanen über kürzere Distanz verlangt. Der Vorstehhund und auch der Deutsche Wachtel muß Raubwild und Raubzeug aus großer Entfernung bringen. Tun sie das nicht, dann können wir uns das Futter für einen so großen Hund sparen, dann reicht auch ein kleiner.

Wenn unser Hund so weit ist, daß er zum Apportiergegenstand hinläuft, ihn aufnimmt, unverzüglich heranträgt, dann vorsitzt und auf Kommando »Aus!« abgibt, müssen wir uns Wild beschaffen. Ein Wildkaninchen oder eine leichte Ente reichen für den Anfang. Zweckmäßigerweise geben wir das Stück dem Hund in den Fang und lassen es ihn eine Weile tragen. Er soll ausreichend Gelegenheit bekommen, es zu bewinden und sich mit der spezifischen Witterung vertraut machen. Dann wird das Kaninchen oder die Ente einige Meter weit weggeworfen und der Hund erhält das Kommando »Apport!«.

Der Übergang vom Apportierbock zum Niederwild macht in der Regel keine größeren Schwierigkeiten. Treten aber dennoch Schwierigkeiten auf, dann ist das gesamte Apportierprogramm zu wiederholen. Wir müssen dabei unserem Hund jede mögliche Art von Wild zum Apportieren anbieten. Jede geschossene Elster oder Krähe kann Apportierwild sein. Auch die Katze, die unser Hund würgte, wird zur Bringeübung genutzt. Wild ist alles, was der Hund tragen kann und was in unseren Revieren vorkommt. Es ist letztendlich vom Hund nur zu erwarten, daß er die Objekte bringt, die er auch kennt. Das Herantragen von Wild muß dem Hund Freude machen. Immer viel loben, wenn er gebracht hat! Das Austauschen des gebrachten Wildes gegen einen köstlichen Happen ist stets angebracht. Denken wir daran, der Hund trägt uns seine Beute zu und überläßt sie seinem Jäger! Um ihn immer wieder zu dieser, seinen Anlagen nicht entsprechenden Handlung zu ermuntern, bedarf er einer ständigen Motivation.

In die Apportierübungen mit Kommando ist systematisch das Bringen aus dem Wasser einzuordnen, vorausgesetzt, unser Hund hat bis dahin gelernt, sich frei im Wasser zu bewegen.

Auch beim Bringen aus tiefem Wasser müssen wir unser Kommando unbedingt durchsetzen. Wir werfen den Apportiergegenstand zuerst in flaches Wasser und lassen ihn bringen. Von vornherein muß auf korrektes Vorsitzen und Abgeben geachtet werden. Das ist wichtig, weil der Hund, wenn er aus dem Wasser kommt, den Wunsch hat, sich zu schütteln. Er darf sich aber erst dann schütteln, wenn der Apportiergegenstand abgegeben wurde. Deshalb bleiben wir auch am Anfang dicht am Wasser. Von Übung zu Übung wird die Entfernung zum Ufer vergrößert und der Apportiergegenstand in tieferes Wasser geworfen. Der Hund muß nun den Gegenstand schwimmend aufnehmen. Es empfiehlt sich, sehr bald auf Wild, auf Ente oder Wasserhuhn, überzugehen. Die Übungen werden immer schwieriger. Schilfufer, steile Uferkanten sowie sumpfige Ufer sind bevorzugt auszusuchen, um sicheres Bringen aus tiefem Wasser auch unter jagdlichen Bedingungen zu üben. Gleichzeitig hat unser Hund über Hindernisse aller Art zu bringen. Auch dabei muß rechtzeitig Wild verwendet werden. Der Vorstehhund muß einen Hasen über ein Hindernis von 80 cm Höhe einwandfrei bringen.

In den nächsten Übungen gehen wir dazu über, das zu bringende Wild nicht vor den Augen des Hundes wegzuwerfen, sondern einfach abzulegen, um danach den Hund zum Apportieren zu schicken. Das kann nicht oft genug geübt werden. Das Wild kann auch von einer anderen Person abgelegt werden.

Jetzt beginnt die Arbeit auf der Haar- und Federwildschleppe. Mit der Schleppe wird der Versuch gemacht, eine Situation der praktischen Jagd zu simulieren. Eine Ente, ein Hase, ein Kaninchen oder auch ein Fuchs haben sich, nachdem sie beschossen wurden, noch ein Stück entfernt. Der Hund folgt ihrer Spur, findet und bringt. Die Schleppenarbeit fordert keine besondere Nasenleistung vom Hund. Die Duftspur ist so stark, daß er ihr ohne Mühe folgen kann. Wichtig ist aber, ob er ihr folgen will! Am Ende der Schleppe findet er ein Stück Wild, und das muß er bringen. Also ist die Schleppe eine Herausforderung des Bringewillens unseres Hundes. Es ist noch ein Bringen unter Einwirkung eines Kommandos. Der Befehl wird mit dem Ansetzen auf die Schleppenspur gegeben. Der Hund steht während dieser Arbeit noch unter dem Einfluß seines Führers. Eine saubere Schleppenarbeit ist noch keine Bringetreue, sie setzt ein Bringen ohne Einflußnahme des Hundeführers voraus.

Die Feder- oder Haarwildschleppe ist nicht Selbstzweck, sondern das Mittel, um einen bringetreuen Hund auszubilden. Sie ist eine Abrichtephase, auf die nicht verzichtet werden kann. Sie gehört bei den Herbstzucht- und Gebrauchsprüfungen zum Prüfungsprogramm. Die meisten Hunde fallen besonders bei der Herbstzuchtprüfung wegen nicht bewältigter Schleppenarbeit durch. Ein Helfer, genannt der Schleppenzieher, zieht an einer Schnur z. B. eine erkaltete Wildente hinter oder noch besser neben sich her. Nach einer bestimmten Strecke legt er dann den toten Vogel ab und versteckt sich hinter einem Busch oder in einem Graben. Die Aufgabe des Hundes besteht darin, vom Führer auf die Schleppenspur angesetzt, ihr bis zum ausgelegten Schleppenwild mit Hilfe der Nase zu folgen, das Wild aufzunehmen, auf dem kürzesten Weg zum Jäger zurückzukehren und ordnungsgemäß abzugeben.

Am Beginn der Schleppe werden dem Schleppenwild ein paar Haare oder Federn ausgezupft, um die Witterung an dieser Stelle zu verstärken. Damit wird der Anfang als »Anschuß« gekennzeichnet. Dann wird losgezogen. Die erste Schleppe wird ohne Haken, etwa 100 Meter weit angelegt. Wir können das zuerst gegen den Wind machen, später werden die Schleppen nur noch mit dem Wind vorbereitet. Die ersten Schleppen sind auf alle Fälle an der langen Leine zu arbeiten, auch wenn unser Hund große Neigung zeigt, loszustürmen, um das Stück zu finden und zu bringen. Dieses stürmische Losjagen verführt den Hund zur freien Suche mit hoher Nase, ohne die Schleppenspur zu beachten. Der Hund schneidet sie auf seiner Quersuche immer wieder, verfolgt sie ein Stück und verliert sie wieder. Das wollen wir aber nicht. Deshalb wird der Hund an der langen Leine auf die ersten Schleppen gebracht. Er führt uns zum Stück. Ist der Hund angekommen, bekommt er das Kommando »Apport!«. Er wird dann aufnehmen und bringen. Danach ist er ausgiebig zu loben.

Dann werden in die Schleppen Haken eingelegt, und sie wird verlängert. Wir benutzen immer noch die lange Leine und verlangen, daß die Spur ausgearbeitet wird. Es ist zweckmäßig, zur eigenen Orientierung die Haken zu kennzeichnen.

Später unterlassen wir, am Stück angekommen, das Kommando »Apport!«. Nimmt der Hund dennoch auf, wird er gelobt, nimmt er nicht auf, dann erteilen wir ein scharfes Kommando, und das Bringen wird durchgesetzt.

Als nächsten Übungsschritt lassen wir unseren Hund das Schleppenwild bis zum Anschuß zurücktragen. Dabei können wir ihn von der Leine lösen. Ist der Hund soweit, muß er allein auf die Strecke geschickt werden. Es ist günstig, wenn Sie den Hund etwa 20 bis 30 Meter an der Leine haben und ihn dann unbemerkt aus der Leine herauslaufen lassen. Das ist einfach zu machen, wenn wir nicht den Karabiner einhaken, sondern die Leine so durch die Halsung führen, daß der Hund sie selbst herauszieht, wenn er vorwärtsstrebt. Statt der Leine können wir auch einen ausreichend festen Bindfaden verwenden. Verfolgt der Hund die Schleppenspur, findet, nimmt auf und bringt, war die Übung erfolgreich, und wir wiederholen sie gleich noch einmal. Beginnt aber unser Hund, seine Freiheit auszukosten, fangen wir noch einmal von vorne an. Arbeitet er die Schleppenspur bis zum Stück aus, bleibt stehen und äugt zu uns, dann braucht er ein scharfes Kommando. Auch hier gilt wieder: Das Kommando unbedingt durchsetzen! Getragen wird grundsätzlich bis zum Anschuß, erst dort wird abgegeben! Die meisten Hunde gewinnen bald Freude an der Schleppenarbeit. Sie drängen zum Anschuß, um losstürmen zu können. Wenn wir bemerken, daß sie ständig über die Haken hinausschießen, oder gar zur freien Suche übergehen, müssen wir sie wieder einige Male an die lange Leine nehmen.

In Vorbereitung der Prüfung sollten wir einiges beachten. Der Schleppenzieher muß unbedingt mehrmals gewechselt werden. Wenn sich unser Hund an einen Schleppenzieher gewöhnt, dann ist er auf eine bestimmte Witterung geprägt. Das darf nicht passieren! Es muß mit dem verschiedenartigsten Wild geübt werden. Es sind schon Hunde in der Prüfung durchgefallen, weil ihnen ein Hase geschleppt wurde, und sie immer nur auf der Kaninchenschleppe geübt hatten.

Die Schleppenarbeit sollten wir gleichzeitig als Tragetraining nutzen. Das bedeutet, die Entfernung und das Gewicht ständig zu vergrößern. Unser Hund trägt im Trab oder Galopp leichter als im Schritt. Wir sollten ihn deshalb zum zügigen Herantraben ermuntern. Zur Herbstzuchtprüfung ist Federwild über 200 Meter zu bringen, Haarwild jedoch über eine Distanz von 300 Meter. Zur Gebrauchsprüfung hat der Vorstehhund einen Fuchs von mindestens 3,5 kg Gewicht über 500 Meter in unübersichtlichem Gelände heranzutragen.

Es lohnt sich schon, der Schleppenarbeit die gebührende Aufmerksamkeit im Abrichteprogramm zu widmen. Sie ist ein bedeutender Schritt zur Bringetreue.

Unser Hund soll auch ohne Einwirkung seines Führers Gegenstände oder Wild finden, aufnehmen und apportieren. Damit verlangen wir eine Leistung, die intensives Üben voraussetzt. Beim Bringen ohne Kommando ist das Finden der Befehl zum Apportieren. Diese Verknüpfung herzustellen, ist die Aufgabe des Abrichters. Wir beginnen im Gelände Apportiergegenstände, am besten Niederwild, das unser Hund mittlerweile gut kennt, auszulegen. Wir merken uns die Stellen sehr gut oder markieren sie durch einen fest in die Erde gerammten Stock. Das gibt uns die Möglichkeit, den Hund genau zu beobachten, wenn er auf seiner freien Suche in die Nähe der Gegenstände kommt. Hat er das Suchen gelernt, ist es ziemlich sicher, daß er findet. Nimmt er selbständig auf und bringt, muß er ausgiebig gelobt werden. Sucht er aber geschäftig weiter oder steht und äugt zu uns, wird der Hund geholt und angeleint. Dann gehen wir mit ihm an der Leine zum Apportiergegenstand und lassen ihn mit Kommando aufnehmen. Er behält den Gegenstand im Fang, bis wir unseren Ausgangsstandort wieder erreicht haben. Nimmt unser Hund nach mehreren Übungen immer noch nicht ohne Kommando auf, müssen wir herausbekommen, ob er nicht will oder ob er uns nicht versteht. Will er nicht, dann ist es angebracht, energisch zu werden. Haben wir aber den Eindruck, unser Hund versteht nicht, was er soll, so ist Härte unangebracht. Dann sollten wir den Hund vorerst an der Suchleine arbeiten lassen und wenn er findet, ihn loben und freundlich auffordern, zu bringen. Bald kann das Kommando weggelassen und der Hund zur freien Suche geschickt werden.

Nun geht es darum, die Bringetreue unter

jagdlichen Bedingungen zu festigen. Wir nutzen unsere Reviergänge und versuchen, ein Stück Wild oder Raubzeug zu erlegen, ohne daß es unser Hund fallen sieht. Nach einiger Zeit, auch nach Stunden, führen wir den Hund an der Stelle vorbei, wo das Stück liegt. Wenn er seine Lektion beherrscht, nimmt er auf und bringt. Nun nutzen wir jeden Reviergang, erkaltetes Niederwild oder Raubzeug auszulegen, um dem Hund Gelegenheit zum Finden und Bringen zu geben. Das einwandfreie Abliefern verdient immer großes Lob.
Der Schwierigkeitsgrad kann systematisch erhöht werden. Der Bringegegenstand wird versteckt oder mit Gras und Schilf abgedeckt. Das veranlaßt den Hund zum sorgfältigen Suchen. Wir sollten die Bringetreue ständig überprüfen und wieder und wieder üben. Aber allergrößte Vorsicht vor dem Blinker! Der Blinker ist ein Hund, der größte Arbeitsfreude zeigt, dabei aber bewußt am Stück vorbeisucht. Also auf keinen Fall eine Fehlsuche zulassen! Was zu finden ist, muß gefunden und ordentlich gebracht werden!
Ein Verlorenbringer ist ein Jagdhund, der dem krankgeschossenen Hasen oder Fuchs auf seiner Wundspur folgt, bis er sie verendet findet oder sie aus dem Wundbett treibt, hetzt, bis er sie greifen kann, um sie dann zu bringen, und zwar über weite Distanzen. Hetzt der Hund einen krankgeschossenen Hasen, den er davonlaufen sieht, greift er ihn und bringt ihn ordentlich, dann ist er ein brauchbarer Jagdhund, aber er hat noch nicht nachgewiesen, daß er ein Verlorenbringer ist. Am Anfang einer Verlorenbringerarbeit steht immer die Nasenarbeit, das Verfolgen der Wundspur ohne Sicht. Die Prüfungsordnungen sehen 300 Meter als Mindestentfernung für die Nasenarbeit vor. Der Hund kann das Haarwild verendet finden und bringen, oder er hetzt den Hasen, ergreift und bringt ihn. Eine Entfernung von 500 Metern für das Herantragen ist keine überzogene Forderung für den Verlorenbringer.
Die Ausbildung des Verlorenbringers ist kein spezielles Ausbildungsfach. Es ist vielmehr der Nachweis für ein geschicktes Führen des Hundes von Jugend an. Es beginnt mit der Gesundspur des Hasen, der Hasenspur. Dabei lernt der noch ganz junge Hund schon die Nase einzusetzen. Erst nachdem er seine Nase gebraucht, kann er hetzen oder sogar greifen. Deshalb ist es wichtig, nach ein paar Hetzen in früher Jugend jegliches Hetzen von Wild, das ohne Kommando erfolgt, zu unterbinden.

Das Verfolgen von Wild soll immer mit Einsatz der Nase stattfinden. Das Erfolgsrezept für unseren Hund heißt: Nimm die Nase, und du wirst Erfolg haben. Nur auf diesem Weg kommen wir zum sicheren Verlorenbringer.
Aber letztlich läßt sich das Verlorenbringen von Haarwild oder auch Raubzeug nur in der praktischen Jagd richtig üben und die Fähigkeit dazu nachweisen. Bei der Jagd wird sich die Situation ergeben, daß ein Hase krankgeschossen wird. Am Anschuß findet sich vielleicht etwas Wolle, vielleicht auch etwas Schweiß. Eine solche Gelegenheit braucht der Hundeführer. Der Hund kommt an die lange Leine und wird zum Suchen am Anschuß angesetzt. Dann muß er uns bis zum Hasen führen. Wenn der kranke Hase sich gedrückt hat, geht er hoch und ergreift das Hasenpanier. Dann wird der Hund geschnallt, er darf hetzen, greifen und bringen. Er kommt auf diese Weise, unter Einsatz der Nase, auf der Wundspur zum Erfolg.
Finden wir bei der Nachsuche einen verendeten Hasen, darf der Hund diesen ebenfalls aufnehmen und bringen. Auch in diesem Falle trägt der Hund den Hasen bis zum Anschuß zurück. Ist die Entfernung zu groß, darf er einmal absetzen, muß aber selbständig wieder aufnehmen und seine Arbeit vollenden.
Schädlich sind am Anfang sogenannte Fehlhetzen. Das sind solche Suchen und Hetzen, wo der Hund nicht zum Ziel kommt, weil der Hase nur leicht angekratzt ist und noch genug Kraft hat, dem Hund zu entkommen. Aber solche Fehlhetzen und Suchen werden vorkommen und müssen bei der Ausbildung von beiden, Jäger und Hund, verkraftet werden.
Das Verlorenbringen erfordert Konsequenz vom Jäger. Eine Einarbeitung zum Verlorenbringer zahlt sich durch die vielen Hasen aus, die sonst ungefunden verenden. Außerdem gewinnen wir viele Vorteile für die Schweißarbeit, wenn unser Hund frühzeitig auf die Wundspur eingestellt wird.

Feldsuche, Buschieren, Stöbern

Bereits auf seinen ersten Reviergängen beginnt unser Hund Wild zu suchen. Wir fordern ihn von Anfang an dazu auf und entwikkeln sein Interesse am Wild. Wir lehren ihn, die Nase zu gebrauchen und trainieren die Art seiner Suche in unterschiedlichstem Gelände. Wir können auf keinen Fall sagen: Mit der Suchen-Arbeit beginnen wir am Stichtag erster April des Jahres oder zu einem beliebig anderen Datum. In Wirklichkeit beginnt die Suchen-Arbeit mit dem ersten Ausgang ins Revier. Deshalb ist das Erlernen einer perfekten Feldsuche, das Buschieren unter der Flinte und das ausgedehnte Stöbern in Wald und Wasser ein Prozeß, der sich über die gesamte Jugendentwicklung bis hin zum firmen Hund erstreckt.

Gerade deshalb muß der Hundeführer die Zielstellung, zum firmen Hund zu kommen, immer im Auge behalten. Wie immer, so auch beim Suchen, baut sich jeder Abrichteabschnitt auf dem anderen auf. Suchen-Arbeit wird von allen Jagdhunderassen verlangt. Der Vollgebrauchshund aber soll: im Feld vorstehen wie ein Pointer oder Setter, im bewachsenen Gelände unter der Flinte revieren, im Wald, Bruch oder Schilf stöbern wie leistungsstarke Wachtelhunde oder Spaniels, im Wasser wie Otterhunde schwimmen und tauchen, raubzeugscharf sein wie ein rasender Terrier und wie ein Retriever apportieren in jeder Situation. Am Schweißriemen soll er dem Schweißhund möglichst nicht nachstehen. Nur die Bauarbeit verlangt niemand von ihm, weil die Röhren zu eng sind. Auch der aus guten jagdlichen Zuchten stammende Vorstehhund hat aber auf dem einen oder anderen Gebiet Stärken oder Schwächen. Der Abrichter muß sie erkennen und sich darauf einstellen. Die Suche, ob im Feld, im Busch, im Wald oder im Wasser wird auch als Arbeit vor dem Schuß bezeichnet. Mit dem Schuß des Jägers beginnt die Arbeit nach dem Schuß: In der praktischen Jagdausübung geht beides ineinander über. Der Hund steht dem Fasanenhahn vor, der Jäger tritt ihn heraus, schießt und trifft, der Hund wird zum Apportieren geschickt. Der Hund stöbert im Schilfwasser, die Enten gehen hoch, der Schuß knallt und ein Erpel fällt aus der Luft. Der Hund bringt ihn. Bei der Niederwildjagd ist die jagdliche Aktion für den Hund erst mit dem Bringen des geschossenen Wildes beendet.

Daran schließt sich die gleiche Aktion mit diversen Nuancen wieder an. Der Hund sucht, findet, Knall und dann Verlorenbringen. So gruppieren sich die Niederwildjagd und die Stöberjagd auf Schalenwild um den Schuß.

Wir können deshalb nur empfehlen, den Jagdhund auch in diesen Aktionsablauf in allen Medien, in denen gejagt wird, zu führen. Das zahlt sich während der Jagd aus.

Wer nicht in der glücklichen Lage ist, seinen Hund selbst unter der Flinte zu führen, sollte jede Gelegenheit nutzen, einen bewaffneten Schützen mit dem Hund zu begleiten.

Die Feldsuche ist ursprünglich dem Vorstehhund vorbehalten. Er soll auf Kommando seines Führers ein Feldstück nach Wild absuchen. Mit »Feld« sind hier gemeint: Acker mit niedrigem Bewuchs, Getreidestoppeln, Wiesen, auch Kartoffel- und Rübenäcker oder Saatfelder. Der Hund befindet sich immer vollständig im Sichtbereich des Jägers. Stößt er auf die Lebendwitterung von Wild, dann steht er vor. Auf diese Art zeigt er das Wild an. Der Jäger tritt es heraus und bekommt es dadurch vor die Waffe. Wird ein Schuß abgegeben, hat der Hund in die Halt- oder Down-Stellung zu gehen. Auf Kommando sucht und apportiert er das geschossene Wild. Wir verübeln es unserem Hund, wenn Wild überlaufen wird oder er steht nicht fest vor und sticht es selbst aus der Deckung.

Der Vorstehhund kann auf die Feldsuche nach allem vorkommenden Niederwild oder ausschließlich auf Federwild, also Feldhühner und Fasanen, abgerichtet werden. Die Prüfungsordnungen bestimmen für die jeweilige Rasse, wie der Hund einzuarbeiten ist. Der normale Wald- und Wiesenjäger stellt seinen Hund im Feld auf alles Niederwild und auch alles Raubzeug ein. Er kommt sonst in die Lage, immer den falschen Hund bei sich zu haben.

Bevor wir an die Feinheiten der Feldsuche herangehen können, muß unser Hund die Bedingungen der Jugendklasse beherrschen. Er sucht eifrig nach Wild, das Vorstehen vor Niederwild ist angebahnt und gefestigt. Er kennt die Kommandos »Schone« oder »Steh!« und befolgt sie. Vor allem muß der Down-Pfiff fest in seine Verhaltensweise eingeschliffen sein. Wir müssen den Hund in jeder Situation niederzwingen können. Hinzu kommt, daß er mindestens auf Kommando Wild bringen muß. Haben wir das noch nicht erreicht, geht unser Hund zwar mit ins Feld, aber die Feinheiten der Feldsuche, die eine stilvolle Arbeit im Feld ausmachen, können wir noch nicht durchsetzen.

Die Arbeit des Vorstehhundes im Feld ist eine anspruchsvolle, aber zugleich die eleganteste

Arbeit eines Jagdhundes. Die Vorstehhunde haben für diese Arbeit eine züchterisch gefestigte Veranlagung. Aber die Zucht des universellen Vollgebrauchshundes bringt rassespezifische Überlegenheit im Feld, vor allem bei den englischen Vorstehhunden, hervor. Darüber hinaus haben wir Zwinger mit stärker oder schwächer ausgeprägter Feldsuchenveranlagung, besonders, was Suchenstil und Vorstehen betrifft. Selbst Geschwister zeigen individuelle Unterschiede. Die spezifischen Anlagen muß der Abrichter an seinem Hund erkennen. Nur dann weiß er, was gefördert und was gebremst werden muß.

Der Suchenstil ist die Art und Weise, in der der Hund seine Suche absolviert. Ein wesentliches Stilmerkmal ist der Einsatz der Nase. Der Hund kann mit der Nase eifrig am Boden suchen, um ein Geläuf oder eine Spur zu finden, oder er trägt den Kopf hoch und prüft den Wind. Gehört unser Hund zu den eifrigen Spurensuchern, hat er auch die höchst wertvolle Spurveranlagung, die nicht gestört werden darf. Für eine gute Feldarbeit müssen wir ihm aber die Vorteile, die ihm der Wind bietet, deutlich machen.

Es empfiehlt sich, einen solchen Hund nicht zuerst auf die Hasenspur zu bringen, sondern seine ersten Wildkontakte mit Federwild unter Wind herzustellen, die Vorstehanlage herauszufordern und zu prüfen. Es gilt also grundsätzlich für die Arbeit im Feld, den Hund immer mit Stirnwind zu führen. Hat er begriffen, daß der Wind, und sei es nur ein Lüftchen, sein Bundesgenosse ist und ihm Witterung bringt, zeigt er uns das, wenn wir gezwungen sind, ein Stück mit dem Wind zu gehen. Unser Hund hat begriffen, worum es geht, wenn er viel Feld greift, in den Wind schießt und gegen den Wind mit hoher Nase auf uns zuzuarbeiten beginnt.

Zum Suchenstil gehört auch das Tempo der Suche. Die Schnelligkeit der Suchenarbeit ist abhängig von der Nasenleistung. Bemerken wir, daß unser Hund sehr flott sucht, aber Wild überläuft, dann stimmt das Verhältnis Nase und Suchentempo nicht. Er sucht flüchtig. Dann muß der Hund gebremst werden. Er gehört an die Feldleine und muß zum sorgfältigen, gründlichen, also zuverlässigen Suchen angehalten werden. Unser Hund kann sich auch durch eine betont ruhige Suche auszeichnen. Dann braucht er seine Zeit, aber findet alles, was zu finden ist, ist also durchaus für die Feldarbeit nützlich.

Ein weiteres Merkmal des Suchenstils ist, wie weit sich der Hund beim Suchen vom Führer entfernt. Der Hund soll nicht weiter als etwa 100 Meter und nicht näher als 30 Meter von uns entfernt suchen. Es gibt dafür ganz praktische Überlegungen: Wenn der Hund gut und fest vorsteht, dann kann er ruhig etwas weiter gehen. Wir kommen immer noch rechtzeitig, um das Wild herauszutreten. Ist dagegen unser Hund sehr heftig und kommt schnell und dicht an das sich drückende Wild heran, stößt er es häufig aus der Deckung. Die Flinte bewältigt die Entfernung nicht, wenn er weit sucht.

Hunde mit kurzer Nase muß man bei der Suche kurzhalten. Der Hund hat eine kurze Nase, der sich drückendes Niederwild erst auf kurze Entfernung wahrnimmt. Mit dem Urteil »kurze Nase« sollten wir nicht voreilig sein. Junge, heftige Hunde prellen schnell einmal in eine Kette Hühner. Ist aber der Duft im »Nasencomputer« gespeichert, dann verkürzt sich auch die Reaktionszeit, und der Hund nimmt alles viel früher wahr. Der Hund muß Gelegenheit haben, Erfahrungen zu sammeln.

Ein weiteres Merkmal des Suchenstils eines Vorstehhundes ist die Systematik der Suche. Das effektive System ist die Quersuche. Dabei sucht der Hund vor uns in der gleichen Entfernung nach links sowie nach rechts und arbeitet dabei das ganze Feldstück durch. Um einen solchen planmäßigen Suchenstil zu entwickeln, müssen wir dem Hund Hilfestellung geben. Unterstützung bekommt er durch Einweisen mit Sichtzeichen und Wendepfiff.

Unser Hund wird, im Suchgelände angekommen, geschnallt und mit dem Kommando »Such voran!« und einer richtungsweisenden Armbewegung zur Arbeit geschickt. Stirnwind beachten! Wir laufen immer ein Stück mit in die Richtung, die der Hund annehmen soll. Es bleibt sich gleich, ob wir ihn zuerst nach rechts oder nach links schicken. Hat der suchende Hund die entsprechende Entfernung erreicht, dann wird der Wendepfiff, ein langer glatter Pfiff gegeben. Der an den Pfiff gewöhnte Hund wird stehenbleiben und zum Führer äugen. Dann weisen wir den Hund durch Sichtzeichen nach der anderen Richtung ein und gehen ein Stück mit in diese Richtung. Unsere Bewegung kann betont auffällig sein. Der Hund wird den Gesten folgen, und wir loben ihn mit »Brav der Hund! Such voran!« Das wiederholen wir viele Male, bis der Hund den Pfiff nicht mehr braucht, um zu wenden. Er macht dann seine Quersuche selbständig. Korrigierendes Eingreifen ergibt sich aus der Jagdsituation. Auf seinen Suchen, deren Stil sich unter unserer Anleitung ständig verbessert, wird er auf Niederwild stoßen. Dann muß er vorstehen, das Wild anzeigen. Wenn der Hund gefunden hat und in seiner Vorstehpose erstarrt, ist unser Verhalten wichtig, denn er muß jetzt lernen, durchzustehen. Wir nähern uns vorsichtig, aber niemals von hinten. Der Hund muß uns sehen können. Wenn wir seitlich an den Hund herantreten, sieht er gut. Oft zeigt er durch ein leichtes Bewegen des Augapfels, daß er uns wahrgenommen hat. Wir ermuntern ihn mit »Steh!« oder »Schone!« bis wir heran sind.

Wenn der Hund und das Wild durchhalten, nehmen wir ihn vorsichtig an der Halsung vom Wild weg. Wir entfernen uns 20 oder 30 Schritte und schicken ihn wieder zum Vorstehen. Das können wir so lange tun, wie es das Wild erträgt. Das Wetter kann uns dabei helfen. An nassen regnerischen Tagen liegt das Niederwild besonders fest. Die richtige Tageszeit ist auch von Bedeutung. Die Ruhezeit des Wildes muß genutzt werden. Die Morgen- und Abendstunden sind wenig geeignet, den Hund zum Durchstehen zu bringen, weil das Wild noch oder schon unruhig ist.

Es kann aber alles ganz anders ablaufen, wenn nämlich unser Hund nicht oder nur kurz vorsteht und dann die Initiative ergreift. Er stößt das Huhn oder was sich da deckt, heraus, womöglich macht er noch ein paar Sprünge hinterher. Dann muß der Down-Pfiff kommen. Der Hund wird nicht abgerufen, sondern abgeholt. Er wird angelegt und gestraft. Die Härte der Strafe hängt von seinem Wesen ab. Auf alle Fälle gehört er an die Feldleine, und das Vorstehen wird erneut geübt. Wir können uns dazu wieder eines Volierenfasans bedienen.

Das gleiche kann uns passieren, wenn ein Hase hochgeht. Auch dann muß der Down-Pfiff sitzen. Der Down-Pfiff ist nicht erforderlich, wenn unser Hund schon hasenrein ist. Der Hund gehört erst unter die Flinte, wenn das Vorstehen funktioniert. Es empfiehlt sich, die ersten gezielten Schüsse auf aufstehendes Wild nicht selbst abzugeben, denn auf den Hund einwirken, schießen und dann auch noch treffen, verlangt viel Erfahrung.

Wenn der Hund einem Hahn oder einem Kaninchen vorsteht, sollte der Hundeführer das Wild aus der Deckung treten und ein Weidgenosse schießen. Dann kann sich der Hundeführer voll auf seinen Hund konzentrieren und ihn mit dem Trillerpfiff stoppen, wenn er nachsetzen will. Dabei kann auch die Wurfkette zielsicher eingesetzt werden. Oft genug geübt, nimmt der Hund seine Downlage folgerichtig sofort nach dem Schuß ein. Es ist dann eine Lust, den eigenen Hund unter der Waffe im Feld zu führen.

Selbstverständlich schließt sich das Bringen nach dem Schuß an. Der Hund kann ruhig mehrere Minuten liegen, bis er zum Apportieren geschickt wird. Das Kommando lautet »Such Apport!«, dann muß er dort eifrig und systematisch suchen, wo er eingewiesen wird. Diese Arbeit setzt die Bringetreue noch nicht voraus. Sie hilft uns aber auf dem Weg dahin. Immer daran denken: Unter der Flinte sucht der Hund nach dem Schuß noch warmes Wild! Das ist natürlich reizvoller, als kaltes Wild zu bringen, das obendrein schon ... zigmal abzuliefern war. Auch wenn der Hund unter der Flinte gut apportiert, die Übungen zur Bringetreue und zum Verlorenbringen werden fortgesetzt. Der größte Teil des Abrichteprogramms findet sich in der Feldsuche wieder. Zur Arbeit im Feld brauchen wir den Gehorsam, den Suchenstil, das Vorstehen und die Bringetreue. In gleichem Maße, wie wir damit vorankommen, wächst die Leistung im Feld und wird ihre Vervollkommnung erfahren.

Die unterschiedlichen Geländeverhältnisse des Reviers verlangen auch eine differenzierte Art zu jagen. Im Feld sind weite Aktionen des Hundes möglich, er ist immer zu sehen, und er kann beeinflußt werden. Niedrige landwirtschaftliche Kulturen, kniehohe Schonungen, Sumpfwiesen, Gesträuche aller Art, bewachsene Wälle oder Feldraine verlangen eine enge Verbindung zwischen dem Jäger und seinem suchenden Hund. Den Hund kurz unter der Flinte, höchstens 30 Meter, revieren zu lassen, nennen wir Buschieren. Auch hier soll der Hund dem gefundenen Wild vorstehen. Die Bedingungen dazu sind für ihn unvergleichlich schwieriger als im Feld. Sein Bundesgenosse Wind wird hier weniger wirksam. Der Hund kommt näher an das Wild heran. Oft ist er nur eine Nasenlänge von dem gedeckten Feder- oder Haarwild entfernt. Das Wild drückt sich auch länger in der Deckung. Aber nicht selten ist das Kaninchen schon auf und davon, und unser Hund steht noch immer wie eine Bildsäule. Genau so häufig steht auch der Fasan auf, bevor der Hund zum Stehen kommt. Dann muß ohne Vorstehen geschossen werden. Deshalb darf sich der Hund bei diesen jagdlichen Bedingungen nie weiter als eine Schrotschußdistanz vom Jäger entfernen. Die Abrichtung zum Buschieren erscheint schwieriger, als sie ist. Ein gehorsamer Hund mit einer engen Bindung zu seinem Führer begreift schnell, was er soll und unterzieht sich freudig dieser Aufgabe. Für die Führung des Hundes unter der Flinte muß eine Signalbeziehung hergestellt werden, die zwischen »Such voran!« und »Bei Fuß!« liegt. Sehr zeitig sollte der Hund an die Ermahnung »Langsam!« oder »Nicht zu weit!« gewöhnt werden. Schon auf einem einfachen Spaziergang kann man ihn aus dem Bei-Fuß-Zwang lassen und ihn mit »Nicht so weit!« oder auch »Hierbleiben!« zurückhalten. Geht er weiter, wird er angepfiffen im wahrsten Sinne des Wortes. Ist er harthörig, trifft ihn die Wurfkette. Das ist eine sehr gute Vorbereitung auf den Busch. Schickt man den Hund zum Buschieren, dann sagt man »Such, aber nicht so weit!«. Alle unsere Hunde verstehen das. Je öfter wir das zusammen tun, um so besser klappt die Sache. Leichte Ermahnungen sind immer angebracht. Will der Hund ausbrechen, wird er zum Warten gezwungen, oder er wird zu einem Verweis herangeholt. Der Verweis besteht in ernsten Worten. Sie können sich ruhig mit ein paar nicht salonfähigen Ausdrücken erleichtern. Der Hund versteht sie nicht und nimmt sie auch nicht übel. Auf den Ton kommt es an.

Aber noch etwas ist beim Buschieren wichtig, lebenswichtig für den Hund. Im Buschiergelände wird auf kurze Entfernung sehr schnell geschossen. Es gehört viel weidmännische Qualifikation und Disziplin dazu. Der Hund darf beim Buschieren nicht nachprellen. Nicht wenige Hunde sind auf diese Art in den Schuß des eigenen Herrn geraten. Bevor wir mit Hund und Flinte zum Buschieren gehen, muß jede Neigung zum Nachprellen ausgemerzt sein. Halt oder Down-Lage beim aufstehenden Wild ist Bedingung für das Buschieren. Die Gefahr, daß unser bester Jagdgefährte in den Schuß läuft, ist sonst sehr groß.

Es ergibt sich die Frage, ob nur Vorstehhunde zum Buschieren geeignet sind. Verzichten wir auf festes Vorstehen, so kann durchaus ein Stöberhund genau so unter der Flinte geführt werden. Wir haben aber schon Jagdterrier in kurzer Vorstehpose gesehen. Zum Wildanzeigen reicht es immer. Auch das Verhalten des Hundes zeigt, ob er Witterung von Wild in der Nase hat. Sein Eifer wächst, die Bewegungen werden vorsichtiger und schleichend, die Nase zeigt die Richtung an. Diese Hinweise reichen dem Jäger, um sich schußfertig zu machen. Es lohnt sich also, nicht nur Vorstehhunde im Buschieren zu üben.

Buschieren ist eine sehr reizvolle Jagdart. Die Beziehungen zwischen Jäger und Hund sind dabei so eng, wie auf der roten Fährte.

Beim Stöbern im Wald und im Wasser soll der Hund Wild suchen, finden, aus seiner Deckung herauszwingen und dem Jäger vor die Flinte bringen. Das hört sich recht einfach an, weil Sie davon ausgehen können, daß Ihr Jagdhund aus guter Zucht, ganz gleich, welcher Rasse, mit Sicherheit am liebsten stöbert, vorausgesetzt, er verfügt über eine ausreichende Jagdpassion.

Die Züchter von Stöberhunden sprechen auch von einem Stöbertrieb als Veranlagung. Weidgerechtes Stöbern stellt aber an den Hund und seine Abrichtung hohe Anforderungen. Die Stöberarbeit hat Besonderheiten. Gestöbert wird in unübersichtlichem Gelände, im Wald, in Dickungen, in verwachsenen Brüchen, in Sümpfen und auch in hochgewachsenen landwirtschaftlichen Kulturen. Hinzu kommt noch das Stöbern im Wasser, besonders im Schilf. Der Hund kommt dabei außer Sicht seines Führers, der kaum auf die Arbeit seines Jagdgefährten einwirken kann. Es wird nicht unter der Flinte gestöbert, der Hund hat größere Gebiete zu durchstöbern, er entfernt sich weit von seinem Führer und arbeitet dabei meistens für mehrere Jäger. Stöbern fordert vom Hund also ein hohes Maß an Selbständigkeit.

Zum Stöbern können Hunde aller jagdlich geführten Rassen eingesetzt werden. Die kleineren Erdhunde, besonders der Jagdterrier, leisten dabei Hervorragendes. Auch die großen Vorstehhunde betreiben das Stöbern mit Leidenschaft und Erfolg. Das Stöbern verträgt sich aber nicht mit der Feldsuche und dem Buschieren.

Vorstehhunde, die viel zum Stöbern eingesetzt werden, verlieren im Feld an Suchenstil und sicherem Vorstehen.

Wollen wir einen vielseitigen Hund, muß er nach dem Stöbern wieder im Feld eingesetzt werden. Er wird dabei kurzgehalten und »Halt!« oder »Down!« häufig geübt. Beim Stöbern läßt auch der Gehorsam erheblich nach.

Das trifft nicht nur für Vorstehhunde zu. Stöberhunde und Erdhunde, die vorwiegend zum Stöbern eingesetzt werden, ohne richtig durchgearbeitet zu sein, brauchen ihren Jäger bald nicht mehr. Sie machen ihre Jagd allein. Es kommt oft vor, daß bei Drück- und Treibjagden im Wald nach dem Abblasen der Jagd einer oder mehrere Hunde fehlen. Die Hundeführer haben sich gewöhnlich damit abgefunden, hinterlassen am Sammelplatz ihren Rucksack und gehen resigniert nach Hause. Am nächsten Tag wird dann der Rucksack mit dem inzwischen eingetroffenen Hund eingesammelt.

Auf eine weitere Eigenart des Stöberns muß hingewiesen werden. Es werden alle im Einsatzgelände vorkommenden Wildarten aufgestöbert. Gewöhnlich wird ja auch bei solchen Stöberjagden auf mehrere Wildarten gejagt, vorwiegend aber auf Niederwild und Schwarzwild. Wenn es der Jagdkalender und der Abschußplan gestatten, wird abschußnotwendiges Rehwild oder Rotwild nicht verschont. Das Problem besteht darin, dem Hund beizubringen, welches Wild vor die Flinte soll und welches nicht. Nach unseren Erfahrungen klappt das nur, wenn Hunde auf eine Wildart spezialisiert sind. Am überzeugendsten gelingt das, wenn Hunde auf Schwarzwild eingearbeitet wurden. Solche Hunde bringen zwar anderes Wild in Bewegung, konzentrieren sich aber auf Schwarzwildfährten und sprengen auch die Rotte, ganz gleich, wo sie zu finden ist. Solche Spezialisten gibt es besonders bei den Wachtelhunden, Terriern, Teckeln, aber auch bei den kontinentalen Vorstehhunden.

Alles zusammengenommen ist die Stöberjagd mit Hund eine reizvolle und auch effektive Jagdart. Aber nur dann, wenn unser Hund einige Regeln erlernt und auch beachtet.

Stöbern im Wald und im Busch ist kein abgegrenztes Abrichtefach. Zum perfekten weidgerechten Stöbern kann der Hund nur während der Jagdausübung durchgearbeitet werden. Das bedeutet, daß die Herbst- und Wintermonate dem Stöbern vorbehalten sind. Außerdem beunruhigen im Frühjahr und im Sommer jagende Hunde die Wildbestände stark. Unser Hund kann sich dabei angewöhnen, junges Wild zu greifen. Wir lassen deshalb erst stöbern, wenn er das Alphabet der Jagdhundeabrichtung beherrscht. Bedingung sind Gehorsam, Apportieren von Niederwild und Raubzeug sowie Benehmen vor Wild. Der Schuß ist dem Hund vertraut, und die Schußruhe kann durchgesetzt werden.

Vorstehhunde müssen im Feld bereits durchgearbeitet sein, bevor sie zum Stöbern eingesetzt werden. Beachten Sie diese Grundvoraussetzung nicht, kann Ihr Hund höchstens ein das Wild jagender Hund, aber kein sauberer Stöberer werden.

Am besten beginnen wir mit einer überschaubaren Schonung, in der Kaninchen leben. Der Hund wird geschnallt und zum Stöbern eingewiesen. Entweder geht unser Hund los und durchsucht die ganze Schonung oder er läuft nur ein paar Schritte hinein und rändert, wie es treffend in der Weidmannssprache heißt. Im ersten Fall müssen wir dafür sorgen, daß der Hund bogenrein wird. Bogenrein ist der Hund dann, wenn er nicht wesentlich über das Treiben hinaus jagt. Ein Treiben ist der von Schützen umstellte Revierteil. Unser Hund soll also die Schützenkette nicht oder zumindest nicht allzuweit überjagen, selbst dann nicht, wenn er laut einen Hasen hetzt oder eine Rotte Schwarzwild in Bewegung gebracht hat.

Bogenreinheit fordert ein hohes Maß an Gehorsam. Der Hund muß jedesmal, wenn er die Schützenkette passieren will, zurückgepfiffen oder noch besser mit dem Trillerpfiff abgelegt werden. Das ist schwierig. Die Übereinkunft mit allen an der Jagd beteiligten Schützen ist erforderlich, denn bei wem auch der Hund ankommt, jeder muß ihn abrufen. Leider bringt das aber nicht immer den gewünschten Erfolg. Wir haben schon mehrere Weidgenossen mit Trillerpfeifen ausgerüstet, die der unseren glichen. Überjagt nun der Hund die Schützenkette, kommt der Trillerpfiff. Ist das Wild weit weg, wird er mit dem glatten Pfiff wieder aus seiner Haltlage erlöst und ins Treiben zurückgeschickt. Mit den Schützen, die das Treiben umstellen, muß aber noch eine weitere Übereinkunft getroffen werden, die sehr problematisch ist. Die Schützen sollen den Hasen, der vom Hund richtig gehetzt wird, passieren lassen, ihn auf keinen Fall strecken! Der Grund dafür ist: Der Hund soll nie mit den Augen zum Erfolg kommen, sondern immer nur mit der Nase. Kommt der Hase und auf seiner Spur der Hund, dann muß der Hase fallen. Der Hund beendet somit seine Spurarbeit am gestreckten oder auch kranken Hasen. Er kann greifen und bringen. Versuchen Sie, Ihre Weidgenossen als Abrichtehelfer zu gewinnen, es lohnt sich.

Bogenreinheit erreichen wir nicht mit zwei oder drei Treiben und auch nicht ohne Mithilfe. Einige Hundeführer umschlagen das Treiben, bevor es beginnt, mit dem angeleinten Hund. Auf diese Weise werden dem Hund die Grenzen seines Jagdreviers gewiesen. Gegatterte Flächen eignen sich sehr gut zum Üben. Eine Schonung, die mit einem einigermaßen intakten Zaun gegen Wildverbiß geschützt ist, setzt dem Hund beim Stöbern Grenzen.

Auch für das Stöbern ist ein firmer Hund ein gutes Beispiel für den Lehrling. Manche Hundeführer haben Bedenken gegen den zweiten Hund beim Stöbern. Sie meinen, er nimmt die Selbständigkeit. Nach unseren Erfahrungen trifft das nur dann zu, wenn wir sie zu lange gemeinsam jagen lassen und der andere Hund von Hause aus der Kopfhund ist. Lassen wir aber nach erfolgreichen Anfängen unseren Hund allein stöbern und Wild finden, gewinnt er an Selbstvertrauen und Eigenständigkeit. Andere Hunde im Treiben werden bald nicht mehr beachtet, ja sogar gemieden. Unser Hund macht seine Jagd.

Zum gerechten Stöbern gehört der laut jagende Hund. Er soll Spuren und Fährten aufnehmen und sie laut verfolgen. Das Geläut informiert die Jäger über den Verlauf der Jagd. Bedingung für die Stöberjagd ist mindestens Sichtlaut. Stumm jagende Hunde sind für diese Jagdart ungeeignet.

Dem erfahrenen Weidmann und Hundeführer hat der Laut viel zu sagen. Durch das Geläut wird die verfolgte Wildart differenziert. Es gibt auch feine, individuelle Nuancen. Auf der Hasenspur geht es »Jiff, jiff«, hohe Töne in schneller Folge. Rehwild wird ähnlich, aber noch heftiger angenommen. Bricht der Laut plötzlich ab, dann war es meist ein Kaninchen, das seinen Bau erreicht hat. Wird Raubwild oder Raubzeug verfolgt, dann ist die kämpferische Wut nicht zu überhören. Fährt der Fuchs in seine Röhre ein, dann ändert sich der Spur- oder Hetzlaut und wird zum Standlaut. Es gibt keine Ortsveränderungen mehr und das Geläut wird tiefer, die Abstände zwischen den Lauten werden regelmäßig. Manche Hunde stellen auch das Geläut ein, wenn der Fuchs in der Röhre ist. Hat unser Hund eine Katze verfolgt, die aufbaumte, dann läutet er mit erhobenem Haupt. Bei Kletterversuchen verstummt der Laut. Verläßt der Hund seinen Stand, dann muß er zurückgeschickt oder wieder hingebracht werden. Solche Situationen werden am besten durch einen erfolgreichen Schuß beendet. Trifft der Hund auf Schwarzwild, kommen die Töne in jedem Fall ganz tief, fast dumpf, aus der Kehle. Flüchten die Schwarzkittel, dann verfolgt er sie mit wütendem Geläut. Stellen sich die Sauen oder auch nur eine von ihnen, dann ist der Standlaut tief und drohend, Angriffe sind am Knurren und sich steigernden Bellen zu erkennen.

Kritisch wird die Situation für den Hund, wenn aufgestöberte Sauen zum Angriff übergehen oder unser Hund sein Vermögen überschätzt und versucht, eine wehrhafte Sau zu zwingen. Das hat schon manchen Hund das Leben gekostet. Deshalb muß dem Hund Gelegenheit gegeben werden, sich auf Schwarzwild einzustellen. Wildschärfe allein kann Tollkühnheit werden. Soll unser Hund im Sauenrevier stöbern, wird er vorbereitet. Er muß seine Kraft und ihre Grenzen erfahren. Er soll seine Wildschärfe zeigen und entwickeln. Das beginnen wir am besten am frisch gestreckten noch warmen Stück. Da darf er nochmal zufassen und sich einen Fetzen Wolle holen. Er wird dabei zum Verbellen ermuntert. Dazu eignet sich am besten ein Sauengatter, aus dem sich Frischlinge, wenn sie etwa 30 kg auf die Waage bringen, von der übrigen Rotte absprengen lassen. Hier können wir unseren Hund auf einzelne Stücke anhetzen. Beim ersten Versuch wird der Hund nach entsprechendem Zuspruch geschnallt. Ist er wildscharf, wird er mindestens angreifen und stellen. Gelegentliche Versuche zu fassen werden gefördert. Es ist nicht erforderlich, daß der Hund ein gesundes Stück bindet. Das Tier abwürgen schafft er ohnehin nicht. Das Kräfteverhältnis zwischen Hund und Sau ist 1 : 5; das bedeutet, daß ein Hund fünfmal schwerer als eine Sau sein müßte. Anders ist es bei krankgeschossenen Stücken. Hier soll der Hund die Sau im Wundbett binden. Die Übungen im Sauengatter helfen dem Hund, seine Möglichkeiten einzuschätzen und sich entsprechend zu verhalten. Er wird zuverlässig auf Sauen stöbern, ohne zu blinken, und er bleibt uns gesund erhalten.

Auch der Hauptteil der Wasserarbeit des Hundes ist Stöbern. Im Schilf ist Wassergeflügel aufzustöbern, ins offene Wasser zu drücken oder zum Auffliegen zu veranlassen. Die Enten werden so vor die Flinte gebracht. Die Jäger kommen zum Schuß. Der Hund sucht die gefallene Ente und apportiert sie aus tiefem

Wasser oder dichter Ufervegetation. Eine andere Art der Wasserwildjagd nutzt den abendlichen Einflug der Enten und Gänse. Der Jäger steht mit seinem abgelegten Hund in guter Deckung. Er schießt, wenn die Enten tief genug herunterkommen oder zum Einfallen auf das Gewässer ansetzen. Die Jagd dauert bis zum Einbruch der Dunkelheit. Unser gehorsamer Hund hat alles genau beobachtet, mehr aber nicht. Ist kein Büchsenlicht mehr vorhanden, dann kommt seine große Stunde. Er soll jetzt die gefallenen Enten oder Gänse einsammeln. Er wird mit »Such Apport!« vorangeschickt, bis keine Ente mehr im Wasser oder Schilf ist. Auch die geflügelten Wasservögel, die sich gedrückt haben, müssen gefunden, gegriffen und gebracht werden. Das alles ist eine beachtliche Leistung in finsterer Nacht.

Die Wasserarbeit des Hundes ist also eine kombinierte Aktion: Stöbern vor dem Schuß, Suchen und Bringen nach dem Schuß, meist unter schwierigen Bedingungen. Wir können deshalb bei der Einarbeitung des Hundes genau wie bei den Prüfungsaufgaben zwischen Stöbern mit Ente, Stöbern ohne Ente und Bringen aus tiefem Wasser unterscheiden.

Mit der Einarbeitung des Hundes für die Wasserjagd beginnen wir sehr frühzeitig. Er erlernt im Ablauf des Abrichteprogramms das Apportieren und auch das Bringen aus tiefem Wasser.

Bevor im frühen Herbst die Jagd auf Enten beginnt, üben wir das Stöbern hinter einer Ente. Dazu benötigen wir eine Ente, deren Flügel beschnitten wurden. Die Ente soll schwimmen und tauchen, aber nicht wegfliegen können. Wir suchen uns in einem stehenden Gewässer eine günstige Stelle für den Einstieg und setzen dort die Ente ins Wasser. An der Einsatzstelle wird ein Abschuß wie bei der Schleppe mit Federn markiert. Ist die Ente ins Schilf geschwommen (sie läßt sich mit ein paar Steinwürfen dirigieren), wird der Hund am Anschuß mit »Such die Bak!« angesetzt. Er nimmt die Witterung auf, folgt ihr immer auf der Schwimmspur, bis er die Ente aus dem Schilf herausbringt und ihr sichtig nachschwimmt. Die Ente wird wieder Deckung suchen oder wegtauchen. Unser Hund muß 20 bis 30 Minuten dranbleiben! Versucht er, die Arbeit zu unterbrechen, wird er erneut losgeschickt. Er darf das Wasser verlassen, um sich im Uferschilf schneller bewegen zu können, muß aber das Wasser immer wieder selbständig annehmen.

Die Entenspur wird bis zum Abpfiff verfolgt. Dabei ist die Ente gut zu beobachten. Sie kann auch das Wasser verlassen, der Hund folgt ihr am Ufer. Auf keinen Fall darf er zurückgepfiffen werden, nur weil er aus dem Wasser steigt! Nach einiger Zeit wird die Ente im Wasser geschossen, am besten, wenn der Hund sie nicht sehen kann. Kommt er auf ihre Schwimmspur und findet er den so lange und eifrig verfolgten Vogel, lernt er, nicht aufzugeben lohnt sich. Er kann die Ente aufnehmen und bringen. Damit ist die Arbeit abgeschlossen. Haben wir das einige Male geübt, dann ist unser Hund für das Stöbern ohne Ente ausgezeichnet vorbereitet.

Beim Stöbern ohne Ente wird der Hund ins Schilf geschickt, ohne auf die Schwimmspur angesetzt zu werden. Er muß die Witterung selbst suchen. Der Hund soll mit Stirnwind zur Arbeit eingewiesen werden. Er kann seine Stöberversuche im Uferschilf beginnen, um das ganze Wasserterrain systematisch zu durchstöbern. Auch das Stöbern ohne Ente wird am besten unter der Flinte geübt, und mit der Wiederholung wird während der Jagdausübung der Hund zunehmend sicherer.

Beim Stöbern im Wasser soll der Hund die geschossenen Enten sofort bringen. Es muß unterbunden werden, daß der Hund an einer geschossenen Ente vorbeischwimmt, um sich weiter der Lust des Stöberns hinzugeben. Er muß alles bringen, was er findet, das ist ein Teil seiner Ausbildung zur Bringetreue. Es empfiehlt sich, die Bringetreue in Wasser und Schilf immer wieder zu üben.

Dazu legen wir im Übungsgewässer mehrere tote, bereits erkaltete Enten oder Bleßhühner ein. Findet unser Hund beim eifrigen Stöbern keine lebenden Enten, so findet er doch die ausgelegten. Wir können bereits gebrachte nochmals auslegen. Der Hund muß alle ausgelegten Wasservögel bringen. Bei diesen Übungen gehen wir davon aus, daß er einwandfrei aus tiefem Wasser Enten auf Kommando apportiert und abliefert. So sind wir auch auf eine Wasserjagd vorbereitet, bei der der Hund vor dem Schuß nicht zum Einsatz kommt, sondern nur nach oft heftiger Knallerei die gefallenen Enten suchen und bringen darf.

Wer keine Möglichkeit hat, selbst eine Jagdwaffe zu führen, muß die Gelegenheit suchen, mit seinem Hund an Wasserjagden teilzunehmen. Ist der Hund schon gut durchgearbeitet, zeigt sich anstellig und ist vor allem auch ausreichend gehorsam, wird es an Einladungen sicher nicht fehlen. Ein guter Hund wird immer gebraucht. Wasserjagd ist ohne Hund nicht denkbar und obendrein unweidmännisch.

Schweißarbeit

Die Schweißarbeit, die Arbeit auf der roten Fährte (Rotfährte) wird von vielen Jägern als Krone der Arbeit eines Jagdhundes angesehen. Schweiß ist die weidmännische Bezeichnung für aus dem Körper austretendes Blut, beim Wild und auch beim Jagdhund. Krankgeschossenes Wild hinterläßt auf seiner Fluchtfährte nach dem Schuß Schweiß. Damit wird die Fährte zur Schweißfährte. Schweißarbeit des Hundes ist die Nachsuche auf der Schweißfährte. Der Hund führt am Schweißriemen seinen Führer zum Stück.

Spezialisten dafür sind die Schweißhunderassen. Sie werden ausschließlich zur Schweißarbeit abgerichtet und geführt. Ihr Einsatzgebiet ist damit erheblich eingeschränkt. Sie sind Hunde für reine Schalenwildreviere. Ein Jäger allein kann einen Schweißhund nicht auslasten, aber es ist eine reizvolle Aufgabe, einen Schweißhund auszubilden und erfolgreich zu führen. Alle Jagdhunde können gute und sehr gute Schweißarbeit leisten. Eine spezifische Veranlagung für die Schweißarbeit gibt es nicht. Erfolgreiche Schweißarbeit ist vor allem ein Abrichteergebnis. Wir nutzen dabei besonders drei Anlagen unseres Hundes, die wir für alle Arten des jagdlichen Einsatzes brauchen.

Der Hund muß eine gute Nase haben. Für die Arbeit auf der roten Fährte muß er in der Lage sein, die Duftpartikel von Schweiß (Blut) noch nach vielen Stunden wahrzunehmen. Das ist eine Forderung, die eine normal veranlagte Hundenase bewältigen kann. Des weiteren braucht unser Hund eine gute Spurveranlagung. Er muß spurwillig, spurtreu und spurrein sein. Diese Anlagen haben wir auf der Hasengesundspur geprüft und übertragen sie jetzt auf die Fährtenarbeit. Zu diesen beiden Grundveranlagungen kommt noch die Wildschärfe. Sie treibt unseren Hund auf der Fährte voran. Er will greifen, hetzen und in Besitz nehmen. Wir können also sagen: Diese Grundveranlagungen befähigen den Jagdhund zur Schweißarbeit. Alles andere ist Sache der Abrichtung.

Bevor wir mit den eigentlichen Übungen auf der Schweißfährte beginnen, hat unser Hund schon einiges gelernt, auf dem wir weiter aufbauen können. Er kann der Duftspur eines geschleppten Fleischstückchens folgen, um es sich einzuverleiben. Die Haar- oder Federwildschleppe wird beherrscht. Er kennt die Arbeit an der langen Leine, und das Grundkommando »Such!« sagt ihm etwas. Gehorsam ist er auch. Der Hund läßt sich ablegen, ist leinenführig und kommt gern zu seinem Führer.

Am Ende der Schweißarbeit steht am häufigsten das Finden bereits verendeten Schalenwildes. Ist das krank geschossene Wild noch nicht verendet, wird es flüchtig, unser Hund hetzt, zieht es nieder, oder wenn er das nicht kann, stellt er es. Beim wehrhaften Stück Schwarzwild kann das anders ausgehen. Der Hund wird angegriffen, sobald er sich nähert. Wenn der Hundeführer am anderen Ende des Schweißriemens nicht vergessen hat, die Waffe scharf zu machen, und auch die Nerven dazu hat, kann er noch einen Schuß oder auch zwei Schüsse abgeben. Trifft er nicht, muß er aufbaumen. Der Hund aber muß sich zum Kampf stellen.

Der Hund muß lernen, sein Vermögen richtig einzuschätzen: Stellen und verbellen, was er nicht bewältigen kann, aber dranbleiben, bis die Gelegenheit zum Fangschuß gegeben ist. Das sind dramatische Minuten, manchmal nur Sekunden, die sich aber hinziehen können. Die Nachsuche mit einem guten Hund ist eine interessante und aufregende weidmännische Betätigung. Am Anfang der Fährte ist noch alles offen. Man weiß nie, wie die Angelegenheit ausgeht. Findet der Hund zum Stück oder kann er die Fährte nicht halten? Liegt das Stück überhaupt, gibt es eine Hetze oder einen Kampf auf Leben und Tod? Nachsuchen am Schweißriemen können sich über Kilometer erstrecken, besonders bei starkem Schwarz- und Rotwild. Dazu gehört nicht nur Kondition von Hund und Führer, sondern auch ein ausgeprägter Finderwille an beiden Enden des Schweißriemens ist erforderlich.

Mangelnder Finderwille kennt eine Vielzahl von Argumenten gegen die Nachsuche. Der Jäger, der einen Schuß auf ein Stück Schalenwild abgibt, sollte entweder einen schweißgeprüften Hund haben oder wissen, wo er einen zur Nachsuche bekommt. Etwa jedes dritte Stück verludert, wenn es nicht mit einem guten Hund nachgesucht wird. Von den Qualen des kranken Stückes, bevor es verendet, wird hier nicht gesprochen. Wir sind also gut beraten, wenn wir unseren Hund auf der roten Fährte gut einarbeiten und uns auch einer Leistungsprüfung stellen.

Die Schweißarbeit beginnt, wenn der Hund begriffen hat, wozu er eine hervorragende Nase sein eigen nennt. Wir halten uns in den folgenden Darstellungen daran, wie wir es tun, welche Erkenntnisse wir von anderen übernommen haben und welche eigenen Erfahrungen dazukommen. Die ersten Schweißfährten, die wir unserem Hund anbieten, werden sogenannte Kunstfährten sein. Das heißt, sie werden nicht durch ein schweißendes, flüchtiges Stück Schalenwild gelegt, sondern vom Hundeführer oder einem Helfer. Steht kein Wildschweiß zur Verfügung, dann nehmen wir Blut von Schlachttieren. Die Kunstfährte gibt uns die Möglichkeit, ganzjährig mit unserem Hund zu üben. Wenn wir immer auf eine Naturfährte warten müßten, kommen wir mit der Ausbildung nicht zurecht! Ein weiterer Vorteil der Kunstfährte ist ihre Kontrollierbarkeit. Ihr Verlauf ist uns bekannt. Er wird gekennzeichnet durch Markierungen an den Bäumen. Die Kunstfährte bietet die Möglichkeit, in der Ausbildung systematisch den Schwierigkeitsgrad zu erhöhen. Die Fährten werden getupft oder gespritzt. Das Tupfen geschieht mit Hilfe eines Stockes, an dessen Ende ein Schwämmchen befestigt ist. Dieses Schwämmchen tauchen wir in ein Gefäß mit Blut, lassen es sich vollsaugen und streifen es ab, damit es nicht mehr tropft. Bei jedem Schritt auf den Waldboden wird ein Bluttupfer hinterlassen, so daß sich die Tupfstellen wie eine Perlenschnur aufreihen. Zum Spritzen einer Fährte benutzen wir eine Plasteflasche mit abschraubbarem Verschluß. Die Flasche wird mit Blut gefüllt und in den Deckel wird ein kleines Loch gestochen. Bei jedem zweiten Schritt geben wir einen Spritzer auf den Boden. Beide Verfahren haben Vor- und Nachteile.

Die ersten Fährten werden etwa 100 Schritte weit gelegt. Mit Blut wird nicht gespart. Anfangs verbrauchen wir für 100 Schritte einen Viertelliter Blut, der später für tausend Meter reichen muß. Am Ende der Fährte steht die Futterschüssel, die mit einer Rehdecke oder Sauenschwarte abgedeckt ist. Dann kommt der Hund an die Schweißhalsung und den Schweißriemen. Er wird am Beginn der Fährte angesetzt und mit dem Kommando »Such verwundt'!« ermuntert, der Blut- oder Schweißspur zu folgen. An der Wilddecke und der Futterschüssel angekommen, wird er ausgiebig gelobt. Wir freuen uns mit dem Hund, das gehört zur Harmonie zwischen Jäger und Hund. Das Abdecken der Futterschüssel hat seinen Grund. Der Hund soll nicht ankommen und losschlingen. Die Futterschüssel wird ihm gereicht, keine Selbstbedienung zulassen! Am besten ist Trockenfleisch, auf keinen Fall frisches Wildbret. In der Schüssel kann der Hund auch süßen Kuchen oder Käsestückchen finden, je nachdem, was er gern mag.

Drängt der Hund schon zur Fährte, wenn er seine Schweißhalsung umgelegt bekommt und nimmt er selbständig die Suche auf, dann wird die Fährte immer länger, der Schweiß immer karger, die Futterschüssel verschwindet auch. Die Stehzeit der künstlichen Schweißfährte beginnt mit einer Stunde und endet mit der Übernachtfährte, am Abend gelegt, am Morgen gesucht. Am Stück angekommen, wird unser Hund gelobt. Der Führer reicht ihm Belobigungshappen. Damit haben wir die Schweißarbeit angebahnt, mehr noch nicht. Jetzt heißt es üben und nochmals üben. Ziel ist eine Fährte von 1000 m Länge mit zwei Haken, zwei Wundbetten zum Verweisen, einer Stehzeit von zwölf Stunden. Für die ganze Strecke dürfen wir nur noch einen Viertelliter Blut verbrauchen.

Entscheidend ist, ob der Hund zum Ende der Fährte will oder ihr nur folgt, weil er soll. Das beste Mittel, den Drang zu wecken, ist eine Naturschweißfährte, am besten vom Rehwild. An ihrem Ende sollte eine erfolgreiche Hetze stattfinden. Sie ist durch nichts zu ersetzen. Ein Hundeführer soll jede Gelegenheit, die sich bietet, nutzen.

Die Schweißarbeit des Jagdhundes ist zuerst und vor allem Riemenarbeit. Es gibt dafür viele Gründe. Einer davon ist das Zwingen zur Spurtreue. Der Hund darf von Anfang an keine Möglichkeit zum »Faseln« bekommen. Er muß wissen, daß er seinen Führer zum Stück zu bringen hat.

Zur Handhabung des Schweißriemens einige Hinweise:

Schweißhalsung und Schweißriemen sollen Signalwirkung für den Hund bekommen. Es werden deshalb immer die gleiche Halsung und der gleiche Riemen benutzt. Die Halsung wird dem Hund kurz vor Arbeitsbeginn umgelegt. Man kann ein ganzes Zeremoniell ablaufen lassen. Am Anschuß angekommen, wird der Hund abgelegt. Der Hundeführer untersucht auffällig den Anschuß. Der Hund beobachtet ihn dabei. Wenn er schon ein wenig Bescheid weiß, nimmt er, ohne seinen Platz zu verlassen, die Nase hoch und versucht, Witterung zu bekommen. Dann wird die Halsung umgelegt, der Riemen abgedeckt und der Hund zum Anschuß gebracht. Es geht aber auch anders. Wir legen den Hund bereits vor Untersuchung des Anschusses am halb abgedeckten Schweißriemen mit umgelegter Schweißhalsung ab, reden dabei immer mit ihm und stimulieren ihn mit Worten und Gesten für das gemeinsame Erlebnis.

Der Hund erhält Gelegenheit, sich gründlich mit dem Anschuß und der spezifischen Witterung der Fährte vertraut zu machen. Der Schweißriemen wird zwischen den Vorderläufen des Hundes hindurchgeführt. Zieht er am Riemen, wird sein Kopf nach unten gezogen, läuft der Riemen über den Rücken, wird er nach oben und hinten gezogen.

Auf der Fährte geben wir möglichst viel Leine, damit er selbständiges Suchen lernt. Für die Zusammenarbeit von Führer und Hund auf der roten Fährte ist die Art und Weise, wie über den Riemen auf den Hund eingewirkt wird, wichtig. Kommt der Hund von der Fährte, und es besteht auch keine Aussicht, daß er sie allein wiederfindet, wird er herangerufen und neu angesetzt. Verläßt aber der Hund die Fährte, um einer anderen zu folgen, wird er am Schweißriemen von der nicht gerechten Fährte abgezogen. Dabei lassen wir ihn unseren Unwillen über sein Verhalten spüren. Der Druck muß dem Wesen des Hundes angepaßt sein. Unnötige Härte darf die Harmonie auf der Schweißfährte nicht belasten.

Wollen wir unseren Hund von der gerechten Fährte nehmen, geschieht das auf keinen Fall über den Schweißriemen. Wir fordern ihn zum Haltmachen auf und tragen ihn ab. Abtragen ist ein von den Altvorderen übernommenes Zeremoniell: Der Hundeführer nimmt seinen Hund unter den Arm und verläßt mit ihm die Fährte. Das Abtragen ist bei großen Hunden kompliziert. Fünfundzwanzig, dreißig Kilogramm durch den Wald zu schleppen, ist nicht jedermanns Sache. Ein schwerer Hund wird vorn hochgenommen und kann mit seinen Hinterläufen selbst ein Stück laufen.

Eine weitere Regel der Schweißarbeit, besonders für noch »grüne« Hunde auf der roten Fährte: Wir müssen dem Hund ein Erfolgserlebnis verschaffen. Am Ende der Fährte muß er fündig werden.

Bevor Sie einen jungen Hund auf eine Naturfährte bringen, müssen Sie wissen, wie groß die Wahrscheinlichkeit ist, das Stück lebend oder tot zu finden. Ist die Wahrscheinlichkeit gering, so muß ein älterer erfahrener Hund angesetzt werden. Ist es aber wahrscheinlich, daß das Stück liegt, dann darf der junge Hund suchen.

Auch jede Schweißfährte, auf der das wild in Sichtweite niedergeht, wird ausgearbeitet, besonders dann, wenn es im Wundbett sitzt und dem Hund nach der Schweißarbeit noch eine erfolgreiche Hetze geboten werden kann.

Bei der Kunstfährte haben wir alles selbst in der Hand. Fährtenverlauf, Länge, Wundbett, Haken und auch Niedergänge werden von uns selbst bestimmt. Wir bestimmen auch, was der Hund am Ende der Fährte vorfindet, am besten ein Stück Schalenwild. Findet unser Hund immer nur ein und dieselbe alte Rehdecke, wird sein Interesse bald erlahmen.

Ein raubzeugscharfer Hund wird heftig auf der Fährte vorangetrieben, wenn er weiß, er findet eine Katze im Käfig. Zum Lohn darf er sie ausgiebig verbellen.

Während der Arbeit auf der Schweißfährte kann man keine Störungen zulassen, besonders solche nicht, die das Verhältnis zwischen dem Führer und seinem Hund trüben könnten. Mit dem Hund wird freundlich gesprochen. Er hört immer wieder seine Aufforderung »Such verwundt!«, und es klingt je nach Bedarf anspornend und aufmunternd oder beruhigend und dämpfend.

Zeigt sich unser Hund nach einer Weile eifriger Arbeit lustlos, ist eine Pause durchaus nützlich. Wir setzen uns zu unserem Hund, ermuntern ihn durch ein Spielchen und dann geht die Arbeit weiter.

Mit einem Hund, der unlustig an die rote Fährte herangeht, können keine komplizierten Aufgaben der jagdlichen Praxis gelöst werden. Die schweißarbeit fordert Harmonie zwischen Jäger und Hund. Ein Hund, der sich wie verprügelt zum Anschuß schleicht, geführt von einem Jäger, dem Zorn im Gesicht steht, ohne daß es überhaupt Ärger gegeben hat, findet nur selten zum Stück. Die Harmonie muß sorgfältig aufgebaut und darf nie durch Unbeherrschtheit gefährdet werden.

Die Anforderungen werden dem Arbeitswillen des Hundes angepaßt und aufeinander aufbauend gesteigert. Die Zeit zwischen dem Anlegen der Fährte und dem beginn der Suche wird mehr und mehr ausgedehnt, bis sie mindestens zwölf Stunden erreicht. Aber damit noch nicht genug. In die nun etwa 1000 Meter lange Kunstschweißfährte werden mindestens zwei Haken eingelegt. Wir können so weit gehen, daß wir eine Fährte im Wiedergang anlegen. Diese wird in einem spitzen Winkel etwa zehn Schritt neben der ersten Fährte zurückgeführt. Damit wird das Verhalten von verwundetem Wild nachvollzogen.

An der Stelle des ersten Hakens können wir ein künstliches Wundbett mit einer größeren Menge Schweiß anlegen. Am Wundbett angekommen, lassen wir den Hund Halt machen. Wir greifen uns am Riemen bis zum Hund, lassen ihn sich hinsetzen und untersuchen das Wundbett demonstrativ. Dieses Verhalten, das Wundbett zu verweisen, Sitz zu machen und auf den Führer zu warten, verlangen wir immer.

Die nächste Übung gestalten wir noch schwieriger, indem wir auf etwa 10 Metern der Fährte keinen Schweiß spritzen. Für den Hund reißt die Fährte ab. Er muß versuchen, den Anschluß wieder herzustellen. Dieses Verhalten nennen wir Bögeln. Der Hund muß einen Bogen oder sogar mehrere Bögen schlagen und den Anschluß nach der Lücke in der Fährte wiederfinden. Wir ermuntern ihn zum Bögeln. Er darf auf keinen Fall aufgeben, und sein Führer darf nicht ungeduldig werden. Hat unser Hund einige Male erlebt, daß die Fährte plötzlich abreißt, aber sich der Anschluß durch geschicktes Verhalten immer wieder finden läßt, wird er sich nicht mehr verblüffen lassen. Auf jeden Fall das ausführliche Loben nicht vergessen, wenn er wieder Anschluß hat! Den Anschluß sollten wir gut markieren, um die Arbeit des Hundes kontrollieren zu können.

In der Jagdpraxis wird häufig die über Nacht liegende Naturschweißfährte von wechselndem Wild gekreuzt. Den Hund rechtzeitig an eine solche Situation gewöhnen, ist zweckmäßig. Deshalb legen wir unsere Übernacht-Kunstfährte in die Nähe eines Wildwechsels. Da der Fährtenlauf genau bekannt ist, bemerken wir sofort, wenn der Hund auf die mehr oder weniger frische Gesundfährte übergeht. Dann erhält er eine Verwarnung. Wir machen Halt und reden dem Hund »ins Gewissen«. Er wird abgezogen und neu angesetzt. Wir zwingen ihn zur Spurtreue.

Bewährt hat sich das sogenannte Fährtenkreuz. Die Kunstfährte wird in einen viel belaufenen Wechsel hineingeführt, um dann in spitzem Winkel wieder abzuzweigen. Hier muß der Hund seine Fährte von der verführerischen Witterung eines Wildwechsels »wegsuchen«. Das Abführen eines Hundes auf der roten Fährte macht viel Mühe und verlangt Ausdauer von Führer und Hund. Aber alle Mühen sind vergessen, wenn uns der Hund zum bereits verloren geglaubten Stück führt.

Totverbellen und Verweisen

Bei der Jagdausübung ist oft eine Nachsuche am Schweißriemen bis zum erfolgreichen Ende nicht möglich. In undurchdringliche Dickungen oder Brüche kann der Hundeführer seinem Hund nicht folgen. In dem Falle wird der Hund vom Schweißriemen gelöst und selbständig auf der Fährte zum Stück geschickt. Was geschieht aber, wenn er das verendete Wild findet?

Bei einer Ansitzdrückjagd hatte einer unserer Weidgenossen auf einen Sechser-Hirsch geschossen. Die Entfernung war nicht groß, und er war sich seines Schusses sehr sicher. Am Anschuß kein Schweiß, kein Schnitthaar, nur kräftige Eingriffe der Schalen im Sand des Weges. Alle waren der Meinung, der Hirsch liegt nicht, sonst hätten ihn die Hunde gefunden, die mit den Treibern durch dieses Waldstück gegangen sind. Aber unser Weidgenosse war sich seines Schusses eben sicher. Er bat um die Nachsuche mit unserer Hündin Gola.

Der Hund hat uns auf etwa 500 Meter zum bereits verendeten und erkalteten Hirsch geführt. Aus dem Waldboden war wie im Bilderbuch zu erkennen, daß mehrere Hunde am Stück gewesen sind. Nachdem sie eine Nase voll Witterung genommen haben, ging für sie die Jagd weiter. Der Hirsch wäre verludert.

Es gibt also nur zwei akzeptable Lösungen, wenn der Hund verendetes Schalenwild findet: Er muß seinen Führer rufen oder holen. Rufen kann er mit seiner Stimme. Er verbellt das gefundene Wild, und weil es verendetes Wild ist, wird es totverbellt. Der Hund kann auch vom gefundenen Wild zurückkommen und dem Führer verständlich machen, daß er gefunden hat und ihn hinführen will. Das nennen wir Verweisen. Wenn dies mit Hilfe eines Gegenstandes geschieht, den der Hund im Fang trägt, heißt es Bringselverweisen. Das Verweisen oder Verbellen gefundenen Wildes ist ein großartiger Abschluß der Schweißarbeit.

Ist die Schweißarbeit die Krone der Arbeit des Jagdhundes, dann ist das Verbellen und Verweisen die Perle in dieser Krone. Am Anfang unserer Abrichtekonzeption steht die Entscheidung: Soll der Hund ein Totverbeller oder ein Bringselverweiser werden? Wir sollten dabei die Veranlagung des Hundes bei unserer Entscheidung berücksichtigen. Ein Hund mit sogenanntem lockerem Hals, der gern und freudig bellt, läßt sich leichter zum Totverbeller ausbilden. Aber auch ein weniger lautfreudiger Hund kann zum Totverbeller erzogen werden. Wir dürfen die Lautveranlagung auf der Spur nicht als generelle Lautfreudigkeit ansehen. Andererseits ist ein lockerer Hals kein Hinweis auf Spurlaut- oder Sichtlautveranlagung.

Hunde, die sich durch Bringefreudigkeit auszeichnen, lassen sich leichter zum Bringselverweiser ausbilden. Wenn unser Hund die Neigung hat, durch das Zutragen von Gegenständen auf sich aufmerksam zu machen, dann können wir darauf schon die Ausbildung zum Bringselverweis aufbauen. Alle Jagdhunderassen sind gleichermaßen zum Totverbellen geeignet, das Bringselverweisen wird für die kurzläufigen Rassen problematisch.

Bei der Ausbildung zum Totverbeller muß der Hund zuerst lernen, auf Kommando Laut zu geben. Anschließend müssen die akustischen und optischen Signale zum Lautgeben auf eine Wildattrappe bzw. auf totes Wild übertragen werden. Außerdem ist die Beziehung zwischen Schweißarbeit und Totverbellen herzustellen.

Zuerst lernt der Hund auf das Kommando »Gib Laut!« kräftig und anhaltend zu läuten. Wir müssen ihm begreiflich machen, daß er das heiß Begehrte von uns erhalten kann, wenn er durch Bellen dazu auffordert. Mit derartigen Übungen können wir nicht früh genug beginnen. Wenn unser Welpe von selbst aus Freude, Wachsamkeit und sogar Angst Laut gibt, ermuntern wir ihn mit »Gib Laut!«,

»Ist brav, mein Hund!« Dabei gewöhnen wir uns und den Hund schon an das Sichtzeichen, indem wir den Arm im Ellenbogengelenk beugen und mit erhobenem Zeigefinger den Takt geben. Will unser Hund aus dem Zwinger, dann muß er Laut geben. Ist ein zweiter erfahrener Hund im Zwinger, so wird unser Welpe sehr bald mitbellen. Später bellt er auch allein. Diese Methode kann lästig werden, besonders wenn es den lieben Nachbarn nicht gefällt. Wir können auf diese Art einen Kläffer erziehen.

Bei der Erziehung zum Lautgeben auf Kommando können wir mit einem Futterbrocken arbeiten. Wir nehmen, wenn die Futterzeit herangekommen ist, die Futterschüssel auf den Arm, halten dem hungrigen Welpen einen Brocken vor die Nase und fordern ihn auf »Gib Laut!«. Seine Begierde wird gereizt, er bellt. Nach einiger Zeit bellt der Schüler schon, wenn die Futterschüssel angefaßt wird. Dann muß die Schüssel verschwinden. Unser Hund soll ja nicht auf die Futterschüssel fixiert werden. Sie dient uns ausschließlich zur Anbahnung des Kommandos »Gib Laut!«

In der Folge bleiben wir bei Kommando und Sichtzeichen und belohnen den Hund, wenn er auf unser Kommando, wie gewünscht, bellt. Wir können die ganze Familie beteiligen. Der Hund kann von jeder ihm vertrauten Person einen Futterbrocken bekommen, wenn er vorher auf Aufforderung kräftig bellt. Es bedarf selbstverständlich der Absprache über Kommando und Sichtzeichen. Außerdem muß konsequent gehandelt werden: Kein Futterbrocken ohne lautes Geläut.

Die weiteren Schritte der Erziehung des Totverbellers müssen in das gesamte Abrichteprogramm eingeordnet werden. Wir bilden ja keinen Totverbellerspezialisten aus, der sonst nichts weiter kann.

Der zweite Schritt, Kommando oder Sichtzeichen auf Attrappe oder Wild zu übertragen, braucht viel Zeit. Es ist kein ausgedehnter Reviergang erforderlich, aber jeder Reviergang kann mit einer Totverbellerübung abgeschlossen werden. Wir suchen uns einen geeigneten Platz, an dem wir ungestört sind und selbst auch niemand stören. Dieser Platz wird vorläufig nicht gewechselt. Wir legen unsere Wildattrappe vor den Hund, fordern ihn auf »Gib Laut!« und loben ihn, wenn er das Kommando befolgt. Wir führen den Hund immer wieder zur Wildattrappe am gleichen Ort und lassen ihn auf Kommando läuten. Werfen Sie die Belobigung auf die Rehdecke oder die Sauenschwarte. Der Hund nimmt sie herunter und stellt so schon eine Beziehung dazu her. Liegt nichts darauf, muß er Laut geben. Das Lautgeben wird auf eine halbe bis eine Minute ausgedehnt, bevor er wieder einen Happen bekommt.

Als nächsten Schritt der Abrichtung müssen wir den Hund zum Läuten an der Attrappe aus der Distanz veranlassen. Dazu wird der Hund an einem Platz hinter der Attrappe festgemacht. Wir stellen uns in etwa 10 Meter Entfernung hin und fordern unseren Hund auf, Laut zu geben. Läutet er, nähern wir uns langsam und loben ihn für sein Verhalten. Bei ihm angekommen, wird er gründlich gelobt und freigiebig mit Leckerbissen belohnt. Auf diese Art wird das Läuten dann tatsächlich zum Rufen. Der Hund ruft uns heran. Wenn sein Herr kommt, ist es angenehm für ihn. Er wird abgeliebelt und bekommt Futter.

In der Folgezeit muß das Kommando spärlicher werden. Es wird nur noch mit dem Sichtzeichen gearbeitet, bis auch das nicht mehr erforderlich ist. Sicher wird hin und wieder eine Ermunterung durch »Gib Laut!« und eine Belobigung angebracht sein. Es gehört viel Einfühlungsvermögen des Abrichters dazu, bis der Wechsel vom Signal »Gib Laut!« auf die Signalwirkung der Decke oder Schwarte vollzogen ist.

Dann ist das Kommando »Zum Stück!« oder auch »Zum Bock!« einzuarbeiten. Wir legen dazu unsere Attrappe an den gewohnten Ort und schnallen unseren Hund in Sichtweite. Der Hund wird zum Stück geschickt, unterstützt durch den zum Einweisen ausgestreckten Arm. Der Hund geht zur Attrappe, und wir ermuntern ihn aus der Entfernung zum Lautgeben, bis der Hund, an der Attrappe angekommen, sein Geläut beginnt. Die Entfernung wird vergrößert, so weit, bis wir für den Hund außer Sichtweite sind. Wir müssen ihn aber noch sehen können, eine Kontrolle ist weiter erforderlich. Er soll jetzt selbständig zum Stück gehen und das Verbellen ohne Kommando beginnen. Bellt er nicht, muß der vorangegangene Ausbildungsabschnitt wiederholt werden. Der Hund hat dann noch nicht begriffen, daß er mit dem Verbellen seinen Führer heranruft. Läutet unser Hund immer eifriger, je näher wir auf ihn zukommen, dann hat er gewöhnlich begriffen, Herrchen kommt, wenn ich verbelle. Das ist übrigens die Übung, bei der viele Hunde den Versuch machen, die Decke oder Schwarte aufzunehmen und sie zu bringen. Es ist deshalb zweckmäßig, die Attrappe anzubinden, um dieses Unternehmen zu verhindern.

Wenn wir Bilanz ziehen und feststellen, unser Hund begibt sich auf Kommando zum Stück, zur Attrappe, und beginnt dort mit dem Lautgeben ohne Sicht zum Führer und hört nicht vor zehn Minuten auf, können wir zu weiteren Taten schreiten. Mit diesem Ausbildungsstand stellen wir die Verbindung zwischen Schweißarbeit und Totverbellen her. Entscheidend ist, daß der Hund bereits freudig Laut gibt, wenn er eine Attrappe oder auch kaltes Wild findet.

Der Hund muß den herangerufenen Jäger als angenehm empfinden, ganz gleich auf welche Weise. Der Hund freut sich, weil er gefunden hat und erwartet ein Lob. Also darf kein grimmiger Führer kommen und etwas verlangen, was er bisher nur unter Zwang tat. Denn auf diese Weise kann eine Assoziation entstehen, die dem Hund das Finden verleidet. Ein solcher Zustand wäre nur schwer zu korrigieren. Wir sollten von einem Hund, der sich unwohl fühlt, krank oder durch vorangegangenen Abrichtezwang beeindruckt ist, keine Totverbellerarbeit verlangen. Totverbellen und Schweißarbeit müssen eine lustbetonte Handlung für den Hund sein.

Beherrscht der Hund das Totverbellen, dann wird es in die Ausbildung auf der roten Fährte eingebaut. Jede Fährte, ob Kunst oder Natur, endet mit dem Finden und Totverbellen. Zuerst schnallen wir den Hund, wenn das Ziel der Fährte in Sichtweite ist. Der Hund bekommt das Kommando »Zum Stück!« und wird in die Richtung eingewiesen. Am Wild angekommen, wird er zum Verbellen aufgefordert, falls er das nicht von selbst tut.

Von Übung zu Übung wird die Entfernung verlängert, bis wir etwa 100 Meter und mehr erreichen. Wenn wir uns dem Hund nähern, und er kräftig läutet wird er immer wieder gelobt und ermuntert. Das entspricht der Jagdpraxis, aber nicht der Prüfungsordnung. Zur Prüfung wird das Loben erst am Stück begonnen. Der Hund soll mindestens zehn Minuten anhaltend Laut geben. Er darf kurz unterbrechen, muß aber von selbst wieder beginnen.

Der Totverweiser, der ein Stück totes Wild findet, kommt zum Hundeführer und zeigt durch sein Verhalten, daß er gefunden hat und seinen Herrn hinführen will. Beim Verweisen arbeiten wir mit einem sogenannten

Bringsel. Das Bringsel ist ein Gegenstand von etwa 10 bis 15 cm Länge aus Leder, Holz oder auch anderem Material. Es wird nicht an der Halsung oder gar an der Schweißhalsung befestigt, sondern am besten mit einem Gummiring, wie er zum Einwecken benutzt wird, über den Kopf gestreift. Die umgelegte Lederhalsung hat schon manchem Hund das Leben gekostet, wenn er sich damit im Sumpf oder Gestrüpp verfing und nicht mehr loskam. Auch beim Zusammentreffen mit wehrhaftem Schwarz- oder Rotwild wird der Hund durch das Halsband zusätzlich gefährdet. Besonders die Schwarzwildjäger können manche tragische Geschichte davon erzählen.

Zur Ausbildung eines Bringselverweisers haben sich verschiedene Verfahrensweisen bewährt. Die Grundlagen sind im Prinzip die gleichen.

Voraussetzung für den speziellen Teil der Ausbildung zum Bringselverweisen ist einwandfreies und auch freudiges Apportieren. Der Hund muß uns gern alles, was er an Wild findet, zutragen. Ein bereits bringetreuer Hund hat günstige Voraussetzungen zum Bringselverweisen. Wir benutzen als Wildattrappe wieder eine Rehdecke oder Sauenschwarte. Es wird ein störungsfreier Übungsort gewählt. Beim Totverbellen müssen wir Rücksicht auf unsere Umwelt nehmen, die Ausbildung zum Bringselverweiser erfolgt ohne Lärm.

Der Hund hat vier Lernabschnitte zu absolvieren. Zuerst soll der Hund das auf die Rehdecke geworfene Bringsel apportieren. Das wird so lange geübt, bis er schon von selbst zur Decke läuft, wenn wir am Übungsort ankommen, um sein Bringsel zu holen. Die Übungen sollen sich in einer freundlichen Atmosphäre abspielen, kein Zwang, kein lautes Wort.

Dann wird das Bringsel auf die Decke gelegt und der Hund zum Stück geschickt. Wir kennen einen erfahrenen Abrichter, der mit zehn Bringseln gleichzeitig arbeitet. Alle zehn Bringsel werden auf die Decke oder Schwarte gelegt. Der Hund läuft zehnmal hin, nimmt je eines auf und bringt. Er wird jedesmal sehr gelobt. Dann wird der Hund abgelegt und die zehn Bringsel wieder in Reih und Glied auf der Decke plaziert. Die Entfernung zum Stück wird dabei immer weiter ausgedehnt, bis der Hundeführer für den Hund außer Sicht ist, aber ihn immer noch beobachten kann. Wenn wir auf diese Weise eine Entfernung von etwa 100 Schritt zum Stück erreicht haben, verkleinern wir von Bringsel zu Bringsel die Entfernung zur Attrappe. Mit dem letzten der zehn Bringsel kommen wir gemeinsam an der Decke an. Jetzt wird ausgiebig an der Attrappe gelobt, mit Leckerbissen wird nicht gespart. Es ist jedesmal ein kleines Fest für den Hund und seinen Führer. Tun Sie, was Ihr Hund am liebsten hat!

Wieviel Unterstützung Ihr Hund braucht, um seine Lektion zu erlernen, müssen Sie selbst einschätzen. Auch hier ist der Ermessensspielraum des Hundeführers groß. Diese Übung kann täglich und auch mehrmals täglich wiederholt werden.

Um den Hund an der Attrappe zum Suchen anzuregen, kann ein Teil der Bringsel unter die Decke geschoben werden, so daß sie nur wenig heraussehen. Er muß sich etwas bemühen, sie zu finden. Dabei denken wir schon daran, was geschieht, wenn der Hund an der Decke ankommt und kein Bringsel mehr findet. Dann muß er suchen und das Bringsel an seinem Hals finden, es in den Fang nehmen und bringen.

Bevor wir dem Hund aber das Bringsel umhängen, muß die Verknüpfung von Decke oder Schwarte und Bringsel fest im Verhaltensmuster des Hundes verankert sein. Das sollten wir nicht zu zeitig probieren, sonst lernt unser Hund schwindeln. Er läuft gar nicht zum Stück, sondern drückt sich ein paar Schritte außer Sicht und kommt listig mit dem Bringsel im Fang an und will seine Belohnung. Wir haben ja keinen dummen Hund! Das Bringsel hängen wir dem Hund also erst um, wenn er uns ganz sicher mit zehn Bringseln wie geschildert zum Stück führt.

Erst jetzt ist die Zeit gekommen, wo er das zehnte Bringsel von unserer Rehdecke um den Hals bekommt. Wir helfen ihm, es aufzunehmen und lassen ihn bringen. Es ist dann an der Zeit, unsere Übungen ins Revier zu verlegen und mit gestrecktem Schalenwild zu arbeiten.

Es gilt jede Gelegenheit zu nutzen. Mit einem gefallenen Bock wird so lange geübt, wie es die Witterung zuläßt. Die Anzahl der Bringsel auf dem Stück wird analog der Arbeit mit der Rehdecke verringert, bis keines mehr daliegt. Dann müßte er das am Hals hängende aufnehmen. Klappt das nicht, dann alles noch einmal von vorn.

Wenn wir etwa 100 Meter Distanz erreicht haben, und unser Hund kommt mit dem Bringsel im Fang und will uns zum Stück führen, dann können wir die Arbeit auf der Rotfährte mit dem Bringselverweisen verbinden. Der Hund wird dann nach 200 bis 300 Meter Schweißfährte geschnallt und mit seinem Bringsel zum Stück geschickt. Dann lassen wir uns hinführen und feiern unser Freudenfest.

Die ersten Praxiseinsätze müssen erfolgreich sein. Wir brauchen die Gewißheit für den Erfolg. Wenn es gelingt, diese Übereinkunft mit unserem Hund herzustellen, dann hat er als Jagdhund für alle Situationen erheblich an Wert gewonnen.

Schlußgedanken

Tiere als Hausgenossen zu halten, war für die Menschheit ein bedeutender und folgenreicher Vorgang. Haustiere traten erstmalig in Erscheinung, als unsere Vorfahren bereits eine bestimmte Kulturstufe erreicht hatten. Prähistorische Funde von Knochen lieferten den Beweis dafür, daß der Mensch schon vor 16 000 Jahren den Hund als Haustier hielt, ihn vermutlich als Unterstützung bei der Jagd und als Wächter verwendete. Was der Mensch in dieser, gemessen an der Geschichte des Lebens relativ kurzen Zeit aus dem einstigen Wildtier gemacht hat, steht uns täglich vor Augen. Fachleute rechnen heute mit etwa 520 verschiedenen Rassen, Größen, Farbschlägen, die sich zum Teil sehr ähnlich, zum Teil aber grundverschieden sind. Halten wir uns nur einen fast zwei Zentner schweren Bernhardiner und einen knapp ein Kilogramm wiegenden Chihuahua vor Augen. Beides sind Hunde, körperlich und psychisch nach »gleichem Schema« gebaut. Gerade in unseren Tagen hat die Hundezucht eine ungeahnte Blüte erreicht, deshalb ist es besonders nötig, dem Menschen seine Verantwortung vorzuhalten, den Hund Hund bleiben zu lassen.

In dem Ausmaß, in dem der Mensch seine natürliche Umwelt veränderte, veränderte sich auch die Beziehung zu seinen Tieren. Aus dem Haustier Hund ist ein Heimtier geworden, dessen Bedeutung sich primär auf das Freizeitverhalten des Menschen bezieht. Der Wandel der Rolle speziell von Hund und Katze in bezug auf den Menschen spiegelt sich in der Fülle der Erwartungen, die an diese Tiere herangetragen werden, wider. Die Motivation zur Heimtierhaltung wird von vielen Menschen damit begründet, daß ihr Haustier ein wesentlicher Mittelpunkt angenehmer täglicher Beschäftigung ist. Füttern, pflegen, ausführen, mit dem Hund oder der Katze reden und sie streicheln, sind wichtige und täglich wiederkehrende Ereignisse. Eine wesentliche Rolle spielen Haustiere als angenehmer Mittelpunkt täglicher Routine. Heimtiere können wie eine Uhr wirken, indem sie Ordnung in den Tagesablauf von Menschen bringen, speziell älteren, die nicht mehr arbeiten oder nicht mehr für bestimmte feststehende Tätigkeiten verantwortlich sind.

Es ist bekannt, daß Haustiere vielfach Ursache sind, mit fremden Menschen ins Gespräch zu kommen, Kontakt zu finden. Ein Hund kann neben seiner Eigenschaft als Begleiter zu Gesprächen mit fremden Menschen in Fahrstühlen, Treppenhäusern, auf Straßen oder in Parks anregen, was sonst kaum üblich wäre. Untersuchungen in Schweden ergaben, daß 63 % der Hundebesitzer die Möglichkeit, mit anderen Menschen ins Gespräch zu kommen, auf ihren Hund zurückführen. In den USA soll es heute rund 40 Millionen Hunde geben, in der Schweiz und der DDR mögen es zwischen 250 000 und 500 000 sein. Diese Zahlen fordern die Frage, welche Aufgabe der Hund heute noch in unserer hochzivilisierten Zeit zu erfüllen hat. Abgesehen von seinem Einsatz bei der Polizei, als Rettungs- oder Blindenführhund, wo ja nur ein kleiner Teil benötigt wird, erfüllt er vor allem als ständiger Begleiter des Menschen eine soziale Aufgabe. Von dieser Warte wollen wir den Hund betrachten, ganz allgemein also der Sache »Hund« dienlich sein, unabhängig davon, welches seine Bestimmung ist. Kritiker, die kleinen Schoßhündchen, verhätschelt und überfüttert, ihre Daseinsberechtigung am liebsten absprechen möchten, sollten stets daran denken, daß es unzählige Menschen gibt, deren ganze Liebe und Anhänglichkeit einem kleinen vierbeinigen Gefährten gilt.

Natürlich ist es nicht einmal böser Wille, der zu Beanstandungen führt, sondern Gedankenlosigkeit, Unwissenheit, Bequemlichkeit. Und hier setzt eine der Hauptaufgaben kynologischer Vereine ein: die Erziehung der Hundehalter und ihrer Vierbeiner. Ziel solcher Erziehungskurse ist nicht der Schutz- oder Fährtenhund, Ziel ist der gehorsame, anständig an der Leine laufende und auf Zuruf kommende sowie ruhig vor der Kaufhalle wartende Hund. Ziel ist aber auch der Hundehalter, der seinen Hund nicht die Notdurft auf dem Bürgersteig verrichten läßt, ihn im dichten Verkehr an die Leine nimmt. Hundeerziehung hat also stets einen doppelten Zweck: Erziehung des Hundes und Aufklärung des Besitzers über seine Pflichten. Natürlich profitieren am Ende beide Teile, der Hundehalter hat an seinem gut erzogenen Hund mehr Freude, und der Hund wird ein ihm angepaßtes Hundeleben führen können. Mit einem gut erzogenen Hund ist es relativ einfach, Argumente der Hundegegner zu widerlegen. Und noch ein Gedanke. Vor mehr als 70 Jahren schrieb Prof. Heim: »Arbeitslosigkeit schafft Leiden beim Tier wie beim Menschen. Der kleine Hund und der mit andern zusammen lebende schaffen sich selbst Bewegung und Anstrengung. Je größer das Tier und je vereinzelter, desto schwieriger wird sein Dasein. Der schwere Kettenhund keucht schon im Alter von fünf Jahren, wenn er Treppen steigen muß. Manche Zwingerhunde degenerieren. Ihre Intelligenz wird nicht entwickelt. Durch Langeweile gequält, sind sie der Verdummung ausgeliefert.« Eine sinnvolle Beschäftigung hält Mensch und Hund geistig und körperlich beweglich, und zumindest dem Hund verlängert sie das Leben.

Immer größer wird das Freizeitpotential des Menschen, und seine Freizeit will er möglichst sinnvoll verbringen. Als kleines Stück Natur gewinnt der Hund immer mehr Bedeutung als Freizeitpartner des Menschen. An den kynologischen Verbänden liegt es, helfend zu lehren, wie mit dem Hund sinnvoll gearbeitet werden kann, wie er zu halten ist, um nicht zur Umweltbelastung zu werden. Die Arbeit soll nicht nur für den Menschen, sondern auch für den Hund sinnvoll sein. Selbst der kleinste Vierbeiner kann zum Arbeitshund werden, doch nur dann, wenn die Arbeit für beide zum Erfolg führt, und Erfolg kann in diesem Sinne schon die Freude an der gemeinsamen Arbeit sein.

Prüfungsordnungen

Internationale Prüfungsordnung (IPO)

1. Stufe (IPO I)

a) Fährtenarbeit
Bewertung: Ausarbeiten der Fährte: 80 Punkte, 2 Gegenstände 20 Punkte (10 + 10). Ausarbeiten einer 450 m langen Eigenfährte, welche zwei rechte Winkel (90 Grad) aufweisen muß. Nach dem Legen wird die Fährte sofort gesucht. Der Hundeführer erhält zwei weiche Gebrauchsgegenstände in den Abmessungen 15 cm × 5 cm × 2 cm ungefähr 15 Minuten vor dem Fährtenlegen ausgehändigt, die er in der Mitte des zweiten Fährtenschenkels und am Ende der Fährte ablegen muß.
Es bleibt dem Hundeführer freigestellt, ob er während der Fährtenarbeit den Hund an der 10 m langen Leine hält oder ihn frei laufen läßt. Wählt er letztere Variante, muß er sich ungefähr 10–12 m hinter dem Hund bewegen. Kommt der Hund auf dem ersten Fährtenschenkel von der Fährte ab, kann er auf Weisung des Prüfungsrichters ein zweites Mal am Ausgangspunkt angesetzt werden.

b) Unterordnung
Bewertung: 100 Punkte
Der Prüfungsrichter erteilt die Anordnungen zur Ausführung der einzelnen Übungen. Welche Kommandos der Hundeführer wählt, bleibt ihm freigestellt, der Name des Hundes in Verbindung mit einem einzigen Kommando gilt aber immer als ein Hörlaut. Körperbehinderte Hundeführer dürfen die Laufschrittübungen im normalen Gang ausführen bzw. ihren Hund rechts führen.

Leinenführigkeit (10 Punkte)
Der Hund soll dem Hundeführer in jeder Gangart an der linken Seite willig und freudig folgen, wobei seine Schulter in Höhe des Knies vom Hundeführer bleibt. Der Hundeführer beginnt mit ungefähr 50 Schritt geradeaus, kehrt zurück, macht im normalen Schritt je eine Links-, Rechts- und Kehrtwendung und geht dann mit verlangsamtem Schritt nur geradeaus. Daran schließt sich der Laufschritt an, ebenfalls ohne Wendungen. Kommandos sind bei jedem Gangartwechsel gestattet.

Freifolge und Schußgleichgültigkeit (20 Punkte)
Der Hund wird abgeleint, der Hundeführer hängt sich die Leine von links oben nach rechts unten um. Der Übungsverlauf ist analog der Leinenführigkeit, dabei werden aus ca. 20 m Entfernung zwei Schüsse abgegeben. Der Hund muß sich gleichgültig verhalten. Nicht nur Angst, auch aggressives Verhalten wird bestraft.

Sitzen aus der Bewegung (10 Punkte)
Führer und Hund laufen geradeaus, nach 10 Schritt muß sich der Hund auf ein Kommando hinsetzen und sitzenbleiben. Der Hundeführer geht ohne sich umzudrehen 20 Schritt weiter, bleibt stehen und dreht sich mit dem Gesicht zu seinem Hund. Nach einer kurzen Pause geht er zu seinem Hund zurück und nimmt Grundstellung ein. Gestattet ist ein Hörlaut für Sitzen.

Ablegen aus der Bewegung mit Herankommen (15 Punkte)
Aus der Grundstellung geht der Hundeführer mit seinem Hund etwa 10 Schritt geradeaus. Auf einen Hörlaut muß sich der Hund hinlegen, der Hundeführer läuft weiter, bleibt nach 20 Schritt stehen und dreht sich zu seinem Hund. Nach einer kurzen Pause ruft er ihn heran. Der Hund muß freudig und in schneller Gangart kommen und sich dicht vor den Hundeführer setzen. Auf ein weiteres Kommando begibt er sich an die linke Seite des Hundeführers. Gestattet sind Hörlaute für Hinlegen, Herankommen und Bei Fuß.

Apportieren auf ebener Erde (20 Punkte)
Der neben dem Hundeführer sitzende Hund muß auf einmaliges Kommando in schneller Gangart einen etwa 10 Schritt weit geworfenen selbstgewählten Gegenstand auf Kommando abgeben. Dann setzt er sich wieder an die linke Seite des Hundeführers. Dieser kann in Grätschstellung stehen, muß diese aber sofort nach Beginn der Übung eingenommen haben. Nach jedem Übungsteil (Werfen – Holen – Abgeben – Fuß) ist eine kurze Pause einzulegen. Der Hund darf den Gegenstand nicht beknabbern, nicht mit ihm spielen, ihn auch nicht fallen lassen. Gestattet sind Kommandos für Apportieren, Abgeben, Bei Fuß.

Freisprung mit Apportieren über eine 80 cm hohe und 1,50 m breite Hürde (25 Punkte)
Die Hürde, welche mit Sträuchern u. ä. aufgefüllt ist, muß frei schwingen, wobei der Drehpunkt nach oben verlagert ist (Abb. Seite 209). Der Hundeführer steht mit seinem unangeleint neben ihm sitzenden Hund in angemessenem Abstand vor der Hürde, über die er einen selbstgewählten Gegenstand wirft. Auf Kommando muß der Hund im Freisprung die Hürde überspringen, den Gegenstand aufnehmen, zurückspringen und sich vor den Hundeführer setzen. Er hält den Gegenstand so lange im Fang, bis ihn der Hundeführer abnimmt. Dann setzt sich der Hund wieder an die linke Seite. Zu beachten ist, daß der Hörlaut »Brings« zu geben ist, bevor der Hund beim Hinsprung den Boden berührt. Gestattet sind Kommandos für Hinsprung, Bringen, Auslassen, Bei Fuß.

c) *Schutzdienst*
Revieren nach dem Helfer (5 Punkte)
Auf einem Gelände von 10 m × 80 m befinden sich 6 Verstecke. Der Hundeführer nimmt in der Feldmitte, etwa vor dem 5. Versteck, Aufstellung. Auf Hör- und Sichtzeichen muß der Hund das Gelände rechts und links absuchen, wobei sich der Hundeführer auf einer gedachten Mittellinie bewegt. Abweichungen von etwa 3 m bei künstlichem (Stadion) und 5 m bei natürlichem Gelände nach links oder rechts sind erlaubt. Der Helfer steht im letzten Versteck. Läuft der Hund auf den Helfer zu, muß der Hundeführer stehenbleiben und darf kein Kommando mehr geben.

Stellen und Verbellen (10 Punkte)
Hat der Hund den Helfer gefunden, muß er ihn anhaltend verbellen. Der Helfer hat sich ruhig zu verhalten. Auf Anweisung des Prüfungsrichters geht der Hundeführer zum Stellort, bleibt etwa 5 Schritt vor dem Helfer stehen und ruft seinen Hund Bei Fuß. Dieser muß sofort kommen. Nachdem der Hund sich auf erneutes Kommando hingelegt hat, wird der Helfer aus dem Versteck gerufen und auf Waffen untersucht. Der Hund muß stets aufmerksam sein.
Bewertung: Stellen 4 Punkte, Verbellen 6 Punkte.

Überfall auf den Hundeführer (35 Punkte)
Nach der Untersuchung des Helfers leint der Hundeführer seinen Hund an und wird vom Prüfungsrichter in ein Versteck gewiesen, in ein zweites der Helfer. Nun geht der Hundeführer mit seinem angeleinten Hund in Richtung des Versteckes des Helfers, leint seinen Hund dabei ab und hängt sich die Leine um. Den jetzt von vorn erfolgenden Überfall muß der Hund sofort unterbinden. Dabei erhält der Hund vom Helfer zwei Stockschläge. Ein Hörzeichen zur Ermunterung beim Beißen ist erlaubt. Auf Anweisung des Prüfungsrichters stellt der Helfer den Angriff ein. Der Hund muß auf ein Kommando ablassen und den Helfer bewachen.

Transport hintereinander (5 Punkte)
Der Transport hintereinander erfolgt etwa 30 Schritt. Der Hund darf nicht vorprellen, den Helfer anspringen oder beißen.

Mutprobe (40 Punkte)
Auf Weisung des Prüfungsrichters bleiben der Helfer und der Hundeführer stehen, letzterer entfernt sich mit seinem Hund ungefähr 30 Schritt, wendet sich zum Helfer und bleibt ste-

hen. Dabei hält er seinen Hund am Halsband. Jetzt unternimmt der Helfer einen Fluchtversuch, der Hundeführer schickt den Hund hinterher. Hat dieser etwa die Hälfte des Weges zurückgelegt, macht der Helfer kehrt, läuft dem Hund entgegen und bedroht ihn. Unbeeindruckt davon muß der Hund zufassen. Auf Anweisung des Prüfungsrichters steht der Helfer still. Der Hund muß nun sofort auslassen und nur noch den Helfer bewachen. Ein Hörlaut für das Auslassen ist erlaubt. Der Hundeführer geht auf Weisung zum Helfer, entwaffnet diesen und ruft seinen Hund ab.

Seitentransport (5 Punkte)
Jetzt erfolgt ein Seitentransport des Helfers zu dem in etwa 20 Schritt Abstand stehenden Prüfungsrichter. Der Hund geht zwischen Hundeführer und Helfer.
Um das Abrichtekennzeichen IPO I zu erhalten, müssen in der Fährte und Unterordnung mindestens 70 Punkte, im Schutzdienst 80 Punkte erreicht werden.

2. Stufe (IPO II)

a) Fährtenarbeit (100 Punkte)
Bewertung: Ausarbeiten der Fährte 80 Punkte, 2 Gegenstände 20 Punkte (10 + 10).
Ausarbeiten einer 600 m langen und 30 min alten Fremdfährte, die zwei rechte Winkel (90 Grad) aufweisen muß. Die beiden Gegenstände (siehe IPO I) erhält der Fährtenleger etwa 30 min vorher und steckt sie in die Tasche. Er legt den ersten Gegenstand in der Mitte des zweiten Fährtenschenkels, den letzten am Ende der Fährte ab. Alles weitere entspricht der IPO I.

b) Unterordnung (100 Punkte)

Leinenführigkeit (10 Punkte)

Freifolge mit Schußgleichgültigkeit (15 Punkte)

Sitzen aus der Bewegung (10 Punkte)

Ablegen aus der Bewegung mit Herankommen (10 Punkte)

Aus der Grundstellung geht der Hundeführer mit seinem Hund etwa 10 Schritt geradeaus, dann muß der Hund auf Kommando stehen bleiben, der Hundeführer geht weiter. Nach ungefähr 30 Schritt bleibt er stehen, wendet sich zu seinem Hund und ruft ihn zu sich. Der Hund muß zügig herankommen und sich dicht vor den Hundeführer setzen. Auf ein erneutes Kommando begibt er sich auf die linke Seite des Hundeführers. Gestattet sind Kommandos für Stehen, Herankommen, Bei Fuß.

Apportieren auf ebener Erde (10 Punkte)

Freisprung mit Apportieren über eine 0,80 m hohe und 1,50 m breite Hürde (15 Punkte)

Klettern mit Apportieren oder Weitsprung (20 Punkte)
Die Schrägwand besteht aus zwei am oberen Teil verbundenen Kletterwänden von 1,50 m Breite, die am Boden in einem gewissen Abstand auseinanderstehen, so daß die senkrechte Höhe 1,60 m (bzw. 1,80 m IPO III) ergibt. An den Wänden sind je drei Steigleisten von 24 mm × 48 mm angebracht. Der Hundeführer steht mit seinem unangeleint neben ihm sitzenden Hund in entsprechendem Abstand vor der Wand, über die er einen selbstgewählten Gegenstand wirft. Auf einen Hörlaut muß der Hund im Klettersprung hinübersetzen, den Gegenstand aufnehmen und zurückspringen. Dann setzt er sich dicht vor den Hundeführer und wartet, bis dieser den Gegenstand abnimmt. Dann setzt er sich auf Kommando wieder an die linke Seite. Das Hörzeichen zum Bringen muß gegeben werden, bevor der Hund beim Hinsprung den Boden berührt.
Weitsprung. Das Gerät besteht aus vier senkrecht in den Boden gerammten 30 cm hohen Pfählen, an der Stirnseite mit einer 1,50 cm langen Querlatte sowie zwei Längslatten gleicher Länge, über die in Abständen von 20 cm bis 25 cm weiße Bänder gespannt werden. Der Hund muß frei über das Hindernis springen und auf der anderen Seite stehen bleiben, bis der Hundeführer ihn abholt. Gestattet sind Hörlaute für Springen, Stehen, Bei Fuß.

c) Schutzdienst

Revieren nach dem Helfer (5 Punkte)

Stellen und Verbellen (10 Punkte)

Flucht des Helfers (15 Punkte)

Der Hundeführer versteckt sich mit seinem Hund, und der Helfer unternimmt auf Anweisung des Prüfungsrichters einen Fluchtversuch. Ohne Einwirkung des Hundeführers muß der Hund diese Flucht mit festem Biß unterbinden. Auf Weisung stellt der Helfer die Gegenwehr ein und bleibt ruhig stehen. In diesem Moment muß der Hund auslassen und den Helfer nur noch bewachen. Ein Kommando für das Auslassen ist erlaubt.

Transport hintereinander (5 Punkte)

Überfall und Transport (15 Punkte)
Im Anschluß an den Transport hintereinander bleiben Helfer und Hundeführer mit Hund stehen. Auf Anweisung des Prüfungsrichters greift der Helfer den Hundeführer an, was der Hund sofort vereiteln muß. Steht der Helfer still, läßt der Hund aus, wofür auch ein Kommando gestattet ist. Nach dem Überfall erfolgt ein Transport nebeneinander über die Distanz von 20 m.

Mutprobe (30 Punkte)

Angriff auf den Hund und Transport (20 Punkte)
Auf Anweisung des Prüfungsrichters greift der Helfer den Hund erneut an, wobei er den Stock zur Abwehr benutzt, ohne zu schlagen. Der Hund muß ohne Einwirkung des Hundeführers den Angriff abwehren, bei Stillstehen des Helfers aber auslassen. Dafür ist ein Kommando erlaubt. Nach der Übung erfolgt ein Transport nebeneinander über ungefähr 20 Schritt.

3. Stufe (IPO III)

a) Fährtenarbeit (100 Punkte)
Bewertung: Ausarbeiten der Fährte 80 Punkte, 3 Gegenstände 20 Punkte (6 + 7 + 7).
Ausarbeiten einer 800 m langen, 1 h alten Fremdfährte, wobei drei rechte Winkel (90°) vorhanden sein müssen. Der Fährtenleger bekommt 30 min vorher drei Gegenstände aus verschiedenem Material, einer davon aus Metall. Der erste Gegenstand kommt auf die Mitte des zweiten Fährtenschenkels, der zweite in die Mitte des dritten Schenkels, der dritte ans Ende der Fährte. Alles weitere erfolgt analog der IPO I.

b) Unterordnung (100 Punkte)

Freifolge mit Schußgleichgültigkeit (20 Punkte)

Sitzen aus der Bewegung (10 Punkte)

Ablegen aus der Bewegung mit Herankommen (15 Punkte)

Stehenbleiben aus dem Laufschritt (10 Punkte)

Freisprung mit Apportieren über eine 1 m hohe und 1,50 m breite Hürde (15 Punkte)

Klettern mit Apportieren oder Weitsprung (15 Punkte)

Voraussenden mit Hinlegen (15 Punkte)
Auf Weisung des Prüfungsrichters geht der Hundeführer mit seinem frei folgenden Hund einige Schritte in der ihm gewiesenen Richtung. Auf ein Kommando in Verbindung mit einem Sichtzeichen muß der Hund in schneller Gangart mindestens 40 Schritt in der angegebenen Richtung laufen und sich auf ein weiteres Kommando hinlegen. Leichte Abweichungen sind erlaubt. Auf Weisung des Prüfungsrichters geht der Hundeführer zu seinem Hund und stellt sich an dessen Seite. Dann erhält der Hund das Kommando zum Sitzen.

c) Schutzdienst (100 Punkte)

Revieren nach dem Helfer (5 Punkte)

Stellen und Verbellen (10 Punkte)

Flucht und Abwehr (25 Punkte)
Sobald sich der Hundeführer in einem Versteck befindet, unternimmt der Helfer einen Fluchtversuch, den der Hund sofort unterbinden muß. Dann unterläßt der Helfer alle Aktionen, worauf der Hund auslassen soll (ein Hörlaut ist erlaubt). Jetzt greift der Helfer den Hund an, der ohne Einwirkung des Hundeführers sofort den Helfer attackiert. Bleibt der Helfer still stehen, läßt der Hund wieder aus, wobei auch jetzt ein Kommando erlaubt ist.
Bewertung: Flucht 12 Punkte, Abwehr 13 Punkte.

Transport hintereinander (5 Punkte)

Überfall und Transport (15 Punkte)
Bewertung Überfall 13 Punkte, Transport 2 Punkte

Mutprobe und Transport (40 Punkte)
Bewertung Mutprobe 25 Punkte, Angriff 13 Punkte, Transport 2 Punkte

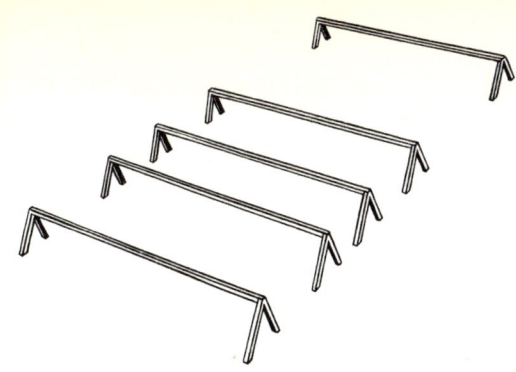

Verstellbare Hürden für den Weitsprung lt. IPO

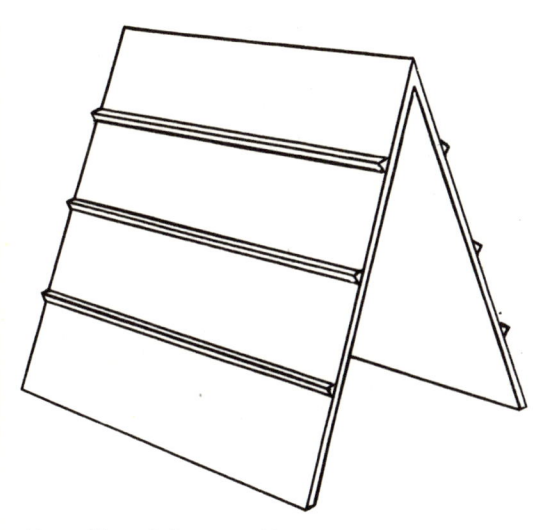

Verstellbare Schrägwand lt. IPO

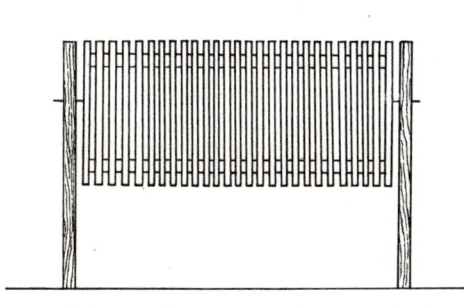

Bewegliche Hürde, wie sie in der IPO gefordert wird, sehr gut zum Training

Wasserrettungsprüfung der USA

a) Grundprüfung (Junior Division Exercise)
Der Hund muß unangeleint immer an der linken Seite des Hundeführers bleiben, Rechts- und Linkswendungen machen, anhalten und sowohl in normalem, schnellem und langsamem Tempo mitlaufen. Auf Kommando muß der vorher abgelegte Hund (ca. 30 m) zum Hundeführer kommen. Der Hund wird in einer Menschengruppe 1 Minute abgelegt, der Hundeführer begibt sich außer Sicht.
Der Hundeführer wirft ein Bootsruder ungefähr 10 m ins Wasser. Der Hund muß das Ruder holen, sich vor den Hundeführer setzen und das Ruder auf Kommando abgeben.
Ein Helfer läßt aus einem Ruderboot ungefähr 15 m vor der Küste ein Bootskissen oder eine Rettungsweste ins Wasser fallen. Nachdem der Helfer weggerudert ist, schickt der Hundeführer den Hund vom Ufer aus ins Wasser, damit dieser den Gegenstand holt, vorsitzt und auf Kommando abgibt.
Der Hundeführer gibt seinem Hund ein ungefähr 25 m langes Seil mit dem Ende in den Fang. Der Hund soll das Seil festhalten und zu einem Helfer bringen, der ungefähr 15 m vom Ufer entfernt im Wasser ist.
Der Hund muß ein Boot an einer ungefähr 2,50 m langen Leine ziehen, die am Bug befestigt ist. Das Boot soll ungefähr 15 m parallel zur Küste gezogen werden.
Der Hund schwimmt mit dem Hundeführer, der sich an ihm festhält in ungefähr 15 m Entfernung vom Ufer los und bringt ihn an Land, ohne daß der Hundeführer Schwimmbewegungen macht.

b) Aufbauprüfung (Senior Division Exercise)
Der Hundeführer wirft ein Ruder mindestens 6 m ins Wasser, am besten von einem Boot. Der Hund muß sofort ins Wasser springen, das Ruder apportieren, entweder zum Hundeführer ans Boot oder an Land.
Ein Helfer wartet in einem Ruderboot ungefähr 25 m vom Ufer entfernt. Der Hundeführer gibt dem Hund das Ende eines ca. 2,50 m langen Seils, das dieser zum Helfer bringt und dann das Boot damit ans Ufer zieht.
Drei Helfer sind, ungefähr sechs Meter voneinander entfernt, im Abstand von 15 m zum Ufer im Wasser. Einer signalisiert Zeichen von Erschöpfung. Der Hund muß ihm einen

Rettungsring, den ihm der Hundeführer gibt, an einer ungefähr 1,50 m langen Leine bringen und ihn daran ans Ufer ziehen.

Der Hundeführer begibt sich mit seinem Hund ins Wasser, das dem Hund mindestens bis an den Bauch reichen soll. Jetzt wirft der Hundeführer einen im Wasser untergehenden Gegenstand mindestens einen Meter weit vor den Hund. Ist der Gegenstand untergegangen, hat der Hund drei Minuten Zeit, den Gegenstand zu finden und zurückzubringen. Drei Würfe sind erlaubt.

Zwei Gegenstände werden ca. 15 m voneinander und 15 m vom Ufer entfernt ins Wasser getan. Der Hundeführer schickt den Hund ins Wasser und läßt ihn den Gegenstand holen, den ihm der Prüfungsrichter benennt, anschließend den zweiten. Die Gegenstände können auf dem Wasser schwimmen.

Hund und Hundeführer werden ungefähr 15 m vom Ufer entfernt aus einem Boot springen. Der Hund zieht den Hundeführer an Land.

Lawinensuchhundprüfung der Schweizerischen Kynologischen Gesellschaft

Lawinensuchhund I

Leinenführigkeit
Analog IPO I.

Freifolge
Analog IPO I ohne Schießen.

Sitz, Platz
Der unangeleinte Hund läuft neben dem Hundeführer und muß sich auf Kommando legen bzw. setzen. Eine zweite Variante ist, daß sich Hundeführer und Hund gegenüber stehen, wobei der Hundeführer die Beine leicht spreizen darf. Auch hierbei hat sich der Hund auf Befehl zu legen bzw. zu setzen. Der Prüfungsrichter erteilt seine Anweisungen mit Handzeichen.

Freies Liegen
Der Hundeführer bringt den unangeleinten Hund an eine bezeichnete Stelle, legt ihn ab und entfernt sich in Blickrichtung des Hundes. Der Hund muß 5 min ruhig liegen, dann wird er abgeholt. Werden mehrere Hunde geprüft, legt man sie in einer Reihe im Abstand von 4–5 m ab.

Kriechen
Hundeführer und Hund (ohne Leine) legen sich auf den Boden und überwinden kriechend eine Strecke von 5 m in gerader Richtung.

Schußgleichgültigkeit
Analog IPO I.

Suche nach Lawinenopfern
In einer natürlichen oder künstlichen Lawinenbahn von 80 m × 150 m sucht der Hund in Zick-Zack-Linie nach Lawinenopfern und zeigt diese an. Der Hundeführer hält sich dabei auf einer gedachten Mittellinie, die er nur bei schlechter Sicht verläßt. Auf Anordnung des Prüfungsrichters werden vorher in Abwesenheit des Hundeführers und seines Hundes zwei Helfer vergraben (etwa 1 m tief). Dann müssen mindestens 20 min vergehen, bevor

der Hundeführer seine Arbeit beginnt. Hat der Hund jemand gefunden, muß er das deutlich anzeigen. Die Benotung richtet sich danach, wie das Gelände abgesucht wird.

Lawinensuchhund II
Alles analog Lawinensuchhund I, nur andere Geländeabmessungen: Lawinenbahn 100 m × 200 m, Lage der Helfer in 1,5 m Tiefe, Wartezeit 20 min.

Lawinensuchhund III
Alles analog Lawinensuchhund I, nur andere Geländeabmessungen: Lawinenbahn 120 m × 250 m, Lage der Helfer in 2 m Tiefe, Wartezeit 20 min.

Bewertung	I	II	III
Führigkeit/Ausdauer	70 Punkte	120 Punkte	120 Punkte
Hundeführerleistung	20 Punkte	40 Punkte	40 Punkte
Spezialsuche	100 Punkte	120 Punkte	120 Punkte

Sommermehrwettkampf der UdSSR

a) 100 m – Lauf mit Hund
Der Hund läuft links neben dem Hundeführer, er darf maximal 3 m vorprellen oder nachhängen. Für alle Fehler werden Strafpunkte verteilt. Gewertet werden die Laufzeit und die erhaltenen Punkte. Als Norm gelten für Männer und Jugendliche 12,6 s, für Frauen 14,3 s. Wer die Norm erreicht, bekommt 70 Punkte, für jede 0,1 s Unterbietung gibt es zwei Zusatzpunkte.

b) 300 m-Hindernislauf mit Hund
Folgende Hindernisse müssen Hundeführer und Hund überwinden: 1 m-Hürde; 1,80 m Sprungwand (hier dürfen weibliche Starter seitlich vorbeilaufen, während der Hund springt); Kletterturm; Handgranatenzielwurf (Männer 700 g, 25 m Entfernung – Frauen und Jugendliche 500 g, 15 m Entfernung, der Hund liegt daneben) mit drei Handgranaten; 10 m langes Kriechhindernis; Brücke (ca. 1 m hoch, in der Mitte ungefähr 1 m unterbrochen, wie eine zerstörte Brücke); Laufbalken. Alle Hindernisse muß der Starter nach dem Hund überwinden, läßt er eins aus, wird er disqualifiziert. Schafft er alles, gibt es 100 Punkte, dazu 70 für das Einhalten der Zeitnorm, die für Männer und Jugendliche 1.15.0 min, für Frauen 1.30.0 min beträgt. 0,4 s Unterbietung ergeben 1 Zusatzpunkt.

c) Schutzdienst mit Schießen
Der Hundeführer wird von einem Helfer angegriffen, der Hund muß ihn verteidigen. Dann erfolgt ein Transport nebeneinander, aus dem der Helfer einen Fluchtversuch unternimmt. Diesen muß der Hund auf Kommando vereiteln. Der Helfer schlägt den Hund mit dem Arm, dieser muß immer in den Schlagarm beißen, also wechselseitig. Anschließend wird der Hund abgelegt, direkt an der Feuerlinie, und der Hundeführer gibt drei Schuß aus einem Luftgewehr auf eine 5 m entfernte Zehnerscheibe. Trifft er, gibt es maximal 20 Punkte, für den Schutzdienst nochmals 40 Punkte.

Gebrauchsprüfung für Vorstehhunde (Zensurenblatt)

a) Waldarbeit

Schweißarbeit auf Schalenwild	reine Riemenarbeit	5
	Totverbellen	4
	Totverweisen	3
	Fuchsschleppe	5
	Hasen- oder Kaninchenschleppe	4
	Stöbern laut oder stumm oder fraglich	4
	Buschieren	4

Summe der Urteilsziffern von a.

b) Wasserarbeit

Stöbern ohne Ente	2
Stöbern im Schilfwasser hinter Enten	3
Bringen aus tiefem Wasser	3

Summe der Urteilsziffern von b.

c) Feldarbeit

Nase	6
Suche	4
Vorstehen	4
Manieren am Wild mit Nachziehen	3
Arbeit am geflügelten Huhn einschl. Bringen	4
oder Bringen auf der Huhnschleppe	3

Summe der Urteilsziffern von c.

d) Gehorsam

Im Walde	3
Verhalten auf dem Stande	2
Folgen frei bei Fuß	2
Ablegen	2
Riemenführigkeit	1
Bei der Wasserarbeit	3
Im Felde	3
Schußruhe	2
Benehmen vor Wild/Federwild	1
Benehmen vor Wild/Haarwild	2

Summe der Urteilsziffern von d.

e) Bringen

Fuchs	2
Hase oder Kaninchen	2
über Hindernisse mit Fuchs	3
Bringetreue am Haarnutzwild	
Bringetreue am Federwild	
Zusammenarbeit mit dem Führer	
Arbeitsfreude	

Zensuren:
0 = ungenügend
1 = mangelhaft
2 = genügend
3 = gut
4 = sehr gut
5 = hervorragend

Grundprüfung (ZM) der ČSSR

a) Fährte (50 Punkte)
Eigenfährte, 150 m lang, 15 min alt, ein rechter Winkel (90°), am Ende der Fährte ein führereigener Gegenstand. Die Fährte muß in 10 min ausgearbeitet sein.

b) Unterordnung (50 Punkte)
Leinenführigkeit (10 Punkte)
Analog IPO I.

Apportieren auf ebener Erde (10 Punkte)
Analog IPO I.

Ablegen und Entfernen des Hundeführers (10 Punkte)
Analog IPO I.
Schußgleichgültigkeit (10 Punkte)
Analog IPO I.

Heranrufen des Hundes (10 Punkte)
Der Hund wird abgelegt, der Hundeführer entfernt sich etwa 30 Schritt, auf ein einmaliges Kommando muß der Hund schnell zum Hundeführer kommen und vorsitzen.

c) Schutzdienst (50 Punkte)

Revieren nach dem Helfer (Gelände 30 m × 50 m) (10 Punkte)
Analog IPO I.

Stellen und Verbellen (10 Punkte)
Analog IPO I.

Überfall auf den Hundeführer (30 Punkte)
Analog IPO I.

Prüfung für kleine Hunderassen der ČSSR (ZMP)

a) Fährte (100 Punkte)
300 m Eigenfährte, 30 min alt, zwei rechte Winkel, ein Gegenstand auf der Fährte, ein zweiter Gegenstand am Ende der Fährte. Die Fährte muß innerhalb von 10 min ausgearbeitet sein.

b) Unterordnung (100 Punkte)

Leinenführigkeit (10 Punkte)
Analog IPO I.

Heranrufen des Hundes (10 Punkte)
Analog IPO II.

Sitz, Platz, Steh auf Kommando und an der Leine (10 Punkte)

Ablegen aus der Bewegung (10 Punkte)

Apportieren auf ebener Erde (10 Punkte)
Analog IPO I.

Hochsprung über ein 50 cm hohes Hindernis (10 Punkte)
Überwinden eines Schwebebalkens in eine Richtung (10 Punkte)

Lautgeben des angeleinten Hundes auf Kommando (10 Punkte)

Ablegen des Hundes in Sichtweite des Hundeführers (10 Punkte)

Weitsprung der Prüfungsordnung der ČSSR

Schußgleichgültigkeit (10 Punkte)
Analog IPO I.

c) Schutzdienst (100 Punkte)
Verweisen eines führereigenen Gegenstandes aus mehreren Gegenständen in zwei Versuchen (15 Punkte)

Suchen von führereigenen Gegenständen in einem 20 m × 50 m großen Gelände, drei Gegenstände in 6 min (40 Punkte)

Bewachen eines führereigenen Gegenstandes (20 Punkte)

Verteidigen des führereigenen Gegenstandes (25 Punkte)

Bauhundprüfung K (BH. Pr. K) der DDR

Mindestalter des Hundes 18 Monate.

Leistungsanforderungen
Bauarbeit	70 Punkte
Leinenführigkeit	5 Punkte
Freifolge	10 Punkte
Gehorsam	5 Punkte
Ablegen am Rucksack	5 Punkte
Schußgleichgültigkeit	5 Punkte

Allgemeines
Alle Hunde, die ihrer Größe nach Bauarbeit leisten können, finden auch unter der Erde Verwendung. Die Bauhundprüfungen haben den Zweck, die Eignung des Hundes für die Arbeit unter der Erde festzustellen. Die Prüfungen werden daher nur in Kunstbauen oder im Naturbau abgehalten. Als Raubwild dürfen nur gesunde Stücke, Fuchs oder Dachs, verwendet werden, die ihr zweites vollständiges Gebiß haben. Für jeden Hund ist frisches Raubwild einzusetzen. Auf keinen Fall dürfen zwei Hunde nacheinander an einem Stück arbeiten. Die Reihenfolge der zu prüfenden Hunde wird durch das Los bestimmt.

Bauvorschriften
Der Bau muß sich unter der Erde befinden und luftdicht abgeschlossen sein. Die Seitenwände können aus Holz oder Beton gefertigt werden. Die Sohle der Gänge (Röhren) und Kessel müssen aus grabbarem Boden, die Abdeckung kann aus Brettern bestehen. Erwünscht ist, daß der Bau mehrere enge und weite Gänge (Röhren) aufweist und Vertiefungen eingebaut werden, damit der Kunstbau möglichst naturgetreu angelegt wird. Es muß an mehreren Stellen die Möglichkeit bestehen, mittels Schieber den Hund vom Wild zu trennen.

Ausführungsbestimmungen
Der zur Einfahrt des Baues gebrachte Hund hat sofort mit dem Kommando »Faß« einzuschliefen und die Verfolgung des Raubwildes mit größtem Eifer und der entsprechenden Schärfe vorzunehmen. Da das Raubwild von der Einfahrt des Baues bis zum Suchenkessel vorgetrieben wurde, gilt der Bau als befahren, und der Hund hat den Bau bis zum Finden des

Wildes abzusuchen. Am Suchenkessel angekommen, hat er »laut Hals« vorzuliegen. Zeigt der Hund durch Verbellen an, daß er das Stück gefunden hat, gibt der Richter die Anweisung, die Schieber zu ziehen. Dies hat der Hundeführer selbst zu machen, und zwar erst den Schieber hinter dem Wild. Erst dann wird dem Hund die Verfolgung ermöglicht. Von diesem Zeitpunkt an gilt die Arbeitszeit am Raubwild, sie wird mit 30 min festgelegt. Während dieser Zeit soll der Hund Fang an Fang mit dem Raubwild liegen und durch ständiges, energisches Angreifen bei ununterbrochenem Lautgeben dieses in den Endkessel treiben oder fassen und ziehen. Beim Zufassen ist der Kehlgriff am höchsten zu bewerten. Idealarbeit ist der Kehlgriff und sofortiges Ziehen des Wildes. Griffe »Fang in Fang« oder sonstige schlechte Griffe rückwärts des Halsansatzes sind höchstens mit »Gut« zu bewerten. Stumme Würgearbeit schließt von der Prämiierung aus, es sei denn, daß das Raubwild gleich nach dem Ziehen des Schiebers der Einfahrt zustrebt, den Hund überrascht und ihm keine Zeit läßt, Laut zu geben. In diesem Fall muß der Prüfling an einem anderen Kessel mit demselben Wild auf Vorliegearbeit geprüft werden.

Unter guter Vorliegearbeit ist zu verstehen, daß der Hund von der Einfahrt bis zur Abnahme ununterbrochen Fang an Fang mit bestem Laut am Raubwild liegt und sich keinesfalls vom Fuchs zurückschlagen läßt. Ein Vorstoß des Fuchses, dem der Hund schnell ausweicht, aber sofort wieder in seine frühere Stellung zurück geht, ist nicht als zurückgeschlagen zu betrachten. Reine Vorliegearbeit des Hundes, ohne daß er zum Fassen oder Treiben kommt, wird nur mit mangelhaft bewertet. Hat der Hund das Raubwild gefaßt oder gewürgt, so gilt die Arbeit als abgeschlossen. Wiederholtes Einfahren des Hundes ist gestattet und entwertet die Leistung nicht. Hat der Hund nach 10 min vom ersten Einfahren an gerechnet nicht gefunden, so ist er abzunehmen und erhält keine Bewertung. Das Einsetzen des Wildes darf vom Hund nicht beobachtet werden können.

Worterklärungen

bewinden, winden	= Witterung aufnehmen, den Geruch eines Wildes wahrnehmen	kortikal	= die Organrinde betreffend, in der oberen Schicht eines Organes liegend
binden	= durch drohendes, lautes Bellen, durch Scheinangriffe oder aggressives Verhalten ein gestelltes Wild an seinem Platz zu halten	Kynologie, die	= Lehre vom Hund und von der Hundezucht
		kynologisch	= die Lehre vom Hund und von der Hundezucht betreffend
drücken	= sich verstecken; ein verfolgtes Wild duckt sich in ein Versteck	läuten, Geläut, das	= das Laut geben (bellen), das Gebell des Hundes
		motorisch	= sich bewegend
Feist, das	= Fett bzw. Fettschicht vor allem beim Schalenwild, auch beim Dachs	Rezeptoren, die	= Empfänger
		rote Fährte	= die durch Blut (Schweiß) gekennzeichnete Fährte des verletzten, flüchtigen Hochwildes
firm	= fertig abgerichtet, eingearbeit, gründlich ausgebildet, fest, sicher		
		Sasse, die	= das Lager des Hasen
geflügelt	= Federwild, welches durch Schrotschußeinwirkung an einem oder beiden Flügeln verletzt ist	stechen	= ein Wild aus dem Versteck, aus der Deckung, aus liegender Stellung aufjagen
		subkortikal	= den Bereich unter der Organrinde betreffend, unter der Organrinde liegende Schicht
Geläut	= siehe: läuten		
Gescheide, das	= Magen und Gedärme der Jagdtiere		
kalte Fährte	= die Fährte des gesunden Hochwildes	verludern	= biologischer Zerfall eines Tieres, das nach Verletzung und Tod nicht gefunden wurde
kören	= männliche Haustiere für Zuchtzwecke auswählen		

Literaturverzeichnis

ANOCHIN, P. K.: Psychologische Studientexte, Berlin, 1973
AUTORENKOLLEKTIV: Schafe. Zucht, Haltung, Fütterung, VEB Deutscher Landwirtschaftsverlag Berlin, 1968
AUTORENKOLLEKTIV: Der Blinde und sein Führhund, Deutsche Zentralbücherei für Blinde zu Leipzig, 1984
BRENTJES, B.: Die Erfindung des Haustieres, Urania-Verlag Leipzig, 1975
BRUNNER, F.: Der unverstandene Hund, Neumann Verlag Leipzig. Radebeul, 1974
CROPP, W.-U.: Hetzjagd durch Alaska, Copress-Verlag München, 1981
DAUB, R.: Windhunde der Welt, Verlag J. Neumann-Neudamm, Melsungen, 1979
DECKERT, G. u. K.: Wie verhalten sich Tiere?, Urania-Verlag Leipzig, 1977
DORN, F.: Hund und Umwelt, Berlin, 1957
FATIO, A.: Praktisches Handbuch der Erziehung und Ausbildung des Hundes, Verlag Paul Haupt Bern/Stuttgart, 1984
FISCHEL, W.: Können Tiere denken?, Urania-Verlag Leipzig, 1974
FLEIG, D.: Kampfhunde I, Verlag Helga Fleig Mürlenbach, 1981
FREY, S.: Der Polizeihund. Seine Geschichte und Abrichtung, Verlag von Neufeld & Henius, 1917
GRANDERATH, F.: Hundeabrichtung, Neumann Verlag Leipzig · Radebeul, 1984
HABERHAUFFE, L.: Diensthunde – Abrichtung und Haltung, VEB Deutscher Landwirtschaftsverlag Berlin, 1979
HEGENDORF, E.; TAHEL, K.: Richten und Führen, München, 1955
HEGENDORF, E.: Der Gebrauchshund, Berlin, 1951
HERRE, W.; RÖHRS, M.: Haustiere – zoologisch gesehen, VEB Gustav Fischer Verlag Jena, 1973
HOFMANN, D.: Der Feld- und Waldgebrauchshund, Wiesbaden, 1957
KOLB, E.: Vom Leben und Verhalten unserer Haustiere, Urania-Verlag Leipzig, 1977
LORENZ, K.: Über tierisches und menschliches Verhalten, München, 1965
MOST, K.: Die Abrichtung des Hundes, Gersbach & Sohn Verlag München, 1977
MOXON, P. R. A.: Die Führung von Jagdgebrauchshunden nach englischer Methode, Übersetzung v. H. Eisenhardt, Verlag Paul Parey Hamburg/Berlin, 1963
MOXON, P. R. A.: Gundogs. Training and Field Trials, Popular Dogs Publishing Co. LTD London, 1963
OBERLÄNDER, : Die Dressur und Führung des Gebrauchshundes, Verlag J. Neumann-Neudamm, Melsungen 1926
OPITZ, W.: Windhunde, Verlag Eugen Ulmer Stuttgart, 1979
PAWLOW, I. P.: Sämtliche Werke, Bd. 2/2, Berlin, 1953
PHILIPP, A. u. A.: Schlittenhunde. Haltung, Zucht, Training, Rennen, Marion Hildebrand Verlag, 1982
RÄBER, H.: Brevier neuzeitlicher Hundezucht, Verlag Paul Haupt Bern/Stuttgart, 1978
RIEDEBERGER, W.: Handbuch für den Diensthundeführer, Militärverlag der DDR Berlin, 1983
ROLFS, K.: Abrichten des Jagdhundes, VEB Deutscher Landwirtschaftsverlag Berlin, 1982

ROLFS, K.: Der Jagdgebrauchshund, VEB Deutscher Landwirtschaftsverlag Berlin, 1982
SÁRKÁNY, P.; ÓCSAG, I.: Ungarische Hunderassen, Corvina Verlag Budapest, 1977
SCHNEIDER-LEYER, E.: Der Deutsche Schäferhund, Verlag Eugen Ulmer Stuttgart, 1966
SCHWOYER, H.: Vom Junghund zum Jagdhund, Kosmos Gesellschaft der Naturfreunde Stuttgart, o. J.
SCHWOYER, H.: Ausbildung und Haltung des Jagdhundes, Kosmos Gesellschaft der Naturfreunde Stuttgart, o. J.
SENF, F.: Schweißarbeit auf künstlicher und natürlicher Wundfährte, Bezirksjagdbehörde des Rates des Bezirkes Erfurt, 1978
SENGLAUB, K.: Wildhunde, Haushunde, Urania-Verlag Leipzig, 1981
SIR, J.: Wie richte ich meinen Hund ab, Deutscher Bauernverlag Berlin, 1953
STEPHANITZ, M. v.: Der Deutsche Schäferhund in Wort und Bild, Verlag des Vereins für Deutsche Schäferhunde München, 1921
STOKES, A.: Praktikum der Verhaltensforschung, Jena, 1971
SWAROVSKY, H.-J.: Unsere Rassehunde, Neumann Verlag Leipzig · Radebeul, 1981
SWAROVSKY, H.-J: BI-Lexikon Hunderassen, VEB Bibliographisches Institut Leipzig, 1984
TABEL, K.: Der Gebrauchshund, Jährling München, 1957
TEMBROCK, G.: Tierpsychologie, A. Ziemsen Verlag Wittenberg, 1976
TEMBROCK, G.: Spezielle Verhaltensbiologie der Tiere, Bd. II, VEB Gustav Fischer Verlag Jena, 1983
TRUMMLER, E.: Hunde ernst genommen, R. Piper und Co. Verlag München, 1970
TRUMMLER, E.: Mit dem Hund auf Du, R. Piper und Co. Verlag München, 1971
VERLAG SVAZARM: Sammlung von Prüfungsordnungen, Prag, 1980.
WAZURO, E. G.: Die Lehre Pawlows von der höheren Nerventätigkeit, Volk und Wissen Volkseigener Verlag Berlin, 1975.

Bildnachweis

Volker Hohlfeld, Berlin:
S. 17, S. 18 (a,b), S. 19 (b–d), S. 20 (a,b), S. 21,
S. 22 (a–c), S. 23 (a–d), S. 24, S. 25 (a–c),
S. 27 (a–d),

Max Ott, Pretzsch:
S. 2 (a–d), S. 3 (a–e), S. 5 (a–d), S. 6 (c,d), S.7
(a–d), S. 9 (a), S. 10 (a–c), S. 11 (a–d), S. 15
(a–c)

Klaus Ratajczak, Luckau:
S. 26 (a,b), S. 28

Hans-Joachim Swarovsky, Mühlenbeck
S. 1, S. 11 (e), S. 19 (a), S. 20 (c), S. 29, S. 30
(a–d), S. 31 (a,b), S. 32

Friedrich Thielecke, Berlin:
S. 4, S. 6 (a,b), S. 8, S. 9 (b), S. 12 (a–d), S. 13,
S. 14 (a–d), S. 16 (a–c), Umschlag-Vorderseite

Quellennachweis zu den Zeichnungen:

Abb. 8–11: Zeitschrift »Der Hund«,
Deutscher Bauernverlag Berlin
Abb. 12–40: Zlusebni Rad, Sammlung von
Prüfungsordnungen des
SVAZARM/ČSSR
Abb. 41–44: Leitfaden für das internationale
Gebrauchshundewesen der
F. C. I.
Abb. 45–52: Zeitschrift »Unser Hund«
Minerva-Verlag
Abb. 53–65: Handbuch für
Diensthundeführer, Militärverlag
der DDR Berlin
Abb. 66–72: Diensthunde – ihre Abrichtung
und Haltung, VEB Deutscher
Landwirtschaftsverlag Berlin

Register

* hinter der Seitenzahl verweist auf eine Farbabbildung,
** verweist auf eine Zeichnung.

Ablegen 73**, 151, 182
Ablegen am Rucksack 214
Ablegen aus der Bewegung 206, 207, 208, 213
Ablegen mit Hereinrufen 110
Ablegen und Entfernen des Hundeführers 213
Ablegen und Herankommen 74
Abliefern auf Kommando 163*
Abrichtemöglichkeiten 24
Abrichtewagen 127, 128
Abtasten des Hundes 139
Abtragen 197
Abtragen von der Fährte 167*
Abtrenngitter 41
Abwehrreflex 17
Akustische Signale 144f.
Anbindekette 122
Anbiß 86**
Anerkennung als Meuteführer 131
Angelsehne 29**, 33, 80
Angriff auf den Hund 208
Angriff parieren 62*
Anlagen 153
Anpassungsfähigkeit 18
Ansatz 103*
Anschneiden 149
Anschuß 185
Anschuß untersuchen 167*
Ansitz 143
Anspannen 121
Anspringen 47
Anstand 143
Anzeigen von Wild 177
Apportieren 177, 181, 183, 184, 185
Apportieren auf ebener Erde 206, 207, 213

Arbeit am Bordstein 129
Arbeit nach dem Schuß 188
Arbeit vor dem Schuß 188
Auflehnen des Hundes 28
Aufstehen verboten 54*
Auge 12
Ausarbeiten der Fährte 105f., 205, 207, 208
Ausarbeiten der gesunden Hasenspur 157
Ausbildung mit „weicher Hand" 36
Ausbildung nach Sichtzeichen 110ff.
Ausbildungshilfsmittel 33ff.
Ausbildungsplatz 81**
Ausbildung zum Fährtenhund 106
Ausbildung zum Gehorsam 48ff.
Ausbildung zum Schutzdienst 85ff.
Ausbildung, Stadien der 32f
Ausbildung zur Fährtenarbeit 101ff.
Ausstellen 64*
Ausstellungshunde 137ff.
Austrieb hat begonnen 174*
Ausweiskontrolle 89**
Autofahren 40f.

Baden 138
Bauarbeit 159
Bauhundprüfung der DDR 214f.
Bedingter Reflex II 22
Begleithund 36ff.
Begrüßungszeremoniell 28
Bei-Fuß-Gehen 32, 65**
Beihund 124
Beißarm 59*
Beißen, richtiges 124, 125
Beißkorb 95, 115, 116
Beißkorbarbeit 59*

Bellen 159
Belohnungshappen 30, 115, 196
Bergrettungsdienst 176*
Berührungsstab 35
„Besuchsknecht" 143
Beurteilung des Hundes 137f.
Beute einholen 32, 164*, 166*
Beutereflex 17
Beuteverhalten 86
Bewachen eines führereigenen Gegenstandes 45, 214
Bewachung am Laufseil 98
bewegliche Hürde 209**
Bewegung 29, 138, 139
binokulares Sehen 12**, 13
Biß, harter 91
Blindenführhunde 127ff.
Blindgang 130
„Blinker" 156, 187
Bodenverhältnisse 108
Bodenwechsel 106
Bögeln 198
Bogenreinheit 192, 193
Bracken 142
Brackieren 157
Bringefreudigkeit 151
Bringen 182, 212
Bringen auf der Schleppe 184, 185
Bringen auf ebener Erde 78**, 80
Bringen auf Kommando 184
Bringen aus dem Wasser 185
Bringen ohne Kommando 184, 186
Bringen von Gegenständen 78ff.
Bringholz 33**, 78, 79, 80, 103, 163*
Bringholz aufnehmen 32
Bringholz halten 51*
Bringsel 134, 201
Bringselverweisen 199, 201

220

Bringtreue 181, 184, 186, 190, 194
Buschieren 181, 187ff., 190, 191

chemische Signale 148
Choleriker 24, 25
Coursing 113
Coursing-Regelwerk 114

Dauerbeller 39
Dauerphase der Hundeausbildung 89
Demutshaltungen 28
Deutsch Drahthaar am Kaninchenbau 166*
Deutscher Wachtel 184
Differenzierungshemmung 11
Doppelkommando „Such! Voran!" 103, 144
Doppelzaun 99
Down-Pfiff 159, 190
Downstellung 147, 151
Druck auf die Kruppe 68, 68**, 69, 70
Duftfeld 104
Duftstoffe 11
Durchgang, enger 129
Durchkriechen von Röhren 83
Durchsuchen 59*, 88**
Durchsuchen gestellter Personen 92f.
dynamische Stereotypen 19f., 32

Einholen fliehender Personen 87**, 90ff.
Einsatz unter der Flinte 163*
Einspannen der Schlittenhunde 118**, 121f.
Einwirkung, mechanische 31
elektrischer Schlag 149
Ente bringen 164*, 169*
Entfernung vergrößern 51*
Entwicklung 16
Entwicklung der Anlagen des Jagdhundes 153ff.
Entwicklungsphasen 25**
Erbkoordinaten 18
Erdhunde 159
Ernährung 16
Erregung 18, 21
Erregungsprozesse 20ff.
Erziehung des Hütehundes 123
Erziehung eines Begleithundes 36f.

Fächergespann 119**
Fahrradfahren 42, 42**, 116
Fahrradhetzer 43
Fährte 213
Fährten, Kunstfährten 199
—, Kurzzeitfährten 106
Fährtenansatz 105
Fährtenarbeit 101ff., 205, 207, 208
Fährtenausbildung 58*

Fährtengegenstände 106
Fährtengeruch 104
Fährtengeschirr 102, 103, 104**, 105, 107
Fährtenhund 101
Fährtenkreuz 198
Fährtenlaut 159
Fährtenlegen 104f.
Fährtenleine 105, 107
Fährtenmischgeruch 108
Fährtenschenkel 104, 105
Fährtenverlauf 104
Fangjagd 142
Fasan 178
Federwild 178
Federwildschleppe 185
Fehlhetzen 187
Feinsuche 136
Feldarbeit 212
Feldsuche 187ff.
Fellpflege 138
Figurant 62*, 83, 85**, 85f., 88, 90, 91, 92, 93, 94, 95, 96
Figuranten nachsetzen 61*
Figurant verbellen 60*, 62*
Finderwille 156
Fleischfährte 102f.
Flucht des Helfers 207f.
Flucht mit Sichtunterbrechung 91
Flucht und Abwehr 208
Fluchtversuch 94
Fortpflanzung 16, 32
Freie Bewachung 99
Freies Liegen 210
Freifolge 50*, 72, 93, 94, 124, 205, 207, 208, 210, 214
Freifolge-Hilfsleinen 72
Freisprung 57*, 81
Freisprung mit Apportieren 206, 207, 208
Fremdfährte 106
Führerfährte 155
Führerhandleine 80
Führerversteckfährte 101f.
Führhund 128ff.
Führhundschule 128
Führigkeit 181
Funkkontaktgerät 34
Furchegehen 124, 125
Furchehalten 124, 125
Futter 132
Futterbrocken, Verabreichung von 31
Futterschleppe 155
Futterverweigern 41f.

Gänge und Röhren untersuchen 58*
Gangwerk 138
Gebißkontrolle 139
Gebrauchsprüfung 182, 212

Geflügelhetzen 43
Gegenstandsbewachung 45f.
Gehorsam vor dem Wild 177
Gehorsam 48, 116, 141, 153, 190, 212, 214
Gehorsamkeitsübungen 65, 124, 139
Gehörsinn 11f.
Geläut 193
„Genossenmachen" 149
Geräuschempfindlichkeit 141
Geräusche-Training 141
Gerüche 15
Geruchserfahrungen 155
Geruchsgemisch 109
Geruchskomponente 107
Geruchsrezeptoren 11, 149
Geruchssinn 11
Geschichte der Blindenführhunde 127f.
Geschlechtsreflex 17
Geschlechtstrieb ausnutzen 32
Geschmacksrezeptoren 14, 149
Geschmackssinn 14f.
Gespannform 118**
Gespanntraining 120
Gewöhnen an die Rennbahn 115
Gewöhnen an Wasser 179
Gewöhnung 27f.
Gewöhnung an Hausgeflügel 44
Gewöhnung an Straßenverkehr 47
Gewöhnungsgänge 131
glatter Pfiff 144
Grobsuche 136
Grundausbildung zum Schlittenhund 118ff.
Grunderziehung des Welpen 37
Grundmethoden der Ausbildung 9, 31ff.
Grundnote 138
Grundprozesse der Nerventätigkeit 20
Grundprüfung der ČSSR 213
Grundregeln für Schlittenhunde 120
Grundschule des Vierbeiners 72
Grundübungen für Jagdhunde 149ff.
Gruppenarbeit 71**, 76**, 77**
Gruppenausbildung 55*, 67
Gruppentraining 81
Gürtelstromgerät 34**

Haarwildschleppe 185
Habicht und Jagdhund 165*
Halbenhund 124, 125
Halsband 65, 67, 116, 122
Handgeschirr 130, 131
Handleine 79
Härte 179, 181
Hase, künstlicher 114, 115
Hasen 158

221

Hasenhetzen 156
Hasenmaschine 115
Hasenreinheit 183
Hasenspur 158, 178, 187
Hasenwitterung 158, 159
Hauptkette 122
Haut 13
Hemmungen 21
–, bedingte 21, 22
–, unbedingte 21
Hemmungsprozesse 20ff.
Herankommen auf Kommando 74f., 119
Herankommen auf Sichtzeichen 53*
Heranrufen des Hundes 213
Herbstzuchtprüfung 182
Herdengebrauchshunde 123ff.
Hereinrufen 124
Hetzärmel 90, 92, 93, 96
Hetzhunde 113, 142
Hetzjagden 114
Hilfsleine aus Angelsehne 93
Hindernislauf mit Hund 211
Hindernisse 79**, 81
Hindernisse, »erlöschende« 21
–, »nicht erlöschende« 21
Hinlegen 69
Hochsprung 213
Hoch-Weit-Sprung 55*
»Hörende Hunde« 141
Hörgrenze 11
Hörlaut »Ans Rad!« 42
– »Fuß!« 65ff., 74, 75, 93, 94, 111**
– »Platz!« 46, 69, 70, 71, 77, 111**
– »Sitz!« 19, 68
– »Steh!« 73, 74, 111**
– »Such!« 107, 109
– »Voraus!« 76f.
Hörleistung von Mensch und Hund 11
Hörzeichen 144
Hühnerhund 143
Hundeausstellung 137
Hundeführerlehrgang 130f.
Hundegeschirr 128
Hundepfeife 12, 145
Hundetransport im Auto 40f.
Hürden 32, 82, 209**

Impfen 138
Individualgeruch 27, 108
Induktionsspannungsgerät 35
Instinktbewegungen 18
Instinkthandlungen 18f.
instrumentelles Lernen 22
Intensivfährte 108f.
Internationale Prüfungsordnung 205ff.
Irish Wolfhounds 64*

Jagd auf Enten 164*, 169*, 194
Jagdgebrauchshund 150
Jagdhornsignale 145
Jagdhunde 142ff., 162*, 172*
–, Wesenseigenschaften 180
jagdliches Bringen 184ff.
Jagd-Passion 155
Jagdvorbereitung 181ff.

Kaninchenapportieren 163*
Kaninchengehege 183
Kaninchen signalisieren 166*
Katapult 148
Katastrophenhunde 132f.
Kehlgriff 215
Kehrtwendungen 66, 129
Keilübung 76**
Kennreize 14
Keulengriff 124
Kläff-Ex-Gerät 39, 40
Klettern, über Leitern 55*, 82**, 83
Klettern mit Apportieren 207, 208
Klettersprung 56*
Kletterwand 83
Kommando »Ans Rad!« 42, 144
– »Apport!« 144, 184, 185
– »Aus!« 79, 80, 124
– »Aus! Platz!« 92, 93
– »Beiß!« 124, 125
– »Bleib!« 111**
– »Bring's!« 79, 80, 144
– »Down!« 144, 146, 147, 151, 152, 182
– »Faß« 90, 144
– »Furche!« 124
– »Fuß!« 80, 81, 82, 93, 144, 151, 183
– »Geh rüber!« 126
– »Gib Laut!« 96, 108, 111**, 144, 199
– »Halt!« 120
– »Hier!« 74, 75
– »Hierher!« 131
– »Hopp!« 81, 83
– »Kletter!« 83
– »Kommen!« 144
– »Komm ran!« 126, 144
– »Kriech!« 83, 84, 111**
– »Langsam!« 191
– »Laß sehen!« 144
– »Lauf!« 119
– »Paß auf!« 46, 125
– »Pfui!« 130
– »Platz!« 68, 69, 71, 74, 76, 77**, 84, 90, 92, 93, 107, 111**, 144
– »Ran an Bord!« 129
– »Revier!« 96
– »Schone!« 144, 153
– »Setzen!« 68, 79, 111**
– »Sitz!« 12, 75, 144

– »Steh!« 125, 144, 153, 178
– »Such!« 101, 102, 103, 104, 106, 107, 132, 144, 155, 191
– »Such Apport!« 144, 146, 190, 194
– »Such! Brings!« 103
– »Such die Bak!« 144, 194
– »Such verwundt!« 144, 196, 197
– »Such voran!« 144, 146, 151, 152, 189
– »Voran!« 129, 130
– »Voraus!« 75, 76, 77, 90, 125
– »Wenden!« 144
– »Zu mir!« 111**
– »Zum Stück!« 144, 200
– »Zum Transport marsch!« 93
Konstitution 154
»Kopfhund« 142
Körflucht 87**
Körperhaltung 16
Körperpflegeverhalten 16
Kriechen 54*, 83f., 84**, 135, 210f.
Kurbelinduktor 34**, 35

Landseer 49*
Laufen an der Leine 29, 32
Laufen auf dem Schwebebalken 83
Laufen in gewiesene Richtung 53*
Laufen mit angeleintem Hund 71
Laufgang für Wachhunde 98**, 99**
Laufseil 98
Laufseilanlage 97**, 98**
Lautgeben auf Kommando 199, 213
Lautveranlagung 159
Lawinensuchhunde 11, 135f., 175*, 210f.
Lebenserfahrungen 24, 29, 32
Lederhalsband 13, 67
Lederwürger 33**, 67, 79
Leichensuchhunde 11, 133
Leine 65, 67, 83, 116, 148, 151
Leinenführigkeit 65ff., 70, 124, 151, 205, 207, 210, 213, 214
Leinenruck 50*, 65, 66, 70, 75, 79, 81, 92, 93, 124, 125, 129, 130
Leiterhindernisse 82**
Leiterklettern 55*, 83
Leithund 121, 122, 142
Lernen 22, 154
Lernen-Lernen 92
Lichtreize 15
Liebeln 13, 30, 32, 150
Liegen, Art und Weise 70
Linkswendung 66
Lob 13, 28, 30, 31, 32, 66, 150
lockerer Hals 160, 199

Mannschärfe 181
Melancholiker 23, 24
Mensch-Tier-Fährte 108

Merksätze für Aussteller 139f.
Messungen 139
Meuteführer 131
Multivitaminpräparate 138
Musher 117, 121, 122
Mutprobe 206f., 208

Nachahmung 83, 92
Nachahmungstrieb 19, 178
Nachsuche 167*, 195
Nackengriff 124
Nahrungsreflex 17
Nase 11, 101, 154, 187, 189, 195
Nasenarbeit 187
Nasenleistung 155
Naturschweißfährte 196
Naturtotverbeller 160
Nervenendigungen, freie 14
Nervensystem des Hundes 15**
Nerventätigkeit, Typen der höheren 21**, 23ff.

Ohren 12
Ohrenhaltung 139
Ontogenese 16
Orientierungsverhalten 16

Packer 142
Pfeifsignale 144f.
Phlegmatiker 23, 24, 25, 101
Pirsch 143, 168*
Platz aus der Bewegung 77**
Platzmachen 29, 32, 53*, 69, 93, 124
Platzübungen 69ff.
Plazierung 138
Pointer 177
Prüfungsordnungen 205ff.

Quadratsuche 107f.
Quersuche 189

Racing 114
Rangordnung 119, 150
Rangordnungskämpfe 28
Raubzeugschärfe 181
Raumbeherrschung 127
Rechtswendung 66
Reflexbogen 16**, 17, 17**
Reflexe 14
–, bedingte 19, 20, 22, 29
–, unbedingte 19
Reihenhetze 59*, 88ff.
Reizaufnahme 14
Reize 14f.
–, bedingte 15, 16, 19, 65, 66, 68, 69
–, chemische 14
–, mechanische 14
–, optische 14
–, thermische 14

–, unbedingte 14, 16, 19, 65, 66, 68, 69
Reizschwelle 21
Rennbahn 115, 166
Renndecke 115, 116
Rennen 116
Rennhunde 113ff.
Retriever 177
Rettungshunde 11, 174*
Revierböcke 97
Revieren 95ff., 95**, 206, 207, 208, 213
Reviermarkieren 28
Rezeptoren 11, 12, 13, 14
»Richterringe« 137
Richtungswechsel 75
Ringhetze 88ff.
Ringtraining 139
Rippengriff 124
Rolle 87
rote Fährte 195
Ruhestunden 37
Ruhigstellen aus voller Aktion 146
Rundkurs 121
Rutenspiel 87

Sackärmel 88, 89, 90
Sanguiniker 24, 25, 101
Sanitätshunde 134
Schäfer 123, 124, 125, 126
Schafherde 124, 173*
Schallwellen 12
Schärfe 88, 89, 97, 103, 181
Scheintäter 85
Scheinverstecke 107
Schießjagd 142, 143
Schlag auf den Kopf 71
Schläge 67**
Schleppe 185f.
schleppende Leine 94, 96
Schleppenzieher 185, 186
Schlitten 122
Schlittenhunde 117ff.
Schlittenhundesport 121f.
Schlüsselreize 14
Schmerzempfindlichkeit 13, 51*
Schneeanker 122
Schrägwand, verstellbare 209**
Schuß 144, 182
Schußempfindlichkeit 180
Schußgleichgültigkeit 205, 207, 208, 211, 213, 214
Schutzbekleidung 91
Schutzdienst 85, 86, 206, 207, 208, 211, 213, 214
Schutzreflex 17
Schutzverhalten 16
Schwebebalken 82**, 83
Schweiß 195
Schweißarbeit 181, 195ff.

Schweiß des Menschen 108
Schweißfährte 155, 195
Schweißhalsung 196
Schweißhund 11, 143, 195
Schweißriemen 148, 159, 195, 196, 197
Schwimmen 179
Sehsinn 12f.
Seitentransport 207
Sekundieren 178
Sexualverhalten 16
Sicherung in eine bestimmte Richtung 99f., 99**
Sichtlaut 159, 160
Sichtzeichen 13, 15, 19, 74, 110ff. 141, 145ff.
Signale 144
–, akustische 144f.
–, chemische 148
–, mechanische 148
–, optische 145ff.
Sinnesorgane 10**, 11ff.
Sinneszellen 14
Sitz aus der Bewegung 76**, 205, 207, 208
Sitzen 124
Sitzen auf Kommando 29, 32
Sitzen mit Entfernung des Hundeführers 69
Sitzübungen 68f.
Slipper 114
Sommermehrwettkampf der UdSSR 211
Spielverhalten 86
Sprechfunkgerät 34
Sprunggraben 83
Spur aufnehmen 58*
Spurensuchen 32
Spürhunde 142
Spurlaut 157, 159, 160
Spureinheit 157, 195
Spursicherheit 157
Spurtreue 157, 160, 195
Spurwillen 156, 157, 158, 160, 178, 195
Spurwitterung 177
Stachelhalsband 13, 33, 43, 44, 67, 69**, 70, 75, 79, 92, 93, 107
Stacheln, angefeilte 13
Standlaut 159
Standmusterung 138
Starkzwang beim Fährtenhund 107
Startkasten 115, 116
Stehen 124, 139
Stehen auf dem Balken 55*
Stehen auf Kommando 73f.
Stehenbleiben aus dem Laufschritt 208
Stehenbleiben aus dem Normalschritt 207
Stehübung anbahnen 53*

Stellen 63*, 95 ff., 125, 206, 207, 208, 213
Stereotypen 19 f.
»Stirnangriff« 95
Stöberböcke 97
Stöberhunde 159
Stöbern 181, 187 ff., 191, 194
Stöbern hinter einer Ente 194
Stöbern im Schilfwasser 169*
Stöbertrieb 191
Stock 33, 68, 68**, 74, 90, 94
Stockschlag 95
Strafschuß 148
Straßenverkehr 47, 126
Stromarm 95, 96
Stromärmel 35, 92
Stromeinwirkung 31
Stromgeräte 33, 34, 35, 92, 107
Stromhalsband 35, 92
Strommatte 34**, 35, 96
Stromstab 34**
Stromstoß 95, 96, 107
Stromsuchgeschirr 35
Stubenreinheit 38 f.
Suche im Feld 181, 187 ff.
Suche im Wasser 146
Suche nach Lawinenopfern 211
Suchen-Arbeit 188
Suchen auf Kommando 101
Suchen führereigener Gegenstände 214
Suchen mit Bringholz 103
Suchen mit Figuranten 103 f.
Suchenstil 189, 190
Suchfreude 135
Suchhunde 11
Suchleine 96
Suchpäckchen 102
Suche, Systematik, 189

Tadel 9, 32, 37
Tastorgane 13
Tastsinn 13
Tierpsychologie 18
Totverbellen 160, 171*, 198 ff.
Traben am Fahrrad 138
Tragetraining 186
Trainingsgefährt 174*
Trainingslauf 116

Trainingsstrecke 121
Transport gestellter Personen 93 f.
Transport hintereinander 206, 208
Transport nebeneinander 60*, 208
Transportschema 89**
Treiben 192
trial-error-learning 93
Trillerpfiff 144
Trinknapf 116
Tupfer zum Fährtenlegen 104**
Typen der höheren Nerventätigkeit 21**, 23 ff.

Überfall auf Hundeführer 206, 208, 213
Überfall auf Hundeführer und Hund 94 f.
Überlastungshemmung 22
Überläufer binden 171*
Überlegenheit gegenüber Fremden 45
Übungsfährte 106
U-Fährten 109
Umweltbedingungen 154
Umwelteinflüsse 9 f.
Umweltfaktoren, abiotische 10
—, biotische 10
Unterordnung 48, 150, 182, 205, 207, 208, 213
Urteilsziffern 212

Verbellen 91**, 95 ff., 199, 200, 206, 207, 208, 213
Verhalten im Straßenverkehr 126
Verhaltensweisen 24, 28
—, angeborene 15 ff., 31, 32
—, erworbene 15 ff., 19
»Verleiter« 105
Verlorenbringen 181, 184, 187
Verstecke absuchen 60*
Verteidigung des führereigenen Gegenstandes 214
Verweisen 198 ff., 214
Vigilanz 18
Vollgebrauchshund 177, 188, 189
Vorausbildung des Junghundes 29 f., 32
Vorausbildung für den Schutzdienst 86 ff.

Voraussenden 52*, 75 ff., 124, 125, 208
Vorbereitung zur Ausstellung 138 f.
Vorläufe 116
Vorliegearbeit 215
Vorsitzen 73**, 75
Vorstehen 171*, 177, 189 f.
Vorstehhund 153, 156, 160, 177, 184, 188, 189, 192

Wachdienst 45 ff.
Wachheitszustände 18
Wachhund 97 ff.
Waldarbeit 212
Wasserarbeit 146, 179, 193, 194, 212
Wasserfreude 178, 179
Wasserjagd 194, 195
Wasserrettungsprüfung 209 f.
Wehren 125
Weidlaut 159
weite Suche 152
Weitsprung 81**, 207, 208, 213**
Wendepfiff 189
Wesensfestigkeit 180
Wildattrappe 199, 201
Wildschärfe 181, 193, 195
Windhund 64*, 113, 114, 115
Witterungsverhältnisse 108
Wundspur 187
Wurfkette 148, 182, 190
Wurfschrot 148

Zahnwechsel 124
Zentralnervensystem 24
Ziehen im Gespann 120
Zuchtauswahl 153
Zufassen, hartes 62*
—, selbständiges 51*
Zug am Halsband 68
Zugarbeit 118, 120
Zuggeschirr 119, 122
Zugleine 120, 122
Zugleistung des Hundes 117
Zunge 14
Zwang 29, 31, 32, 107, 148, 150
Zwangsapportieren 79
Zwischenläufe 116